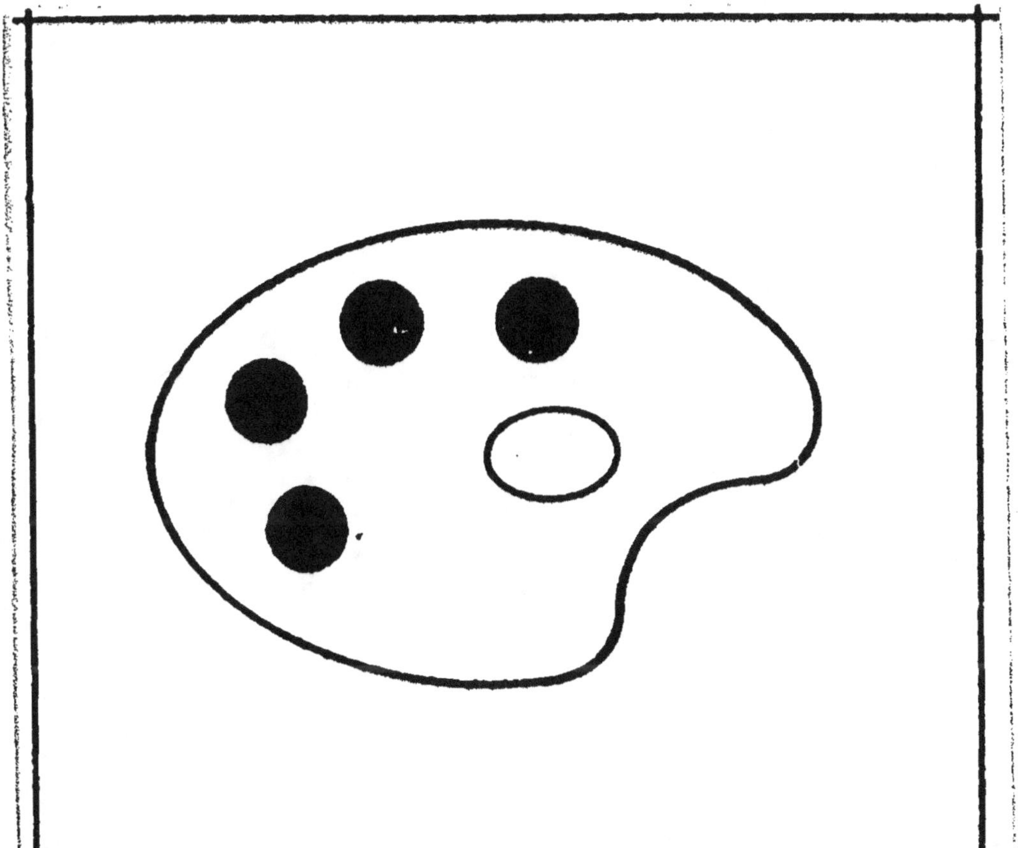

JENNE DESTRANGES

Le Théâtre

A NANTES

Depuis ses origines jusqu'à nos jours

1430?-1893

PARIS
LIBRAIRIE FISCHBACHER
(SOCIÉTÉ ANONYME)
33. — Rue de Seine — 33

1893
Tous droits réservés

Y

Le Théâtre à Nantes

DU MÊME AUTEUR

Le Chant de la Cloche, de Vincent d'Indy.
Collot d'Herbois à Nantes.
Dix Jours à Bayreuth.
F. Halévy (épuisé).
Les Interprètes musicaux du Faust de Gœthe (épuisé).
Notes de voyage.
L'Œuvre théâtral de Meyerbeer.
Samson et Dalila, de C. Saint-Saëns.
Souvenirs de Bayreuth.

POUR PARAITRE PROCHAINEMENT

Une Partition méconnue : Proserpine, de C. Saint-Saëns.
Tannhaüser. — Le Drame. — La Partition.

EN PRÉPARATION

Esquisses wagnériennes.
Les Femmes de Wagner. — Médaillons musicaux.

Le Théâtre

A NANTES

Depuis ses origines jusqu'à nos jours

1430?-1893

PARIS
LIBRAIRIE FISCHBACHER
(SOCIÉTÉ ANONYME)
33 — Rue de Seine — 33

1893
Tous droits réservés

A

MON VIEIL AMI

A. BACKMAN

Affectueux souvenir de nos longues années de collaboration.

E. R.-D.

PRÉMIÈRE PARTIE

Depuis les Origines jusqu'à la Construction du Grand Théâtre
1430 ? — 1787

I

LES MYSTÈRES
1430—1518

A Nantes, comme partout ailleurs, nous devons chercher les origines du théâtre dans les *Mystères*. On sait que ces mystères n'étaient autre chose que des pièces grossièrement écrites relatant des épisodes de la vie des Saints ou du séjour de Jésus-Christ sur la terre. A cette époque de foi et de croyances naïves, c'était pour le peuple une grande joie de voir rendues vivantes devant ses yeux, les figures du Christ, de la Vierge, des apôtres et des martyrs. L'église, qui depuis a foudroyé le théâtre et les comédiens, les protégeait à cette époque. Souvent elle ouvrait toutes grandes les portes de ses cathédrales aux *confrères de la Passion*. On doit donc considérer le clergé comme l'un des principaux instigateurs des représentations dramatiques, car c'est sous ses auspices que le goût du théâtre, qui s'était perdu dans les premiers temps de barbarie, résultat fatal de l'écroulement du monde romain, refleurit de nouveau parmi les populations.

De nombreux mystères furent donc donnés à Nantes, pendant toute la période du Moyen-Age et de la Renaissance

En 1455, on joua le mystère de *Bien advisé et mal advisé*.

J'ai copié, dans les comptes de la ville, la note de Pierre Leflô, *receveur et miseur des œuvres et réparations* de la ville, qui « supplie luy estre fait raison des paine et travault que il eut et soustint aux jeux de *Bien advisé et mal advisé*, que le duc et la ville firent joer dernièrement au Bouffay de ceste dite ville, tant pour fere ferer la roe de fortune, pour fere charréer le boays d'icelle et grand nombre de clays et de boays et autres plusieurs choses à faire les chauffault, tant pour les joeurs que pour le peuple qui estoit à veoir lesdites jeuz où il alla et envoya par plusieurs et diverses joiz et y fits de grandes diligences qu'il plaise à mesdits seigneurs des comptes, en ordonner à leur bon plaesir... Ensuyvent les mises faictes pour le fait du mystère de *Bien advisé et mal advisé*, tant pour matières, ouvriers, que pour aultres choses, ainsi qu'il ensuist, quel fut joé devant le duc et la duchesse. — Pour une douzaine estam vert et doré pour la goulle d'enfer, 2ˢ 6ᵈ. Pour deux grandes peaux de parchemin et deux cordes de boeau pour faire le tonnerre, 3ˢ 9ᵈ. Pour deux livres rouzine à faire sortir le feu par les nazeaux de ladite goulle, 16ᵈ. Pour un cent de queues de vaches à mettre sur la goulle, 5ˢ. Pour sept linceulx à 5ˢ chacun, cinq touailles à 3ˢ 4ᵈ chacune, mis à faire ladite goulle, les orailles et les cornes, 51ˢ 8ᵈ. A Louis Blanchart et son père pour la façon de ladite goulle, et icelle avoir painte et fourny et mis autre chose qui y failloint, 112ˢ 11ᵈ. Pour l'empidrement de quatre bourgrains noirs, pour tandre devant l'enfer, queulx furent rompus et souillez, 20ˢ. »

Mellinet, dans sa remarquable notice sur *La musique à Nantes*, à laquelle j'ai fait, dans le courant de ce travail, de fréquents emprunts, raconte que « Lors des brillantes fêtes données par François II à la belle Antoinette de Villequier, parente d'Agnès Sorel, les *trois galants Sans-Soucy*, comédiens célèbres du temps, furent appelés exprès à Nantes. Ils y représentèrent des farces pieuses et profanes, *la Passion* de Jean-Michel, d'Angers ; *une Sottise à huit personnages*, par le même auteur; *le Mystère du jugement de Pâris, le Mystère de Saint-Donatien et de Saint-Rogatien*, enfin *une Pastorale dans un boccage, avec musique et grandes réjouissances*.

Le spectacle n'était pas cher alors, car en novembre 1475, le trésorier Gilles Thomas ne paya que vingt livres aux compagnons de Sans-Soucy, pour avoir représenté une *farce* devant le duc. »

« La représentation des Mystères se multiplia, particulièrement en 1498, quand la reine Anne revint à Nantes, après la mort de Charles VIII, ce roi que notre duchesse *avait espousé lorsque le ciel voulut moucheter le manteau royal de France des hermines de Bretagne*. On représenta la *Feinte de Fortune*, au carrefour Saint Jean, la *Feinte du Mystère de Vérité*, au carrefour Saint-Vincent, et la ville donna, au carrefour du Pilori, une *Morisque de moralité*, sorte de ballet-pantomime. »

A l'occasion du mariage de la reine Anne de Bretagne avec Louis XII, on joua aussi différentes pièces dont l'une avait pour auteur Siméon Bourgeois, valet de chambre du roi.

« Les théâtres étaient magnifiquement ornés, très vastes, avec des décorations à perspectives, où l'on voyait les fontaines sourdant des croupes des montagnes, la main du peintre et l'art du machineur ayant fait les ruisseaux à la façon de la nature, et voyait-on par endroits tout plein de petits sourjons bouillonnants, commodes à de petits folâtres poissons qui nageaient entre flots et flots ; puis des canards se coulant parmi les herbes, en frétillant des pattes et battant de l'eau, etc. ; sur de beaux arbres les oiseaux, perchés sur les ramiers, gazouillaient à l'envi et bien d'autres.

« On remarquait trois dames qui voulaient être les demoiselles du temps passé; c'est à savoir ayant robes d'un fin taffetas rouge, sous lesquelles traînaient de riches cotes de drap d'or; elles portaient en leurs chefs, des coiffes d'or qui troussaient en leurs cheveux; et sur icelles des bonnets de velours qui baillaient à leurs visages une grâce merveilleuse; aussi étaient là lesdites dames représentant les *trois Grâces*, desquels les poètes ont tant fait de solennité. Elles tenaient chacune en leurs mains un plumail fait en manière d'éventoir, comme pour soi éventer le visage quand il fait chaud (1). »

En l'an 1430, on avait joué, sur l'ordre du duc Jean, la *Passion et Résurrection de Notre-Seigneur Jésus-Christ*. Pour cela on fit venir de Rennes les *joueurs* nécessaires à cette représentation.

C'est d'ailleurs un fait remarquable dans l'histoire de ces premiers temps du théâtre à Nantes, les auteurs, — à part Jean Meschinot —, et les acteurs du crû étaient rares. Aussi la plupart du temps les faisait-on venir des villes voisines. « Il ne se trouva personne à Nantes, nous dit M. Dugast-Matifeux, dans une intéressante étude publiée il y a quelques trente ans dans la *Revue des Provinces de l'Ouest*, capable de composer un divertissement ou représentation théâtrale en l'honneur de François I, qui devait se rendre à Nantes en compagnie de la reine Eléonore,

---

(1) Camille Mellinet. *La Commune et la Milice de Nantes*. Tome III.

sa seconde femme et du dauphin. Il fallut recourir à un procureur de Poitiers, en renom pour ses vers, nommé Jean Bouchet.

On trouvera peut-être intéressants les détails suivants, donnés par M. Dugast-Matifeux :

« A l'échafaud du carrefour Saint-Nicolas à
» l'entrée de la royne y avoit une dame nommée
» Thétis disant son dicton, accompaignée de quatre
» Néréides vestues de taffetas bleu, les manches
» bouffés de fine toile, avec deux petiz enfants au
» devant vestus de taffetas vert, o (avec) leurs corne-
muses. »

Thétis avait la tête couverte d'un chapeau à la mode italienne. Les enfants étaient vêtus de taffetas bleu et vert sur le nu.

« Et à l'entrée du daulphin y avoit une grande her-
» myne, mi-partie de fleurs de lys, laquelle se ouvroit
» et, par dedans, au devant, ung daulphin se esbal-
» loyant entre les dictes hermynes et fleurs de
» lys, et, au devant, ung jeune enfant disant son dic-
» ton a monsieur le daulphin. »

« Sur l'échafaud du Change, il y avait là trois personnages, savoir : humaine Providence, vêtue de taffetas bleu, semé d'*yeux aigus*, ayant devant elle Bonheur, vêtu de taffetas violet, et Malheur, couvert d'une simple robe de toile. Providence les tenait l'un et l'autre enchaînés avec une chaîne de fer. Sa coiffe était de taffetas vert, doublé de taffetas blanc. Celle de Bonheur était de taffetas gris, blanc et violet (livrée du dauphin). Malheur était coiffé d'un bonnet de coton blanc.

« Les sonneurs du roi étaient disposés autour de l'échafaud, et jouèrent à l'entrée de la reine.

« A l'entrée du dauphin, il y eut le combat du roi Artur de Bretagne contre Flolo, tribun romain. Une pucelle, la fille Michel Le Loup, représentant la Sainte-Vierge, protégeait Artur, dont elle couvrait l'écusson de l'envers de son manteau fourré d'hermines : *ce qui fut cause que les princes de Bretaigne prindrent les hermynes pour blason de leurs armes.* »

Nous signalons cette origine, due sans doute à Bouchet, aux amateurs de blason ; elle en vaut bien une autre par son impertinence.

Le manteau de la Vierge était en satin blanc de Bourges.

« Les sonneurs du roi jouèrent, ainsi que les trompettes des galiotes.

« Artur abattit l'aigle que Flolo portait sur son casque. »

A la même époque on représenta aussi les pièces dont les noms suivent :

Moralité très excellente à l'honneur de la glorieuse Assomption de Notre-Dame, par Jean Parmentier.

Mystère du Vieil Testament, par Jean Petit.

Mystère de la Conception et Nativité de la glorieuse Marie Vierge, avec le mariage d'icelle, a *Nativité, Passion, Résurrrection et Ascension de N. S. J.-C.*, par Joseph de Marnef, etc.

En 1518, lorsque Marie Stuart, encore enfant, passa par Nantes en se rendant à la cour de France pour épouser François II, plusieurs représentations furent données, notamment à la Fosse, où l'on avait dressé un certain nombre d'échafauds.

II

LE PREMIER OPÉRA A NANTES
1596

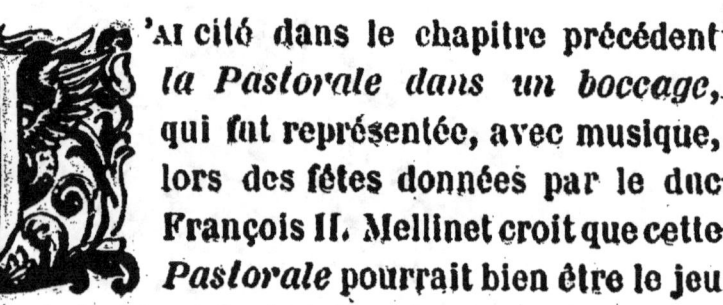'AI cité dans le chapitre précédent *la Pastorale dans un boccage*, qui fut représentée, avec musique, lors des fêtes données par le duc François II. Mellinet croit que cette *Pastorale* pourrait bien être le jeu de *Robin et de Marion*, du bossu d'Arras, qui date du XIII⁰ siècle, et que l'on peut considérer comme le premier opéra comique joué en France. L'auteur de la *Musique à Nantes* base cette supposition sur le lieu de la scène, qui est un boccage dans le *Jeu* comme dans la *Pastorale* ; mais les renseignements précis manquant absolument, je ne crois pas devoir désigner cette dernière pièce comme la première œuvre lyrique jouée dans notre ville.

Il faut attendre encore plus d'un siècle pour arriver à la représentation, non pas d'un opéra proprement dit, mais d'une pièce qui, par son genre, par le luxe de sa mise en scène, s'en rapproche assez.

Ce fut sous la Ligue que se joua l'ouvrage qu'avec assez de raison l'on peut considérer comme le premier opéra monté dans la capitale artistique de la Bretagne.

Nantes, ville ultra catholique, était alors gouvernée par le duc de Mercœur, qui, après l'assassinat du duc de Guise, s'était déclaré le chef des ligueurs en Bretagne.

Le duc, et surtout sa femme, jouissaient à Nantes d'une grande popularité. La duchesse était fille du duc de Penthièvre; elle était donc issue de Charles de Blois et de Jeanne de Bretagne. C'était assez à cette époque troublée, qui avait déjà vu surgir tant d'étranges compétitions, pour que le duc de Mercœur rêvât de rétablir à son profit le duché de Bretagne.

Aussi le gouverneur, en attendant qu'il pût définitivement placer sur sa tête la couronne tant enviée de la *bonne duchesse*, tenait-il à Nantes une véritable cour.

Les courtisans y affluaient de toutes parts. Le duc était un esprit cultivé qui aimait à protéger les lettres; les poètes ne manquaient donc point, eux non plus, et l'histoire nous a conservé de nombreuses pièces à la louange du *très illustre et très magnanime prince Philippe Emmanuel de Lorraine, duc de*

Mercœur, et de Madame Marie de Penthièvre, son épouse.

Pendant que le frère Jacques le Bossu prononçait ses fougueuses harangues, soit pour légitimer l'assassinat du roi, soit pour exciter le peuple contre Henri IV, au château, les fêtes succédaient aux fêtes. La duchesse de Mercœur était jeune, ardente au plaisir, et même elle ne dédaignait pas de se mêler au peuple et de prendre part aux vieilles danses bretonnes sur la *Motte Saint-Pierre*.

Parmi les poètes de la petite cour du duc de Mercœur se trouvait un gentilhomme du nom de Nicolas de Montreux, qui signait ses nombreuses productions du pseudonyme — anagramme d'Olenix du Mont-Sacré. C'est à sa plume qu'est due la grande pastorale intitulée *l'Arimène*, représentée dans la grande salle du Château de Nantes, le 25 février 1596. Malheureusement, si la pièce nous a été conservée dans son intégrité, il n'en a pas été de même de la musique, qui ne nous est pas parvenue.

M. Louis Lacour, dans une brochure devenue rare aujourd'hui, a publié, en 1858, une notice sur l'opéra d'Olenix de Mont-Sacré.

Je ne le suivrai pas dans l'analyse détaillée de *l'Arimène*. La chaste passion du berger Arimène pour la pastourelle Alphiso, intéresserait médiocrement mes lecteurs ; je donnerai seulement des détails sur les intermèdes mythologiques placés entre les cinq actes de cette pastorale fadasse.

Olenix du Mont-Sacré publia son *Arimène* à Nantes, chez Pierre Dorion, imprimeur et libraire-juré de l'Université, demeurant en la rue Saint-Pierre. L'édition porte la date M. D. XCVII. L'auteur prit le soin de joindre à la pièce sa mise en scène détaillée. C'est vraiment fort curieux.

« Le téastre eslevé, dit Montreux, à l'un des boutz de la grand'salle du chasteau, avoit vingt-cinq piedz en quarré; la face en estoit abaissée d'un pied et demy pour en rendre plus apparente la perspective. Il portoit en face quatre pantagones, chacun rendant cinq diverses faces, et ces pantagones estoient meuz et tournez par une seule viz de fer qu'un homme seul pouvoit tourner soubz le téastre; les faces estoient peinctes diversement selon le subject de la pastorale et des divers intramèdes, les chapeaux des pantagones semez de fleurs meslez de lambrisseaux d'or et portans chacun quatre flambeaux alumez. »

Ces pentagones dont parle Olenix, remplaçaient, selon toutes probabilités, les châssis placés dans le théâtre actuel le long des portants. Grâce à ces pentagones, les changements à vue devaient se faire avec une rapidité étonnante. Il est vrai que ces lourdes masses étaient sans doute fort embarrassantes et gênaient la circulation dans les coulisses; cependant il faut avouer que, pour l'époque, c'était vraiment bien imaginé.

« Sur le téastre estoit un grand ciel portant la face nocturne pour supporter les corps célestes representez aux intramèdes. Les pantagones laissoient diverses ouvertures entre eux par où sortoient les acteurs.

» A l'un des boutz du téastre estoit la grotte de Circimant, magicien, d'où sortoient les démons alors de ses conjuremens, et de l'autre un antique rocher duquel sortoient partie des effects de sa magie, comme feux, fontaines, serpents et autres choses.

» Les deux costez du téastre estoient garniz de rangs de lampes de verre, plaines d'huiles odorantes et de toutes couleurs.

» Près du téastre estoit eslevé un perron couvert de tapisserie, où estoient siz monseigneur, mesdames, monsieur l'ambassadeur du roy catholique, feu monsieur le marquis de Belle-Isle, madame sa femme, monsieur de Kerberio et plusieurs autres seigneurs, dames et damoiselles ; le bout et les costez de la salle garniz de siéges en forme d'amphitéastres pour asseoir grand nombre de damoiselles et autres personnes, avec des galleries au bout et autour, faictes exprès pour contenir la grande et immense multitude des spectateurs ; l'ordre du chasteau si prudemment mis, suivy et parachevé par messieurs les capitaines d'iceluy qu'il n'y survint ny rumeur, ny désordre, ny péril.

» Derrière le téastre estoient plusieurs salles et chambres où s'habilloient les acteurs. »

« L'intramède du combat des dieux et géantz se représenta de la sorte : les faces des pantagones, qui durant le premier acte de la pastorale avoient paru champestres en divers objectz, changèrent représentantz plusieurs rochers antiques. Les géantz armez à l'antique et hault eslevés parurent sur le téastre, arrachantz ces rochers et les entassantz les uns sur les aultres. Il demeuroit au lieu d'eux sur les pantagones une certaine représentation que laisse une pierre arrachée. Au bruit de ces hommes, Jupiter parut au ciel en un globe tournant, qui, venant à s'ouvrir, feit voir ce dieu assis sur l'arc du ciel, vestu d'une robe de toille d'or, avec sa couronne et son sceptre : à ses costés Pallas et Mercure, habillez en leurs habitz ordinaires.

» Sur le téastre se feit, et comme sur le ciel, un tintamarre et bruit ressemblant au tonnerre, avec son de tambours, et mille feuz diversement artificielz. Jupiter après, tenant dans sa dextre son fouldre ardent, le lança sur les géantz, qui montez sur les rochers, le combattoient main à main. A l'instant et hommes et rochers furent abysmez et perduz au fond des enfers, disparoissant comme une esclair à la veue, et le fouldre alumé courant et bruiant sur le téastre, dont les fumées étoient douces pour avoir entré des perfuns parmi la fouldre. Le ciel s'estant refermé et les pantagones rapporté leurs faces silvestres, le concert des musiciens avec les voix et les instruments de toutes sortes, chantèrent. »

Troisième intermède : « Sur le téastre parut une mer agitée, et les pantagones changeans de face, parurent portant des grotesques et rochers, à l'un desquelz, dont le pied se baignoit dans les flots de la mer, parut Andromède attachée avec chaines de fer. Du ciel descendit Persée sur le Pégaze que fort industrieusement il faisait mouvoir. A l'instant sortit le monstre de la mer avec un haut bruit et jaillissemens de flots qui, s'approchant pour dévorer Andromède, fut empesché par Persée, longtemps combattu, puis enfin tué. Le chevalier après, déliant sa pucelle et la mettant en croupe sur le Pégaze, s'en revolla victorieux. Puis les chantres chantèrent. »

L'avant-dernier intermède ne fut pas le moins curieux : « Les pantagones parurent en faces bocquagères, une belle vache sur le téastre, marchant et passant, Argus avec sa houlette assiz près d'elle et la regardant de ses cent yeux ; Jupiter descend du ciel en une nue et dans un globe suspendu en l'air, Mercure à son costé qu'il feit descendre soubz une nue sur le téastre pour charmer et tuer Argus ; ce qu'il feit, sonnant du flageollet. On vit peu à peu les yeux d'Argus se fermer, comme touchez du sommeil, estantz tous endormiz ; Mercure lui trenche le chef, met la vache en liberté, qui s'en court sur le téastre, puis remonte au ciel et porte la teste d'Argus à Jupiter. Cela fait, le concert des chantres chanta avec les instruments. »

Le cinquième et dernier tableau des intermèdes montra les pentagones « en faces tristes, creuses, noires, semées d'ombres, de serpents, de feux et de mille horreurs. Le téastre s'ouvrit et lors parut la gueule d'enfer ayant au dedans le chien Cerbère, jetant le feu par les trois gueulles. Orphée habillé d'un satin blanc, et à la mode des anciens prebstres de Thrace, un luth en la main, parut sur le téastre chantant fort doucement. Peu a peu l'on vit Cerbère cesser son feu, comme ravy de ceste douce voix, puis l'ayant cessé de tout, permettre l'entrée d'enfer à Orphée, qui devallant chantoit toujours ses vers, assoupissant la flamme et les fumées qui sortaient de ce creux manoir, où arrivé, charme de sorte les esprits de son doux chant qu'ils luy rendirent sa femme dont la teste parut sur le téastre et hors de l'enfer où soudain elle retomba pour l'avoir tournée, et regardé derrière elle. Orphée, se retirant triste, en piteux regrets récitta les derniers vers, puis le concert des musiciens se respondit. »

Quand on lit ces descriptions, on reste étonné de ce qu'à cette époque une pareille mise en scène ait pu être exécutée. Ce serait à se demander si le récit d'Olenix de Mont-Sacré est vraiment véridique. Mais comme le fait si bien remarquer M. Louis Lacour, l'auteur nous raconte les merveilles de sa pièce avec un tel accent de franchise, qu'on ne peut douter de sa véracité. Nos pères étaient, comme on le voit, fort avancés sous le rapport de la machinerie. Il est vrai qu'à cette époque, Ruggieri, le fameux alchimiste de Catherine de Médicis, se trouvait aussi au château de Nantes. Il est donc plus que probable qu'il collabora d'une façon active aux décorations et aux trucs de l'*Arimène*. Ce premier opéra a été joué à Nantes avec un luxe véritablement extraordinaire. Cette représentation coûta au duc de Mercœur la jolie somme de quatre mille écus. Il en fut quitte pour élever encore les charges de la ville, mais seulement celles de la bourgeoisie et du clergé, car Monsieur de Lorraine ménageait le peuple, dont il était l'idole. En cette qualité, il jugeait bon de le flatter, car il craignait que *Jacques Bonhomme* ne vint tout à coup le réveiller et faire envoler le beau songe qui, selon son expression, durait depuis dix ans.

III

MOLIÈRE. — LES TROUPES NOMADES

(1639-1720)

A l'époque où nous arrivons, le théâtre s'était de plus en plus perfectionné en France. Corneille avait déjà donné plusieurs chefs-d'œuvre à la scène française, et Racine se préparait à marcher sur les traces de son illustre devancier. De nombreuses troupes de comédiens nomades exploitaient la province, comme le font aujourd'hui les tournées organisées pour faire connaître les pièces en vogue.

Nantes, par son importance, était tout indiquée aux artistes ambulants ; aussi trouve-t-on dans les registres municipaux de nombreuses traces du passage des comédiens dans notre ville.

Malheureusement, les détails manquent absolument. Quelles ont été les pièces jouées à Nantes pendant cette période? Malgré des recherches longues et minutieuses, il m'a été impossible d'en découvrir la liste. J'ai même dû m'estimer très heureux de trouver deux ou trois noms de pièces que je citerai plus loin.

Il est bien marqué sur les registres que les comédiens ont donné la nomenclature de leurs pièces; mais le greffier a négligé de transcrire cette nomenclature dans le compte-rendu des délibérations du bureau. Cette lacune est des plus regrettables; nous en aurons de bien plus graves à déplorer plus tard. Il faut bien l'avouer, nombre de documents qui auraient pu servir à l'histoire du théâtre à Nantes ont disparu.

C'est à la date du 5 mai 1630, que l'on trouve, dans les archives municipales, la première mention touchant les comédiens. Il s'agit d'une troupe qui était à Angers. Le bureau refusa à ces artistes la permission de représenter des tragi-comédies « quant à présent pour plusieurs considérations » qui ne sont pas indiquées.

En 1647, il se trouvait aussi une troupe de comédiens à Nantes. L'établissement du droit des pauvres dans notre ville remonte à cette année. Les conditions étaient alors plus douces qu'aujourd'hui. Voici le texte de la délibération telle qu'elle existe dans nos archives :

Du dimanche 29 décembre 1647. « Sur ce qui a été représenté au bureau (par M. du Perron), qu'en plusieurs villes du royaume les commédiens qui désirent monter sur le téastre, n'en reçoivent permission qu'à condition qu'ils joueront ung jour pour les pauvres de l'Hostel-Dieu de la ville où ils sont ; ce quy se peut aussi bien pratiquer dans ceste ville que ailleurs et qu'il serait facile de le faire à présent qu'il y a une troupe de commédiens en la ville. L'affaire mise en délibération, après avoir mandé au bureau le sieur de Beaupré, l'un des commédiens, auquel on a fait entendre que de l'advis commun du bureau conformément à ce qu'il se pratique aux bonnes villes de ce royaume, les commédiens joueront un jour ouvrable tel qu'il plaira au bureau, pour les pauvres de l'Hostel-Dieu de ceste dicte ville. Et en l'argent rendu à la porte du Jeu de Paulme pour la représentation des dicts pauvres se tiendront si besoin est ung de Messieurs les eschevins et un de Messieurs les Pères des pauvres. »

L'année 1648 restera justement célèbre dans les annales de notre théâtre : c'est celle où Molière, qui alors courait la province, vint donner à Nantes, du 23 avril au 18 mai 1648, une série de représentations.

On lit dans les registres municipaux, en date du 23 avril 1648 :

« Ce jour, est venu au bureau le sieur Morlière *(sic)*, l'un des commédiens de la troupe du sieur Dufresne, qui a remonstré que le reste de la dite troupe doibt arriver ce jour en ceste ville, et supplyé très humblement Messieurs, leur permettre de monter sur le téastre pour y représenter leurs comédyes. » Le bureau remet au dimanche à se prononcer. Le dimanche 26 avril, M. de la Meilleraye, gouverneur, étant malade « déffenses feut faictes aux commédiens de commencer à monter sur le téastre, jusques à ce qu'on aye nouvelles de sa convalescence ».

Le nom de l'immortel auteur de *Tartuffe* a été mal orthographié par le scribe chargé de la transcription des délibérations. Il n'en faudrait pas conclure de là que Morlière et Molière font deux. Il n'y a pas qu'à Nantes où le grand comédien a laissé des preuves certaines de son séjour, à cette époque, dans les provinces de l'Ouest. D'ailleurs, M. de la Nicollière-Teijéro, le savant archiviste de la ville, a découvert dans les registres de l'église Saint-Léonard, l'acte de naissance de l'enfant de Pierre Réveillon et de Marie Bret, comédiens de la troupe de Dufresne. Cet acte est signé de la plupart des camarades de Molière, et entr'autres des Béjart. La compagnie de comédiens dont faisait partie le grand comique, était donc bien véritablement à Nantes en 1648, et le génie sublime dont la France est, à bon droit, si fière, s'y trouvait également.

M. Louis de Kerjean (Emile Grimaud) a révoqué en doute la venue de Molière, sous le prétexte suivant. — Molière, nous dit-il, était le chef de la troupe de *l'Illustre Théâtre,* et dans les registres municipaux c'est Dufresne qui est désigné comme directeur. —

Cela suffit à M. de Kerjean pour traiter de légende le séjour de Molière dans notre ville. Il en profite pour railler en passant Camille Mellinet sur les pages qu'il a consacrées au grand comédien. Ici, M. Grimaud, imprimeur, reparaît sous le noble K barré de son pseudonyme. Dans le catalogue de la bibliothèque, M. Péhant repousse l'assertion de M. de Kerjean. Il avoue franchement que, pendant quelque temps, il a douté, lui aussi, de la véracité de la tradition, mais qu'ayant trouvé dans la bibliothèque de M. de Soleinnes la preuve évidente qu'il existait dans la troupe de l'*Illustre Théâtre* un nommé Dufresne, il lui semble dorénavant prouvé que Molière est bien venu à Nantes. Poursuivi par ses créanciers, Molière avait peut-être d'excellentes raisons pour ne pas paraître à ce moment à la tête d'une compagnie de comédiens, et il aura pris Dufresne comme prête-nom.

Le prix du spectacle était fixé par personne à 15 sous tournois pour les pièces nouvelles et à 10 sous pour celles déjà jouées. La représentation pour les pauvres de l'hôpital eût lieu le 18 mai 1648.

D'après Camille Mellinet, Molière joua pendant son séjour ses deux pièces de la *Jalousie du Barbouillé* et du *Docteur Amoureux*. L'auteur de la *Musique à Nantes* a négligé de nous indiquer où il avait pris ce renseignement ou sur quoi il fondait son assertion. C'est d'ailleurs le grand défaut de Camille Mellinet. Dans ses nombreux travaux, tous si utiles et si curieux, il a trop souvent le tort de ne pas signaler ses sources. Lorsqu'il s'agit de points historiques à élucider, c'est pourtant fort nécessaire. Je laisse donc à Mellinet la complète responsabilité du fait qu'il avance. Que Molière ait joué à Nantes les deux petites comédies qu'il venait de composer, cela me paraît fort probable ; mais comme je n'ai rien trouvé dans les archives sur ce sujet, et qu'il n'existe point, à ma connaissance, d'autre source où l'on puisse puiser des renseignements sur le séjour de Molière dans la cité nantaise, je me garderai bien de rien affirmer.

D'après la tradition, Molière joua dans la salle du jeu de Paume de la rue Saint-Léonard. Cette salle fut démolie en 1836. Son emplacement est actuellement occupé par un magasin de droguerie. L'inscription suivante a été placée sur la façade par les soins de M. Verger :

ICI EXISTAIT UN ANCIEN JEU DE PAUME
DÉTRUIT EN 1836, DANS LEQUEL
J.-B. POQUELIN DE MOLIÈRE
JOUA LA COMÉDIE EN 1648.

Aujourd'hui, cette plaque est dans un piteux état ; les lettres sont effacées, et il est fort difficile de les déchiffrer. Il est véritablement honteux de laisser ainsi l'inscription destinée à perpétuer le souvenir du séjour à Nantes de l'auteur de tant de chefs-d'œuvre.

Pourtant, il est très probable que ce n'est point dans cette salle que Molière donna ses représentations. Les troupes de passage avaient l'habitude de jouer dans le jeu de Paume de la ville. Or, le jeu de Paume de la rue Saint-Léonard appartenait à un particulier. Celui de Messieurs du bureau était situé dans les Fossés Saint-Léonard, à peu près en face de l'église de ce nom, qui occupait le fond des jardins de la mairie actuelle.

A la date du 17 mai 1648, dans le compte-rendu de la délibération au sujet de la pièce due pour l'hôpital, il est dit « qu'il sera mis ordres à ce que l'argent soit receu, à la porte du Jeu de Paulmes, par personnes que l'on y commettra à cet effet. » S'il s'était agi d'un autre Jeu de Paume que de celui de la ville, on l'aurait spécialement désigné, car il en existait un certain nombre. Je suis, en cela, de l'avis de M. de la Nicollière, et j'ai tout lieu de supposer que c'est par erreur qu'on a cru, jusqu'ici, que Molière donna ses représentations rue Saint-Léonard.

Molière et sa troupe auraient peut-être prolongé leur séjour, si un nommé Dominique Ségalla, italien de naissance et montreur de marionnettes de son état, n'était venu établir une terrible concurrence. Les spectateurs délaissèrent le grand comédien et allèrent applaudir les pantins du bateleur. Le caractère des Nantais n'a pas changé depuis cette époque, puisque, aujourd'hui encore, nous voyons le public abandonner le théâtre et les œuvres des maîtres pour courir au cirque, admirer les grimaces des clowns et battre des mains aux dislocations de l'homme-serpent.

Il existe plusieurs petites pièces sur le séjour de Molière à Nantes. J'en parlerai plus tard, à la date de leurs représentations.

Camille Mellinet a publié, sur le même sujet, une scène dramatique qui n'a jamais été jouée. Cette esquisse, qui met en scène Molière, Mme de Sévigné, M. Harrouys et un gentilhomme bel esprit nantais, le marquis Ragault de la Hautière, est vraiment fort intéressante et mérite une mention spéciale.

A partir de 1649, les troupes nomades deviennent de plus en plus nombreuses. J'ai extrait des registres les principales délibérations, au sujet des comédiens. Ces documents ont un certain intérêt.

1649, 26 août. — « Ce jour, le sieur Dupré, commédien, est venu au bureau et a supplié Messieurs luy permettre de faire monter sa troupe sur le téastre, en ceste ville, et représenter nombre de pièces qu'il a données par déclaration et qu'il se contentera de six sols par personne qui désireront la voir. L'advis commun du bureau arrête permettre au sieur Dupré et à sa troupe de monter sur le téastre, à la charge de donner une pièce aux pauvres de l'hospital de ceste ville, laquelle pièce sera choisye par le bureau. »

1649, du jeudi, 27e jour de septembre. — « Ce jour, le sieur Dupré, commédien, est venu au bureau et a apporté la liste de toutes les pièces qu'il a dessein de représenter en ceste ville. En conséquence de la permission, luy donnera, pour la ville, la pièce qu'il plaira à Messieurs de choisir, pour l'hospital de ceste dicte ville, ainsi qu'il est accoutumé. De l'advis commun du bureau, a été arrêté prendre et choisir la pièce de *Saint-Ustache*, pour l'hospital de ceste ville, laquelle sera représentée le jour que le bureau en fera advertir le sieur Dupré. »

C'est la première fois que l'on trouve, dans les registres, le nom d'une pièce.

Du 16 août 1650. — Permission accordée au sieur Desfontaines.

Du 25 avril 1651. — « Est venu au bureau le sieur Baupré, commédien de la troupe Desfontaines. De l'advys commun du bureau, permission accordée. Il leur a été taxé, à savoir : pour les pièces nouvelles qui n'ont jamais été représentées en ceste ville, quinze sols tournois par personne, et dix sols pour les pièces qui ont cy devant été jouées. »

Du 14 avril 1652. — « Une troupe de commédiens ayant faict dresser un téastre au jeu de Paulmes de la rue des Carmes, faict afficher les placards aux carrefours et places publiques, sans avoir veu Messieurs de ville, au bureau, et faire ce qui se doit pratiquer en la manière accoutumée, iceux mandez de venir audit bureau, et leur ayant été faicte réprimande de la faulte par eulx faicte, en ont faict excuses et promis qu'à l'advenir ils n'entreprendroient de monter sur le téastre sans la permission de

Messieurs du corps de ville. En conséquence, après avoir présenté la liste de leurs pièces, receu la taxe du prix d'icelles et en avoir été choisi une pour les pauvres de l'hospital de ceste ville, leur a été, par le bureau, permis de les représenter sans faire scandale. »

Du 16 mai 1653. — Permission accordée au sieur Cadet, à condition de ne prendre que huit sols par personne.

Du 22 juin 1653. — « Permission au sieur de la Motte, à la charge de ne prendre que dix sols par personne, et que mardy prochain ils représenteront la commédye de *Judicque*, que le bureau a choisye pour les pauvres. »

Du 7 may 1654. — « Permission aux sieurs Laroque et Villabé, à condition de ne prendre que quinze sols pour chacune pièce, fors les deux pièces nouvelles qu'ils ont, où il y a des machines, desquelles ils prendront davantage. »

Il est regrettable de ne pas savoir quelles étaient ces deux pièces nouvelles « où il y avait des machines » et de ne pas posséder le compte-rendu de leurs représentations. Il aurait été curieux, en effet, de comparer la mise en scène de ces œuvres avec celle de l'*Arimène* d'Olénix du Mont-Sacré, dont j'ai donné, dans le chapitre précédent, une minutieuse description.

Du 23 avril 1656, — La troupe du sieur Ducormier obtient la permission de jouer « à charge de se comporter honnestement et modestement, sans faire ny d're paroles sales et dissolues, et de payer quarante livres à l'hospital. »

A partir de cette époque, la représentation pour les pauvres est remplacée par un droit dont le taux varie avec chaque troupe.

Les troupes des sieurs de Villenasve, du Cormier, du Croisic et la Cousture donnent des représentations pendant la fin de l'année 1656 et l'année 1657.

A la date du 17 juin 1659, il existe une très curieuse délibération du bureau, qui peint bien l'esprit de l'époque. La voici :

« Sur ce qui a été représenté par M. le Procureur syndic, en l'absence de M. le Procureur du roy de la prévosté de ceste ville, qu'en toutes les bonnes villes de ce royaume pour la vénération que l'on doibt au Saint-Sacrement de l'autel, l'on ne permet point pendant l'octave de la Feste-Dieu que les commédiens ny aultres gens fassent auculnes représentations publiques de téastre ; néantmoins, certains commédiens qui sont à présent en ceste ville, forment le desseing de représenter leurs comédyes, et à cette fin ont mis les affiches et placards par les carfours de ceste dite ville, et fauxbourgs, qui est une y révérence à ceste auguste sacrement, contre l'honneur et gloire de Dieu et édification du prochain, requérant y estre pourvu ». De l'avis général du bureau, il fût défendu aux comédiens de représenter leurs pièces pendant l'octave de la Fête Dieu.

Quantum mutatus ab illo !!

Du 25 mars 1660. — Permission accordée à Richemond et à sa troupe à la condition « d'être modestes en leurs comportemens et de ne prendre que quinze sols pour chaque pièce connue, et vingt sols pour chaque pièce nouvelle, et de payer deux pistoles pour les pauvres. »

Du 25 avril 1664. — Autorisation à la troupe du sieur Fillandre. Cette fois, le droit des pauvres est fixé à la somme de trente livres.

Du 25 mai 1664. — Autorisation à la troupe du sieur de Boncourt.

Le droit de l'entrée permanente des autorités municipales au théâtre date du 25 avril 1665. En effet, ce jour là, le sieur Richemond étant venu au bureau pour obtenir l'autorisation de représenter des pièces, cette autorisation lui fût accordée « à la charge oultre celles déjà connues de mettre un banc dans le jeu de Paulmes pour Messieurs du corps de ville, lesquels pourront aller à la commédye lorsque bon leur semblera. »

Du 20 avril 1666. — Permission accordée aux sieurs Pierre Chasteauneuf et Nicolas Besnard.

Du 3 juillet 1667. — Permission à la troupe de Richemond « à condition de ne rien jouer et représenter contre notre saincte religion »

Du 27 avril 1680. — Permission au sieur de Chasteauneuf.

Du 3 août 1680. — Autorisation accordée à Delagarde, « commédien de Son Altesse Royale. »

1682. — Autorisation aux comédiens royaux de Chambord.

Du 16 avril 1684. — Permission aux comédiens de troupe Lyonnaise d'élever leur théâtre dans le jeu de Paume du Chapeau-Rouge.

12 avril 1685. — Autorisation à la troupe royale de Chambord « à condition de ne représenter aulcunes pièces pendant le service divin, ni qu'elles soient deshonnestes ou contre la religion catholique. »

29 juillet 1686. — Permission à Toubel de Raselis « commédien de la seule troupe de Madame la Dauphine. »

2 mars 1687. — Même troupe.

25 janvier 1688. — Même troupe.

Comme on le voit, les renseignements sur ces différentes compagnies de comédiens sont fort pauvres, ou plutôt ils manquent absolument.

25 janvier 1688. — Permission au sieur Toubel « de faire dresser un téastre et d'y jouer toutes sortes de commédies, mais ne pourra jouer les dimanches et festes qu'après le service divin. »

D'après Mellinet, le premier opéra fut joué à Nantes, en 1687 et s'appelait les *Pygmées*. C'est une erreur. Les *Pygmées*, qui se trouvent dans nos archives, ortographiés *Piyuemés*, ne furent représentés qu'en 1688. Ils avaient été précédés d'un autre opéra, *Ariane*, paroles de l'abbé Perrin, musique de Cambert. Cet opéra, créé à Londres, fut joué pour la première fois en France à Nantes, sous la direction d'un nommé

Aumont. A cette époque, on donna aussi deux autres œuvres de Cambert : *Pomone* et les *Peines et Plaisirs de l'Amour*.

2 avril 1693. — Permission au sieur Bonneuil « d'élever un téastre à condition de n'y représenter aulcunes pièces infamantes ou malhonnêtes. »

Pour toutes ces troupes ainsi que pour celles qui vont suivre, les conditions sont les mêmes : Représentation au bénéfice des pauvres de l'hôpital et banc pour messieurs de la ville.

5 mai 1696. — Troupe de Scipion Clavel.

28 mars 1697. — Troupe de Leriche.

14 avril 1698. — Même troupe.

18 septembre 1698. — Même troupe.

7 avril 1701. — Troupe de Pierre Cadet, directeur des comédiens Italiens de l'Hôtel de Bourgogne.

15 mars 1704. — Troupe Duteillay.

13 avril 1705. — Même troupe.

31 mars 1703. — Troupe de Touteville.

28 avril 1707. — Permission au sieur Dumont, directeur des comédiens du comte de Toulouse, de jouer au jeu de Paume du Chapeau-Rouge.

22 octobre 1707. — Permission à Charles Doset de jouer au jeu de paume du Chapeau-Rouge.

19 avril 1703. — Permission au sieur Debellet d'élever un « téastre » dans le jeu de Paume du Chapeau-Rouge.

2 novembre 1720. — Permission au sieur La Grange de jouer au Chapeau-Rouge.

Pendant toute la période de 1708 à 1720, il n'est pas fait mention une seule fois, dans les registres, des troupes de comédiens. C'est fort étonnant, car, à cette époque, le goût du théâtre était passé définitivement dans les mœurs. Peut-être les troupes se multipliaient-elles tellement, que l'on se contentait, au bureau, de donner une autorisation verbale. Mais alors, pourquoi mentionner les unes et se taire sur les autres? Peut-être aussi y avait-il alors une troupe sédentaire à Nantes. Mais la preuve? J'ai fouillé et refouillé les Archives et je n'ai rien trouvé sur quoi fonder une opinion définitive.

IV

FIN DES TROUPES NOMADES
LES CONCERTS
LA SALLE DU BIGNON-LESTARD

(PREMIÈRE PÉRIODE)

(1725-1788)

ES registres municipaux contiennent aussi les permissions suivantes :

« 3 janvier 1725. — Le bureau autorise le sieur Mysoli, qui avait obtenu le privilège de jouer dans toute la Bretagne, à représenter ses pièces à Nantes. »

En 1724, il fut permis aux comédiens de Michel Lecochais « de représenter la comédye au lieu de leur establissement, pourvu qu'ils ne s'écartent point de la bienséance et des bonnes mœurs, à la charge de donner aux écoliers du droict douze billets francs de parterre, chaque jour de représentation, non compris celui de l'écolier qui aura soin des billets, parce que lesdits écoliers observeront une conduite régulière pendant les représentations, et que déffenses leur soient faites d'y faire aucuns troubles, et d'y entrer armés d'épées, de cannes, de bâtons, sur les peines portées. »

10 mars 1728. — Permission à la troupe du sieur Gérardy.

Pendant douze ans, on ne rencontre plus, dans les Archives, trace d'une autorisation accordée.

Par contre, à chaque instant, on trouve mention de l'invitation faite par les Pères de l'Oratoire à Messieurs du bureau, pour venir écouter la tragédie ou la comédie interprétée par les élèves du collège.

A l'année 1727 se rattache un fait qui ne se rapporte pas précisément au théâtre, mais qu'il importe de signaler, car il constate les progrès de l'art musical dans notre ville. Sur la proposition du maire Gérard Mellier, il se fonda une société de concerts d'amateurs sous le nom d'Académie de Musique. Il y avait concert tous les jeudis. Les membres seuls pouvaient y assister; cependant, chaque académicien avait le droit d'amener une dame. Je relève, à ce sujet, dans le règlement de l'Académie, l'article 9 :

« Les académiciens auront attention de ne donner des billets qu'aux dames qui peuvent honorer l'assemblée et seront tenus à cette fin de signer leur nom au bas desdits billets. » Cette société, qui comptait parmi ses membres actifs MM. de Montaudouin, Sauvaget, Moriceau, Bonamy, Rivet, Burguerie,

Fourcade, Bellot et Bertrand, exista jusqu'en 1742, année où elle fut dissoute pour une raison dont la futilité nous fait sourire aujourd'hui. Les réunions se tenaient dans une des salles de l'ancienne Bourse, salle située au-dessus de la chapelle. En 1742, pendant le Carnaval, les académiciens donnèrent un banquet dans leur salle; le curé de Saint-Nicolas cria au sacrilège, l'évêque joignit sa voix à celle du curé; et, finalement, nos pauvres musiciens furent forcés d'abandonner la salle. Ce fut un coup fatal pour l'Académie, qui se désagrégea peu à peu.

Cependant, une autre société ne tarda pas à se fonder. Les réunions avaient lieu rue de la Fosse. « On ne s'y bornait pas à la musique de concert, nous dit Camille Mellinet, on jouait aussi l'opéra, que l'on faisait même imprimer, en inscrivant en tête du titre : *Concert de Nantes*. J'ai retrouvé, avec ce titre, chez Pasquier, bouquiniste à Nantes : *le Jaloux corrigé*, opéra bouffe, sans nom d'auteur, à trois personnages; *Almazis*, acte-ballet, avec chant et chœurs d'indiennes; *les Fêtes grecques et romaines*; *les Fêtes de l'hymen et de l'amour*; *les Amours du Temps, Platée*. »

Les mots hymen, amour, portèrent-ils ombrage au clergé? C'est probable, car le 13 avril 1753, M. le doyen prit un arrêté où il déclarait : « Que, suivant les instructions du chapitre, il avait fait défenses à M. Nicolas Thielin, diacre d'office, d'aller au concert. »

En 1738, une quarantaine d'amateurs se réunirent et créèrent, sous le nom de *Concert de la ville*, une nouvelle société musicale qui tint ses assises rue du Moulin. Pendant cinq ans, le *Concert de la ville* fut très suivi.

Revenons maintenant au théâtre, principal objet de ce travail.

Voici, d'après des documents que j'ai découverts dans les Archives de la ville, les noms des directeurs, depuis l'année 1738. Les quelques faits que je cite sont aussi extraits de ces papiers.

1738. Directions Hus, Desforges et Leroi.
1740. — Loinville et Francisque.
1742. — Fierville et Deschamps.
1743. — Hus et Desforges.

A la date du 14 août 1743, est enregistrée la délibération fort intéressante que voici : « Il a été arrêté qu'il sera fait une loge dans l'appartement appartenant au sieur Bézier, où se représente la comédye, pour y placer Messieurs du bureau, en remplacement du banc que la communauté y avait anciennement, le tout suivant l'usage qui se pratique dans les autres villes du royaume. »

Si j'en crois un manuscrit de la bibliothèque, l'intolérance catholique contre les gens appartenant au théâtre florissait, à Nantes, en l'an de grâce 1744. En effet, le 14 janvier, un comédien étant mort en refusant de se confesser, son corps fut jeté dans les fossés Mercœur, où il resta jusqu'à ce que des

personnes, plus humaines que les ministres de Celui qui
prêcha l'amour universel et le pardon des offenses,
vinssent l'en retirer pour le porter au cimetière des
protestants.

M. Maugras, qui vient de publier un livre si remarquable sur les *Comédiens hors la loi,* ignore sans
doute ce fait. Il pourra lui être utile pour la prochaine
édition de son ouvrage.

Nous arrivons maintenant à l'époque de la première
salle de spectacle élevée à Nantes. Cette salle, située
rue du Bignon-Lestard, aujourd'hui rue Rubens,
occupait l'emplacement compris entre l'imprimerie
actuelle de la rue du Chapeau-Rouge et le n° 6 de la
rue Rubens. L'entrée principale du théâtre était sur
cette dernière rue. C'est donc par erreur que le vieux
Nantais, dans ses souvenirs si intéressants et si
curieux, a imprimé que l'hôtel du *Phare de la Loire*
avait été bâti sur le terrain de l'ancienne salle du
Bignon-Lestard.

L'origine de cette salle est d'ailleurs fort obscure, et ce
n'est pas sans peine que je suis arrivé à reconstituer
d'une façon à peu près certaine l'histoire de ses
commencements.

Et d'abord la date manque ; nulle part je n'ai trouvé,
dans les registres municipaux, une délibération première touchant une salle de spectacle à élever rue du
Bignon-Lestard. Mellinet, dans son *Histoire de la
Musique,* passant en revue les principaux faits relatifs au théâtre, écrit brièvement : « De 1660 à 1680,

construction de la première salle de spectacle, rue du Bignon-Lestard, établie et surveillée par des négociants de Nantes, sous la régie du sieur Desmarets. » L'éminent auteur de *la Commune et la Milice de Nantes* s'est trompé de près d'un siècle.

En 1680, les représentations se donnaient tout simplement dans les différents jeux de paume. Au fond, l'on dressait des tréteaux sur lesquels on élevait le théâtre. On remplissait ensuite la salle de bancs et de différents autres sièges plus ou moins commodes, et c'est ainsi que nos pères entendaient tragédies, comédies et opéras.

Ce qui prouve clairement l'erreur de Mellinet, c'est que Desmarets était directeur vers 1780. Il n'est pas question de lui avant cette époque.

D'ailleurs, on n'a qu'à se reporter au chapitre précédent, dans lequel j'ai cité toutes les troupes dont j'ai pu relever les noms dans les Archives, et l'on verra que souvent le jeu de paume dans lequel elles doivent jouer est indiqué. Il est donc bien évident que pendant toute la fin du dix-septième siècle et la première moitié du dix-huitième, Nantes ne possédait pas encore de véritable théâtre. En 1743, — j'en ai donné la preuve la plus évidente, — les représentations se donnaient dans *l'appartement* du sieur Bézier. Je n'ai pu découvrir où se trouvait cet appartement.

Cependant, à peu près vers cette époque — il m'a été impossible de fixer la date exacte — un nommé Tarvouillet installa, rue du Bignon-Lestard, un commerce de traiteur. Il faisait *nopces et festins* et construisit un *lieu couvert* pour recevoir les convives. C'était la salle Leduit de l'époque. C'est là l'origine du théâtre du Bignon-Lestard. Le commerce de Tarvouillet, florissant dans l'origine, tomba-t-il plus tard en décadence ? Un rival plus heureux eut-il, de préférence à lui, la vogue des repas de fêtes ? Je ne sais, mais ce qu'il y a de certain, c'est qu'il loua sa salle aux comédiens, après avoir fait faire quelques aménagements des plus rudimentaires.

1745. Directions Leneveu.
 id. — Labatte et Guy.
1746. — Hus et Desforges.
1747. — Dorville.
1748. — Giraud.
1750 — Demarignan.

Voici quels étaient sous cette direction les prix des places. Premières loges, 40 sous ; Secondes loges, 30 sous; Parterre, 20 sous.

1753. Direction Bessac.

En 1754, un nommé Devals, qui tenait auparavant le café de la Bourse, prit la direction du théâtre du Bignon-Lestard. Il la conserva jusqu'en 1758. Cette année-là, il y eut une grande discussion entre le directeur et Tarvouillet. Ce dernier, propriétaire du théâtre, profitant de l'absence des comédiens, avait fait mettre sa provision de foin dans la salle. Mais le directeur l'emporta, et force fut à Tarvouillet d'enlever son foin. Rien que par cette petite anecdote, on peut voir que le théâtre du Bignon-Lestard était, à cette époque, de piteuse importance.

1759. — Direction Stigny et Lebon.

La même année, les sieurs Rosimond et Parmentier avaient obtenu le privilège du théâtre et s'étaient installés au Bignon-Lestard. Mais ils ne tinrent pas leurs engagements, ils ne formèrent pas de troupe et la ville resta, par leur faute, dix-huit mois sans théâtre. Le duc d'Aiguillon, gouverneur de Bretagne, s'émut d'un pareil état de choses, et il engagea le bureau à prendre à ses frais l'entreprise des spectacles.

Le 26 juin 1760, la ville afferme, moyennant 1,500 livres, la salle du Bignon, au sieur Tarvouillet, marchand-traiteur, propriétaire de la salle, pour neuf années consécutives, à partir de la Saint-Jean 1762, « à charge à la ville que, dans les engagements qu'elle fera avec les troupes des comédiens, ledit bailleur, sa femme et ses enfants auront, dans tous les spectacles, leurs entrées libres sans en rien payer, trois billets par chaque représentation, les bals à leur disposition, plus deux chandelles de suif par chaque représentation, que les comédiens feront remettre chez ledit bailleur pour faire la visite de ladite salle à la fin du spectacle, et en outre un poste de 30 sous (???) par chaque représentation. Se réserve ledit bailleur le passage libre pour luy, sa femme et son domestique, par l'allée de la salle sur la rue du Chapeau-Rouge, en tout temps, à toute heure. Comme il se trouve sept douzaines de chaises dans la salle en bon état de service, la même quantité sera remise à la fin du présent bail. Convenu que tous les acteurs, actrices et gens de la troupe feront leurs entrées et sorties par le portail de la rue qui conduit à la salle, sans qu'il soit permis aux acteurs d'entrer ou de sortir par la cuisine du dit bailleur, qu'autant que cela lui fera plaisir. »

De plus, Tarvouillet se réservait le droit de faire vendre des rafraichissements dans la salle.

Le 4 décembre 1762, le duc d'Aiguillon arrêta la liste des personnes ayant leurs entrées libres au théâtre.

La voici : MM. Joubert du Collet, maire ; Etienne Maussion, sous-maire ; Pierre Bordage, de Lantimo, Le Beau du Bignon, Guérin de Beaumont, Berrouëtte, échevins ; Pierre Greslan, procureur du roi syndic ; Robert Rouillé, Pierre Bruand, greffiers de la ville ; Garreau, major de la milice bourgeoise ; enfin le lieutenant et le greffier de police.

La ville fit faire quelques réparations à la salle, et la direction fut confiée à Baron, qui loua le théâtre pour une période de trois ans.

En 1765, les sieurs Bernard et Cressent affermèrent le théâtre et le gardèrent jusqu'en 1767. Ils montèrent *La Fée Urgèle*, de Duni, et le *Cercle ou la Soirée à la Mode*, de Poinsinet. Mlle Duminy, pensionnaire du Roi, vint donner des représentations en 1767.

En 1768, la direction passa entre les mains de Mlle Montansier, la future créatrice du Théâtre du

Palais-Royal. Elle n'administrait pas elle-même le Bignon-Lestard. Elle avait pour régisseur un nommé Bursay, qui était son délégué à Nantes.

1769. — Direction Bernaud.

En 1770, plusieurs négociants de Nantes, MM. Louis Huguet, Darroch aîné, Graslin, Drouët, Lavigne, Mosneron et Canier, tous amateurs de spectacles, voyant avec peine le théâtre se traîner et être menacé de périr faute d'une direction intelligente, se réunirent en société et obtinrent le privilège de lever une troupe pour jouer « la tragédie, la comédie française et italienne, l'opéra, l'opéra comique et le bouffon. »

Ils se décidèrent à faire bâtir une salle plus élégante et plus commode que celle qui existait. On pensa à l'élever dans les fossés Saint-Nicolas ; de nombreux pourparlers furent entamés avec des propriétaires d'immeubles, mais ils n'aboutirent pas.

Le temps pressant, on résolut d'agrandir la salle du Bignon-Lestard et de la transformer.

Mellinet et le vieux Nantais ont donné de cette salle deux descriptions, que je ne puis mieux faire que de reproduire. « La salle, richement décorée, était peinte rouge et or. Elle se composait : à l'avant-scène, entre deux colonnes dorées, de deux loges, l'une aux armes du roi, l'autre aux armes de la ville ; aux premières de douze rangs de loges soutenues par un pilastre représentant Atlas (il n'y avait pas de baignoires) ;

aux secondes et troisièmes, des galeries régnantes. Le parterre était debout. L'orchestre n'avait que deux rangs de musiciens. »

De plus, sur la scène même, se trouvaient deux balcons dont les places étaient très recherchées.

D'après le vieux Nantais, il y avait : « au rez-de-chaussée, trois cents places réparties entre le parquet, le parterre et les loges grillées ; aux premières loges, deux cents places, cent soixante aux secondes, cent soixante aux troisièmes, où conduisait un escalier de bois. L'orchestre, disposé pour cinquante musiciens, avait sa sortie par le foyer. Les balcons, les banquettes étaient recouverts de fourrures. Un grand café attenait au théâtre de la comédie, comme on disait alors. »

Je crois que, pour ce dernier détail, M.... — pardon, j'allais commettre une indiscrétion en soulevant le voile d'un pseudonyme, — le vieux Nantais, veux-je dire, confond le théâtre du Chapeau-Rouge qui fut construit plus tard, avec la salle du Bignon-Lestard. C'est à celui-là qu'il y avait un grand café, faisant partie du théâtre, dont la vaste terrasse plantée d'arbres dominait la rue Boileau actuelle.

Toujours suivant le vieux Nantais, ce premier théâtre possédait cinq sorties ; l'une de deux mètres de larges, sur la rue du Bignon-Lestard ; deux latérales et deux sur la rue du Chapeau-Rouge. Ces dégagements étaient insuffisants. Aussi la salle, dès 1785, était-elle reconnue des plus dangereuses. Ce ne fut cependant qu'en février 1822 que l'autorité se décida à ordonner sa fermeture. Elle devint alors un atelier de chaudières.

En 1770, les actionnaires qui avaient apprécié les qualités de Mlle Montansier comme directrice, l'appelèrent à la tête du théâtre. Pendant quatre années, Mlle Montansier dirigea encore le Bignon-Lestard. Ce fut peut-être la période la plus brillante de ce théâtre. Lekain et Molé vinrent y jouer.

Malgré toutes mes recherches, je n'ai rien pu découvrir sur le séjour de ces artistes. Il m'a même été impossible de trouver quelles pièces ils firent applaudir. La célèbre tragédienne Raucourt fit ses premiers pas en 1771 sur la scène du Bignon-Lestard. Son père était un acteur assez médiocre, mais il sut deviner le talent de sa fille, qu'il faisait monter sur les planches à peine âgée de quinze ans. L'année suivante, elle débutait à la Comédie-Française.

Préville et la Saint-Val, de la Comédie-Française, donnèrent aussi des représentations pendant la direction Montansier.

La première représentation de *Zémire et Azor* eut lieu en 1772 Pour la circonstance, le prix des places fut augmenté. La même année, on joua aussi le *Suisse dupé*, pantomime. A l'occasion de cette pièce, le régisseur demanda à la municipalité « la liberté entière du théâtre, son espace étant absolument nécessaire pour le jeu des machines. »

En 1773, le futur conventionnel Collot d'Herbois faisait partie de la troupe du Bignon-Lestard. C'était un pensionnaire médiocre et fort turbulent. Il existe dans les Archives un certain procès-verbal dressé contre lui, en raison du tapage qu'il fit un soir au théâtre. J'ai publié séparément ce curieux document absolument inédit sur le fameux révolutionnaire. (1)

Desforges, l'auteur de la *Femme Jalouse* et de *Tom Jones*, donna aussi des représentations au Bignon-Lestard. Il vint pour la première fois à Nantes pendant la tenue des Etats, en 1770. Dans ses Mémoires, il se loue beaucoup du public nantais. Il revint en 1775 et se fit surtout applaudir dans *Zémire et Azor*. Le 24 octobre de la même année, il épousa, dans l'église Saint-Léonard, une de ses camarades, qui jouait les jeunes rôles dans l'opéra bouffon.

Comme je l'ai dit déjà, les détails manquent sur la plupart des pièces jouées à cette époque. On sait cependant qu'entre autres opéras, le théâtre de Nantes joua les suivants : *Zéliska*, de Jéliote; *la Vénitienne*, de Labarre; *Titon*, et *l'Aurore*, de Mondoville, paroles d'un Nantais, l'abbé de Lamarre; *le Fils indocile*, de La Sante; *Sancho Pança*, de Philidor; *Acis et Galatée*, de Lully ; *Aline, le Cadi dupé, le Déserteur, le Roi et le Fermier, Rose et Colas, la Reine de Golconde, Félix*, de Monsigny, *Dardanus*, de Rameau ; *les Chasseurs et la Laitière, les Sabots*, de Duni; *le Huron*,

---

(1) *Collot d'Herbois à Nantes.*

Lucile, le Tableau parlant, de Grétry; *le Maréchal-Ferrant, le Sorcier*, de Philidor; *les Troqueurs*, de Dauvergne; *le Devin du village*, de Rousseau, *l'Amoureux de quinze ans, le Fermier d'un jour*, de Martini; *le Faux Lord, les Pêcheurs*, de Gossec; *Cendrillon*, de Laruette; *les Libertins dupés*, de notre compatriote Thibault; *les Trois Sultanes*, de Gibert; *le Mort marié*, de Brianchi; *les Trois Fermiers*, de Dezaide; *la Mélomanie*, de Champein; *Jeannot et Colin*, de Rigel; *Arion*, de Matheau.

Outre ces différents opéras, on représenta aussi *l'Aventurière, l'Amour filial, les Métamorphoses de Trivolin*, comédies de Rolland, ingénieur du roi; *Niza el Békir*, de Mlle Darcey; *les Plaisirs de l'esprit, le Jugement universel*, pièces mécaniques; *le Mariage de Toinette*, par Patras; *l'Elan de cœur*, de Dupray. A l'occasion de l'accouchement de la reine et de la naissance de M. le Dauphin, *l'Amour platonique*.

La Montansier abandonna la direction en 1774. Gourville, dont je parlerai plus loin avec détails, prit sa succession. Il monta *L'Amitié à l'épreuve*, de Grétry, et *La Belle Arsène*, de Monsigny.

A cette époque la saison théâtrale commençait le lundi de la Quasimodo et finissait le jour des Rameaux.

D'après Camille Mellinet, en 1775 ou 1776, le *Devin du Village* fut joué par des amateurs. Le rôle de Colette était tenu par Mme Mosneron, qui s'acquitta de cette tâche difficile avec une rare perfection de talent. Son mari lui adressa le lendemain de la représentation, sous le voile de l'anonyme, un compliment en vers, où, faisant allusion au personnage qu'elle avait rempli, il finit par lui dire :

Si Colette avait eu la grâce et ton langage.
Jamais Colin n'aurait été volage.

Le comte d'Artois vint à Nantes en 1775 et il assista à une représentation de gala au Bignon-Lestard. Le spectacle se composait de la *Partie de chasse de Henri IV* et de *Rose et Colin*. « Le prince parut content du jeu des acteurs, dit un manuscrit du temps, cité par Guépin. On le vit applaudir, ce qui lui valut à lui-même les vivats et les bravos du parterre. A la fin de la pièce, il fut salué par M. Gourville, le principal acteur de la troupe, et la manière gracieuse dont il reçut cet habile comédien lui valut de nouveaux applaudissements. » Le lendemain, il vint également au bal donné dans la salle en son honneur. Il dansa trois fois.

A l'occasion de son passage, on institua un couronnement de rosière, qui continua à se faire chaque année sur la scène nantaise.

Quelques concerts furent donnés aussi dans cette salle. Parmi les artistes remarquables qui s'y firent entendre, citons : Mademoiselle Todi, le violoncelliste Duport, le violoniste Chartrain, le chanteur Guichard.

A cette époque, le théâtre faisait fureur. Souvent, la salle se trouvait trop petite pour contenir les spectateurs ; aussi, donnait-on parfois deux représentations, l'une dans la journée, l'autre le soir. Comme on le voit, ce n'est pas d'hier que remonte, à Nantes, la fondation des matinées.

En 1825, MM. Gaullier et Chaplain firent représenter, pour l'ouverture de l'année théâtrale, un à-propos en vers. Lorsqu'ils publièrent cet à-propos en brochure, il le firent précéder d'une courte notice sur les principaux artistes qui avaient paru jadis sur la scène nantaise ; ils joignirent à ces notes biographiques quelques anecdotes.

C'est à l'opuscule de MM. Gaullier et Chaplain que j'ai eu recours pour la plupart des détails qui vont suivre.

Il paraît qu'à la fin du dix-huitième siècle la jeunesse nantaise était fort turbulente, et qu'elle choisissait quelquefois le théâtre comme lieu de ses exploits. Un beau soir, plusieurs jeunes gens ayant des reproches à faire au directeur Longo, décidèrent qu'une brillante représentation, annoncée pour le lendemain, n'aurait pas lieu. « Ils arrivent à la salle avant l'ouverture des bureaux, se placent sur deux lignes dans le couloir, et, la tête haute, l'épée à la main, ils attendent de pied ferme les spectateurs. Ceux-ci se présentent ; on leur annonce gravement qu'il n'y a pas de spectacle ; en vain invoque-t-on le témoignage de l'affiche et celui des receveurs du bureau, toujours même réponse ; « Messieurs, il n'y a pas de spectacle aujourd'hui. » Ils insistent, on leur propose très honnêtement d'aller se couper la gorge, quelques-uns acceptent, mais le plus grand nombre prend le parti de se retirer et de laisser le champ libre à ces jeunes gens qui ordonnent de fermer le théâtre, et parviennent ainsi à faire la loi à tout un public. Bien plus, le lendemain, le directeur fut obligé de demander excuse à genoux à ces despotes nantais. »

Mlle Desglands, qui, plus tard, fit partie de l'Opéra-Comique, chanta à ce théâtre. Une autre cantatrice de valeur, Mlle Lenfant, débuta la veille de la fête de Noël. Un bel esprit nantais en profita pour faire le jeu de mot suivant : *Puer natus es nobis*.

Parmi les autres artistes qui parurent à ce théâtre, il faut citer Larive, qui, plus tard, devait remplacer Lekain aux Français, Monvel, le futur auteur des *Victimes cloîtrées*, et l'arrière-grand-père du peintre Boutet de Monvel, les Granger, Brizard, Mlle Dumesnil, enfin Gourville, le favori des amateurs nantais.

Quelques détails sur Gourville ne sont pas inutiles. En effet, cet artiste a joui, à Nantes, pendant toute sa carrière, d'une telle estime générale, — très méritée d'ailleurs, — qu'il doit avoir une place à part dans l'histoire du théâtre avant la Révolution.

Il avait d'abord commencé par être peintre, et avait cultivé cet art avec un certain succès. Mais, tenté par le démon du théâtre, il ne tarda pas à embrasser la carrière de comédien. Il se fit applaudir d'abord dans les rôles de premier comique, qu'il abandonna pour ceux de financiers et ceux dits à *manteaux*.

Sa réputation parvint à Paris, et un jour, il reçut un ordre de début à la Comédie-Française. Le public parisien lui fut tout aussi favorable que celui de la province, mais Gourville adorait Nantes, et il languissait loin du ruisseau du Bignon-Lestard. Dès qu'il le put, il s'empressa de revenir dans sa chère ville, où sa rentrée fut fêtée avec empressement par un public dont il était l'idole.

Le meilleur rôle de Gourville était l'*Avare*. « Il était surtout admirable dans la scène où il arrive pillé, volé, appelant sa chère cassette. C'est dans cette scène qu'un soir, M. Graslin enthousiasmé, s'écria en s'élançant en dehors de sa loge et à plusieurs reprises : *Voilà l'avare! Voilà l'avare!* Cet incident fut saisi, et des applaudissement éclatèrent de toutes parts. Gourville, le lendemain, s'empressa de donner l'explication de cette énigme. Quelque mois auparavant, il avait demandé à M. Graslin, après une représentation de l'*Avare*, s'il était content de sa manière de jouer Harpagon. « Oui, répondit, M. Graslin, vous avez fort bien joué l'*Avare*, mais ce n'est pas l'Avare, que j'ai vu sur le théâtre. »

» Gourville, qui connaissait M. Graslin pour un homme d'un goût supérieur, pour avoir joué avec Lekain et plusieurs acteurs célèbres, soumit son rôle à de nouvelles méditations, et s'associa pour ainsi dire, au génie de Molière. »

Gaullier rapporte sur Larive l'anecdote suivante : « Un jour qu'il jouait *Pygmalion*, déjà livré tout entier aux inspirations de son génie, il semblait s'être identifié avec le personnage qu'il représentait. Tout-à-coup, ses regards rencontrent une statue colossale placée sur la scène. Sa vue le choque, il la saisit avec force et la rejette dans la coulisse, sans sortir du caractère de son rôle. La pièce finie, quelques acteurs s'étonnaient qu'il eût pu transporter une masse pareille : « Rien de plus facile, dit Larive, redevenu lui-même, et il essaye de recommencer. Mais ce fut en vain : la force qui l'animait n'existait plus. »

Un autre artiste de la troupe du Bignon-Lestard, Baudrier, devint plus tard sociétaire des Français. Il avait quitté le barreau pour se faire acteur. C'était, paraît-il, un Don Juan de coulisse. « Une jeune fille de dix-huit ans, attachée au théâtre, tomba amoureuse de lui. Une autre actrice, maîtresse de Baudrier, le surprit dans une loge avec la jeune fille. Il s'ensuivit une scène d'une telle violence, que la pauvre enfant se précipita hors du théâtre, gagna le Port-au-Vin, et se jeta dans le fleuve. » Baudrier jouait fort bien à la paume ; les amateurs distingués de ce jeu le recherchaient avec empressement.

Gourville conserva la direction jusqu'en 1778, année où les rênes directoriales passèrent entre les mains de Desmarets, acteur froid et correct, qui les conserva pendant six ans.

M. Parenteau a fait don à la bibliothèque de Nantes, des livres d'émargements de l'une des directions de Desmarets. J'y ai copié, à titre de curiosité, les appointements des principaux artistes pour la saison 1781-1782. Malheureusement, la désignation des emplois fait défaut.

Voici cette liste :

		par an
MM.	Huin	2400 livres
	Félix et son épouse	5000
	Gourville	3000
	Lavandaise	2500
	Paulin	4000
	Fleuri	3000
	Montville	3600
	La Marche	2400
	Landry	3000
	Saint-Vair	1200
	Germont	1200
	La Rothière	1500
	Demoutier	1700
Mmes	Vidini	2700
	Guérin	2400
	Itasse	3000
	Francheville	2700

Mmes Anjou	2400 livres
Dutillent	2200
Huin	2000

La livre tournoi valant un peu moins que le franc actuel. M. Paulin, le plus fortement appointé des artistes nommés ci-dessus, ne gagnait donc pas tout à fait 4000 francs. Aujourd'hui, ce dernier chiffre est ce que gagne, par mois, un ténor ou une chanteuse légère.

En 1783, Longo succéda à Desmarets. Ce fut sous sa direction que se termina la première période du théâtre du Bignon-Lestard.

Cette année, la ville donna au directeur une permission qui jadis eût été énergiquement refusée: celle de jouer le jour de la *Conception*, ainsi que les autres jours de fête de Vierge. Cette autorisation fut accordée même pour la Fête-Dieu.

Le temps était loin où il était défendu aux comédiens de représenter leurs pièces pendant « l'octave du Sacre. »

Quatre-vingt neuf arrivait à grands pas.

V

LES
DIFFÉRENTS PROJETS DE CONSTRUCTION
DE GRAND THÉATRE

N 1754, le duc d'Aiguillon fut nommé gouverneur de Bretagne; il résolut d'user de sa situation pour faire entreprendre, à Nantes, des travaux d'embellisement, que la prospérité commerciale de la ville appelait depuis longtemps.

Déjà, sous l'administration éclairée de Gérard Mellier, on avait commencé à bâtir de nouveaux quartiers. C'est à ce maire, autant qu'à la protection intelligente de l'intendant Feydau de Brou, que Nantes est redevable de l'île Feydau, des quais Brancas et Flesselles, des cours Saint-Pierre et Saint-André.

Mellier mourut en 1729. Ce fut une perte immense pour la cité. Les travaux, qui étaient loin d'être achevés, furent suspendus, et ils ne furent véritablement repris qu'en 1754.

Le duc d'Aiguillon fit venir de Paris l'architecte de Vigny, et lui donna l'ordre de dresser un plan général de la ville.

M. de Vigny se mit au travail, et, au mois d'avril 1755, il fournit un plan dont les grandes lignes ont été suivies jusqu'à nos jours. Ce plan portait la construction d'une salle de spectacle et d'une salle de concerts aux deux cotés du quai Brancas : « Les bâtiments qu'on y a commencés ne pouvant servir de poissonnerie, attendu l'exposition au midi. »

Le plan de M. de Vigny fut approuvé par le roi, mais en 1756, la ville demanda à M. Lebret, intendant général, la permission de ne point bâtir la salle de concerts et la salle de spectacle sur le quai Brancas : « L'une des raisons qui ont détourné d'exécuter la Poissonnerie, est-il dit dans cette requête, est la beauté singulière de la situation de ce quai, au centre des opérations de commerce, qui pourraient être troublées par le mouvement et l'embarras inséparable de ces lieux publics. La même raison semble s'opposer à l'établissement des salles de spectacle et de concerts sur ce même quai, ce qui a été reconnu par le duc d'Aiguillon, commandant de Bretagne. Les quais, d'ailleurs, doivent plutôt être consacrés au commerce en y construisant des maisons propres à y loger des négociants. »

Ce projet fut donc définitivement abandonné.

En 1761, la ville chargea l'architecte Ceineray de revoir et de compléter le plan de M. de Vigny. Dans ce nouveau projet, il était proposé « qu'une halle, servant à la vente de toutes les denrées, serait construite dans l'emplacement des Fossés Saint-Nicolas, et au-dessus de la dite salle, des logements au bout desquels serait faite la salle de concerts. »

« A côté de la halle, une salle de spectacle. »

Ce plan fut accepté en principe; mais comme l'argent manquait on ne s'occupa pas immédiatement du théâtre. Ainsi que je l'ai dit au chapitre précédent, lorsque plusieurs négociants de Nantes obtinrent le privilège du théâtre, ils songèrent à élever une salle dans cet emplacement, mais des difficultés étant survenues avec des propriétaires d'immeuble voisins, ils se bornèrent à faire réparer celle du Bignon-Lestard.

En 1775, Gourville, qui était alors directeur, demanda à la ville la permission de faire bâtir une salle de spectacle dans le quartier du Jeu de Paume Saint-Nicolas, entre la rue Sainte-Catherine et la Tour des Espagnols. Le bureau accepta de passer un traité avec Gourville aux conditions suivantes : « Le sieur Gourville, directeur, était tenu de payer aux propriétaires le prix des terrains et des maisons où devait être construite la nouvelle salle, en suivant les clauses débattues par la communauté. Pour faciliter cette entreprise, la ville abandonnait le terrain en toute propriété à l'acquéreur, avec les matériaux de la Tour des Espagnols. Avant d'entreprendre la construction, le sieur Gourville déposera une somme de cent mille livres, pour prouver qu'il est en état de faire l'entreprise. Il se conformera aux plans et devis faits par l'architecte-voyer ; les travaux seront surveillés par les officiers municipaux et par leurs architectes ; le directeur ne pourra vendre qu'avec l'autorisation de la communauté, qui se réserve le droit d'acquérir elle-même au prix de revient, ou sur estimation d'expert, à la condition de laisser au sieur Gourville son logement et une petite pension. » De l'avis de Gourville lui-même, la dépense était estimée à plus de 700,000 livres.

Ce projet était des plus sérieux, mais celui de Graslin, dont il sera question tout à l'heure et qui vint à surgir, l'empêcha de se réaliser.

En 1782, Longo, qui allait bientôt succéder à Desmarets dans la direction de la salle du Bignon-Lestard, obtint de bâtir sur l'emplacement de la Tour des Espagnols (à peu près l'hôtel des postes d'aujourd'hui), une salle de spectacle provisoire en bois. La construction devait être faite solidement et aux frais de l'entrepreneur. En outre, Longo s'engageait à démolir, sur la réquisition de la mairie, ou lorsque la salle projetée pour le quartier Graslin serait achevée.

Le bureau revint plus tard sur sa décision. Ce projet avait été l'objet de vives critiques. Longo en proposa un autre qui fut aussi vivement attaqué. Il s'agissait de voûter l'Erdre à la hauteur de la rue Sainte-

Catherine et de construire sur cet emplacement une salle de spectacle. Comme principal avantage, on faisait valoir qu'en cas d'incendie on aurait de l'eau à discrétion. Ce projet, défendu dans des brochures signées *Un Citoyen de Nantes*, fut très spirituellement raillé et battu en brèche dans différents opuscules, surtout dans celui intitulé : *Réponse à un citoyen de Nantes*. Cet écrit est anonyme, mais il a dû être inspiré par Graslin, si ce n'est pas Graslin lui-même qui en est l'auteur.

On le voit, à cette époque, la construction d'un nouveau théâtre passionnait tous les esprits. Cependant les projets succédaient aux projets, et la ville était dans l'indécision, quand elle se décida enfin à accepter les propositions de Graslin.

DEUXIÈME PARTIE
Depuis la construction du Grand - Théâtre jusqu'à l'Incendie (1787 - An IV)

VI

GRASLIN ET LA CONSTRUCTION DU GRAND-THÉATRE (1784-1788)

VANT de commencer à parler de la construction du Grand-Théâtre, je crois qu'il n'est pas inutile de dire quelques mots de l'homme qui créa le quartier de la ville, compris entre la place Royale, la Fosse et la rue des Cadeniers.

Graslin n'était pas Nantais. Il naquit à Tours, en 1727, d'une famille de financiers. Après de brillantes études au collège de Juilly, il se fit recevoir avocat au Parlement de Paris, puis il entra dans la finance. Il alla d'abord à Saint-Quentin, et enfin fut nommé receveur général des fermes du roi à Nantes. Il semaria dans cette ville avec Mlle Guymont, fille du directeur des vivres de la marine.

Graslin était un économiste distingué. Il a publié divers ouvrages, dont le plus important est *l'Essai analytique sur la richesse et sur l'impôt*. N'oublions pas non plus ses brochures et ses mémoires écrits pour défendre ses différents projets. Graslin mourut en 1790, à l'âge de soixante-quatre ans.

Avant la construction du quartier Graslin, la ville, de ce côté, s'arrêtait en réalité aux fossés Saint-Nicolas, qui débouchaient dans la Loire, sur l'emplacement de la rue du Couëdic, et dans l'Erdre, sur l'emplacement de la place de Cirque.

De l'autre côté de la porte Saint-Nicolas, à l'endroit où se trouve la place Royale actuelle, s'élevait une colline escarpée et rocheuse, bâtie de quelques rares maisons, dont l'une était habitée par Graslin. Au sommet se trouvait l'enclos des Capucins, qui, plus tard, devait devenir le cours Cambronne.

A droite, la rue du Bignon-Lestard escaladait la colline et allait se perdre dans la campagne ; à gauche, la rue de la Fosse débouchait sur le port.

Telle était la topographie de ce vaste espace que le génie de Graslin allait transformer en une ville nouvelle.

Dès 1778, Graslin avait acheté la plus grande partie des terrains composant ce coteau aride. En 1780, le bureau adopta le projet de Graslin, et les travaux commencèrent. Il n'entre pas dans le plan de cet ouvrage de raconter l'histoire du nouveau quartier ; elle contient pourtant bien des choses intéressantes, mais cela entraînerait trop loin du Théâtre. Disons seulement que si le projet de Graslin trouva, dans la ville, de nombreux partisans, un certain nombre de détracteurs ne tardèrent pas à surgir. Graslin fut attaqué et vilipendé. De nombreuses brochures furent écrites contre lui et son œuvre. Ses ennemis acharnés étaient les Pères Capucins, dont le couvent se trouvait menacé par les accroissements du nouveau quartier. On ne peut s'imaginer la haine que les bons Pères mirent à poursuivre le fermier général, et le torrent d'injures et d'infamies qu'ils déversèrent contre *l'ennemi commun* — c'est ainsi qu'ils appelaient Graslin. Il est vrai que, dans cette guerre, les Capucins reçurent aussi un certain nombre de dures blessures, dont deux surtout leur furent très sensibles. La première de ces histoires est connue. Le Père Jérôme fut attiré dans une embuscade avec deux autres religieux ; ils trouvèrent dans un endroit écarté un certain nombre de jeunes gens qui, sans pitié, leur administrèrent une vulgaire... fessée. On voulut faire remonter la responsabilité de cette affaire à Graslin, mais l'enquête qui fut faite prouva qu'il était complètement innocent. Quant à la seconde anecdote, j'ai tout lieu de la croire inédite, car je l'ai trouvée, écrite de la main de mon aïeul, en tête de deux brochures du Père Jérôme — fort rares aujourd'hui, et que je possède dans ma bibliothèque : — *Réponse aux réflexions indispensables de M. Graslin*, et *Les Œufs de Pâques, pondus en 1783.* « M. Graslin, pour se venger du Père Jérôme, lui tendit un piège affreux. A cette époque, les filles publiques demeuraient dans la rue Moquechien, entre Saint-Similien et le Port-Communeau. L'une d'elles alla chez le Père Jérôme le prier de venir confesser une de ses amies, qui n'ayait confiance qu'en ce saint Père. Celui-ci, sans défiance, s'y rendit à l'heure indiquée, mais, au moment d'entrer dans cette maison de débauche, des jeunes gens qui l'attendaient, ayant en tête Seheult l'aîné, dès lors architecte, firent un hourra sur l'honnête moine, qui fut ainsi, pendant longtemps, l'objet des plus injustes railleries. »

Cependant le nouveau quartier s'élevait peu à peu. Graslin, comprenant que la nouvelle salle dont on parlait depuis si longtemps, avait son emplacement tout marqué sur la place à laquelle la ville venait de donner son nom, et sachant, d'autre part, que la municipalité reculerait devant la dépense d'achat de terrain, se résolut à un nouveau sacrifice.

Il proposa au bureau de lui céder gratuitement l'emplacement nécessaire à la construction d'un Grand Théâtre, plus le terrain pour ouvrir deux rues latérales ; en tout vingt mille pieds carrés. C'était un cadeau de deux cent mille livres que le fermier général faisait à sa ville d'adoption. Et dire qu'il s'est trouvé, et qu'il se trouve encore, des gens pour prétendre que Graslin n'a pas fait un sacrifice ! J'oubliais de dire qu'il faisait aussi niveler à ses frais tout le terrain.

Pourtant la ville hésitait à accepter cette offre généreuse, et il fallut que Graslin écrivît plusieurs brochures pour faire ressortir tous les avantages de son projet. Enfin il ne tarda pas à se créer dans le public un mouvement en faveur de la proposition du fermier général, et le bureau, dans sa délibération du 2 août 1783, adopta définitivement le projet de construire le Grand Théâtre sur l'emplacement offert.

Je relève dans cette délibération les passages suivants : « En mémoire dudit abandon de terrain et à titre d'indemnité, la communauté cédera à perpétuité au sieur Graslin, pour lui, les siens et ayant cause, une loge privative de quatre places, dans la nouvelle salle, qu'il choisira parmi celles qu'on nomme les baignoires et pourra en disposer en faveur de qui lui semblera. »

« Les revenus de la communauté ne lui permettant pas de faire la dépense de cette construction avec ses ressources ordinaires, elle fera un emprunt qui pourra s'élever jusqu'à trois cent mille livres, et dont elle payera les intérêts à 5 0/0. On stipulera les termes de remboursement suivant les ressources de la communauté. » De plus, dans cette délibération, la communauté avouait que, par le projet de Graslin, elle faisait une économie de cent cinquante mille livres.

Comme on vient de le voir, la loge Graslin, à cette époque, n'était pas où elle est aujourd'hui. S'il faut en croire le libellé du Père Jérôme : *Réponse aux réflexions indispensables de M. Graslin*, ce dernier n'aurait pas été très content d'être placé aux baignoires. En effet, on lit dans la brochure du capucin : « Il vous déplaît qu'on l'ait fixée (la loge), au-dessous des premières ; là elle n'est pas assez apparente, là vous et votre famille restez cachés, là le bienfaiteur public, le célèbre Graslin, sera confondu dans la foule, là, il gémira de ne pouvoir se montrer au peuple reconnaissant. » Ce passage peut donner une idée du ton de la polémique engagée.

Aussitôt la proposition de Graslin définitivement acceptée, le bureau avait chargé Mathurin Crucy de dresser les plans de la future salle. L'éminent architecte, à qui Nantes est redevable de tant de beaux monuments, se mit immédiatement au travail et présenta bientôt le plan du théâtre, tel que nous le connaissons. Cependant, la salle devait être réunie primitivement aux deux maisons voisines par deux belles arcades, qui complétaient la décoration de la place. On renonça ensuite à ce projet, je ne sais pourquoi.

La ville décida qu'avant de faire commencer les travaux, Crucy se rendrait à Paris pour étudier les différentes salles et demander à l'Académie d'architecture son avis sur le plan adopté. Sa mission finie, Crucy s'empressa de revenir à Nantes, rapportant les félicitations de ses collègues de Paris.

Le devis dressé par l'architecte s'élevait à la somme de 262,232 livres, 19 sols, 11 deniers. Le

2 août 1785, Graslin proposa à la ville de se charger de la construction du monument. Il s'engagea à ne pas dépasser le montant du devis et il promit, s'il dépensait moins, d'offrir à la ville la différence. Tel était le caractère de l'homme que l'envie et la haine attaquaient de toutes parts et dont la générosité était inépuisable.

Graslin se chargeait de tous les travaux, à l'exception de ceux de sculpture et de peinture, qui restaient au compte de la municipalité.

Les travaux commencèrent immédiatement. Graslin les poussa avec une telle activité, que dans le courant de 1787, la construction extérieure se trouva achevée.

Restait à aménager l'intérieur.

Le bureau choisit comme sculpteur, M. Robinot-Bertrand. Chaque chapiteau devait lui être payé 500 livres et chaque rosace 18 livres.

On s'occupa ensuite des décors. Par permission spéciale de l'intendant de la province, ils ne furent pas mis en adjudication. La confection en fut confiée au sieur Jean Bourgeois, qui devait immédiatement entreprendre onze décorations complètes. Ces travaux devaient lui être payés d'après les prix de la Comédie-Française. Bourgeois s'adjoignit M. Coste et fit venir de Paris quatorze peintres qui se mirent aussitôt à l'œuvre.

Voici le détail des décorations, tel que je l'ai trouvé dans les Archives municipales : *le Rideau, le Jardin, La Salle de Molière, Le Camp, Le*

Palais, La Prison, La Place publique, La Chambre rustique, La Forêt et *Le Plafond*. Quelque temps plus tard on fit faire : *Le Trône, Le Désert, Le Palais féerique*.

La ville paya à MM. Bourgeois et Coste, pour peintures à la salle de spectacle, la somme de 29,674 livres.

Cependant le public s'intéressait de plus en plus à l'œuvre de Graslin, et tout le monde attendait avec impatience l'ouverture de la salle. Il n'était question dans la ville que du nouveau théâtre. Cette idée poursuivait même les esprits les plus sérieux. C'est ainsi que l'abbé Lefeuvre, recteur de Saint-Nicolas, qui avait l'habitude assez excentrique, d'écrire une sorte de gazette de la ville sur les registres de sa paroisse au milieu des mariages, des naissances et décès, a eu l'occasion de parler plusieurs fois de la construction du Théâtre. Il est vrai qu'après avoir décrit les travaux et les sommes votées pour leur accomplissement, le brave abbé, dont l'église était légèrement délabrée, s'écriait en parlant de la salle Graslin :

« Que de pères et mères de familles vont y porter de jour en jour, ce qui serait nécessaire à l'éducation et même à la nourriture de leurs enfants ! Est-il possible qu'on fasse tant de dépenses pour de pareils établissements, et qu'on ne trouve point d'argent lorsqu'il s'agit de réparer les temples du Seigneur, qui sont tous dans un pitoyable état à Nantes ! Le jeu, le luxe, les spectacles, les plaisirs de toute espèce y absorbent tout l'argent. »

Depuis longtemps, il était question de rebâtir Saint-Nicolas, sur la place Royale, en face de la rue Crébillon. Mais la construction du Théâtre vint faire oublier celle de la nouvelle église. Aussi comprend-on l'amertume de M. Lefeuvre, qui voyait avec terreur la maison du diable prédominer sur celle de Dieu.

Quelques mots, maintenant, sur le monument. Je ne puis mieux faire que de reproduire la description donnée par Crucy lui-même de son œuvre.

« La principale façade du monument forme, sur la place Graslin, un péristyle de huit colonnes corinthiennes. Au fond du péristyle, quatre autres colonnes du même ordre, dont l'entrecolonnement est ouvert dans toute leur hauteur, servent d'entrée et de décoration à un vestibule de forme carré très allongé, terminé de chaque bout par un cul de four et dont la voûte, en pierre de tuf, est décorée de caissons et de rosaces.

« L'escalier, qui conduit aux premières et secondes loges, est en face de l'entrecolonnement du milieu. A droite et à gauche sont les escaliers des troisièmes et quatrièmes loges, tous construits en pierres.

« La salle a soixante-deux pieds de diamètre dans l'œuvre. Le théâtre, sans comprendre la galerie de fond, a cinquante-huit pas carrés. A chaque côté du fond du théâtre, un escalier en pierres conduit aux loges des acteurs et au magasin d'habillement; à l'extrémité, vers nord et occident, du même côté que les portes des acteurs, est le magasin des décorations, au-dessus desquels les décorateurs ont leurs ateliers. »

Ajoutons à ces détails, que les colonnes du péristyle sont surmontées de huit statues représentant les Muses. La neuvième sœur n'ayant pas trouvé place, faute d'une colonne de plus, a été exilée à la Bourse. Elle se trouve sans doute fort déplacée au faîte du Temple de l'Argent et du Commerce, et doit souvent envier le sort de ses compagnes, planant au fronton du Temple de l'Art.

Dans le vestibule, de chaque côté de l'escalier, sont les statues de Molière et de Corneille. Ces statues étaient primitivement en bois peint.

Les inscriptions suivantes se lisent sur le monument.

A gauche :

L'AN 1788, LE TREIZIÈME DU RÈGNE

DE LOUIS XVI, LE BIENFAISANT

CE MONUMENT FUT TERMINÉ

LOUIS JEAN-MARIE DE BOURBON, DUC DE PENTHIÈVRE

GOUVERNEUR

LE COMTE DE THOUARS, COMMANDANT

LE DUC DE CERESTE DE BRANCAS

GOUVERNEUR DE LA VILLE ET CHATEAU DE NANTES

DE BERTRAND DE MOLLEVILLE, INTENDANT

A droite :

ETAIENT POUR LORS, MAIRE
MESSIRE PIERRE RICHARD DE LA PERVENCHÈRE
ECHEVINS
RENÉ DREUX, SOUS-MAIRE
JEAN-CHARLES GÉBIER
JACQUES BODIN DES PLANTES
RENÉ GESLIN, SIMÉON PLUMARD DE RIEUX
JEAN-JACQUES-URBAIN MESLÉ
PROCUREUR DU ROI SYNDIC
PIERRE, GUILLAUME, HENRI GIRAUD DUPLESSIS
SUR LES DESSINS DE MATHURIN CRUCY
ARCHITECTE ET VOYER DE NANTES

Graslin, seul, manque dans cette énumération. Les plus obscurs échevins y figurent, mais le nom de l'homme à qui l'on doit vraiment le monument, n'a pas été trouvé digne d'y être placé. Ingratitude humaine !

Les armes que l'on voit au-dessus de ces inscriptions n'ont été sculptées qu'en 1812, lors de la restauration de la salle. Celles de gauche sont celles de la ville, sous le premier empire; celles de droite appartiennent au baron Bertrand Geslin, qui alors était maire.

Toute la façade extérieure du Théâtre, ainsi que le grand vestibule, ont été préservés de l'incendie. Tels nous les voyons aujourd'hui, tels ils étaient autrefois.

Cependant, les portes étaient remplacées par des grilles qui n'ont disparu définitivement que longtemps après la reconstruction du monument.

Passons à la salle. Voici ce qu'en dit Guimard dans les *Annales Nantaises*, qui datent de l'an III. Sauf les figures de la Liberté et de l'Egalité, ajoutées sous la République, la salle, lors de l'ouverture, était identique à la description suivante.

« De nombreuses entrées donnent accès dans la salle construite en demi cercle dont l'avant-scène fait la base. Elle a quatre rangs de loges, dont les premières sont précédées d'une galerie continue, sans parler des loges grillées au-dessous de celles-ci et pas plus élevées que le parterre. Le parquet est vaste et l'orchestre étendu. L'avant-scène est décorée à droite et à gauche de colonnes cannelées, aussi d'ordre ionique et supportant un fronton décoré de figures de la Liberté et de l'Egalité. Son plafond circulaire, divisé par compartiments garnis de rosaces, est du meilleur effet ; on voit au milieu un aigle pendu qui semble tenir en son bec le cordon du lustre, qui est riche ; le devant des loges est peint diversement et dans le genre arabesque ; celle d'honneur occupe le centre. Cette salle peut contenir deux mille spectateurs et plus. Au fond du théâtre, on a pratiqué un puits d'où part une pompe qui élève l'eau au-dessus du bâtiment, dans un large bassin ou réservoir en plomb de quatre pieds de profondeur, à l'effet de prévenir l'incendie. Les connaisseurs admirent la charpente de la couverture et la distribution des issues nombreuses, pratiquées de manière que la salle, fut-elle pleine, peut se trouver vide en cinq minutes, sans accident, comme au reste, ils ne manquent pas d'être choqués de l'écho fatigant qui se fait entendre vers la loge d'honneur et qui répète désagréablement la voix de l'acteur, ou le son de l'instrument. »

Tout marchait pour le mieux, et la nouvelle salle n'allait pas tarder à être entièrement achevée. Graslin forma une société, qui prit le nom de patriotique, destinée à l'exploitation du Grand-Théâtre. Cette société offrait les garanties les plus sûres. Outre Graslin, elle se composait de MM. le comte d'Aux, le comte de Trévélec, Robineau, de Bougon, Coustard, de Mani, comte de Roscoat, Chaurand de la Ranjorinière, Michel, Deluynes, Bureau. A cette époque, des hommes comme ceux dont je viens de citer les noms, ne rougissaient pas de se placer à la tête d'un théâtre; aujourd'hui on ne trouverait pas à Nantes, trois hommes assez dévoués à la cause de l'Art pour le faire, et quel tolle général, grand Dieu, contre ceux qui seraient assez courageux pour se moquer des préjugés bourgeois !

Cette société proposait à la ville de lui louer la salle du Grand-Théâtre cent vingt mille livres par an. Toute perte était à sa charge; mais écoutez bien ceci, lecteurs, et vous admirerez ces gens-là, à moins que vous ne les traitiez d'idiots, ce qui ne m'étonnerait guère. MM. Graslin, d'Aux, de Trévélec et Cie, s'engageaient à donner à la ville tous les bénéfices de l'entreprise. Pour eux, ils se contentaient du sentiment du devoir artistique accompli. Vous croyez peut-être que la ville accepta avec empressement cette combinaison désintéressée ? Allons donc ! Elle repoussa ce projet.

Cela prouve une chose : c'est que les municipalités sont comme les gouvernements, elles changent, mais elles se ressemblent toutes.

VII

DIRECTIONS LONGO, RODOLPHE ET HUS

(1788. — 1791)

La raison donnée par la Municipalité, pour repousser l'offre de Graslin et de ses associés, était que le loyer de la salle devait être mis en adjudication.

Le 10 mars 1785, Longo, déjà directeur de la salle du Bignon-Lestard, fut nommé directeur du Grand-Théâtre. La ville lui affermait la salle 15,000 livres par an. Ainsi, au rebours de ce qui existe de nos jours, le théâtre était pour la ville une source de revenus. Ce système ne devait pas durer longtemps, et la triste expérience des choses n'allait pas tarder à prouver qu'un directeur, livré à ses propres ressources, marche presqu'infailliblement à la ruine.

Longo était nommé pour cinq ans à partir de Pâques 1788. Il devait se pourvoir de décorations en sus de celles tenant à l'inventaire de la salle, et d'un magasin d'habillements.

Le prix des places fut fixé comme il suit :

Premières et parquet............	3 livres.
Secondes.....................	2 livres.
Troisièmes...................	30 sols.
Quatrièmes...................	24 sols.
Parterre.....................	20 sols.
Paradis.....	12 sols.
Et au bal....................	3 livres.

Les abonnements au mois et à l'année furent laissés au gré du directeur.

Le bureau s'occupa très minutieusement de la question d'éclairage. Voici le passage de la délibération sur ce sujet :

« Le sieur Longo fera placer à ses frais dans le vestibule de la salle deux réverbères à quatre mèches chacun, lesquels seront suspendus dans l'*intrados* du cul de four qui est de chaque côté; il entretiendra et mettra au rez-de-chaussée un réverbère à deux mèches, pour éclairer les escaliers des troisièmes et des quatrièmes loges et le passage qui conduit au corridor du parterre et du paradis; il sera placé cinq reverbères à une mèche dans le corridor du parterre et du paradis; savoir : deux au fond, deux à l'entrée, un au milieu. Sur les rues latérales, à chaque passage d'entrée et de sortie du parterre, il y aura un réverbère à une mèche...... Il sera mis cinq reverbères dans le corridor des premières loges ; sur chaque pallier des escaliers des secondes loges, il y aura un réverbère à quatre mèches ; cinq réverbères dans le couloir des secondes loges ; aux troisièmes loges, quatre reverbères, aux quatrièmes loges quatre réverbères. Le lustre qui éclaire la salle aura quarante-huit lumières, le foyer sera éclairé de huit lumières, et pour parer aux accidents de feu, il sera chauffé par deux poêles posés dans les deux cheminées. Les latrines seront nettoyées tous les jours ; les corridors, les vestibules, les escaliers, le parterre, le parquet et les loges, une fois par semaine. Le sieur Longo apportera toute l'attention possible à l'effet d'empêcher qu'il ne soit porté dans les loges ni feu, ni chaufferettes, sous quelque prétexte que ce soit. »

Dans les premiers mois de 1788, la salle fut complètement achevée. Les sommes dépensées par la ville s'élevaient à cinq cent mille livres, mais Nantes était doué d'un superbe monument.

On peut regretter cependant les dimensions un peu exiguës de la salle. D'après Guimar, l'ancien théâtre pouvait contenir 2000 spectateurs. Aujourd'hui, Graslin ne renferme que 1220 places ; c'est un écart de près de 800 places. Comme il est improbable qu'on ait reconstruit la salle plus petite qu'elle n'était auparavant, j'en conclus que Guimar a fait erreur. Il est donc malheureux que, de prime-abord, on n'ait pas donné à la salle une grandeur plus considérable.

Aujourd'hui, il arrive continuellement de refuser des centaines de spectateurs. C'est un sujet de perte pour la direction, qui ne peut rattraper, par une recette vraiment considérable, les recettes minimes des mauvais jours.

Le 15 mars 1788 fut publié le règlement pour la police du théâtre. Un certain nombre d'articles sont encore aujourd'hui en vigueur. J'ai extrait les principaux paragraphes de ce règlement.

CHAPITRE DE LA POLICE INTÉRIEURE

. . . .

« II. — Le spectacle commencera régulièrement à cinq heures et demie précises du soir, sans qu'en aucun temps et sous quelque prétexte que ce soit, l'heure puisse être retardée ou avancée.

III. — L'ouverture des bureaux pour la distribution des billets d'entrée se fera tous les jours, à quatre heures un quart précises du soir.

. . . .

XI. — Les abonnés n'auront point de loges fixes, à l'exception de celles du Roi et de la Ville, dont le directeur ne pourra disposer en aucun temps, et qui resteront vacantes, quoiqu'elles ne soient pas gardées, jusqu'au lever du rideau, et de celles qu'il aura louées à l'année, et qui ne pourront être aux premières......

XII. — Il est défendu à qui que ce soit d'entrer au bal avec épées, cannes ou autres armes, et d'y avoir le chapeau sur la tête pendant la soirée.

XIII. — Il est également défendu d'avoir le chapeau sur la tête au spectacle, depuis le commencement d'icelui jusqu'à la fin.

XIV. — Les dames ne pourront se placer dans le parquet ni dans les premiers rangs des galeries avec des chapeaux à plumes, bonnets et grandes coëffes qui empêcheraient ceux qui seraient derrière elles de voir le spectacle. »

Voilà un article qui devrait bien encore être appliqué, soit dit en passant.

. . . .

« XX. — Il est défendu à toutes personnes de faire garder leurs places avant le spectacle par leurs gens, à peine de prison contre ces derniers, s'ils refusaient de se retirer sur le premier avertissement qui leur en sera donné ; il est également défendu de retenir sa place en y mettant son chapeau ; en cas de contestation à cet égard, celui qui voudra maintenir cette prétention sera sur le champ mis hors de la salle...

XXI. — Très expresses déffenses et prohibitions sont faites à qui que ce soit de siffler et d'élever la voix, tant au spectacle qu'au bal, de troubler l'ordre et la sûreté d'aucune manière, d'insulter les gardes et sentinelles à peine de soixante livres d'amende, même d'emprisonnement, et de plus grande peine s'il y a lieu, sauf à ceux qui croiront avoir sujet de se plaindre, à le faire.

. . . .

XXV. — Il est défendu aux perruquiers, étant en habit de poudre, aux gens en livrée, d'entrer au spectacle, même en payant, sous peine de prison.

XXVI. — Déffenses sont faites à toutes personnes qui ne sont pas attachées au spectacle d'assister aux répétitions.

Le régisseur établira en conséquence un contrôleur à la porte, lequel n'y laissera entrer que les gens nécessaires, à peine de prison contre le contrôleur et de dix livres d'amende contre le régisseur, en cas de contravention de sa part au présent article.

XXVII. — Ordonne que par le directeur il sera, à la diligence du substitut du procureur général, donné chaque année au profit des Hôpitaux de Nantes, une somme de 600 livres ou à l'option et au choix des Juges de police, une représentation sur laquelle le directeur prélèvera le tiers de la recette pour tous frais, que le directeur comptera aux mains du receveur de l'Hôtel-Dieu, et sera tenu d'en donner quittance au dit substitut du procureur général, qui la reportera au siège de police.

. . . .

XXIX. — Les seuls cochers de maison ou de remise, en attendant la fin du spectacle, se tiendront sur une file, dans les rues de Corneille et de Molière, le long de la salle, de manière que la moitié de la rue restera libre. Ils ne pourront prendre leurs maîtres qu'aux portes latérales de la dite salle, et le cocher qui sera avancé et dont le maître ne sera pas prêt à sortir sera obligé de défiler sur la place pour aller prendre le rang à la queue de file, sous peine de prison.

CHAPITRE DE LA POLICE INTÉRIEURE

. . . .

V. — Le chef d'orchestre donnera à cinq heures précises du soir, l'accord aux musiciens dans l'endroit à ce destiné ; ils entreront tous à cinq heures un quart à l'orchestre et joueront jusqu'au lever du rideau la musique la plus analogue à la pièce qui sera représentée. Si c'est un opéra, ils en joueront l'ouverture de manière à ce que les acteurs puissent entrer en scène à cinq heures et demie du soir, et ils se tiendront à leur place pendant la durée du spectacle, pour être prêts à remplir les entr'actes des pièces, à peine de six livres d'amende contre chaque musicien qui ne sera pas venu à cinq heures et qui s'en ira pendant le spectacle.

VII. Les acteurs, actrices, figurants et autres qui, sous prétexte d'indisposition, auraient obligé le régisseur de changer le spectacle et les musiciens, qui, sous prétexte pareil, auraient annoncé qu'ils ne se rendraient pas à l'heure fixée, seront punis de vingt-quatre heures de prison, s'ils sont vus dans les rues et autres lieux publics.

XIX. — Les acteurs, actrices, musiciens et autres, ne s'occuperont aux répétitions que de leurs rôles ; les actrices n'y pourront travailler à aucun ouvrage, comme tricot, broderie, etc., ils ne pourront lire leurs rôles si ce n'est dans le cas d'études précipitées.

XXIII. — Il est défendu à tous acteurs, actrices, figurants, musiciens, machinistes et autres employés, de se placer dans les coulisses pendant la durée du spectacle de manière à y être vus des spectateurs, sous peine de trois livres d'amende.

XXIV. — Toutes les amendes prononcées ci-dessus et encourues par les acteurs, actrices, musiciens et autres personnes attachées au théâtre, seront déposées sur le champ dans un tronc placé à cet effet au foyer des acteurs et actrices, ou retenus par le directeur sur leurs appointements.

XXV. — Il est enjoint aux valets du théâtre d'avoir toujours sur eux un fort couteau, pour être prêts, en cas d'incendie, à couper les cordes et même les décorations, lorsque l'ordre leur en sera donné par le régisseur ou autres ayant droit de le faire. »

Le 7 avril 1790, ce règlement fut augmenté de quelques articles, entr'autres de ceux-ci :

XXVI. — Déffenses sont faites aux acteurs et autres personnes attachées au théâtre d'entrer au parterre depuis cinq heures du soir jusqu'à la fin de la dernière pièce, d'y faire lire ou donner à lire aucuns papiers quelconques, et de se placer pendant toute la durée du spectacle ailleurs que dans les loges qui leur sont destinées, à peine de dix livres d'amende contre le directeur, et pareille amende contre l'acteur, et de plus grande peine s'il y échoit.

. . . .

XXVII. — Il est défendu à toutes personnes attachées au théâtre ou non, de fumer la pipe dans toutes les parties de la salle, au théâtre, aux loges et aux différentes loges des acteurs et actrices, à peine de dix livres d'amende par chaque contravention, et même de prison s'il y échoit. »

Le Grand Théâtre ouvrit le 23 Mars 1788, le jour de Pâques? J'ignore par quelle pièce. Malgré les recherches les plus minutieuses il m'a été impossible d'élucider cette question. Je n'ai pu trouver non plus aucun détail sur la soirée d'inauguration. A la mairie, on ne possède absolument rien sur ce fait, pourtant intéressant, de l'histoire de la ville. Quant aux journaux cet événement semble avoir passé inaperçu pour eux. D'ailleurs, la collection de la bibliothèque est loin d'être complète, et, dans les feuilles du temps, il n'est guère question que des faits commerciaux. Je me suis adressé à plusieurs de mes concitoyens qui auraient pu posséder des notes manuscrites contemporaines, mais en vain ; rien, toujours rien. Il est étonnant comme, à cette époque, on négligeait tous les faits d'histoire locale.

Des difficultés s'élevèrent entre la municipalité et Versailles au sujet de la loge de la reine. Deux loges avaient été réservées, l'une pour le roi, l'autre pour la reine. Celle du roi devait être occupée par le gouverneur de la ville, celle de la reine par l'intendant de la province. Mais, comme ce dernier ne résidait pas à Nantes, les officiers municipaux avaient l'habitude de se tenir dans sa loge. Or, un arrêté royal réserva cette loge absolument à la reine et à l'intendant ; quant à la municipalité il lui était enjoint d'en choisir une autre où bon lui semblerait. Les maire et échevins de Nantes réclamèrent ; l'intendant approuva même cette réclamation mais rien ne fit ; à ce sujet, voici la lettre que reçut M. Bertrand de Molleville, intendant de Bretagne.

Versailles, le 10 Avril 1788.

J'ai reçu, Monsieur, la lettre que vous m'avez adressée le 6 de ce mois concernant la réclamation des Maire et échevins de Nantes, contre les décisions concernant les loges d'honneur dans la nouvelle salle de spectacle dans cette ville, mais cette décision étant conforme à l'ordre observé dans toutes les salles de spectacles du royaume, l'intention de Sa Majesté est qu'elle soit exécutée et que les officiers municipaux s'y conforment. Vous voudrez bien les en instruire. Si les armes de la ville ont été peintes dans la loge de la reine, il sera facile de les effacer et de les peindre dans celle des autres loges que les officiers municipaux pourront choisir.

J'ai l'honneur d'être etc.

BARON DE BRETEUIL.

La ville fut forcée d'obéir, mais non sans mécontentement.

Au sujet de la loge Graslin, il y eut aussi des discussions entre Longo et Graslin. Le directeur voulait exiger de ce dernier le prix des places de sa loge, disant qu'il n'avait que le droit d'une loge et non celui d'entrer sans payer. Graslin s'adressa immédiatement à la municipalité, le bureau se consulta et décida qu'il prendrait l'avis des avocats. Je n'ai pu retrouver le résultat définitif de la décision, mais il fut certainement favorable à Graslin.

Voici le tableau de la troupe engagée par Longo pour desservir le nouveau théâtre.

MM. *Longo*, directeur ; *Fournier*, régisseur.

OPÉRA

MM. *Saint-Vallier*, première haute contre ; *Defond*, id. ; *Montville*, id. ; *Chevalier*, deuxième haute contre ; *Richard*, id. ; *Grimaldy*, première basse taille ; *Allan*, id. ; *Massy*, id. ; *Douville*, deuxième basse taille ;

Bergamin, laruette; *Frédéric*, accessoire chantant; *Lesage*, trial.

MM^{mes} *Duchaumont*, première chanteuse; *Lesage*, id.; *Valville*, id.; *Saint-Servant*, id.; *Serton*, première duègne; *Dormilly*, deuxième duègne; *Théodore*, deuxième amoureuse; *Rau*, id.; *Massy*, id.; *Frédéric*, ingénuité.

COMÉDIE

MM. *Daulhay*, premier rôle; *Massin*, deuxième rôle, *Chevalier*, troisième rôle; *Lavandaise*, rois, tyran; *Gourville*, financier, Paysans; *Compain*, premier comique; *Verteuil*, id.; *Frédéric*, deuxième comique; *Lesage*, niais; *Vanhove*, père noble; *Saint-Servant*, accessoire; *Gironville*, accessoire; *Michelot*, souffleur.

MM^{mes} *Touteville*, premier rôle; *Barroyer*, deuxième rôle; *Verdier*, caractère; *Massy*, troisième rôle; *Gontier*, première soubrette; *Montville*, deuxième soubrette.

Les deux Coquelin de l'époque, Baptiste aîné et Baptiste cadet, qui allèrent ensuite à la Comédie Française, se firent aussi applaudir à Nantes pendant la direction Longo.

Baptiste aîné possédait une brillante éducation; il jouissait à Nantes de l'estime générale, et était reçu chez plusieurs riches négociants. Il avait un très bon ton et un esprit achevé. Les pièces où il s'est surtout fait applaudir sont: *Le Glorieux*, *Les Châteaux* en Espagne, L'habitant de la Guadeloupe, La Métromanie.

Baptiste cadet, à l'époque où il parut à Graslin, n'était encore âgé que de dix-neuf ans. Il s'essayait dans de petits rôles où les connaisseurs découvraient déjà les germes de son talent distingué.

Molé revint à Graslin. A ce sujet, je trouve dans Gaullier l'anecdote suivante :

« Plusieurs anciens habitués du Théâtre étaient rassemblés à l'*Hôtel de la Paix* au moment où une chaise de poste arrivait : ils voient un vieillard en sortir ; sa démarche est un peu tremblante, son dos est voûté ; une vieille perruque dérobe une partie de sa physionomie. Personne ne le connaît. Il demande une chambre. Une heure après, au moment où les habitués allaient se mettre à table, on aperçoit ce même vieillard, entièrement rajeuni, en habit de soie, perruque élégante, les joues couvertes d'un léger vermillon ; il marche avec grâce et abandon : « Eh bien Messieurs, s'écrie-t-il gaîment en entrant dans la salle, me voici de retour parmi vous. » Les amateurs ouvrent de grands yeux et le même cri part à la fois de toutes les bouches : M. Molé ! C'était lui-même. Dans le monde comme à la scène, il savait être toujours jeune quand il le voulait. »

Un artiste, dont les vieux amateurs de notre ville doivent se souvenir encore, Lefèvre, dit *Marsias*, commença sa carrière sous Longo. Il devait la continuer jusque sous Arnaud. Marsias parut à la fois dans la tragédie, la comédie, l'opéra et le vaudeville. Il chantait tour à tour les *Ellevious*, les *Martins* et les basses-tailles. On l'a vu représenter tous les personnages de l'opéra d'*Œdipe*, sauf ceux d'Antigone et d'Eriphyle, et dans le *Tableau Parlant*, il remplit tous les rôles, même ceux de Colombine et de la pupille de Cassandre, à deux représentations travesties.

Mmes Maillard et Saint-Huberti donnèrent, quelques mois après l'ouverture du théâtre Graslin, plusieurs représentations. Tout Nantes courut applaudir Melle Maillard dans le *Devin de Village*, dont elle chantait le rôle de Colette d'une façon exquise. Elle interpréta aussi *Armide* et *Iphigénie en Tauride* avec beaucoup de succès, mais l'enthousiasme des dilettanti nantais ne connut plus de bornes quand ils entendirent la Saint-Huberti chanter *Didon*, *Arinae*, *Phèdre*, *Armide* et *Castor et Pollux*. « On lui demanda le *Devin de Village*, qu'elle n'avait jamais chanté à Paris : elle y fit fureur. Pendant ses représentations, on ouvrait les portes à midi, et le public, tant les places se disputaient, avait la patience d'attendre durant cinq heures le lever du rideau. Mme Saint-Huberti n'était peut-être pas précisément une cantatrice dans l'acception toute musicale du mot, mais c'était une actrice passionnée, imprimant à son chant cet accent irrésistible qui remue les masses, et ajoutant à cet effet par l'énergie du jeu, qu'elle rendait éloquent jusque dans son silence (1). »

---

(1) Mellinet. *La Musique à Nantes.*

Longo ne garda pas longtemps la direction du Grand Théâtre ; en effet, le 23 janvier 1789, il fut remplacé par Rodolphe, musicien assez distingué, auteur de l'opéra d'*Isménor*, et Hus, maître de ballet. Ces derniers obtinrent le bail à ferme de la salle de spectacle pour neuf années. Le prix de la location était de vingt mille livres par an ; en outre, les directeurs devaient fournir un lustre en cristal, semblable à celui de la Comédie-Française, en remplacement de celui en fer, entretenir les poêles et faire tous les ans une décoration complète sur les desseins de l'architecte voyer.

Les sieurs Rodolphe et Hus obtinrent du duc de Penthièvre le privilège exclusif du théâtre. « En conséquence » il était défendu à toute autre troupe de comédiens, sauteurs, baladins et joueurs de marionnettes de faire des exercices, ou de donner ses spectacles sur aucun théâtre de la dite ville de Nantes sans payer auxdits sieurs Rodolphe et Hus, où à leur préposé le quart-franc des produits des recettes. »

En 1789, Mlle Saint-James, pensionnaire de l'Académie Royale de Musique, débuta dans l'éternel *Devin de Village*. « Mlle Saint-James possédait la voix la plus agréable qu'on ait encore entendue à Nantes, » nous dit le critique de l'*Abeille Brétonne*.

Puisque le nom de cette feuille vient sous ma plume, j'en profiterai pour parler immédiatement de l'*Affaire Fleury*, qui fit, à cette époque, tant de bruit, dans le monde théâtral nantais. Voici les faits :

Lemarquant, rédacteur de l'*Abeille Bretonne*, voulant se venger de Mlle Fleury, qui avait dédaigné, paraît-il, ses soins amoureux, fit paraître dans son journal une critique fort dure. L'actrice attaquée répondit une lettre à M. Lemarquant. Dans cette lettre qui fut publiée, mais non vendue, l'actrice ripostait fort bien, témoin ce passage :

« Eh ! croyez-vous de bonne foi que les gens honnêtes et sensés vous sachent gré et vous en estiment davantage d'avoir décrié avec aussi peu de ménagements une jeune personne de dix-sept ans, arrivée malade en cette ville, où elle est sans protection, connaissances, appui ni défenseurs ? Croyez-vous que le dégoût, car d'après votre caractère vindicatif et votre lettre menaçante, je m'attends au premier jour à être sifflée par vous, ne fût-ce que pour prouver la beauté des choses que vous avez dites, croyez-vous, dis-je, que le dégoût et le découragement amènent la perfection dans les arts ? Non, M. Lemarquant, ce sont des avis doux, honnêtes, exempts d'injures grossières, tels enfin que je vous crois incapable d'en donner, et pour joindre l'exemple à la leçon, je commencerai par vous dire, moi, d'après ce que j'ai lu de vous :

Eh ! qui diable vous force à vous faire imprimer ?
Si l'on peut pardonner l'essor d'un mauvais livre
Ce n'est qu'au malheureux qui compose pour vivre.

vous êtes orfèvre M. Josse. »

La lettre continue sur ce ton pendant trois pages.

Or, au théâtre, à une représentation, un spectateur jeta cette lettre sur la scène, demandant qu'elle fût lue à haute voix; une partie du public fit chorus, le directeur céda, et la lettre fut lue, à la grande colère de Lemarquant, qui était dans la salle. Il essaya de répondre dans son journal, mais toute la ville était contre lui et donna raison à la jeune chanteuse.

Les représentations étaient alors fort accidentées. Le public qui aimait beaucoup Mlle Saint-James désirait l'entendre dans *la Caravane du Caire* dont le rôle principal était tenu par Mme Saint-Servant. Un soir que cette dernière jouait l'opéra de Grétry, le public réclama tellement, que Rodolphe fit baisser le rideau et ordonna à Mlle Saint-James d'aller s'habiller. Mme Saint-Servant furieuse, se mit à injurier le directeur et donna un coup de poing à Mlle Saint-James. Saint-Servant prit naturellement parti pour sa femme. Croyant ramener la tranquillité, Hus ordonna de relever le rideau ; au même moment Saint-Servant tira sa canne à épée et se précipita sur le fils Hus qui était là. Pendant ce temps le rideau s'était levé et le public assistait à toute la scène. On désarma Saint-Servant, mais dans la salle on crut que Hus avait été blessé; des femmes s'évanouirent, d'autres se sauvèrent du théâtre, les hommes escaladèrent la scène et le spectacle ne put reprendre qu'à près une longue interruption. Le public exigea que M. et Mme Saint-Servant ne reparussent plus sur la scène.

Vers cette époque on joua les pièces suivantes : *Les Sculpteurs, Boniface, Pointu et sa famille l'Avocat chansonnier, Les Cent écus, Le Prince Ramonneur, Gilles Barilleur, Les Amours de Montmartre, L'Anglais à Paris, Le Café de Nantes, La Mort du Capitaine Cook*, ballet en action, *Dorothée*, pantomime à grand spectacle, *La Rose et le Bouton*, pastorale de Robineau Bertrand, — Il paraît que cette dernière œuvre était assez leste, et qu'on en supprima plusieurs passages, — le *Jugement de Midas*, de Grétry. Au sujet de cet opéra, Mellinet cite une anecdote assez curieuse : « A l'occasion du *Jugement de Midas*, MM. les clercs de procureurs reçurent tous le billet que voici : « MM. les clercs sont invités à aller siffler le *Jugement de Midas*, parce qu'on dit, dans cette pièce, que Midas était leur compère, et que l'auteur anglais (M. d'Heli) donne des oreilles d'âne aux amis de Rameau, en face des Français eux-mêmes. » — Les clercs eurent l'esprit de faire justice de ce billet ridicule : au lieu de siffler, ils applaudirent, et le succès fut complet : c'était donner tort à la fois à l'auteur de l'opéra et à celui du billet. Lefèvre produisit un effet tel dans le rôle de Marsias, que le nom lui en resta. »

Le célèbre Gardel était en 1789 maître de ballet au Théâtre Graslin. Il fit jouer le 23 mai de cette année, *Mirza*, ballet en action, dont il était l'auteur. Le succès, paraît-il, fut complet.

L'Assemblée nationale venait d'accorder aux comédiens la jouissance des droits civils et politiques. Les artistes de la Comédie-Française avaient fait, à ce sujet, une démarche auprès du Bureau de l'Assemblée. Les pensionnaires du théâtre de Nantes écrivirent la lettre suivante aux comédiens du Roi. (1)

« Nantes, ce 1er janvier 1790.

« Messieurs,

« Daignez agréer notre félicitation sur votre respectueuse démarche auprès de M. le Président de l'Assemblée Nationale, sur le décret dont elle nous honore, et nos sincères remerciements de l'empressement que vous avez mis à nous en faire part.

« Puissent tous nos camarades de province qui trouvèrent de tout tems en vous des modèles dans la carrière théâtrale, suivre plus scrupuleusement encore l'exemple que vous leur avez toujours donné des bonnes mœurs et de l'honnêteté.

« Nous avons l'honneur d'être avec la plus parfaite estime,

« Messieurs,

« Vos très humbles et très obéissants serviteurs et servantes.

MM. Grimaldy. — Villeneuve. — Compain. — Allan. — Huc. — Chazel. — Boquay. — Lavandaise. — Dorvigny. — Baptiste Anselme et son épouse. — Mlle Toutéville. — Baroyer. — Perlet. — Ferton. — Stephani. — Duchau.

(1). Je dois la communication de cette lettre à l'obligeance de M. Monval, archiviste de la Comédie Française.

mont.— Saint-Vallier.— Gourville.— Michelot.— Devaugre, secrétaire souffleur.

« Rodophe et Hus donnèrent au Grand-Théâtre une extension extraordinaire : tous les genres étaient portés au grand complet, et la troupe se composait des meilleurs acteurs de la province. On y revoit Baptiste, l'infatigable Gourville, Lavandaise, M¹¹ᵉ Touleville, auxquels viennent se joindre Compain, l'excellent comique, dont le jeu spirituel et la verve entraînante lui valurent les plus grands succès au théâtre de la Porte-Saint-Martin, à Paris ; il finit ses jours d'une manière tragique dans une émeute qui eut lieu à Bordeaux ; Bergamin, laruette, l'acteur de la nature, qui, sans aucune instruction, apportait dans tous les rôles une vérité, un abandon admirables ; Massin, charmant jeune premier et Mercero danseur distingué et même parfait. Mais, ce règne brillant ne fut pas de longue durée. Les dépenses excessives de cette administration, qui avait un mobilier et un personnel considérables, jointes à celles des directeurs, qui tenaient chacun une maison montée sur le grand ton, amenèrent bientôt la ruine de leur entreprise. » (1)

Déjà, dès 1789, on prévoyait la chûte forcée du théâtre. Pour tirer les directeurs d'embarras, quelques personnes eurent l'idée de faire une souscription. Le projet fut imprimé ; en voici un fragment.

---

(1) Gaullier et Chaplain.

« Les soussignés voulant donner aux dits entrepreneurs, et principalement au sieur Hus, des moyens d'encouragement pour soutenir le théâtre, et des preuves de leur satisfaction, promettent et s'engagent par le présent, de compter chacun, d'ici au premier Février prochain, une somme de 96 livres entre les mains de M............. demeurant............ qui s'est chargé d'en faire la recette, et qui en remettra le produit total auxdits entrepreneurs, sur leur quittance et d'après la soumission solidaire qu'ils feront de maintenir le théâtre jusqu'à l'expiration de leur bail sur le pied où il est actuellement, et de lui donner encore toutes les améliorations dont il peut être susceptible. Il est au surplus arrêté que le présent engagement ne sera valide qu'autant qu'il sera revêtu de 300 signatures au moins ; que la signature simple ne vaudra que pour une seule action et que les amateurs les plus zélés et les chefs de famille qui voudraient souscrire pour plusieurs actions, eu égard aux nombreuses personnes qui leur sont attachées, et qui fréquentent le spectacle, spécifieraient le nombre d'actions pour lequel ils entendent souscrire. »

Je ne sais si cette souscription réussit ; sauf le document dont je viens de citer le principal passage, je n'en ai pas trouvé d'autres traces.

La situation politique commençait à s'obscurcir. La ville se trouvait très obérée, et les directeurs ne payaient point les quartiers échus. « Le Conseil, considérant que les recettes du théâtre sont si minimes, que souvent elles ne s'élèvent qu'à quinze et vingt livres, et que les jours de fête, c'est à peine si elles atteignent deux cents à trois cents livres ; considérant que si on saisissait ces recettes, ce serait enlever aux acteurs et aux musiciens le salaire qui leur est dû et forcer les directeurs à fermer le spectacle ; arrête qu'on suspendra les poursuites et qu'on avisera plus tard. » Le 22 octobre 1790, le Conseil se décida à mettre en vente le théâtre; mais un arrêté du directoire du département, interdit à la commune d'aliéner la salle.

Quelque temps après les sieurs Perlet et Chazelle, comédiens, demandèrent à la municipalité de les nommer administrateurs ou directeurs. « Sur quoi le bureau délibérant, ouï les conclusions du procureur de la commune, a arrêté, avant de rien statuer sur le plan présenté par les sieurs Perlet et Chazelle pour l'administration du Grand Spectacle de cette ville, de nommer des commissaires du conseil pour examiner ladite requête, ainsi que les fermes et traités passés avec les sieurs Rodolphe, Hus et Compagnie, pour, d'après leurs observations, être statué, s'il y a lieu ; et, à cet effet, le bureau a nommé pour ses commissaires MM. Clavier, Gédouin, Carrié et Ryédy, à qui il a été remis six pièces relatives à l'objet qu'ils sont chargés d'examiner. »

Dans la même séance, on discuta aussi la question du résiliement des baux des directeurs. « Messieurs, dit le procureur de la commune, vous n'ignorez pas dans quel état de détresse se trouvent aujourd'hui les directeurs du spectacle. Ils doivent aux comédiens du théâtre plus de soixante mille livres ; plusieurs quartiers du loyer de votre salle sont dus ; ces directeurs doivent à tout le monde, et l'absence de plusieurs d'entre eux semble annoncer une faillite au carême prochain. Je pense, Messieurs, qu'il est instant de prendre un parti sérieux ; non-seulement parce que le temps est court, mais encore parce que nos revenus en souffrent et en souffriront davantage par la suite. Si on diffère encore quelques jours, il pourrait se faire que votre théâtre fût dépourvu de comédiens ; une cessation subite de spectacle, dans une grande ville comme Nantes, où les citoyens sont habitués à cet amusement, ne pourrait être que dangereuse. Je requiers, pour l'intérêt public, que vous délibériez sur mon exposé, et que vous avisiez aux moyens à prendre dans cette circonstance. »

« Sur quoi délibérant, le conseil décerne acte au procureur de la commune de son réquisitoire, et après s'être fait donner lecture par son secrétaire greffier du bail à ferme fait avec le sieur Longo, son précédent fermier, et de celui fait avec les sieurs Hus, Rodolphe et Compagnie, notamment de l'article, etc., a chargé le procureur de la commune de faire les suites nécessaires pour parvenir au résiliement desdits baux. »

Le 8 avril 1791, les sieurs Rodolphe et Hus furent déclarés en faillite.

VIII

DIRECTIONS : FERVILLE — VIOLETTE et Cie — DANGLAS

PÉRIODE RÉVOLUTIONNAIRE

(1791. — An IV).

A direction passa alors entre les mains de Ferville. Ferville, de son vrai nom, s'appelait Vaucorbeil. C'était le propre aïeul de l'ancien directeur du Grand-Opéra.

« Ferville, comme acteur, était le sujet le plus précieux de sa troupe. Il avait pris l'emploi des comiques, ce qui ne l'empêchait pas de jouer tous les genres au besoin. Un débutant voulait paraître dans le rôle de Zopire, mais il ne pouvait réussir à monter la pièce. — Quel est le rôle qui vous manque ? demande Ferville. — Mahomet ! — Ce n'est que cela, répond-il, parbleu, je le jouerai ! Et il le joua en effet. »

« Un autre acteur, nommé Lafond, assez bon premier rôle, mais ayant parfois un jeu désordonné, ne manquait jamais, lorsqu'il se laissait emporter par la chaleur de sa diction, de briser les fauteuils qui se trouvaient sous ses mains. Il demanda un jour à Ferville ce qu'il pensait de son jeu. « Vous n'avez qu'un défaut, lui dit le directeur, c'est que vous ne ménagez pas assez ceux qui se trouvent en scène avec vous, et chaque soir il arrive des accidents. — Comment ! s'écria Lafond, quels accidents ? — Vous allez voir, reprend Ferville, et ouvrant la porte du garde-meuble, il lui montre une vingtaine de fauteuils brisés.—Voilà vos victimes, lui dit-il, n'en augmentez pas le nombre, je vous prie. » Lafond partit d'un long éclat de rire. Depuis ce temps, lorsque Ferville était en scène avec lui et qu'il le voyait prêt à entrer en fureur, il lui disait tout bas. « Grâce pour mes fauteuils, Lafond. » Ce mot arrêtait soudain le terrible exterminateur. » (1)

Je trouve dans l'*Almanach des Spectacles*, de 1791, le tableau complet de la troupe de Ferville. Le voici :

« *Ferville*, directeur. — *Michelot*, régisseur. — *Fournier*, caissier.

COMÉDIE

MM. *Chazet*. — *Dorsan*. — *Mértel*.— *Tirepenne*. — *Dumily*. — *Lavandaise*.— *Gourville*.— *Saint-Aubin*. — *Richard*. — *Daubigny*.— *Henry*.—*Euder*.

---

(1) Gaulier et Chapplain.

Mesdames *Touteville*. — *Guérin*. — *Fréton*, mère. — *Bogntott*. — *Baupré*. — *Dorsan*. — *Constance*. — *Dugazon*.

OPÉRA

MM. *Loth*. — *Molière*. — *Bogntott*. — *Olivier*. — *Gentil*. — *Julien*.

Mesdames *Loth*. — *Mésières*. — *Fréton*, fille. — *Cassin*. — *Camille*. — *Mertel*. — *Delor*. — *Boyer*.

L'orchestre est de dix-huit musiciens estimés chacun dans leur partie. Le maître de musique, est M. Le Breton.

MM. *Vaugeois*, mécanicien. — *Philatre*, *Dufay*, peintres. — *André*, costumier. — *Lebrun*, imprimeur. — *Béziers*, fournisseur. — *Gaillard*, magasinier. — *Bonain*, *Bernard*, contrôleurs.

Neuf charpentiers, un coëffeur, quatre gardes du théâtre, six perruquiers en sous-ordre, dix ouvreuses, quatre habilleuses, deux buralistes et vingt autres employés y compris la garde, en tout cent vingt personnes.

On joua, sous la direction de Ferville, les *Deux Miliciens*, et les *Souliers Mordorés*, opéras du compositeur italien Fridzeri, que le comte de Chateaugiron avait amené à Nantes.

Le 19 juillet 1791, Ferville abandonne la direction. Il écrit au conseil « qu'il voit avec regret que sa direction ne peut marcher avec ses propres ressources, et qu'un abonnement qu'il avait ouvert pour l'aider, ne couvrirait pas le quart de ses dépenses. » Le 21, les artistes se réunissent et décident de continuer la campagne.

Le 29 septembre 1791, la municipalité prit un arrêté faisant défense aux comédiens de rien ajouter ou retrancher dans leurs rôles.

Le 28 février 1793, la municipalité passa, moyennant vingt-cinq mille livres, un bail de neuf ans avec MM. Riedy, Turminger, etc., etc., négociants.

Ces derniers s'entendirent avec Ferville, et lui transportèrent tous leurs droits : ils lui louèrent pour toute la durée du bail, les magasins d'habillements et de décors, à raison de dix mille livres pour chacune des huit premières années et de douze mille livres pour la dernière. Ferville, à la fin du bail, devait être propriétaire unique des magasins.

La municipalité, sur la demande de Ferville, abaissa le loyer à dix-sept mille francs, et, quelques mois après, à quinze mille.

Le théâtre Graslin prit pendant la période révolutionnaire le nom de Grand Théâtre de la République.

Gaullier et Chapplain rapportent l'anecdote suivante, se rattachant à l'année 1793 :

« Un jeune acteur qui représentait Catane dans la tragédie de *Tancrède*, arrive en scène sachant à peine son rôle. Grâce au souffleur et à son sang-froid, il était parvenu au long récit du combat ; là, sa mémoire se trouve tout à fait en défaut ; Soudain, comme s'il eut cédé à une inspiration sublime, il parle des exploits de Tancrède et des soldats républicains, des chevaliers de Syracuse et de l'armée de Sambre-et-Meuse; il mêle les extrait du *Moniteur* et les vers de Voltaire, et suant, haletant, gesticulant, il termine sa tirade au milieu des applaudissements et des cris d'enthousiasme de la multitude. »

Toujours d'après Gaullier, la troupe de Ferville était assez médiocre. Il trouva pourtant moyen de gagner beaucoup d'argent en distribuant des billets d'abonnement à bas prix. Il emplissait ainsi sa salle tous les jours.

Sous sa direction, le théâtre fut un jour forcé d'afficher « Relâche » avec cette singulière mention : « Attendu le départ des acteurs pour la moisson. »

On était alors en pleine guerre civile. Les armées vendéennes se préparaient à attaquer Nantes ; aussi les esprits n'étaient-ils guère tournés vers les choses du théâtre. Le 6 août 1793, le conseil arrêta que : « prenant en considération la circonstance de l'état de siège de la ville, qui a appelé tous les citoyens pendant plusieurs jours à la défense de la place et du service qu'elle a nécessité, ce qui l'a obligé de cesser son spectacle, arrête que Ferville ne comptera au trésorier de la commune que trois mille deux cents livres au lieu de quatre mille deux cents qu'il doit lui compter en avance du loyer des mois d'août et de septembre prochain. »

Des jours épouvantables allaient commencer pour Nantes. Carrier entra dans la ville le 8 octobre.

Jusqu'au 16 pluviôse An II, ce monstre à face humaine devait faire peser sa tyrannie sur notre malheureuse cité. Que devint le théâtre pendant cette période ? Sauf les quelques faits que je cite plus loin, je n'ai pu découvrir rien d'intéressant sur lui. Et pourtant, il est probable qu'il devait marcher régulièrement : Carrier aimait trop le plaisir pour permettre que le spectacle fît relâche en ces jours de deuil.

Il était absolument défendu aux acteurs de prononcer le mot de roi. « Dans la *Belle Arsène*, lorsque le charbonnier dit qu'il est roi dans sa chaumière, le chanteur était obligé de substituer les mots : *Dans ma chaumière je fais loi*. Lorsqu'on put rire sans redouter la guillotine comme punition d'un rire aristocratique, cette substitution ne manquait jamais d'exciter les quolibets du public, qui, par un calembourg très pardonnable, changeait *loi* en *l'ôte*, en laissant interdit le pauvre chanteur, quand surtout il était médiocrement en faveur, ce qui rendait l'allusion trop directe. » (1)

Le citoyen Faure, régisseur du théâtre, osa un jour tenir tête à Carrier. Il a raconté ainsi son entrevue avec le proconsul :

« J'arrive chez Carrier, il était avec un général et plusieurs autres personnes ; en m'apercevant, le voilà qui se met à m'apostropher dans son langage énergique, me reprochant, ainsi qu'à mes camarades, de ne pas jouer les

---

1. Mellinet. — *La Commune et la Milice de Nantes.*

pièces du vrai théâtre républicain, et principalement les chefs-d'œuvre de son ami Collot d'Herbois ; puis il termine son allocution par nous traiter de j..f... et de canailles.

» Canailles ! m'écriai-je ; nous sommes des canailles, nous qui allons nous battre tous les jours pour la défense de la République !

» Un général se hâta de faire notre éloge, et déclara que, pour mon compte, j'étais un brave patriote, et que j'avais bien mérité de la patrie. Mais Carrier n'entendait rien ; il jurait comme un possédé, menaçait de nous faire jouer la tragédie au naturel, et n'épargnait pas les injures.

» J'avais une tête du diable : je rendis au représentant ses invectives et ses jurons. En vain le brave général voulait m'imposer silence... J'étais monté. Carrier, furieux, tire son sabre et s'avance sur moi ; j'étais sans armes ; j'avise en ce moment un buste de Marat, qui était sur un meuble ; je m'en saisis, et je le lance à la tête du représentant. Quelques lignes plus bas, et la *boule* du chef des montagnards écrasait celle de son digne ami. Par malheur, le buste ne fit que lui effleurer la face. Les assistants se jetèrent entre nous deux ; on se hâta de me faire sortir. Je m'attendais à être guillotiné le lendemain ; mais mon patriotisme bien connu et mes nombreux amis me sauvèrent. Tous les habitués du théâtre, d'ailleurs, auraient pris ma défense. Carrier dissimula, et déclara plus tard qu'il s'était trompé et que j'étais un bon b..... »

Le 12 pluviôse, An II, la Société de Vincent La Montagne demande que chaque « décadi, et par avance, le directeur donne le répertoire des pièces qu'il se propose de faire jouer, afin d'examiner celles qui sont susceptibles d'être représentées. »

Des représentations gratuites étaient offertes tous les ans le dernier jour des sans-culottides; le directeur recevait pour cette représentation une indemnité de quatre cents livres.

A cette époque, le public avait pris l'habitude de jeter sur la scène certaines élucubrations littéraires, politiques ou autres, et d'en demander la lecture. Dans sa séance du 8 prairial An III, le conseil s'occupa de réprimer cet abus, et prit l'arrêté suivant :

« Toute personne qui voudra faire lire une de ses productions sur le théâtre sera tenu de la présenter préalablement au bureau de police municipale qui en fera l'examen et permettra lecture au théâtre s'il n'y entre rien qui puisse troubler l'ordre, la tranquillité et la décence qui doivent y régner ; arrête également que tout billet, soit vers, couplets ou prose, qui seront jetés sur ledit théâtre ne pourront être lus qu'après avoir été examinés par le bureau de police municipale. »

Ferville céda la direction du Grand-Théâtre aux sieurs Violette, Monlaval, Duboscq et Cie le 23 floréal an III. Quant à lui, il partit pour Paris prendre une part dans l'entreprise de l'Odéon. Il devait se ruiner dans cette affaire.

La vogue était alors aux pièces révolutionnaires. Pendant cette période, on représenta plusieurs ouvrages inédits : *La Prise de Charette*, comédie en deux actes, par le citoyen Mayas, chef de la 34e demi-brigade, *La Mort de Vincent Malignon*, par Étienne Gosse, *Les Brigands de la Vendée*, opéra-vaudeville en un acte, de Roullant, et *Les Émigrés à Quiberon*, du même auteur. Au sujet de cette dernière pièce, les entrepreneurs du théâtre vinrent déclarer au maire qu'ils ne pouvaient se procurer de la poudre pour la jouer. On leur en accorda dix livres.

Un nouveau règlement pour la police du théâtre fut publié le 8 thermidor an III. C'est à peu de chose près la réédition de l'ancien. Citons pourtant ces deux articles :

. . . .

X. — La loge du fond est réservée pour les officiers de police. L'entrée en est interdite à toute autre personne.

. . . .

XXIV. — Il est défendu à qui que ce soit d'amener des chiens dans la salle, même en les portant sous le bras.

Le 25 thermidor de cette année, les sieurs Violette, Duboscq et Cie demandèrent l'autorisation d'augmenter le prix des places, vu la cherté des vivres qui les forçaient à élever les appointements de leurs artistes. Les premières furent fixées à huit livres, les secondes à cinq, les troisièmes à trois, les quatrièmes à trente sous et le parterre à une livre.

Le même jour, le conseil arrêta :

« Que par le régisseur du spectacle, il serait enjoint aux artistes de chanter en entier l'hymne de la *Marseillaise* lorsqu'il se trouve à faire partie d'une pièce telle que la *Prise de Quiberon*, et autres, et de ne pas omettre, comme il est arrivé plusieurs fois, le couplet : *Français, en guerriers magnanimes*; ce dont quelques citoyens se sont aperçus de l'oubli. »

Le théâtre attirait peu de monde sous cette direction puisque le 7 vendémiaire An III, « les directeurs demandent à être dispensés d'entretenir une troupe permanente et complète, tant que durera la pénurie qui se fait sentir en tout genre, attendu qu'ils sont dans l'impossibilité de satisfaire aux demandes des artistes, qui exigent un salaire qui absorberait de beaucoup le produit de la recette.

« Le Conseil, ouï l'agent national, vu son incompétence à prononcer sur la fixation du traitement des artistes et qu'il ne peut rien changer aux engagements pris par les entrepreneurs du grand spectacle, lorsqu'ils ont succédé au citoyen Ferville, arrête qu'il n'y a lieu de délibérer. »

Pour dédommager les directeurs, le maire, le 22 vendémiaire, leur permit d'augmenter encore le prix des places. Les premières furent mises à quinze francs, les secondes à dix francs, les troisièmes à sept francs cinquante, les quatrièmes cinq francs, le parterre cinquante sous.

Le 22 brumaire, une nouvelle augmentation fut encore autorisée : Premières, vingt-cinq francs;

secondes, quinze francs ; troisièmes, dix francs ; quatrièmes et parterre, cinq francs. Toutes ces permissions sont inscrites : « Accordées vu l'excessive cherté de toutes les denrées qui contribuent aux dépenses indispensables du théâtre. » Au premier abord, ces prix nous paraissent, à bon droit, exorbitants ; mais en réfléchissant que, vu la rareté du numéraire à cette époque, c'était probablement en assignats qu'on payait le plus souvent sa place au théâtre, et connaissant, d'un autre côté, la dépréciation du papier-monnaie, on ne s'étonnera plus de l'obligation où les directeurs se trouvaient de coter leurs places à un si haut prix.

A la date du 6 frimaire An IV, je relève dans les registres municipaux, la demande suivante, qui montre quelle pénurie existait à Nantes au sortir de la Terreur.

Les entrepreneurs du grand spectacle exposent à la municipalité qu'il leur est très difficile de se procurer les huiles nécessaires pour les illuminations de leur salle et que d'autres considérations les empêchent de mettre le prix à cet article ; en conséquence, ils demandent à l'administration qu'elle leur fasse délivrer, au prix qu'il lui plaira arbitrer, des huiles d'olive grasses, qui sont dans les magasins de l'approvisionnement de la République, en cette ville, et dont le représentant du peuple leur avait accordé une partie qu'ils ont entièrement consumée.

L'administration passe à l'ordre du jour, motivé sur ce que les huiles appartiennent à la République et ne sont nullement à sa disposition.

Le 25 ventôse An IV, la municipalité prit l'arrêté suivant :

« Considérant que les troubles fréquents qui ont lieu aux spectacles sont principalement occasionnés par la présence des filles publiques qui s'y permettent les propos les plus obscènes. Considérant que si la faculté d'entrer aux spectacles et aux bals publics ne doit pas leur être interdite, elles sont néanmoins aux yeux de la loi dans le cas d'une surveillance toute particulière, et que pour réussir avec succès, il est nécessaire de leur assigner un lieu dans l'enceinte des dits spectacles où l'action de la police puisse être aussi rapide qu'elle est nécessaire.

Arrête : Que les filles publiques et femmes portées sur les registres des commissaires de police sur la colonne des suspects et des gens sans aveu, comme favorisant la débauche ne pourront occuper dans l'enceinte des deux spectacles, que les six premières secondes loges à gauche en entrant, et leur enjoint de s'y comporter avec décence, sous peine d'être arrêtées sur le champ et punies selon toutes les rigueurs de la loi. »

Le 27 du même mois, le directeur reçut ordre :

« De faire jouer chaque jour par son orchestre, avant le lever de la toile, les airs chéris des républicains, tels que la *Marseillaise*, *Ça ira*, *Veillons au salut de l'empire* et le *Chant du départ*. Dans l'intervalle des deux pièces, on chantera toujours l'hymne de la *Marseillaise*, ou quelqu'autre chanson patriotique. Il est expressément défendu de chanter l'air homicide : *Le Réveil du peuple*.

L'administration charge les commissaires de police de veiller à l'exécution du présent; de faire arrêter tous ceux qui, dans les spectacles, appelleraient par leurs discours le retour de la royauté, provoqueraient l'anéantissement du corps législatif ou du pouvoir exécutif, exciteraient le peuple à la révolte, troubleraient l'ordre de la tranquilité publique et attenteraient aux bonnes mœurs. »

Le 5 Pluviose, la Ville, d'après l'arrêté du directoire exécutif, ordonna au directeur de donner une fois par mois, une représentation au bénéfice des pauvres.

La fonction de médecin de théâtre fut créée à Nantes cette année-là. A ce sujet, voici la délibération du conseil de la commune.

« Le commissaire du directoire a exposé que le tribunal de police éprouvait une difficulté à résoudre l'affaire de la citoyenne Talduc, en ce que l'officier de santé chargé par le commissaire de police de constater la santé de cette citoyenne a déclaré qu'elle était en état de jouer son rote (sic) et qu'elle maintient au contraire par un autre officier de santé qu'elle a été attaquée toute la nuit de coliques néphrétiques, que cette maladie loin d'altérer la santé, n'en donnait que plus de force à la voix et plus d'éclat au teint, etc., etc.

L'administration faisant droit aux conclusions et réquisitoires du commissaire du directoire exécutif, arrête que dorénavant les artistes qui ne pourraient jouer pour cause de maladie imprévue, dans les pièces portées au répertoire, seront tenus de s'adresser au citoyen Cantin, officier de santé, près le Bon-Pasteur, ou au citoyen Fabré, aussi officier de santé, demeurant place Graslin, maison Toché, pour faire certifier par eux ou l'un d'eux, leur état de maladie et causes d'empêchements, faute de quoi ils encourreront les peines portées par les lois et règlements de police, et pour l'exécution du présent lesdits citoyens Cantin et Fabré auront la faculté d'entrer au spectacle et notamment au théâtre, et les directeurs sont priés de donner des ordres à cet effet.

Le 4 floréal, an IV, Violette, Monlaval, Duboscq et C¹ᵉ traitèrent avec un tapissier du nom de Danglas, et lui abandonnèrent tous leurs droits moyennant la somme de trente mille livres, payables en dix années avec intérêts à cinq pour cent, jusqu'au remboursement. Ils se réservaient seulement la jouissance d'une loge grillée pendant le reste du bail.

Quatre mois après, le Grand Théâtre brûlait.

IX

INCENDIE DU GRAND-THÉATRE

(7 Fructidor An IV).

Grand-Théatre de la République

Aujourd'hui, *LE LEGS*, comédie
et
ZÉMIRE ET AZOR
OPÉRA AVEC SON PROLOGUE ET MÉTAMORPHOSE
LE BALLET DES GRACES
AU 3ᵉ ACTE
L'APPARITION DE LA DÉESSE DANS UN NUAGE
LE BUSTE D'AZOR
COURONNÉ DE FLEURS PAR ZÉMIRE
SUIVI DE SA MÉTAMORPHOSE

Vu les dépenses considérables de cette entreprise, on prendra :
Aux premières, loges et parquets. 30 sous
Aux secondes.......................... 20 —
Aux parterre et troisièmes......... 12 —
Aux quatrièmes....................... 6 —

Sur les promesses de cette alléchante affiche, un public fort nombreux était accouru au théâtre et la salle était pleine.

Les deux premiers actes avaient été joués sans encombre. Il était à peu près huit heures, et l'on était au troisième acte, lorsque l'incendie se déclara.

Immédiatement la salle entière se leva et se précipita vers les portes au milieu d'un tumulte indescriptible. Heureusement, les issues étaient nombreuses, — ce sont les mêmes aujourd'hui, — et l'on n'eut à déplorer que peu de victimes. Lors du déblaiement, on retrouva les cadavres de sept personnes :

Cascayne, machiniste.
Veuve Doussaint.
Anne Lau-Robert, enfant de cinq ans.
La fille Vivier.
La femme Dolbaut.
Galipaud, figurant.
Une jeune fille restée inconnue.

Il y eut aussi quelques blessés, mais en nombre insignifiant. C'est donc une preuve que Graslin offre une sécurité relative, à la condition que l'on ne s'affole pas. A cette époque, le public n'était pas terrifié par les nombreuses catastrophes qui ont eu lieu pendant ces dernières années, et, dans sa fuite, il garda, relativement, un certain ordre. Plusieurs citoyens firent preuve du plus grand dévouement et rentrèrent un grand nombre de fois dans l'intérieur du théâtre pour voir s'il n'y avait pas des victimes à arracher aux flammes.

Quelle fut la cause du sinistre ? De l'avis général, ce fut une bougie qui enflamma un transparent. Le feu se communiqua dans les frises avec une rapidité vertigineuse, et quelques secondes après, le théâtre entier était en feu.

Voici les dépositions recueillies à la mairie. Elles raconteront, mieux que je ne pourrais le faire, ce triste épisode de notre histoire théâtrale. On verra, d'après elles, que l'incendie de l'Opéra-Comique présente certaines analogies avec celui du théâtre de Nantes. Pourquoi faut-il que le nombre des victimes n'ait pas été le même ?

DÉPOSITION DE DANGLAS

« Je soussigné, Directeur du Théâtre de la République, déclare qu'après avoir fait tout préparer pour représenter sans accidents et à la satisfaction des spectateurs la pièce de *Zémire et Azor*, je descendis à la fin du deuxième acte dans le parterre, afin de juger moi-même de l'effet des machines. J'y étais à peine que je vis ou crus voir une lueur filer le long des frises. Je saute sur le théâtre, et vois que le feu prenait au châssis-transparent de l'appartement de Zémire. Je m'en affectai peu, par l'habitude d'éteindre de suite de pareils accidents et montai moi-même sur le pont volant d'où je coupai la frise où le feu pouvait se communiquer. Déjà je croyais le mal réparé, quand le rideau d'avant-scène tombé me fit presque suffoquer par la fumée. Je criai : haut le rideau. Il fut levé ; mais alors le bruit, qui se fit entendre au-dessus de ma tête, ayant attiré mes regards, je vis le toit en feu.

« Désespérant alors d'éteindre un incendie dont les progrès surprenants donneraient matière à d'étranges conjectures, si la raison n'empêchait de s'y livrer, je sautai sur le Théâtre de l'endroit où j'étais, à seize pieds à peu près de hauteur. Les flammes m'environnant déjà et me coupant toute retraite du côté des sorties ordinaires, je gagne le foyer des acteurs : il était en feu. Je me jette dans le cabinet des armes, à côté ; j'y trouve, étendus, plusieurs individus qui, désespérés et perdant la tête, n'attendaient plus que la mort. Sans m'amuser à les réconforter, je prends parmi les boucliers et ferrailles un vieux sabre en fer dont je me sers pour dépatocher la porte qui s'offre à moi comme seul moyen de salut. Je fais sauter les loquetaux du haut et du bas ainsi que les fiches. Le sang qui coulait de la blessure que je m'étais faite à la tempe droite en m'élançant sur le théâtre, m'empêchait de voir qu'il restait une serrure à faire sauter. M'en apercevant alors à mon grand désespoir, je passe entre cette serrure et la porte la lame de mon sabre ; je réussis mieux que je ne m'en étais flatté, puisque la serrure vint et céda à mes efforts. La porte s'ouvre : je crie alors à mes infortunés compagnons : Venez, amis, du courage, nous sommes sauvés... je le croyais ; j'avance ; ô désespoir ! un mur se présente à moi, et nous n'avons rien fait. La mort dans l'âme, je passe mes doigts dans un grillage de fil de laiton qui couvrait une petite lucarne. Dès lors je criai aux gens du dehors de nous sauver en secondant mes efforts pour jeter bas le briquetage qui nous enfermait plusieurs dans une fournaise dont les flammes nous gagnaient à tout moment. Les efforts du dehors, réunis aux miens, firent enfin une brèche par laquelle je fis passer ces malheureux. Mais alors mes forces m'abandonnent et l'on me retire presque sans mouvement et sans connaissance. On m'emporte chez moi, où je me suis trouvé en reprenant mes sens. »

DÉPOSITION DU RÉGISSEUR MASSY

« Je jouais *Sander* dans la pièce intitulée *Zémire et Azor*. Au troisième acte, on devait faire paraître une grotte qui devait se changer en Azor, changement qui a manqué, je ne sais pourquoi. Mais enfin, comme régisseur, je cours de suite pour m'en informer. Au même instant, je vois le transparent qui porte ces mots : *Appartement de Zémire*, qui n'est autre chose qu'un petit cadre, je le vois en feu. Je m'en approche, pour donner les ordres nécessaires, et l'éteindre moi-même. Mais mes efforts sont inutiles, et dans une seconde je vois tout le cintre en feu. Je crie à tout le monde de se sauver. Je le fais moi-même; je cours à ma loge pour me déshabiller; je n'en peux monter les marches, vu que la fumée m'étouffait. Je suis donc contraint de me sauver tel que j'étais, en habits de théâtre, tout cela en moins de trois minutes. »

DÉPOSITION DU CHEF D'ORCHESTRE LE BRETON

« J'ai vu le feu au transparent qui était au-dessus de l'appartement de Zémire. Un instant après devait monter le buste d'Azor; le câble qui servait à le monter ayant manqué, on s'est occupé à le réparer. Dans cet intervalle, je voyais le feu au même transparent, mais qui ne paraissait pas s'étendre, puisque le citoyen Le Faure, qui était dans ce moment sur le théâtre, dit au public que ce n'était rien. Cependant, on baissa le rideau d'avant-scène;

cela me fit croire que l'on avait trouvé quelque moyen d'éteindre le feu. Dans cette persuasion, je restai à l'orchestre, voulant sauver la symphonie de l'opéra, lorsque j'entends un bruit terrible ; je vois le rideau d'avant-scène en feu. Je me sauve par dessus l'orchestre, par la galerie des baignoires. Je n'étais pas encore au bout de cette galerie, que j'entends crier au parterre : Sauvez vous, la voûte tombe. Je regardai par une loge et je vis effectivement le lustre tomber et la voûte du parterre qui s'écroulait. »

DÉPOSITION DE LA CITOYENNE SAINT-JULIEN

Je soussignée, artiste attachée au Grand Théâtre de la République, déclare que lorsque, dans l'opéra de *Zémire* et *Azor*, je dus descendre dans *le char de la gloire*, il n'y avait pas une seule chandelle dans le cintre du théâtre, puisque, pour m'éclairer, un garçon m'allât chercher une plaque. Descendue sur la scène, la machine devant monter la cage d'Azor ayant manqué, je regardai en l'air et vis toutes les frises et le cintre en feu, quoique le chassis du transparent de l'appartement de Zémire fût à peine pris. Désespérant alors d'éteindre un incendie si prononcé, je m'efforçai de gagner la porte, lorsque j'entendis le cicoyen Danglas (monté sur le pont volant pour couper les frises) crier de relever le rideau d'avant-scène, qu'on venait de baisser. Le rideau fut effectivement relevé, mais le lustre de dessus le parterre tomba, ce qui me parut d'autant plus surprenant, que, connaissant la direction des machines, je devais croire que le feu (s'il n'eût eu d'autre source que cette apparence), aurait consumé le tambour du grand rideau avant de parvenir à attaquer celui du câble en cuivre du lustre précité.

DÉPOSITION DE DUMANOIR

Je déclare qu'étant présent lorsque le malheur arrivé le 7 fructidor au Grand Théâtre a commencé, les effets, ont été si prompts, que je ne puis m'empêcher de les regarder comme extraordinaires. En effet, je n'ai point aperçu le feu au théâtre, et étant sorti un des premiers, j'ai vu la toiture de la salle tout en feu ; la chûte du lustre entr'autres est une des circonstances sur laquelle je m'appuie pour fonder mon étonnement, puisque cette chûte a eu lieu dans un moment où il était impossible que le feu, quelqu'activité qu'on puisse lui supposer, ait pu gagner le tourniquet ou contrepoids auquel il était attaché.

DÉPOSITION DE A. DROT-GOURVILLE FILS
Adjoint au génie militaire

Je soussigné déclare que le 5 fructidor An IV, à huit heures environ du soir, étant au spectacle à l'entrée de la galerie du côté droit, j'ai vu le feu prendre au théâtre par le transparent de l'appartement de Zémire, ce qui m'a paru alors de peu de conséquence, mais qu'ayant ma femme et de mes amis aux loges dites baignoires, j'y suis descendu promptement. A peine suis-je entré dans la baignoire, où il n'y avait personne, pour ramasser des mantelets de femmes, que j'ai vu le lustre tomber. Epouvanté de la rapidité de l'incendie, je suis remonté aux premières loges pour m'assurer si ma mère la citoyenne Martin, ouvreuse de loges, s'était sauvée, mais le feu, la fumée, m'ont forcé de descendre et de sortir de la salle. Etant sur la place, j'ai vu le faîte en feu et une fumée très épaisse sortir par les fenêtres de l'escalier des troisièmes et quatrièmes loges, côté de la rue Molière.

DÉPOSITION DE CLAVEL, DIT GOBINET

Le feu prit au grand spectacle le 7 fructidor. L'on jouait *Zémire et Azor*. J'étais aux secondes loges. Le câble d'une machine cassa dessous le théâtre ; son fracas fixa l'attention de tout le public et attira les soins de tous les machinistes. A l'instant, quelques voix crient : Le feu ! le feu ! le feu ! Le citoyen Le Faure, pour rassurer les esprits et épargner de plus grands malheurs, dit : Ce n'est rien. Quelques voix le répètent, et chacun se retire de sang-froid. J'étais un des premiers sauvés avec un enfant que j'emportai dans mes bras, et deux femmes, que je conduisais en les rassurant. Une minute m'a suffi pour arriver au vestibule. Je n'avais pas vu briller une étincelle avant de me lever de ma place, et à peine mettais-je le pied sur les hautes marches de l'entrée, que l'incendie était général, et que, malgré les efforts, le feu ne s'est éteint qu'à mesure qu'il a manqué d'aliments.

DÉPOSITION DE LA CITOYENNE SAINT-AMAND

Le 5 fructidor, à sept heures et demie du soir, on commença le deuxième acte de *Zémire et Azor* et le même acte fut exécuté jusqu'à la fin, et l'on commença le troisième sans aucun trouble, jusqu'à l'instant où le transparent de l'appartement de Zémire parut. L'appartement fut ouvert trop tôt, les machines manquèrent, et ce fut dans ce moment qu'une frise s'embrasa ; j'étais si persuadée que cela n'aurait point de suite, que je quittai la scène sans effroi. Je rencontrai M. Normand à qui je me permis de dire : « Monsieur, ne vous dérangez pas, ça ne sera rien. » Et je me réfugiai dans la loge de la portière, croyant revenir sur la scène pour finir. Mon mari vint me rejoindre sur-le-champ et m'emmena dehors, et alors nous aperçûmes la flamme qui embrasait le toit de différents côtés.

DÉPOSITION DE LE FAURE

Je déclare aux citoyens administrateurs, que j'étais sur le théâtre occupé comme danseur, lorsque le câble de la grotte d'Azor vint à se rompre; tous les garçons de théâtre occupés à leurs postes se portèrent sous le théâtre à cette même machine pour aider à leur camarades, je vis alors le feu paraître au transparent de Zémire. Alors plusieurs femmes se mirent à crier : au feu ! J'apaisai le public à plusieurs reprises en lui disant : Que cela n'était rien (ce qui fit un grand effet), au même instant je me transportai à la coulisse enflammée, lorsque le changement à vue, malheureusement, fit augmenter le feu. Alors je me transportai au foyer en appelant la citoyenne Douté, ma camarade, pour la sauver du péril. Elle voulait monter à sa loge, je la pris à bras-le-corps et l'emportai. Au même instant que je traversais le théâtre, le ceintre écroula, et je me sentis mouillé, probablement par l'eau du réservoir.

Les secours furent assez promptement organisés. Il ne fallait pas songer à protéger la salle, mais bien les immeubles voisins, notamment les maisons Graslin, Goisneau et Villemain, que les flammes commençaient à atteindre.

Le feu était d'une violence extrême; de plus, il était favorisé par le vent. Des matières enflammées étaient projetées dans les rues et sur les maisons avoisinantes. Il en tombait même dans la Loire, et les navires jugèrent prudent de gagner le large.

L'incendie dura jusqu'au 9, jour où il fut complètement éteint.

Les maisons Graslin et Villemain n'eurent que des dégats insignifiants ; seule la maison Goisheau, qui était adossée à la salle du côté de la rue du Bignon-Lestard, fut entièrement détruite.

On put sauver un nombre considérable de parties d'orchestre et une certaine quantité de costumes.

Voici le rapport de Crucy, qui résume parfaitement la catastrophe :

« Un fatal incendie vient de dévorer la salle de spectacle de Nantes.

» Le feu a consumé le théâtre et la salle entière, le magasin des décorations et le foyer des acteurs, les palâtres de toutes les ouvertures qui donnent sur la salle et sur le théâtre, et ceux du magasin des décorations, toute la couverture de l'édifice, même celle du vestibule, à l'exception du péristyle et des parties des façades latérales les plus voisines du vestibule sur les rues Corneille et Molière ; enfin, une grande partie des soliveaux et charpentes des bâtiments qui donnent sur ces deux rues. Le péristyle, le grand vestibule et les deux petits vestibules qui lui servent d'entrée, les escaliers des premières, secondes, troisièmes et quatrièmes loges sont conservés en entier. Un grand nombre de chambres ou loges des acteurs et actrices, les planchers des foyers publics et les bureaux n'ont pas souffert. Les murs du foyer des acteurs et ceux du fond du théâtre sont bons. Le premier de maçonnerie, appelée pierre de moellons, a parfaitement résisté à l'action du feu, seulement les enduits y ont cédé. En général, toutes les pierres de taille de Saint-Savinien, de granit et de tuf qui se sont trouvées soumises à cette action, sont calcinées ou brûlées.

....
....

» C'est un jeu de décors qu'on peut assurer être la cause de l'incendie ; soit accident, soit maladresse, soit précipitation ordinaire et presque inévitable dans les mouvements du théâtre, le feu a pris dans une bande de toile qui, en descendant, est tombée sur un lampion. Il s'est activé et propagé avec la rapidité de l'éclair ; aucun secours n'a pu l'éteindre. Quand il y aurait eu quatre fois plus de bassins qu'il n'y en a, quand il eût été possible de faire jouer sans délai plusieurs pompes, on n'aurait pu réussir à l'arrêter; on a vu à l'incendie de l'Opéra de Paris l'exemple de cette funeste rapidité.

» Le seul remède eût été de précipiter la chûte de la toile embrasée, mais le feu, plus vite que la pensée, s'était déjà élevé à l'endroit du théâtre où sont suspendues toutes les toiles des rideaux de fond, des plafonds et des bandes d'air, etc., etc. Poussé avec violence par le courant d'air, il avait gagné le portique et une vaste salle en charpente destinée à servir d'atelier aux peintres décorateurs et de dépôts aux décorations, et qui régnait sur toute la longueur du théâtre et de la scène. Il fut arrêté quelques temps par le mur de l'avant-scène, qui l'empêcha de pénétrer dans l'intérieur de la salle, mais alors même il éclatait au dehors et il avait fait tant de progrès dans la partie supérieure que la corde du lustre s'était enflammée et que le lustre tombait au moment où il y avait encore quelques personnes, soit dans le parterre, soit dans les loges.

« Les monuments publics participent à la destinée des personnes célèbres, il semble que ni les uns ni les autres ne doivent périr d'un mal ordinaire. On accepte des circonstances qui n'ont point existé, on recueille mille bruits faux et contradictoires, et l'on refuse d'ouvrir les yeux sur les faits qui sont constants et sur les causes qui sont réelles.

« Il m'est impossible pour le moment de donner un relevé estimatif des travaux de réparation, ou plutôt de reconstruction du théâtre et de la salle, n'ayant pu reconnaître au juste l'état de toutes les parties des bâtiments adjacents qui sont endommagés. Cependant, on peut porter par aperçu, cette dépense à trois cent vingt mille francs. »

L'enquête, faite avec un soin minutieux, avait prouvé jusqu'à l'évidence que la catastrophe était due à un accident. Pourtant, un certain nombre de personnes croyait toujours que la malveillance n'avait pas été étrangère à ce malheur. Le ministre de la police reçut même une dénonciation contre le sieur Julien, directeur de l'ancienne salle du Bignon-Lestard.

Le citoyen Letourneux, commissaire du Directoire à Nantes, adressa à ce sujet la lettre suivante à la Municipalité.

« Il a été adressé au Ministre de la police générale, sous la date du 24 nivose dernier, par un citoyen de Nantes, un mémoire particulier, relativement à l'incendie de la salle de spectacle. L'objet du mémoire paraît être de prouver qu'un événement que le vulgaire a cru et qu'on s'est efforcé de persuader être un pur accident, indépendant de toute combinaison et esprit de malveillance, n'est au contraire que l'effet d'un ressentiment d'un intérêt blessé et d'un affreux projet de vengeance. Il détaille différents faits à l'appui de cette dénonciation et allègue en preuve les diverses déclarations qui ont été faites et reçues à votre administration.

» Il conclut : *qu'il est des vérités dans cette affaire que les Administrations n'ont pas voulu voir ou qu'elles ont voulu cacher au Gouvernement.*

» Voilà donc l'honneur de l'Administration engagé à mettre dans un grand jour tout ce qui a rapport à cet événement d'un souvenir trop douloureux.

» Je vous prie, Citoyens, chargé que je suis de prendre toutes les informations, tous les renseignements qui peuvent conduire à la découverte *de ces vérités* laissées ou jetées sous un prétendu voile, de me transmettre copie en forme des procès-verbaux, déclarations, dépositions et généralement de toutes les pièces qui sont relatives à l'incendie en question.

» J'ai été principalement frappé d'un rapprochement fait par l'auteur du mémoire dont il s'agit, c'est qu'il prétend que la salle du petit spectacle avait été interdite huit jours avant l'incendie de la grande salle...

» Il est extrêmement important d'approfondir la vérité de ces faits, et j'ai dû y fixer mon attention. »

Signé : LETOURNEUX.

La Municipalité répondit aussitôt.

« Nous avons lu votre lettre du 15 de ce mois, qui nous instruit qu'il a été adressé au Ministre de la police générale, sous la date du 24 nivôse dernier, par un citoyen de Nantes, un mémoire particulier relativement à la salle de spectacle. Vous nous demandez copie en forme des procès-verbaux, déclarations, dépositions relatifs à l'incendie.

» Nous avons, dans le temps, envoyé tant au Ministre de l'intérieur qu'à l'administration centrale copie de toutes ces pièces ; vous les trouverez dans les bureaux du Département. Cependant, si elles s'y trouvent égarées, nous vous en ferons faire de nouvelles.

» Nous vous observerons, citoyen, que nous sommes loin de partager l'opinion de l'auteur du mémoire. Nous croyons que la malveillance n'existe que dans la méchanceté du dénonciateur. Ce qu'il avance, que la salle du petit spectacle avait été interdite huit jours avant l'incendie de la grande salle, est faux.

» Nous prîmes seulement un arrêté le 27 nivose, mais qui n'interdisait point l'usage de la petite salle.

» L'incendie a eu lieu le 7 fructidor à environ huit heures du soir ; notre arrêté du 8, qui interdit à la veuve Tenebre, propriétaire de la salle, et au sieur Julien, directeur du petit spectacle, la faculté de donner aucune représentation dans cette salle, leur fut envoyé le 9. Ci-joint, copie de ces pièces. »

Signé BEAUFRANCHET, président.

Le citoyen Letourneux fit une contre-enquête, et il arriva au même résultat que la municipalité. Il adressa son rapport au ministre de la police. En voici la conclusion.

» Si, entre plusieurs causes probables de cet incendie, on peut hésiter à prononcer quelle est la véritable et l'unique, il est du moins certain que le principe du feu est indépendant d'aucune volonté humaine. Que l'imprévoyance, la négligence, ou quelque désordre, aient contribué à faire naître l'événement, cela est possible encore, mais tout repousse l'idée d'une combinaison de la malveillance ou de la passion. Cette idée appartient tout entière et exclusivement au rédacteur du mémoire que nous examinons; la plus douce dénomination qu'on puisse donner à cette idée, c'est qu'elle est une erreur, une précipitation de jugement, une prévention de son esprit, ou un effet de l'ignorance. Vous ne croirez donc plus, Citoyen Ministre, qu'il y ait à découvrir *des vérités que les Administrateurs n'ont pas voulu voir ou qu'ils ont voulu cacher*. Ce n'est point à de pareils traits que l'on peut reconnaître l'administration de Nantes.

» Mais l'auteur du mémoire doit être sommé de rendre compte comment il a su et comment il ose affirmer que deux *quidams*, un surtout, avant l'incendie déclaré, se disaient entre eux sur la place : « *Est-ce que cela aurait manqué ?* »

» Nous lui demanderons s'il a entendu ce discours, ou s'il ne le certifie que sur un rapport.

» S'il l'a entendu, devait-il donc hésiter un instant à faire arrêter deux hommes qui s'accusaient du crime d'incendiaires ? Son inaction, son silence ne seraient-ils pas une sorte de complicité ?

» S'il n'affirme le fait que sur un rapport, indique-t-il les personnes ou la personne de qui il le tient ? Et dans ce cas sa réticence ou sa crainte ne sont-elles pas de nouveaux crimes contre la Société ?

» Citoyen Ministre, tout concourt, comme vous le voyez, à faire sortir cette vérité : l'incendie du 7 fructidor est un malheur, et le Gouvernement n'y verra qu'un motif d'exciter sa sensibilité et sa bienfaisance, pour réparer les suites funestes qu'il a entraînées.

L'affaire en resta là.

Disons cependant que, dans une lettre, le général Hoche accusa les royalistes et les Anglais de l'incendie de la salle Graslin. Mais cette accusation, pas plus que la première, ne reposait sur aucune base sérieuse.

Le malheur qui venait de frapper Nantes, avait eu en province un grand retentissement. La Municipalité adressa dès le 9 fructidor, à tous les directeurs des théâtres de France, l'appel suivant :

« Citoyens,

» Un évènement terrible vient de répandre une consternation générale dans la commune de Nantes. La grande salle de spectacle, dite de la République, qui en faisait un des plus beaux ornements, vient d'être entièrement consumée par le feu. Plusieurs infortunés ont été les victimes de ce cruel malheur et ont péri dans les flammes ; d'autres, et ce sont plus de cent de vos camarades, ont été assez heureux pour sauver leur personne, mais toute leur fortune mobilière a été en un instant la proie des flammes dévorantes. Citoyens, vous ne serez pas insensibles à leur cruelle position. Vous ferez pour eux, ce qu'eux-mêmes ont fait pour les artistes d'Angers, dont la position était bien au-dessous des malheurs qu'ils viennent d'éprouver.

» Si, dans le cours de la Révolution, le philosophe et l'homme sensible ont quelquefois vu leur patrie souillée par les forfaits d'hommes exécrables, il faut l'avouer, la

République des lettres et des arts a fourni peu d'exemples en ce genre, et l'histoire s'empressera de transmettre à la postérité les exemples éclatants de courage, de bienfaisance et du patriotisme qu'un grand nombre d'artistes a donné à ses contemporains.

» Pour nous, magistrats du peuple, et plus encore ses sincères amis, nous nous empressons de désigner à la bienfaisance publique et surtout à la vôtre, des infortunés dont le malheur est trop grand pour que vous n'y soyez pas sensibles.

» Nous vous invitons donc à faire verser dans les mains du citoyen Mouton, trésorier et percepteur de la commune, le produit d'une ou plusieurs représentations que nous vous engageons à donner au bénéfice de vos camarades de Nantes. »

Cet appel fut entendu, et les villes suivantes versèrent :

Rouen................	1601 liv.	4 s.
Marseille.............	563	»
Paris.................	559	8
Orléans..............	181	7
Bayonne.............	156	»

Des souscriptions particulières furent faites en faveur de certains artistes, entre autres de M. Dufailly, peintre décorateur, qui avait pu à grand peine échapper à l'incendie.

Le directeur Danglas eut, aussi lui, une conduite digne d'éloges. Malgré ses pertes personnelles, il paya pendant dix-neuf jours ses artistes, qui, pourtant, n'avaient point joué.

Le 20 septembre suivant, la municipalité demanda au Gouvernement la permission de disposer de l'emplacement et des restes de la salle, à charge à la commune de la reconstruire à ses frais. Le Directoire ne donna pas suite à cette demande.

Ferville proposa en 1797, de rebâtir le théâtre à ses frais, à condition qu'il en aurait la concession gratuite pendant trente années.

La Ville n'accepta point cette proposition, qu'elle considérait comme peu avantageuse.

Danglas fit aussi la même offre ; mais il ne demandait la concession que pour vingt ans ; il ne fut pas plus heureux que Ferville.

La Municipalité revint à la charge en 1798, et demanda au Gouvernement la permission de louer les parties du monument qui étaient restées intactes. L'autorisation fut accordée.

Enfin, la même année, MM. Pelloutier, Lamaignière, Candeau, Richeux et Vallin se mirent à la tête d'une souscription destinée à faire reconstruire le théâtre. La salle devait être abandonnée en toute propriété à la ville, quand cette dernière aurait pu rembourser les souscripteurs.

Ce projet n'aboutit pas, quoique la souscription eût parfaitement marché.

Le Grand Théâtre ne devait être définitivement reconstruit qu'en 1812.

X

LES PETITS SPECTACLES

SALLES DU CHAPEAU-ROUGE (PREMIÈRE PÉRIODE) ET DU BIGNON-LESTARD (DEUXIÈME PÉRIODE)

N 1784, le sieur J. Béconnais fit construire dans le haut de la rue du Chapeau-Rouge, en face du cercle catholique d'aujourd'hui, et sur le terrain où se trouvait, il y a quelques années, l'Hôtel des Postes, une salle de théâtre destinée aux spectacles des «Variétés, Ambigu-Comique, Théâtre de Nicolet, Spectacles des Boulevards et de la Foire.» De plus il construisit, attenant à la salle, un cirque. Le théâtre prit le nom de Menus-Plaisirs et fut loué à un nommé Colmann.

Cette salle ouvrit en septembre 1784, mais Longo, alors directeur du théâtre du Bignon-Lestard, présenta immédiatement la requête suivante à la municipalité

« Le spectacle permanent doit être protégé pour bien des raisons. Son entreprise va à plus de quatorze mille livres et à peine sa recette peut-elle y faire face. Si on admet les Petits-Spectacles à commencer à six heures et demie, c'est-à-dire une demi-heure après l'ouverture du grand, les recettes se font dans les mêmes temps, alors on diminue le moyen de soutenir le spectacle principal.

. . . .

« Cette ville, quelque considérable qu'elle soit, ne l'est pas encore assez pour soutenir deux spectacles à la fois. Que deviendrait donc le grand spectacle, que devient le privilège que le prince a rendu au suppliant et que la ville a enregistré, si le siège, protecteur des spectacles, ne le maintient dans toute son intégrité ? Sans cela, il tombera, et la ruine du suppliant s'ensuivra nécessairement.

. . . .

« Qu'il vous plaise de faire défendre au sieur Colmann et à tout autre de donner leurs spectacles pendant la durée du grand spectacle, à peine de tous les dommages et vous ferez justice. »

Longo fut débouté de sa demande parce que : « Dans une grande ville comme Nantes, dont la population est nombreuse et reçoit des accroissements chaque jour, il faut des spectacles analogues aux goûts et aux facultés des différentes sortes de citoyens ; il est même à propos, que les Petits-Spectacles aient autant de liberté que le grand, parce qu'il vaut mieux que le peuple soit amusé et détourné par des amusements peu couteux, que de se livrer à la débauche et à tous les vices qu'elle entraîne. »

La ville se basait aussi, pour repousser la demande de Longo sur la différence du public qui fréquentait les deux théâtres.

En 1785, Longo revint à la charge. Cette fois-ci il demandait « 1° que les Petits-Spectacles, courses et combats d'animaux, bateleurs, etc., etc., lui comptassent le cinquième de la recette ; 2° qu'ils fussent finis une heure avant l'ouverture du grand spectacle. » La municipalité accorda seulement la seconde de ces demandes.

La construction du Grand-Théâtre fit émigrer l'opéra, la tragédie et la haute comédie du Bignon-Lestard à Graslin.

Mais le propriétaire de la salle du Bignon ne laissa pas longtemps son immeuble sans emploi. Le sieur Julien Sévin loua la salle, lui donna le nom de Variétés, et se proposa d'y jouer les mêmes spectacles qu'au Chapeau-Rouge, qui était fermé, le directeur n'ayant pas fait ses affaires.

Longo eut peur de la concurrence, et ne trouva rien de mieux que de s'associer avec Sévin.

On comprend sans peine que les renseignements sur ce théâtre sont encore moins nombreux que ceux qui existent sur le grand spectacle, comme l'on disait à cette époque.

Sous la Révolution, la salle du Bignon-Lestard prit le nom de Théâtre de la Nation (Variétés). Sévin resta directeur jusqu'en 1790. Sous sa direction, il y avait souvent du tapage au théâtre, et le commissaire de service n'était jamais présent. Sévin, dans une requête au maire, insiste sur ce fait : « L'absence de ce commissaire autorise les spectateurs mal intentionnés à faire du bruit et à commettre des indécences dans la salle des Variétés ; très souvent, les acteurs sont interrompus, et les spectateurs murmurent, ce qui entraîne une perte notable pour le suppliant ».

En 1791, la direction passa aux mains d'un nommé Nicolas Hébert.

La même année, le théâtre du Chapeau-Rouge rouvrit quelque temps, avec une troupe dramatique composée d'amateurs. Ces artistes firent à la municipalité, une demande tendant à ce que les officiers municipaux n'entrassent point dans la salle décorés de leurs écharpes, « les dames étant particulièrement affectées et même intimidées par ce signe d'autorité ».

Aucune suite ne fut donnée à cette baroque demande.

Julien Sévin reprit la direction de la salle du Bignon-Lestard après Hébert.

Pendant la période révolutionnaire, on joua, à ce théâtre, un grand nombre de pièces de circonstance, dont les titres ne nous sont pas parvenus. Les registres municipaux contiennent seulement une protestation d'Haudaudine contre la permission, accordée à la date du 15 germinal An IV, de jouer : *Charette, chef des Brigands.*

Mais la salle du Bignon-Lestard était dans un délabrement déplorable. La ville s'émut d'un pareil état de choses; elle fit visiter le bâtiment par l'architecte-voyer, qui indiqua les réparations urgentes et immédiates. En attendant qu'elles fussent faites, un arrêté, en date du 27 thermidor An IV, ordonna la fermeture du Bignon-Lestard.

Quelques jours après, le Grand Théâtre brûlait.

Dès le 8 fructidor, la municipalité prit l'arrêté suivant :

« L'administration municipale, d'après la funeste expérience qu'elle vient d'acquérir la nuit dernière, considérant que les lieux destinés à recevoir un grand nombre de citoyens ne peuvent jamais, en cas d'incendie, avoir une quantité d'issues suffisante pour qu'aucun de ceux qui s'y trouvent ne soit victime de la vivacité du feu, considérant qu'il était impossible de prendre plus de précautions que l'on avait fait lors de la construction du grand spectacle, tant pour multiplier les sorties que pour établir, dans le local même, les moyens de secours les plus pressants. Que, néanmoins, plusieurs malheureux y ont péri, et, qu'en pareil cas, le danger serait incalculable dans tout autre lieu qui ne serait pas distribué proportionnellement, surtout dans l'ancienne salle du Bignon-Lestard.

» Oui le commissaire du directoir exécutif,

Arrête ce qui suit :

« Il est expressément défendu à la veuve Ténèbre, propriétaire de ladite salle, sous les peines et rigueurs, de destiner, à l'avenir, ce local à aucune espèce de théâtre.

En conséquence, le présent lui sera transmis, ainsi qu'au citoyen Julien, principal locataire, pour qu'il ait à faire prononcer la résiliation de son bail, s'il croit l'avoir à faire. »

Cette défense ne faisait pas l'affaire de Julien, et encore moins celle de la veuve Ténèbre. Ils avaient cru, après l'incendie de Graslin, que le Bignon-Lestard allait revoir ses beaux jours d'antan ; l'arrêté municipal brisait toutes leurs espérances.

Les deux intéressés s'adressèrent alors à l'autorité départementale, pour obtenir la levée de l'interdiction. Les habitants du quartier firent une pétition, engageant la municipalité à persévérer dans sa défense. Le département était assez disposé à accorder la levée, mais la commune déclara que si on autorisait la réouverture de la salle, elle déclinerait, en cas d'accident, toutes responsabilités. Bref, pendant quelque temps, on resta sur le *statu quo*, puis, le souvenir de l'incendie devenant moins vivace, l'autorisation de rouvrir la salle fut accordée.

TROISIÈME PARTIE

Depuis l'Incendie du Grand-Théâtre jusqu'à sa reconstruction (An IV-1812).

SECONDE ET TROISIÈME PÉRIODES DES SALLES DU CHAPEAU-ROUGE ET DU BIGNON-LESTARD

XI

FIN DE LA DIRECTION DANGLAS
DIRECTION
DUMANOIR, TERMETS ET Julien SÉVIN

E Grand-Théâtre n'était plus qu'un amas de décombres, la salle du Bignon-Lestard était frappée d'interdiction, et cependant les artistes avaient le plus grand besoin de continuer leurs représentations théâtrales. Ils songèrent à la salle du Chapeau-Rouge, qu'on avait transformée depuis quelques années en

atelier de chaussures. Ils adressèrent à ce sujet la lettre suivante à la municipalité, en date du 10 fructidor :

> Citoyens administrateurs,
>
> A peine sortis des dangers et de l'état de stupeur dans lesquels nous a plongés l'affreux incendie d'un des plus intéressants monuments de cette commune, et l'un des plus beaux consacrés à l'art que nous cultivons, nous aurions peut-être gardé le silence, dans la crainte d'arracher à leurs importantes fonctions nos magistrats dont tous les moments sont précieux à la chose publique, si nous n'avions cédé au sentiment qui nous a fait sonder la profondeur de l'abîme où la sûreté de cette malheureuse cité pouvait se voir entraîner par suite de cet affreux événement, objet de nos communs regrets et de votre sollicitude paternelle.
>
> Déjà votre sagacité vous en a pénétré sans doute. Déjà vous voyez les oisifs dont abonde toute cité populeuse, surtout quand elle fume encore des feux de la guerre civile, profiter des longues soirées d'hiver, pour employer à toutes sortes de désordres le temps qu'ils passaient au spectacle, le plus sûr et le plus heureux moyen que pût, en les occupant, leur opposer la police.
>
> A ces considérations déterminantes se joindra dans vos cœurs le sentiment de justice et d'humanité que réclament nos malheurs, et pour satisfaire à la fois à la sûreté de vos administrés en général et aux extrêmes besoins nés de notre déplorable situation en particulier, vous ferez droit à la plus juste demande, en affectant aux artistes du Théâtre de la République la salle sise rue du Chapeau-Rouge, que de légères réparations peuvent mettre en

état de suppléer à la salle incendiée, jusqu'à la réédification de celle-ci.

Nous ajouterons, citoyens administrateurs, que nous croirions injuste autant qu'inhumain, de ne pas nous conserver notre directeur Danglas, dont l'active intelligence avait dans si peu de temps organisé notre entreprise, et qui a montré un zèle si dévoué au milieu des dangers de l'incendie.

L'administration prit dès le lendemain cet arrêté :

Article premier. — La salle de spectacle, dite du Chapeau-Rouge, et le cirque avec les appartements qui en dépendent, appartenant à la citoyenne veuve Béconnais sont, dès ce moment, mis à la disposition du citoyen Danglas avec tous leurs accessoires.

Art. 2. — En conséquence du précédent article, le citoyen Danglas traitera de gré à gré avec la citoyenne Béconnais, pour la location de ladite salle et du cirque.

Art. 3. — Dans le cas où les parties ne conviendraient pas amiablement sur le prix de location, il sera nommé des arbitres.

Art. 4. — Le citoyen Tousnel, commissaire ordonnateur, est invité à faire mettre à la disposition du citoyen Danglas, les clefs desdits locaux et de toutes leurs dépendances dans le délai de trois jours.

Art. 5. — L'architecte-voyer est chargé de se transporter dans le plus bref délai audit local, tant pour les objets de sûreté intérieure qu'extérieure, et notamment pour le pavage de la rue dite du Calvaire.

On fit faire les quelques réparations nécessaires, on repeignit la salle, enfin on la mit en état d'ouvrir le plus promptement possible.

Dès le 4 septembre, alors que les travaux n'étaient point encore achevés, les artistes donnèrent un grand concert à leur bénéfice.

Le programme de cette soirée nous a été conservé, le voici :

Premier intermède

1° Symphonie à grand orchestre ;
2° Ariette d'*Œdipe à Colonne*, par le citoyen Manseau ;
3° Concerto de hautbois, par le citoyen Donjeon ;
4° Scène d'*Œdipe à Colonne*, par le citoyen Marsias ;
5° Symphonie concertante par les citoyens Casimir et Leduc ;
6° Chœur du *Seigneur Bienfaisant*.

Deuxième intermède

7° Un divertissement du citoyen Girault père ;
8° Ariette d'*Œdipe à Colonne*, par la citoyenne Saint-Amand ;
9° Symphonie concertante de la composition du citoyen Girault père, et exécutée par lui et son fils ;
10° Air de *Philippe et Georgette*, par le citoyen Abel ;
11° Concerto de piano-forte, par le citoyen Hermann ;
12° Chasse de l'*Amoureux de quinze ans*, par le citoyen Massy.

Prix : Premières et parquet..... 40 sous.
Deuxièmes................ 24 »

A 5 heures et demie précises.

Le nouveau Théâtre ouvrit le 8 septembre par le *Devin du Village* et les *Folies Amoureuses*.

La salle du Chapeau-Rouge avait deux rangs de loges avec baignoires, nous apprend Camille Mellinet. Elle était peinte bleu et gris avec ornements dorés. Le rideau était bleu.

Voici quel était le prix des places :

 Premières loges et amphithéâtre. 30 sous.
 Parquet........................ 24 —
 Secondes........................ 20 —

A cette époque, la rue Boileau n'allait pas jusqu'à la rue Rubens. On ne pouvait donc parvenir à la salle du Chapeau-Rouge que par la rue de ce nom et par la rue du Calvaire, que l'on fit paver pour la circonstance. Cette dernière rue communiquait avec la rue du Chapeau-Rouge par un passage placé à côté du cirque qui attenait à la salle de spectacle.

La ville, le 25 frimaire, arrêta qu'il serait perçu un décime par personne, en sus du prix de chaque billet d'entrée, pour secourir les indigents qui n'étaient pas dans un hospice.

Le 8 pluviose, une scène scandaleuse, qui est longuement racontée dans les Archives municipales, eut lieu à la salle du Chapeau-Rouge.

Une actrice, la citoyenne Lacombe, s'était placée, malgré la défense faite, dans l'orchestre. Le commissaire de service voulut la faire sortir, mais elle persista à rester. Ayant aperçu le citoyen Fourmy, administrateur, dans la loge municipale, elle vint l'y trouver et lui fit une scène des plus inconvenantes, disant qu'il n'y avait qu'à Nantes qu'on s'étudiait à avilir les artistes. Elle parlait à voix haute et ne tarda pas à ameuter la salle. Enfin elle quitta la loge et alla se remettre à l'orchestre.

Fourmy, craignant que « cette femme, extrême en les passions, n'effectuât la menace qu'elle avait faite, d'abandonner le spectacle, où elle montre des talents qui balancent peut-être ses défauts, la font chérir et la rendent intéressante », n'osa pas la faire expulser.

Pour éviter le retour de pareilles scènes, la municipalité arrêta qu' « il demeurait expressément défendu à toute autre personne que les musiciens de se placer dans l'orchestre, et enjoignit au citoyen Danglas directeur, de veiller à son exécution, sous sa responsabilité personnelle..... de mettre à la disposition des artistes une loge ou deux de chaque côté de l'orchestre, étant de toute justice qu'ils ne soient pas privés de la vue du spectacle ».

Il paraît que, sous la Révolution, les bals masqués et la promenade du mardi-gras étaient défendus. On en trouve la preuve dans les registres municipaux, à la date du 15 pluviose An V, à la suite d'une demande de Danglas pour obtenir l'autorisation de donner des bals masqués dans la salle du Cirque :

L'administration municipale, considérant que ces espèces de rassemblement ont toujours été l'occasion de désordre et de scènes immorales, qu'en ce moment surtout ils peuvent devenir très dangereux, en ce que la trop grande liberté que l'on se permet sous le masque pourrait dégénérer en licence de la part de ceux dont les opinions diffèrent sur l'état actuel des choses, et qu'alors les coupables éluderaient bien plus facilement la surveillance de la police ;

Considérant, en outre, que la permission accordée pour un bal masqué entraîne la permission tacite pour toute espèce de mascarades, qui courraient toutes les rues de la ville, offrant à chaque instant les tableaux les plus obscènes, et provoqueraient des troubles que la plus exacte surveillance ne pourrait punir ni empescher, après avoir entendu le citoyen Douillard, pour le commissaire du pouvoir exécutif, arrête qu'il n'y a lieu de délibérer.

Danglas passa outre et afficha un bal, en se basant sur ce que l'arrêté ci-dessus était un simple refus de permettre, mais non une défense absolue de donner un bal.

L'administration municipale se réunit aussitôt et arrêta :

Article 1er. — Tous déguisements et travestissements sont expressément défendus.

Art. 2. — Les personnes de l'un comme de l'autre sexe qui seront trouvées travesties, masquées ou déguisées dans les rues, salles de spectacle et de bals, et autres lieux publics, à quelque heure que ce soit, seront arrêtées et traduites devant les officiers de police.

Art. 3. — Les citoyens tenant bals et danses publics qui auront chez eux des personnes ainsi déguisées, seront traduits devant les tribunaux de police, conformément aux lois.

Art. 4. — Ils ne pourront prolonger leurs bals et danses au-delà de minuit.

Les recettes étaient peu considérables. Danglas obtint, le 5 Prairial An V, de ne payer, pendant l'été, que 15 francs pour le droit des pauvres.

Dans le courant de Messidor de la même année, le chanteur Josse, des Italiens de Paris, passa par Nantes. Il promit aux directeurs du Chapeau-Rouge et du Bignon-Lestard de chanter à leurs théâtres. Ces derniers l'affichèrent le même jour, d'où contestation, chacun des directeurs prétendant avoir la priorité. Il fallut recourir à l'administration qui décida que Josse jouerait d'abord chez Danglas.

Cependant une réaction anti-révolutionnaire avait lieu dans la ville. Les esprits, délivrés de la crainte des exécutions sommaires, ne se gênaient plus pour critiquer le Gouvernement. Un jour même les couleurs nationales furent insultées au café Graslin.

Le 3 Messidor, la représentation du *Concert de la rue Feydeau*, pièce qui, en maints endroits, touchait à la politique, fut l'occasion d'un tapage prolongé. L'administration interdit dès le lendemain la dite pièce. Les comédiens reçurent à cette occasion la lettre suivante de la municipalité.

« Vous ne pouvez pas douter, citoyens, de l'intérêt que prend à votre théâtre l'administration centrale. Lorsque les agents du royalisme cherchaient à corrompre l'opinion publique, à travestir nos spectacles en écoles de contre-révolution, vous avez su résister aux sourdes impulsions, vous avez continué de donner des représentations morales et civiques.

» Cette conduite, cette cause des pertes que vous avez essuyées est trop respectable pour que nous n'applaudissions pas aux efforts que vous faites aujourd'hui.

» Continuez, citoyens, à consacrer vos talents au progrès de l'art dramatique, à consulter le bon goût plutôt que l'esprit de parti, à écarter de la scène tous ces tableaux d'immoralité, toutes ces productions factieuses, tout ce qui rappellerait l'ancien avilissement du peuple français, tout ce qui tiendrait à réveiller des haines, à affaiblir l'amour de la liberté; c'est le moyen d'intéresser à vos succès les autorités républicaines et tous les vrais amis de la patrie. »

Danglas, voyant que ses affaires ne prospéraient pas prit la fuite dans le courant de vendémiaire an VI.

Les artistes abandonnés prirent le parti de se réunir en société. Ils avertirent la municipalité de leur résolution de continuer l'entreprise sous la dénomination de Grand-Théâtre de la République. « Ce mot si cher à nos yeux, ajoutent-ils dans leur lettre, sera toujours notre ralliement et nous mourrons en le prononçant. »

Dumanoir, père noble de la troupe, et Termels, prirent la direction au nom de leurs camarades.

Le 29 Frimaire, An VI, le maire interdit la représentation d'*Elise dans les Bois*. A ce sujet, l'administration départementale avait écrit, la veille, à la municipalité nantaise, la lettre que voici :

« Plusieurs citoyens éclairés et sages, nous ont fait part de leurs inquiétudes sur les effets des représentations qu'on affecte de donner au premier théâtre de notre ville.

» Le directeur de ce spectacle a souvent mérité des reproches : il semblait, avant le 18 fructidor, que son théâtre avait été choisi pour école d'incivisme. Nous ne pouvions concevoir alors comment des Français pouvaient prendre plaisir à se rappeler les détails affreux d'un régime violent, se réunir pour s'exciter à la vengeance à l'aide des exagérations dramatiques, et se réjouir comme des sauvages en applaudissant tumultueusement aux chants de mort, à tous les cris de vengeance. Nous ne tardâmes pas à découvrir le but de ce système : il fallait déshonorer la révolution, avilir le nom de patriote; et si l'on était parvenu à attribuer aux républicains les crimes dont la révolution a été le prétexte, si l'on était parvenu à faire croire que chaque individu a le droit de venger ces crimes, on en aurait conclu que tous les républicains sont des scélérats, qu'ils sont dignes de mort, et notre pays eût été couverts d'assassinats.

» Nous crûmes, en conséquence, devoir empêcher la représentation de l'*Intérieur des Comités*. On reprend aujourd'hui les mêmes errements. Cette pièce d'*Elise dans les Bois* tend à la même fin ; et si, comme nous le pensons, ce n'est pas là l'intention de l'auteur, il suffit que l'esprit de parti ou la malignité puisse en profiter, pour que sa pièce soit dangereuse.

» Quel ami de la patrie ne doit pas désirer que toutes ces haines s'éteignent, que d'aussi cruels souvenirs s'effacent, et que l'histoire ne puisse retrouver les monuments de cette époque honteuse ! Et si l'on invoquait contre le royalisme les massacres de Machecoul, de Marseille, d'Avignon, tous les meurtres, toutes les cruautés horribles que cette faction a commis pendant la guerre civile ; si tous les partis faisaient ainsi l'appel de leurs pertes et de leurs victimes, on rougirait peut être d'appartenir à l'humanité, et l'on parviendrait à prouver la justice d'une proscription générale de l'espèce. Travaillons au contraire à soutenir la dignité de l'homme, à rappeler la concorde, à obtenir enfin, par la sagesse et la modération, la paix au milieu de nous, après l'avoir donnée à l'Europe par nos armes et notre courage.

» Ces considérations nous portent à vous inviter à défendre la représentation d'*Elise dans les Bois*. »

En Nivôse An VI, on joua une pièce de l'architecte Ogée intitulée : *Le Départ des Français pour l'Angleterre*. La première représentation fut donnée au bénéfice des souscriptions pour la descente en Grande-Bretagne.

Le vieux Gourville qui, depuis quelque temps, s'était retiré du théâtre donna à cette époque quelques représentations. Il joua *Tartuffe*, le *Bourru Bienfaisant*, *Turcaret*. Il était tellement affaibli que, s'étant agenouillé dans une pièce où il jouait, on fut obligé de le prendre sous le bras pour le relever, et cependant, à la vivacité de son jeu on se fut difficilement aperçu de son grand âge.

Gourville ne devait plus reparaître sur la scène. Il mourut quelques mois après entouré de l'estime et du respect générals.

Les artistes réunis et Julien Sévin directeur de la salle de la rue Rubens (anciennement rue du Bignon-Lestard), comprenant que les deux théâtres se faisaient mutuellement tort, s'associèrent ensemble en floréal. Il fut décidé que la troupe jouerait à la salle Rubens pendant l'hiver, cette salle étant plus chaude que celle du Chapeau Rouge qui fut réservée pour les mois d'été.

Le célèbre Franconi vint donner le même mois des representations au cirque du Chapeau Rouge.

Par arrêté du 21 fructidor An VI, l'administration décida « que dorénavant tous les artistes chanteurs qui viendraient au théâtre de la ville et prêteraient leurs talents pour la célébration des fêtes nationales seraient, pour cette considération, dispensés de tout service dans la garde nationale sédentaire. »

La troupe qui desservait alors le Chapeau-Rouge était assez faible.

Je n'ai pu retrouver sa composition exacte. Tout ce que j'ai pu recueillir, c'est le nom de certains artistes qui jouèrent pendant les années de direction de Dumanoir, Termets et Julien sur la scène de Nantes:

MM. Paban, Germain, Baudry, Lefébure, Leroux, Joseph, Taillet, Belval, Maurin, Belfon, Massy, Desruisseaux, Chaperon, Lacroix, Dumont, Lamareille, Lefèvre (Martias), Bignon, Deron, Suleau, Goyon, Chaisseau, Villeneuve, Clément, Tiphaine, Humbert, Letertre, Baudrier, Auguste, Constant, Monrose.

Mmes d'Hautais, Vanhove, Valeroy, Mignot, Moulin, Mayeur, Joeana, Lebrun, Leclerc, Peltier, Burgère, Lemaire, Fleury, Louise Muté, Termets, Duret,

Paban, Segnerot, Decoquebert, Chaperon, Monroy, Leclerc, Degreville, Cartigny, Heneau, Dumont, Normand, Joly, Louise, Aubert, Humbert, Vilsan.

Le ballet était dirigé par le sieur Calcina.

« La première chanteuse, Mlle Moulin, ne connaissait pas plus les lettres de l'alphabet que les notes de la musique, aussi avait elle une personne pour lui faire apprendre ses rôles de mémoire, comme elle avait une répétiteur pour le chant. Une autre actrice avait le même degré d'instruction.

« Un acteur de cette troupe qui, tous les soirs, était accueilli par les plaisanteries et les sifflets, fit insérer dans un journal cette allégorie de sa façon : « Une Société de gens honnêtes et conséquemment paisibles, fréquentait un jardin public. Elle avait les yeux fixés sur un jardinier qui, cultivant des fleurs, était depuis longtemps accablé par les frélons qui bourdonnaient à ses oreilles et faisaient même l'impossible pour le piquer. Sachant combien il est dangereux d'irriter cette sorte d'insectes, il demanda à quelques personnes de la société quel parti il avait à prendre : elles lui répondirent : le mal subit que l'on ne mérite point se dissipe de lui-même. Il se trouva alors plus consolé qu'il n'avait été affligé, et il reprit tranquillement son ouvrage en disant : Un souffle léger m'a apporté ces petits insectes, un coup de vent les enlèvera (1) »

---

(1) Gaullier et Chapplain.

Le 20 nivôse An VI, le théâtre joua, à l'occasion du traité de Campo-Formio, une scène lyrique : *La Fête de la Paix*, paroles de Blanchard de la Musse, musique du citoyen St-Amand. St-Amand était un musicien d'un certain talent, qui s'était fixé à Nantes en 1794 ; il retourna ensuite à Paris et entra comme professeur au Conservatoire.

En l'An VII, les recettes étaient loin d'être brillantes ; elles s'élevaient à peine, dans les plus belles soirées, à 700 francs.

Sous la République, des chants patriotiques étaient exécutés au théâtre pendant les entr'actes. Au Chapeau-Rouge on s'était relâché de cette habitude. Le commissaire du Directoire réclama près de l'administration municipale. La lettre écrite dans le style boursouflé du temps, est assez curieuse et m'a paru valoir la peine d'être publiée.

Nantes, le 26 ventôse, An VII de la République Française une et indivisible.

Le Commissaire du Directoire exécutif près l'administration centrale du département de la Loire-Inférieure.

Aux Membres de l'Administration Municipale de Nantes.

Citoyens,

Des affaires pressantes et des circonstances m'ont empêché de répondre plus tôt à votre lettre du 19 de ce mois, que j'ai reçue le 22.

Par cette lettre, vous objectez à ma demande pour l'exécution des airs patriotiques au théâtre, à l'ouverture et entre les pièces, que ces airs, au nombre de quatre, ne peuvent être assez variés pour plaire constamment, que ce nombre est trop médiocre pour être joué deux fois par jour, que vous craindriez que cette prodigalité ne les avilit, que la satiété dégoûte des mets les plus exquis, que vous vous contentez donc de les faire exécuter les *quintidi* et *décadi*.

J'avoue que ces observations m'ont causé quelque surprise ; on ne se lasse jamais de ce qui est essentiellement bon : la République doit se présenter continuellement aux regards, aux oreilles, à tous les yeux. Quoi de plus propre à élever l'âme que les chants qui ont si souvent donné le signal de la victoire et rappellent les immortels exploits de nos guerriers ? Les prêtres du christianisme n'offraient-ils pas constamment aux yeux du peuple les mêmes images, ne frappaient-ils pas les oreilles des mêmes chants, des mêmes accents, n'était-ce pas ainsi qu'ils en avaient tellement pénétré la multitude, que la plupart, identifiés avec leurs principes, avec des objets fantastiques, ont combattu jusqu'à la mort, pour les défendre et les maintenir ?

Quel avantage ne doivent pas avoir les principes et les emblèmes de la République, de ce gouvernement si propre à élever la nation au plus haut degré de perfection, de gloire et de bonheur.

Comment se faisait-il que jadis, rassemblés presque toujours à la même heure, on semblait se délecter d'une psalmodie monotone ? C'est que des prêtres avaient su adroitement établir cet usage, l'on s'asservit à ces stériles hommages, et l'habitude dégénère pour ainsi dire en besoin.

Mais des Républicains, des Français qui doivent aimer la République et n'aimer qu'elle, se lasseraient-ils d'entendre ou n'entendraient-ils que froidement ces airs chéris qui sont nés avec leur liberté et l'ont embellie et animée d'une vie nouvelle ?

Vous pensez que les airs républicains ne sont pas assez nombreux pour être variés et plaire constamment ; vous n'en avez que quatre, j'en connais dix que voici :

1. *Allons enfants de la patrie.* — 2. *Veillons au salut de l'empire.* — 3. *Ah ! ça ira.* — 4. *Au premier son du tambour.* — 5. *Dansons la Carmagnole.* — 6. *La victoire en chantant.* — 7. *Nous ne reconnaissons, en détestant les rois.* — 8. *Mourir pour la patrie.* — 9. *Le chant du retour.* — 10. *Gloire au peuple français.*

Il y en a certainement beaucoup d'autres, et si les musiciens veulent, comme je le pense bien, y mettre l'accent du patriotisme qui les anime, ils sauront les rendre toujours nouveaux aux oreilles républicaines. Si des individus remarquables par leurs ridicules et leur nullité, qui semblent dédaigner la République parce qu'ils sont incapables de la comprendre et indignes de la servir, si ces individus, dis-je, sont désagréablement affectés de ces chants civiques, qu'ils se retirent. Au reste, il est bon de les en pénétrer malgré eux, peut-être y prendront-ils goût. Il est bon de faire triompher le parti républicain; il faut que le gouvernement se montre partout et hautement, et alors qu'une coalition secrète semble nous menacer par une marche lente et perfide, il faut élever, pour ainsi dire, autel contre autel, et se roidir afin de ne pas faire de pas rétrogrades.

Il serait inutile de m'étendre davantage sur ce point et sur d'autres considérations que vous avez aperçues comme moi. Je pense donc que vous ne tiendrez pas aux objections que vous m'avez faites ; et je persiste de plus fort à désirer que vous donniez l'ordre de jouer chaque jour, à l'orchestre, avant l'ouverture du théâtre, et entre les deux pièces, un des airs républicains dont j'ai parlé : et à votre recommandation, les musiciens y mettront, je n'en doute pas, le zèle et l'expression convenables.

J'observe, en outre, que l'on ne joue plus de pièces républicaines ; c'est fort rare. Ne serait-il pas possible de faire jouer de temps en temps quelques petites pièces patriotiques de choix. Je désire que cet objet fixe votre attention.

Je vous prie de m'accuser réception de la présente, et de me faire part de votre détermination.

Salut et fraternité,

Signé : MARSSON.

En frimaire An VIII, le droit des pauvres fut réduit à 6 francs par représentation.

Les pièces inédites suivantes furent jouées dans le courant de l'An VIII : l'*Envieux*, comédie en cinq actes et en vers, de Hyacinthe David ; *Soltman*, ou la suite de *Joseph*, drame en trois actes et en vers, par Clavel, artiste du théâtre de Nantes, musique du citoyen Breton ; le *Triomphe de Bonaparte en Égypte*, ou la *Reprise d'Aboukir*, grand opéra à spectacle, par Briss, artiste.

Le 25 germinal, l'interdiction de jouer *Athalie* fut signifiée aux artistes.

Le 3 prairial, une grande représentation fut donnée au bénéfice des parents des victimes de l'explosion du château. On joua *Othello* et les *Trois Sœurs*.

Dans le courant de brumaire, l'acteur Julliet vint donner des représentations. Le 17 de ce mois, la *Jeune Nanette* eut le même sort qu'*Athalie*. On ne peut se figurer aujourd'hui avec quelle sévérité les pièces étaient, on peut le dire, épluchées. *Richard-Cœur-de-Lion* était prohibé aussi lui. Les artistes demandèrent la levée de l'interdiction en proposant de dire :

O Richard, c'est à toi que mon cœur s'abandonne,

au lieu du vers que tout le monde connaît. J'ignore si cette autorisation fut donnée.

On ne s'adresse jamais en vain au cœur des artistes. Ceux du Chapeau-Rouge étaient loin d'être riches, pourtant ils saisissaient toutes les occasions de soulager quelques misères. Je n'en veux que la preuve suivante :

Le 21 ventôse An X, il fut donné une représentation « *au bénéfice d'une femme qui vient d'adopter un enfant nouveau-né qui avait été jeté ce matin dans des latrines d'où il a été retiré vivant.* » Textuel.

Le 20 frimaire An XI, un arrêté de la mairie défendit la vente des contremarques.

En 1805, notre compatriote Guillaume de Boutèiller remporta le grand prix de composition pour sa cantate *Héro et Léandre*, dont les paroles étaient aussi d'un Nantais, M. Binsse de Saint-Victor. Les artistes du Chapeau-Rouge donnèrent deux auditions de cette cantate.

Dans le courant de l'année 1806, les troupes de la Porte Saint-Martin et de l'Ambigu vinrent donner à Nantes quatre représentations.

Cette même année, l'autorisation de reprendre *Athalie* fut accordée.

On était alors à l'époque des pièces militaires et des mélodrames noirs aux sous-titres ronflants. On représenta au Chapeau-Rouge une parodie de ces sortes de pièces sous les noms de *Rodéric et Cunégonde* ou *l'Ermite de Montmartre* ou la *Forteresse de Molinos* ou le *Revenant de la galerie de l'Ouest*, galimathias-burlesco-mélo-patho-dramatique, en 4 actes. Grand succès de fou rire.

Le 14 août 1806, on joua les *Souliers mordorés*, de Fridzeri, à son bénéfice. L'affiche portait :

« *M. Fridzeri, aveugle depuis l'âge d'un an, jouera une sonate de violon, et sur la mandoline les deux airs de* Monte-au-Ciel *et du grand cousin du* Déserteur *qu'il exécutera à la fois sur le même instrument, de manière à faire entendre distinctement les deux parties.* »

Le fait musical le plus important de l'année 1807 fut la première représentation de la *Vestale*. Je n'ai pu retrouver les noms des artistes qui créèrent dans notre ville le chef-d'œuvre de Spontini.

Boullant, maître de pension à Nantes, fit jouer, à cette époque, un vaudeville : le *Prisonnier de vingt-quatre heures.*

La même année, M. et Mme Fay, de Feydeau et Tiercelin, du théâtre Montansier, vinrent jouer à Nantes différentes pièces de leur répertoire.

XII

DUMANOIR ET JULIEN SEULS DIRECTEURS
NAPOLÉON AU CHAPEAU-ROUGE

(1808-1813)

A situation du théâtre, était, à cette époque, fort mauvaise. Les recettes étaient des plus minimes, et les malheureux artistes miséraient. Cependant ils luttaient courageusement, contre la fortune adverse. Un seul, Termets, l'un des administrateurs, voulait déposer le bilan, et pour arriver à ce but, occasionnait tout les désagréments possible à la Société. Les artistes se plaignirent au maire, et le 10 mars 1808, Termets fut cassé de ses fonctions. Dumanoir et Julien Sévin restèrent seuls administrateurs.

Napoléon visita Nantes en 1808. De grandes fêtes furent données en son honneur. Le 9 août on joua, par extraordinaire, aux deux salles « en réjouissance de l'arrivée de l'Empereur. » On représenta au Chapeau-Rouge : *Misanthropie et Repentir ou l'Inconnu*, drame en cinq actes ; *Le Calife de Bagdad* et une *scène lyrique* « à grand orchestre et à spectacle analogue à la circonstance », disent les affiches. A la salle Rubens, on donna *Euphrosine et Coradin* et le *Jeu de l'Amour et du Hasard*.

La scène lyrique chantée au Chapeau-Rouge était, pour les paroles, de Blanchard de la Musse, et pour la musique de Scheyermam, un des meilleurs professeurs de piano de la ville. Le théâtre représentait une place publique où le peuple était réuni en foule. La messagère des dieux, Iris, descendait dans un nuage et venait annoncer l'arrivée de l'empereur ; alors la joie éclatait de toutes parts.

Voici un échantillon de la poésie de M. Blanchard :

Une femme

Puissent l'amour, la franchise et le zèle,
D'une ville toujours à ses devoirs fidèle,
Dans ses murs fortunés fixer Napoléon.

Un paysan

Ah ! qu'il sache que le Breton,
Tout en changeant de nom,
N'a point changé son caractère,

> *Que fier, loyal et sincère,*
> *Il met sa gloire la plus chère*
> *A chérir, à servir le grand Napoléon.*

Il paraît que l'enthousiasme ne connut plus de bornes, et que dans la salle des larmes d'attendrissement coulèrent de tous les yeux, quand le peuple reprit en chœur :

> *Veillez sur notre appui,*
> *Dieux, dont il est l'image,*
> *Et conservez en lui*
> *Votre plus bel ouvrage.*

Un superbe bal fut donné à l'empereur, dans la salle du cirque. Pour la circonstance, un arrêté du maire prescrivit aux invités de ne se présenter qu'en habit à la française, avec épée et chapeau sous le bras.

Le 6 septembre 1808, eût lieu la première représentation de *Joseph*. L'opéra de Méhul remporta un succès sans précédent. Dans l'espace de trois mois il atteignit seize représentations. Joseph était chanté par Richebourg, Jacob par Huet et Benjamin par Mlle Granger, délicieuse dans ce rôle.

Un opéra qui eût encore plus de succès que *Joseph*, fut *Cendrillon* de Nicolo, une partition bien oubliée aujourd'hui.

En 1809, une jeune artiste qui devait rester plusieurs années à Nantes, Mlle Pelet, débuta dans le rôle de

Julia de la *Vestale*. Elle était aussi bonne cantatrice qu'excellente comédienne.

« A côté de M⁰⁰ Pelet, dit Camille Mellinet, dans *La Musique à Nantes*, on remarquait le vieux ténor Joseph, acteur plutôt que chanteur, acteur même assez maniéré, cependant assez bon musicien et qui jouait l'*Italo* avec une bouffonnerie toute italienne. »

A cette époque, les amateurs Nantais applaudissait aussi Mᵐᵉ Lemaire.

Cette artiste remporta un véritable triomphe dans *Le Devin du Village*, dont la vogue, qui durait encore, ne devait pas tarder pourtant à diminuer. Quand Mᵐᵉ Lemaire partit, on la couvrit de bouquets, de couronnes, de palmes et de vers. Mellinet cite ceux-ci :

Pour bien te payer du plaisir que tu fais,
Il faudrait Apollon lui-même,
Il faudrait des lauriers comme on en vit jamais.

Le 31 décembre 1811, un arrêté du maire ferma définitivement la salle de la rue Rubens, reconnue de plus en plus dangereuse. L'ancien théâtre du Bignon-Lestard devint un atelier de chaudières. Aujourd'hui son emplacement est occupé par une serrurerie.

Un professeur de clarinette, M. Canongia, fit jouer le 15 février 1812, un opéra en un acte, *Les deux Julies*. Cette œuvre médiocre échoua complètement.

Le 3 décembre 1812, *Jean de Paris* de Boieldieu, fit son apparition à Nantes. Cet opéra du futur auteur de la *Dame Blanche* n'eut qu'un demi-succès.

Cette même année Mlle Clairville, de l'Académie impériale de musique, vint chanter *Didon*, *Ariane*, *Alceste*, et différents autres chefs-d'œuvre du vieux répertoire.

Le 20 mars 1813, la salle du Chapeau-Rouge, clôtura par le *Désespoir du Jocrisse*, *l'Irato*, *Jocrisse aux Enfers* et *Stratonice*.

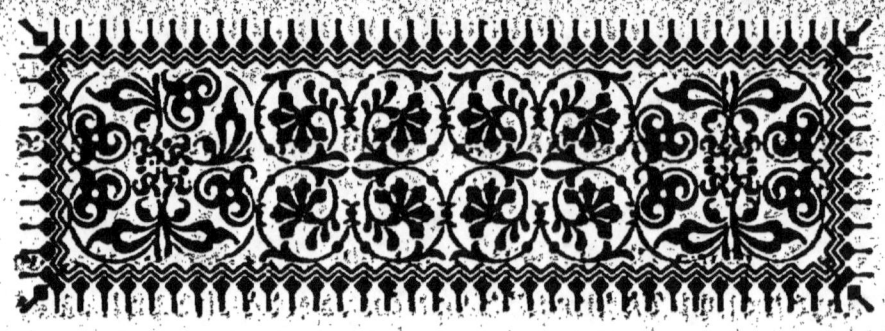

XIII

LA SALLE DE LA RUE DU MOULIN

(1802-1818)

Vers 1802, un petit théâtre s'éleva rue du Moulin, dans l'ancienne chapelle des Carmes, qui renfermait jadis le tombeau de François de Bretagne, chef-d'œuvre de Michel Columb. Je n'ai aucun renseignement exact sur les commencements de cette scène d'ordre secondaire. Tout ce que je sais, c'est qu'une dame Charles, voulut en faire un théâtre d'éducation. J'ai trouvé dans les archives municipales la protestation des artistes du Chapeau-Rouge, qui ne voyaient pas, sans appréhension, une entreprise rivale s'établir à Nantes. Voici un passage de ce factum :

« La dame Charles, élève, dit-elle dans son prospectus imprimé, un *Théâtre d'éducation*, c'est-à-dire un théâtre d'enfants des deux sexes, à qui l'on enseignera GRATIS, *la danse et le culte qu'on doit à l'Être suprême, la musique et le respect pour les parents, le calcul et la déclamation qui fait passer dans l'âme la joie et la pitié, la pantomime et la tenue des livres, l'opéra comique et le commerce, les devoirs du citoyen et le vaudeville enjolivé par les ballets.*

» Dans une telle entreprise, la morale et la politique ne peuvent rester sans intervenir. La morale condamne cette double spéculation sur l'innocence d'un grand nombre d'enfants des deux sexes et sur la faiblesse et l'avarice de leurs parents. Ce qui séduit ceux-ci, c'est que la dame Charles leur dit : « *Vous n'avez aucun déboursé à faire* pour l'éducation de vos enfants, au contraire, ils sont payés pour acquérir du talent, leur traitement augmente à proportion de leur travail, et ils ne sortiront des mains de leurs maîtres que capables de prendre l'état qui puisse convenir à leurs parents.

Une pareille école ne peut entrer dans le système de l'instruction publique. Qu'est-ce d'ailleurs qu'une école d'enfance, dont la dame Charles dit : *Point de devoirs, tout est plaisir pour eux.* N'est-ce pas dire d'avance : ce sera une école de corruption?

. . . .

» Sans doute la malignité remarquera qu'il nous convenait moins qu'à d'autres, de nous ériger en maîtres de morale.

» Mais n'est-ce donc pas là le premier but de notre institution, et notre premier devoir ? Santeuil ne nous a-t-il pas donné pour devise : *Castigat ridendo mores?* et quand nous honorons notre état par nos mœurs, ne sommes-nous donc pas les professeurs de la morale publique ? »

J'ignore si cette protestation fut écoutée et si la dame Charles obtint l'autorisation qu'elle demandait mais le théâtre de la rue du Moulin n'en ouvrit pas moins.

En 1803 il avait pour directeur Ferville, fils de l'ancien directeur du Grand-Théâtre.

Le 3 janvier, les artistes du Chapeau-Rouge revinrent à la charge et adressèrent une pétition au Préfet pour obtenir le privilège exclusif du théâtre à Nantes.

Le Préfet demanda au Maire son avis. Ce dernier, après avoir donné les raisons suivantes, concluait au maintien des deux théâtres.

« L'affluence de spectateurs qu'on y remarque prouve combien le spectacle a besoin d'être conservé à Nantes. L'extrême éloignement où il est du Grand-Théâtre, ne le rend pas nuisible aux intérêts des directeurs de ce dernier, car la majeure partie des spectateurs qui se rendent aux Variétés sont les habitants de l'ancienne ville, qui assurent être dans l'intention de se passer de spectacle s'il leur fallait aller jusqu'à la rue Rubens. J'ai remarqué souvent, qu'en l'absence de la troupe des Variétés, le nombre des spectateurs du Grand-Théâtre n'était pas plus fort que lorsque le petit théâtre était ouvert. J'ai vu encore que les jours de dimanche et de fêtes, ces deux théâtres ne suffisaient pas, et qu'à chacun des deux on refusait de donner des billets d'entrée. »

La salle de la rue du Moulin continua donc d'être exploitée par Ferville. On y jouait surtout la grosse comédie.

Pottier, le futur artiste du Palais-Royal, fit ses premières armes, vraiment sérieuses, à ce théâtre où il était le favori du public.

A la fin de l'Empire et au commencement de la Restauration, beaucoup de concerts se donnèrent dans cette salle. Demouchy, 1er violon-solo du théâtre, élève de Kreutzer, s'y fit entendre plusieurs fois avec succès.

Le fils du directeur, Ferville, qui devait plus tard acquérir une légitime réputation dans la capitale, remporta, tout jeune encore, de vifs succès à la salle de la rue du Moulin. Il garda toujours aux Nantais une vive reconnaissance pour les encouragements qu'ils lui prodiguèrent alors.

La salle de la rue du Moulin exista jusqu'en 1818. Elle fut transformée alors en un grand magasin d'épicerie. Dure décadence pour un théâtre.

QUATRIÈME PARTIE
De la Reconstruction du Grand-Théâtre à sa gestion par la Ville

(1813-1857)

XIV

DIRECTION ARNAUD. — TALMA A NANTES

(1808-1813)

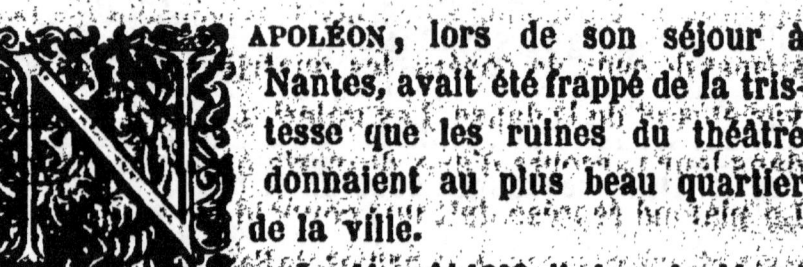APOLÉON, lors de son séjour à Nantes, avait été frappé de la tristesse que les ruines du théâtre donnaient au plus beau quartier de la ville.

Le 11 août 1808, il signa le décret impérial suivant :

Article premier. — La salle brûlée en l'an IV sera reconstruite et, à cet effet, la ville de Nantes est autorisée à ouvrir un emprunt d'une somme de 400.000 francs pour cette reconstruction.

Art. 2. — La ville de Nantes est autorisée à emprunter à la caisse d'amortissements, la somme de 400.000 francs pour reconstruire la salle de spectacle. Notre ministre de l'intérieur mettra cette somme à la disposition du maire à mesure de l'avancement des travaux.

Art. 3. — Cet emprunt sera remboursé en six années et l'intérêt qui courra à compter de l'époque de la délivrance faite par ladite caisse en sera payé à raison de 5 0/0 par an.

Les travaux ne commencèrent définitivement qu'en 1811, sous la direction de Crucy.

La maison Goisneau, qui se trouvait adossée à la salle du côté de la rue Rubens et qui avait été brûlée en partie, lors de l'incendie, fut acquise par la ville. Le théâtre fut ainsi isolé de tous les côtés.

Les travaux de restauration furent activement poussés, et en 1813 la nouvelle salle fut prête.

Les premières loges étaient décorées des attributs de la tragédie, les secondes de ceux de la comédie, les troisièmes de ceux de l'opéra, les quatrièmes de ceux des variétés et de la danse. Les galeries étaient enrichies dans leur parcours d'une draperie ornée de franges. Le plafond représentait une coupole avec des caissons et des rosaces. Les armes de l'empereur, accompagnées de deux génies, étaient peintes au milieu de la corniche. Le fond de la salle était vert. Les soffites des loges étaient ornés de moulures et d'un tour de marbre blanc. Tous les ornements étaient rehaussés d'or. Le rideau était bleu et parsemé d'abeilles.

Profitant de l'expérience acquise, Crucy détruisit le désagréable écho qui existait dans l'ancien théâtre.

La décoration de la salle avait été confiée à M. Coste ; elle coûta 3.800 francs.

Le peintre fit aussi pour 21,360 francs de décors ainsi répartis : *le palais, le salon brillant, la chambre de Molière, la chambre rustique, la place publique, la forêt, le jardin, le hameau.*

La ville choisit comme directeur, pour une période de cinq années, M. Arnaud, premier comique du Chapeau-Rouge ; il conserva aussi cet emploi à Graslin. Le ministre ratifia ce choix, et le préfet comprenant qu'une indemnité était indispensable au directeur pour mener à bien l'entreprise du Grand Théâtre, proposa à la ville d'allouer de 10 à 15,000 francs par an, à M. Arnaud. Le Conseil réuni, ne se trouva pas plusieurs fois en nombre suffisant pour délibérer. Cependant, à l'une des réunions, les conseillers présents déclarèrent : « qu'à raison de l'utilité d'un spectacle à Nantes, la ville avait fait pour la reconstruction de la salle un emprunt de 400.000 francs, qu'ils pensaient que cet édifice devait être administré comme tous les biens communaux, c'est-à-dire affermé au plus offrant et dernier enchérisseur et que ce n'était qu'après cette adjudication qu'on pourrait juger s'il était nécessaire de soutenir l'adjudicataire dans son entreprise. »

Le Conseil municipal ayant été réuni une cinquième fois sans se trouver en nombre, le Préfet passa outre et ordonna qu'une subvention de 15,000 francs serait allouée au directeur.

La municipalité ne se montra pas contente de cette façon d'agir ; force lui fut cependant de courber la tête devant l'administration supérieure.

Il m'a été impossible de donner jusqu'ici les tableaux de troupes d'une façon régulière, pour l'excellente raison que je ne pouvais, la plupart du temps, les retrouver. A partir de la réouverture de Graslin, j'ai pu les reconstituer tous.

Voici le tableau de la troupe de M. Arnaud.

SAISON 1813-1814

ARNAUD DIRECTEUR

CAJON, chef d'orchestre

Tragédie et Comédie

MM. :

- OUVRAY, 1er rôle,
- ALES, jeune premier,
- DEVILLE, jeune amoureux,
- COLLET, père noble,
- LECOUVREUR, financiers,
- ARNAUD, 1er comique,
- AUGUSTE, id.
- LEFÈVRE, 3e rôle.

Mmes :

- BARRIÈRE-MÉNIER, reines,
- LETELLIER, 1ers rôles,
- DEVIN, ingénuités,
- LACAILLE, caractères,
- ARNAUD, soubrettes,
- FOSSIER, 1re amoureuse.

Opéra

MM. :

- JOSEPH, 1er haute contre,
- JAUBERT, baryton,
- DARIUS, 1re basse taille,
- HUET, id.
- Eloi DEVILLE, 2e haute contre,
- Fontaine LESCOT, id.
- LEFÈVRE, 3e ténor,
- SIGNOL, trial,
- POUGAUD, laruette,
- St-MARTIN, 2e basse.
- 10 chanteurs de chœurs.

Mmes :

- PELET, 1re chanteuse,
- BURGÈRE, dugazon,
- PIERSON, jeune dugazon,
- DEMOUCHY, mère dugazon,
- LACAILLE, duègne.
- 10 chanteuses de chœurs.

Enfin, un petit ballet d'enfants, sous la direction de M. Spitaillier.

Voici quels étaient les prix des places :

Premières, loges, galeries, parquet et baignoires, 3 francs ; deuxièmes loges, 2 francs ; parterre assis, troisièmes loges, 1 fr. 50 ; quatrièmes, 1 franc.

Abonnements. — A l'année : Hommes, 160 francs ; Dames, 110 francs. — Au mois : Hommes, 24 francs ; Dames, 18 francs.

Le théâtre, on le voit, était bon marché en 1813. A cette époque la saison théâtrale s'ouvrait ordinairement à la fin d'avril et se terminait à la veille des Rameaux. Le spectacle commençait, comme au XVIIIe siècle, à six heures.

Le mode de débuts sous cette direction et sous les suivantes était des plus simples : les sifflets ou les applaudissements décidaient de la réussite des artistes qui devaient subir trois épreuves.

Le 3 mai 1813 eut lieu l'inauguration de la nouvelle salle. On joua *Aline* et un prologue : *Molière à la nouvelle salle*.

Cette pièce, due à la plume de M. de la Harpe, avait été écrite pour l'ouverture de l'Odéon. On l'arrangea quelque peu afin qu'elle put servir à Nantes.

Toute la haute société Nantaise s'était donné rendez-vous au théâtre. Les loges resplendissaient. Crucy parut dans celle de la Mairie à côté de M. Bertrand-Geslin. Il fut accueilli par des applaudissements unanimes. Tout le monde était d'accord pour louer la beauté de la salle et du monument restauré.

La nouvelle campagne s'ouvrit donc sous les meilleurs auspices.

La foule ne tarda pas à affluer à Graslin. Tous les soirs la salle était pleine. Le public était heureux de posséder enfin un théâtre digne de la ville.

« C'était alors, écrit C. Mellinet dans un feuilleton du *Breton*, le beau temps des mélodrames, de *Charles le Téméraire*, des *Corbeaux accusateurs*, du *Siège du Clocher* et autres de la même famille ; pour remplir la salle il suffisait de mettre sur l'affiche que MM. Signol et Fontaine-Lescot exécuteraient de *grands combats à coups de hache* (historique). Alors, on ne laissait pas une seule place à prendre, non seulement dans les loges et dans les galeries, mais dans les couloirs, dans le foyer, sous le péristyle, quoique les places fussent à cinq francs, quand une affiche à dix feuilles énumérait la quantité de spectacles variés, d'ombres chinoises et de marionnettes, qui composaient la *Fête vénitienne*. »

Pendant les premières années de la réouverture de Graslin le samedi était le jour *select*.

Parmi les artistes d'alors on remarquait Lefèvre, dit Marsias, qui faisait déjà partie de la troupe de Longo en 1788. Il était bien vieux, bien cassé, mais il conservait encore de vieux restes de son talent d'autrefois. Il était devenu un jouet pour ses camarades qui lui faisaient mille plaisanteries. Un soir qu'il jouait Thésé d'*Ariane*, une artiste s'amusa à lui faire flamber sa perruque de filasse ; une autre fois dans la *Vestale*, Mlle Burgère lui piqua de longues épingles noires dans ses faux mollets et le pauvre

Lefèvre, qui ne s'était aperçu de rien, entra gravement en scène au milieu des rires de tous.

Le 2 septembre 1813, *la Vestale* fut brillamment reprise. Mlle Pelet qui, lors de son arrivée à Nantes, avait débuté par le rôle de Julia, retrouva son légitime succès. Jaubert dans Cinna partagea le triomphe de sa jeune partenaire ; un soir même, il fut solennellement couronné sur la scène. Les décors étaient entièrements neufs. On remarqua surtout la vue de Rome. Tous les changements se firent à vue. Le rideau ne baissa pas une seule fois pendant l'exécution de l'opéra de Spontini.

La première représentation du *Nouveau Seigneur du village* eut lieu le 21 septembre ; ce charmant ouvrage éprouva une chûte à peu près complète.

Le 5 octobre la direction donna une représentation pour célébrer la mémoire de Grétry. Le spectacle se composait de la *Fausse magie*, d'*Anacréon chez Polycarpe* et d'une apothéose du compositeur. Le buste de l'auteur de *Richard* placé sur la scène, était entouré de tous les artistes en grand deuil. A un un moment donné une Renommée descendit des frises et couronna Grétry.

Le mois d'octobre 1813 réservait aux Nantais une joie longtemps attendue : celle d'entendre Talma. Le grand tragédien remporta, il est inutile de le dire, un véritable triomphe. Il joua successivement *Andromaque*, *Sémiramis*, *Manlius*, *Iphigénie en Tauride*, *Hamlet*, *Britannicus*, *les Templiers*, où il tint le rôle du grand-maître qu'il n'avait pas encore joué à Paris, *Shakespeare amoureux*, *Nicomède*, *Œdipe*, *Ninus II* et *Macbeth*. Camille Mellinet, bien jeune alors, mais déjà lancé dans le monde théâtral, eut l'occasion de se trouver seul avec Talma et d'avoir une longue conversation avec lui. Le futur auteur de *la Commune et la Milice de Nantes*, a publié cette conversation dans une brochure fort intéressante et très rare aujourd'hui.

En voici quelques fragments ; je n'ai que le regret de ne pouvoir en citer un plus grand nombre :

— Il me semble, lui dis-je, qu'en scène, l'acteur s'oublie complétement, pour s'identifier avec le personnage qu'il représente ?

— Cette croyance, répondit Talma, est assez généralement répandue, mais sans raison. Un acteur ne s'oublie jamais en scène : il y est toujours comédien ; autrement ce serait un fort mauvais comédien, s'il gesticulait à tort et à travers suivant ses inspirations, fût-il même dans la position de se croire fermement le personnage qu'il s'est chargé de reproduire.

— Mais comment arriver à l'expression de la vérité, si ce n'est en s'efforçant d'exister de la vie même du personnage ?

— Assurément, il faut cette vie ; mais elle ne s'improvise pas comme un ornement dans un morceau de musique ; et, encore, je vous paraîtrai trop exclusif, l'improvisation d'une seule phrase d'agrément dans un air est une faute de la part d'un artiste... Un artiste qui tient à son nom avec l'ambition de faire école, et nul n'est artiste sans cette ambition, doit être sûr de la moindre expression de sa voix ou de son geste. Quant à cette vie même du personnage, que vous avez raison d'exiger dans le comédien, ce n'est pas l'improvisation, l'entraînement, où, comme disent certains aristarques l'abandon qui la communique, c'est l'étude.... La plus forte critique d'un acteur est celle qui proclame son abandon : voilà pourtant le grand éloge de vos journaux, éloge bien irréfléchi.

Voici maintenant des détails sur la façon de travailler de Talma.

Je relis donc encore, je me pénètre du personnage et de son entourage. Ayant ainsi examiné à fond la contexture de la pièce, je m'efforce d'imposer silence à mon imagination, afin qu'elle ne remplace pas la réalité. Alors, si mon héros est Grec ou Romain, je me promène dans les musées, j'étudie les médailles, j'examine les statues, je note celles que je dois plus spécialement consulter. Mon étude suivante consiste dans les écrivains de l'époque : je les lis, je les médite, j'y prends mon personnage extérieur dans les actes de son existence publique, heureux quand quelques précieuses pages m'initient à sa vie privée. En ces moments aucune autre pensée ne me peut saisir : celle de mon personnage m'accompagne et m'occupe partout. Aussitôt que je crois l'avoir compris avec les écrivains, je retourne aux médailles, aux dessins, aux statues qui le représentent ; j'en calcule, j'en imite les diverses positions ; en quelque lieu que j'aille, et sans y songer, je me pose comme mon héros ; il est toujours avec moi. J'ai vécu dans une autre vie que la mienne. Après cela seulement, rappelant à moi toute mon imagination, parce que l'étude est désormais assez forte pour l'éclairer si elle s'égare, j'espère faire revivre sur la scène le personnage lui-même avec son costume, sa physionomie, ses gestes; je dirais presque avec son accent, ou, au moins, avec ses intentions évidentes dans la situation où l'auteur l'a placé : c'est là mon étude préliminaire.

Mellinet lui ayant demandé quelle était sa pièce de prédilection, le grand tragédien lui répondit :

— *Nicomède !* je le dis sans balancer, *Nicomède*, œuvre de vraie grandeur théâtrale, œuvre brillante de vigueur réelle et non de ce gigantesque, de ce clinquant, de cette enflure qui en tiennent souvent lieu, remarquable par cette puissante et vive ironie qui donne un caractère si remarquable au héros de Corneille, œuvre d'un tragique sublime et tout entier dans la nature.

La conversation à un moment tomba sur Goëthe et ses ouvrages.

— Oui, *Faust !*... oui, vous avez raison. Quel beau rôle à créer ! Mais pour conserver la grande conception de Gœthe dans toute sa philosophie, quel écrivain français serait assez indépendant pour garder et offrir, sans nuire à la pièce allemande, ce que notre public et surtout nos auteurs et nos aristarques y appelleraient puérilités, choses oiseuses, détails niais, etc... Le docteur Faust !... A ce nom, Talma s'arrêta un instant en portant la main à son front... Il continua : Faust ! oui, ce serait une admirable création pour moi... Je n'y ai jamais songé... Que de vérités nouvelles à y dire à notre public blasé... Pourquoi ne suis-je qu'acteur ? Que je conçois bien Molière, comédien, Molière le plus profond des écrivains dramatiques de tous les peuples... Peut-être je voudrais Faust plus positif que ne l'a fait Gœthe, moins lancé dans les espaces imaginaires où l'a jeté l'auteur allemand : d'ailleurs, si l'on s'avisait de le laisser ainsi, l'Empereur ferait tomber l'auteur sous son fatal nom d'idéologue... En définitive, il ne laisserait pas jouer *Faust*.

— Mais *Egmont ?*

— Il s'y trouve, en effet, des scènes délicieuses. Cet amour de grisette si pur et tout d'abandon, l'amour de cette charmante Claire, si aimante, si dévouée. Et croyez-le bien, ce n'est pas là un caractère idéal : combien de nos jeunes filles du peuple, séduites, ont la même tendresse pour leurs séducteurs !... Combien ai-je vu, Monsieur, de dévouements de ce genre dans notre Révolution... Mais ne songeons pas plus à *Egmont* qu'à *Faust*. L'Empereur ne souffrirait pas les premières scènes d'*Egmont*, ces conciliabules populaires sur la place publique, empreints de trop de vérité positive... Or, ces scènes, quelle main barbare oserait les mutiler ? Que ferait-on d'ailleurs du tableau du songe, de cet appel à la liberté avec le bonnet phrygien ?... Non, non: j'en reviens à mon idée dominante : de nouveaux essais au théâtre ne peuvent désormais se tenter que par une nouvelle génération d'écrivains. La mission de nos auteurs aujourd'hui en vogue a été de régénérer le goût, de ramener la langue à la pureté du siècle de Louis XIV. Ils l'ont remplie, cette mission ; ils l'ont remplie peut-être avec trop de servilité, d'imitation, à des exceptions près ; mais, après cela, le maître le voulait ainsi : c'était la volonté de l'Empereur. Les auteurs la subissent comme le peuple : ils vivent en écrivant sous son inspiration dans notre belle France, comme le peuple va mourir sur la terre étrangère en criant : *Vive l'Empereur !*

— Mais, Monsieur, je vous croyais admirateur enthousiaste de l'Empereur... Et n'est-ce pas une mort glorieuse et désirée que celle trouvée sur un champ de victoire, dis-je à Talma avec le ton d'un reproche de jeune lycéen.

— Oui, oui, assurément, répondit froidement Talma, l'Empereur est un grand homme, et j'en suis l'admirateur sincère... Mais je suis aussi un peu comme tout le monde, je reconnais la nécessité d'une halte... Toutefois, avec mes affections et votre enthousiasme de jeune homme, q'ioique nous soyons d'accord sur le personnage principal, ceci est un sujet brûlant...

Mlle Levert, de la Comédie-Française, et Philippe, du Vaudeville, vinrent en représentations, pendant la saison 1813-1814.

**

La question de la subvention se posa encore au Conseil au sujet de la campagne 1814-1815. La municipalité adressa la réclamation suivante à l'administration supérieure.

« Si le sol et l'édifice de la salle de spectacle appartiennent à la commune, comment se fait-il que les revenus lui en aient été enlevés pendant cinq ans pour en gratifier un directeur ? Comment se fait-il que, malgré l'avis du conseil municipal, ce directeur reçoive de la commune, par forme d'indemnité, une somme annuelle de 15,000 fr. ? Comment se fait-il que, privée de sa propriété et payant à celui qui en dispose 15,000 fr. par an, la commune soit assujétie aux réparations de cet édifice, au paiement de la contribution, à l'acquit de 400,000 fr. empruntés pour la reconstruction de la salle et des intérêts de cette somme ?

Comment se fait-il que la commune soit encore obligée de dépenser une somme de 150,000 fr. pour la *construction de deux salles de bal et de concert dont le directeur doit encore avoir la jouissance gratuite ?* Toutes les lois sur la propriété ont été violées dans cette circonstance. Jusqu'à présent on a dédaigné de prononcer sur notre juste réclamation, et le directeur n'en a pas moins touché son indemnité. M. le maire est chargé de la renouveler à celui des conseils du roi compétent pour prononcer l'annulation des actes illégaux. Qui peut douter qu'elle sera accueillie, surtout si l'on fait attention que la classe malheureuse murmure du poids de l'octroi dont une partie du produit est sacrifiée à la fortune d'un individu et au plaisir de la classe aisée. »

Pourtant, le 29 mai 1814, le Conseil considérant :

Que le spectacle est un objet d'utilité publique ; que sous le rapport politique il serait dangereux de le suspendre, et que les recettes du directeur sont infiniment faibles, mais sans que cette allocation puisse être considérée comme étant faite en exécution du traité attaqué, le maire étant chargé itérativement de se pourvoir, au nom de la commune, au conseil d'Etat, pour faire annuler ledit traité, etc.,

vota au directeur 12,000 francs d'indemnité.

Le ministre ne trouva pas cette somme suffisante et, d'office, la porta à 15,000.

A part quelques changements, la troupe, pour la seconde année de la direction Arnaud, était la même que celle de la première.

SAISON 1814-1815

ARNAUD DIRECTEUR
CAJON, chef d'orchestre.

Opéra

MM. :
JOSEPH, 1er haute-contre.
GOYON, id.
FONTAINE-LESCOT, 2me haute-contre.
JAUBERT, Martin.
HUET, 1re basse-taille.
DARIUS, id.
LEFÈVRE, rôles de pères.
SIGNOL, trial,
POUGAUD, laruette,
LHABET, 3me basse.

Mmes :
LIGER - SCHREUTZER, 1re chanteuse.
BURGÈRE, dugazon.
PIERSON, id.

LACAILLE, duègne.
GOYON, mère dugazon.

Comédie-Tragédie

MM. :
SOUVRAY, 1er rôle.
PICARD, jeune 1er.
COLLET, père noble.
LECOUVREUR, financier.
ARNAUD, 1er comique.
POUGAUD, id.
AUGUSTE, 2me comique.
SIGNOL, id.
LEFÈVRE, 3me comique.
BIZET, utilités.

Mmes :
LETELLIER, 1ers rôles.
DEVIN, jeune 1re.
LACAILLE, caractère.
GOYON, mère noble.
ARNAUD, soubrette.
MAYEUX, 3me amoureuse.

Le 17 mai 1814, on joua au théâtre Graslin, « à l'occasion de la paix générale », une comédie de Victor Mangin père, intitulée *La Bonne nouvelle de l'heureuse journée*. La brochure de cette pièce de circonstance est devenue des plus rares. Il n'en existe, je crois, que deux exemplaires à Nantes; l'un appartient à la Bibliothèque, l'autre à un de nos bibliophiles les plus distingués, M. Olivier de Gourcuff.

Mozart eut les honneurs de cette saison. En effet, ce fut le 14 novembre 1814 que l'immortel *Don Juan* fit sa première apparition sur la scène nantaise.

Le croirait-on, ce chef-d'œuvre passa presque inaperçu pour les journaux du temps? Le *Journal de*

Nantes se borne à dire que « le luxe des décorations égale celui de la musique. »

Les *Mystères-d'Isis*, interprétés à la perfection par Mme Pelet et Jaubert, furent joués le 2 mars 1815. Cet opéra était bien monté lui aussi.

Cette année on représenta encore *Joconde*, de Nicolo.

En mars, notre compatriote Boullaut fit jouer un drame intitulé *Bélisaire*. Ce fut l'auteur lui-même qui parla de sa pièce dans le *Journal de Nantes*. Dans son article, il remercie le public du succès qu'il a fait à son œuvre.

Sous la première Restauration, il fallut supprimer les aigles romaines dans la *Vestale*, car elles ne pouvaient plus paraître sans être acclamées.

Le retour de Napoléon fut fêté, le 25 mars 1815, au Grand-Théâtre, d'une façon toute particulière. Un intermède fut joué entre la *Vestale* et *Les Habitants des Landes*.

« Le fond de la scène, dit le *Journal de Nantes*, représentait une brillante illumination ; des groupes de peuple garnissaient les deux côtés ; à la droite de l'acteur, en face de la loge de M. le général, on avait placé l'aigle impériale, que les militaires du 61e avaient conservé comme leur *palladium*, dans leur caserne. Des troupes françaises, avec armes et bagages, et décorées de branches de lauriers arrivent avec leurs drapeaux et leurs aigles ; elles sont reçues par les habitants avec la joie qu'excite la présence des braves et celle de savoir le vainqueur d'Austerlitz et d'Iéna, revêtu de la pourpre impériale et remonté sur le trône où l'avait appelé la nation et l'armée. Les spectateurs, à l'entrée des aigles, ont prolongé leurs applaudissements, parmi lesquels on distinguait de nombreux cris de : Vive l'Empereur. »

Pendant cette saison, plusieurs artistes de Paris vinrent à Nantes. Citons: Mlle Georges, accueillie avec faveur dans *Mérope, Phèdre, Iphigénie en Aulide, Didon, Gabrielle de Vergy, Horace, Bajazet, Sémiramis, Médée*; Lafond, de la Comédie-Française, applaudi surtout dans le *Cid*; Mlle Regnault, de l'Opéra, qui possédait une voix exquise; enfin Lavigne, qui produisit beaucoup d'effet dans l'*Iphigénie* de Gluck.

La subvention fut maintenue par l'État au chiffre de 15.000 fr. pour la troisième année de la direction Arnaud.

SAISON 1815-1816

ARNAUD DIRECTEUR
CAJON, chef d'orchestre

Opéra

MM.
PONCHARD, 1re haute-contre.
CASSEL, Martin.
FONTAINE-LESCOT, 2e haute-contre.
HUET, basse-taille.
LEROUX, id.
CIFOLELLI, laruette.
AUGUSTE, trial.
LEFÈVRE, pères.
RICQUIER, 3e basse.

Mmes
SAINT-JAMES, chanteuse à roulades.
BURGÈRE, dugazon.
PIERSON, id.
LACAILLE, duègne.
CIFOLELLI, 3e chanteuse.

Comédie et Tragédie

MM.
SOUVRAY, 1er rôle.
PICARD, jeune premier.
SAINT-FRANC, père noble.
CIFOLELLI, financiers.
ARNAUD, 1er comique.
AUGUSTE, 2e comique.
CHAPUS, 2e amoureux.
LEFÈVRE, 3e rôle.
RIQUIER, utilités.

Mmes
LOBÉ-CHAPUS, 1er rôle.
DEVIN, jeune première.
CIFOLELLI, 2e amoureuse.
LACAILLE, caractère.
PICCINI, mère noble.
ARNAUD, soubrette.

Dans cette troupe on remarquait Ponchard, qui sortait du Conservatoire, et qui, dans *Joseph*, obtint de véritables triomphes.

Mlle Saint-James avait paru jadis à Graslin lors de l'ouverture de la première salle. Elle avait laissé à Nantes les meilleurs souvenirs. Quoi qu'elle eut encore conservé de rares qualités, et notamment une voix d'une étonnante étendue, elle éprouva une vive opposition de la part d'une certaine partie du public. On prétendait que cette artiste était à la fin de sa carrière. Arnaud fut donc obligé de remplacer Mlle Saint-James. Ce fut une jeune chanteuse, douée d'une voix très fraîche, Mlle Marido, qui lui succéda.

La jeune première de la troupe de comédie, Mlle Devin, possédait un réel talent. Le Théâtre-Français ne tarda pas à l'engager comme pensionnaire.

Mlle Pelet se retira cette année du théâtre. Elle se fixa à Nantes comme professeur de chant. « La même estime qui n'avait cessé de l'entourer au théâtre, dit Mellinet dans la *Musique à Nantes*, l'accompagna dans le monde. »

Le 12 août 1815, le duc de Bourbon, de passage à Nantes, assista à une représentation. Naturellement, on chanta en l'honneur du prince les couplets obligés. Blanchard de la Musse, dont la plume louait tour à tour Napoléon et les Bourbons avec le même enthousiasme, confectionna la poésie de circonstance.

Voici un couplet de cette piètre élucubration :

Air de RICHARD

*Et zig et zog
Et fric et froc
Oui jurons
Foi de Bretons
D'aimer toujours les Bourbons.*

En entendant ces vers, Son Altesse se leva, salua la salle et dit au préfet : « Assurez bien les Nantais que nous jurons, foi de Bourbons, d'aimer toujours les Bretons. »

Dans le courant d'avril 1816, Talma revint à Nantes. Il fut accueilli avec le même enthousiasme que quatre ans auparavant. Il joua successivement : *Iphigénie en Tauride, Manlius, Rhadamiste, Gabrielle de Vergy, Coriolan, les Templiers, la Mort d'Hector, Hamlet, Britannicus, Polyeucte* et *Abufar*.

Dans le courant de cette saison, à une représentation de l'*Abbé-de-l'Epée,* ce fut un sourd-muet de naissance qui joua le rôle de Théodore. Le public fut très impressionné par cette interprétation d'une saisissante vérité.

SAISON 1816-1817

ARNAUD, DIRECTEUR
DEMOUCHY, chef d'orchestre.
VIDAL, régisseur.

Comédie et Tragédie
MN.
VALMORE, 1ᵉʳ rôle.
PICARD, jeune premier.

SAINT-FRANC, père noble.
CAUVIN, financier.
ARNAUD, 1ᵉʳ comique.
AUGUSTE, } 2ᵐᵉˢ comiques.
SIGNOL,
CHAPUS, 3ᵉ rôle.
RIQUIER, 2ᵉ père, confident.

Mmes.
CHAPON, 1er rôle.
DEVIN, jeune première.
MONRAISIN, seconde amoureuse.
ARNAUD, soubrette.
DEBUSSAC, caractère.
PICCINI, mère noble.

Opéra

MM.
BORDES, 1re haute-contre.
MONRAISIN, haute-contre.
WELCHS, Martin.
HUET, 1re basse taille.
LEMOULE, 2e id.
SIGNOL, trial.
AUGUSTE, laruette.

Mmes.
FOULQUIER, 1re chanteuse.
THIBAULT, forte chanteuse.
PIERSON, dugazon.
MONRAISIN, travestis.
DEMOUCHY, jeune amoureuse.
PICCINI, mère dugazon.
DEBUSSAC, duègne.

Chœurs 18 personnes : 9 hommes, 9 femmes.

Le prospectus de la saison 1816-17 indique qu'il était permis aux abonnés de conduire une parente aux premières avec un billet de secondes. Cette faveur fut abolie en 1821.

Mlle Devin, après avoir passé un an aux Français, revint à Graslin, où le public la revit avec le plus vif plaisir.

Les deux premières chanteuses, Mmes Thibault et Foulquier étaient douées de fort belles voix. En outre Mme Thibault était très jolie femme, et fit tourner bien des têtes.

Pottier, qui avait jadis joué rue du Moulin, et qui faisait alors les beaux jours du Palais-Royal, vint donner des représentations au Grand-Théâtre. Le premier soir qu'il joua, il chanta le couplet suivant :

Ici d'un talent faible encor,
Je fis l'heureux apprentissage,
Enhardi par votre suffrage
Vers Paris je pris mon essor.

Si chaque jour on m'encourage,
En applaudissant mes essais,
C'est d'après votre témoignage,
Et mon bonheur est votre ouvrage
Pour mériter d'autres succès
Chez vous je viens faire un voyage.

Demouchy, premier violon-solo, devait succéder cette année à Cajon, qui pendant de longues années avait dirigé, avec une rare fermeté, l'orchestre du Grand-Théâtre. En juillet 1816, on donna au bénéfice du nouveau chef la première représentation du *Rossignol*. Cette ineptie musicale eut un succès inouï. Mlle Thibaut était charmante dans Philis dont elle gargouillada le rôle à la perfection.

Les amateurs d'art sérieux purent se consoler en écoutant Mlle Mars qui vint en août. L'illustre comédienne joua *Le Misanthrope*, *Les Fausses confidences*, *Tartuffe*, *Les Jeux de l'amour et du hasard*, *Les Deux Frères*, *L'Intrigue épistolaire*, *Les Trois Sultanes*, *Madame de Sévigné*, *La Coquette corrigée*, *La Jeunesse d'Henri IV*, *Catherine*, *Le Philosophe marié*, *Le Barbier de Séville*, *Le Secret du ménage*, *La Fausse Agnès*, *La Partie de chasse de Henri IV*, *La Jeune femme colère*, *La Gageure imprévue*, *La Comédienne*, *Le Mariage de Figaro*, *La Mère supposée*, *L'Épreuve nouvelle*.

Mlle Mars suscita le même enthousiasme que Talma. La salle ne désemplissait pas. Après une représentation des *Trois Sultanes*, on chanta des couplets en son honneur, tout comme à une Altesse Impériale ou Royale.

Voici l'un des couplets :

> *Ah ! sous les traits de Roxélane*
> *Qui n'aimerait pas à la voir !*
> *Tes charmes, aimable Sultane,*
> *Partout exercent leur pouvoir.*
> *Que dis-je ? Même un seul sourire*
> *T'assure un espoir bien doux*
> *Soliman tombe à tes genoux*
> *Et nous partageons son délire.*

A la fin du spectacle l'orchestre alla donner une sérénade sous les fenêtres de Mlle Mars.

Le *Journal de Nantes* publia aussi en son honneur le quatrain suivant :

> *Comment un nom cher au courage*
> *T'appartient-il objet charmant ?*
> *C'est que Vénus par badinage*
> *A pris le nom de son amant.*

Mlle Mars venait à peine de quitter Nantes que Dérivis, l'excellente basse de l'Opéra, arriva donner une série de représentations.

Son plus grand succès fut *Œdipe à Colonne*, où, à côté de lui, Mlle Thibaut se fit vivement applaudir dans Antigone.

Mlle Petit, des Français ; Clozel, de l'Odéon ; Honoré, des Variétés, jouèrent aussi à Graslin pendant la saison 1816-17.

Le 18 décembre 1816, Arnaud demanda à la Ville la permission de céder son privilège à un certain M. de Rauchoup. L'administration refusa. Dans la même séance, la subvention de 15,000 francs proposée pour la saison 1817-18 ne fut pas votée.

Arnaud, qui luttait avec courage et habileté depuis trois ans contre la mauvaise chance, fit faillite en mars 1817.

Les trois premiers mois de l'ouverture de la salle avaient été très brillants, mais à l'entrée des troupes étrangères les recettes avaient baissé considérablement ; les quelques représentations fructueuses produites par les artistes en représentations ne pouvaient suffire à combler le déficit. La direction coûtait à Arnaud 30,314 francs, somme à laquelle il fallait ajouter 22,084 francs de décors laissés à la Ville et 27,497 francs d'habillements, d'armes et de musique.

Arnaud était un honnête homme, on finit par s'en apercevoir, mais au premier moment on déversa sur lui un torrent d'injures. Sa conscience se révolta et il publia la lettre suivante :

Au public de Nantes.

Accablé depuis quelques jours sous le poids des calomnies les plus noires, j'ai eu l'honneur de demander à M. le Préfet, à M. le Maire et à M. le Procureur du roi, de faire faire l'*enquête la plus sévère* sur ma gestion, et j'ai offert de me constituer prisonnier jusqu'à ce que l'on soit pleinement convaincu que l'on ne peut m'accuser de malversation ! Ma conscience est pure, *je le dis avec assurance*, j'ai toujours été honnête homme et n'ai d'autre tort à me reprocher que celui d'avoir voulu lutter contre les circonstances !... *Je l'expie bien cruellement !* Je supplie le public de vouloir bien suspendre tout jugement sur moi jusqu'à ce que les personnes chargées d'examiner mes comptes puissent attester ma bonne ou ma mauvaise volonté.

Mon épouse et moi sortons de Nantes dépouillés de tout ce que nous possédions, de *tout absolument* de ce que nous avions acquis par notre travail, notre économie et notre conduite *irréprochable dans tout pays*.

Qu'il nous reste au moins l'estime des honnêtes gens et que l'on ne puisse dire de nous autre chose, sinon qu'*ils ont été malheureux !* Cette assurance adoucira notre terrible situation.

Beaucoup de personnes souffrent de nos malheurs, c'est là mon désespoir, mais il n'y a pas de ma faute, je peux l'attester devant Dieu et devant les hommes.

J'ai l'honneur d'être, avec le plus profond respect,

ARNAUD.

Malgré le ton un peu déclamatoire de cette défense on sent qu'Arnaud dit la vérité.

Arnaud n'avait rien négligé pour donner au théâtre le plus d'éclat possible. Talma, Mlle Mars, Mlle Georges avaient été appelés par lui à Nantes ; toutes ses troupes offraient d'excellents éléments qu'il savait employer avec beaucoup d'habileté. C'est certainement l'un des meilleurs directeurs que Graslin ait possédé. Si la subvention avait été plus élevée, il aurait pu sûrement tenir tous ses engagements. Malheureusement la Ville n'avait pas ouvert les yeux et ne croyait pas encore à la nécessité de soutenir le directeur.

XV

DIRECTIONS : BRICE. — JAUSSERAND. — BOIELDIEU A NANTES

(1817-1820)

Es artistes se réunirent en société pour terminer la campagne qui n'avait plus qu'un mois à courir, et la municipalité choisit comme directeur, pour la saison suivante, un baryton de valeur, Brice, sur qui Camille Mellinet porte le jugement suivant, dans une lettre inédite, qui m'a été communiquée par son frère, le vaillant général Mellinet, avec cette amabilité exquise dont il a le secret :

« M. Brice possède, à mon avis, un talent bien rare : celui de broder, d'embellir la musique du compositeur, sans la dénaturer; on ne chante pas une romance d'une manière plus ravissante, on ne rend pas l'expression musicale avec plus d'âme et plus de sentiment. Enfin, on ne fait pas mieux sentir les productions de nos grands maîtres. »

SAISON 1817-1818

BRICE, DIRECTEUR
DEMOUCHY, Chef d'orchestre.
VIDAL, Régisseur.

Opéra

MM.
LAFITTE, 1re haute-contre.
BRICE, Martin.
PONS, 2e haute-contre.
MASSON, Philippe et Gavaudan
DUPUIS, 1re basse-taille.
LECHEVALIER, 2e basse-taille.
FLORICOURT, trial
SAINT-MARTIN, laruette.

Mmes
THIBAUT, 1re chanteuse.
BOSSAND, 1re dugazon.
SAINT-LAURENT, id.
MASSON, 2e chanteuse.

DUROZÉ, jeunes rôles.
DEBUSSAC, duègne.

Comédie et Tragédie

MM.
POHIER, jeune premier.
SAINT FRANC, père noble.
RUELLE, financier.
MASSON, raisonneur, 3e rôle.
PONS, 2e amoureux.
ARMAND, 1er comique.
FLORICOURT, 2e comique.
SAINT-MARTIN, utilités.

Mmes
CHAPUS, 1er rôle.
TIGÉ, jeune première.
MASSON, 2e amoureuse.
THIBAULT, 2e amoureuse.
DEBUSSAC, caractères.
DORSAN, soubrette.

Le Conseil municipal avait refusé de voter la subvention, mais le ministre, comme les années précédentes, avait passé outre, et les 15.000 fr. ordinaires avaient été alloués à Brice.

Cette saison ne fut pas brillante. La troupe était de beaucoup inférieure à celle d'Arnaud. MM. Pons, deuxième haute-contre, et Armand, premier comique, étaient régulièrement sifflés chaque soir.

Le ténor Jausserand, qui sortait de l'Opéra-Comique,

vint donner des représentations à Nantes en 1817. Son grand triomphe était *Joseph*. Il n'était plus jeune, mais il avait conservé une très belle voix ; il chantait avec expression, malheureusement il avait le défaut de défigurer la musique des maîtres pour l'orner à sa fantaisie. On pouvait lui appliquer, dit Mellinet, le mot de Cimarosa : « Vous venez de chanter votre air, vous plairait-il de chanter le mien. »

En octobre, Brice abandonna la direction. Les artistes, sous la direction de Jausserand, continuèrent de jouer.

Le 4 novembre, le duc d'Angoulême, de passage à Nantes, alla au théâtre. L'on joua *Françoise de Foix* et un *Hymne à la Paix*, composé et chanté par Jausserand.

A partir de 1815, les gros mélodrames de l'époque commencèrent à tomber en défaveur. Les journaux menaient contre eux une vive campagne. Le 25 novembre, *Le Sergent Polonais*, après avoir excité un rire continuel pendant trois actes, finit au milieu des sifflements de la salle entière. La seconde représentation ne put être achevée. Le public criant qu'il en avait assez, on fut obligé de baisser le rideau et de jouer l'opéra du *Tonnelier*.

Comme nouveauté, on monta *Les Rosières*, d'Hérold.

A l'expiration de la campagne, Jausserand demanda la direction en son nom personnel. La ville accueillit favorablement sa demande et il fut nommé pour deux ans.

Le Conseil se résigna à voter une subvention de 15.000 francs, pour la raison « que l'on n'aurait pas plus d'égard au rejet que les années précédentes » mais il n'en protesta pas moins contre « cette injustice. »

SAISON 1818-1819

JAUSSERAND, DIRECTEUR
HUNY, chef d'orchestre.
GABRIEL, régisseur.

MM.
JAUSSERAND, 1er haute contre, 1er rôle,
VIGNES, ellevion, 1er amoureux,
OLIVIER, id. 2e amoureux,
FLAVIGNY, martin,
MEZERAY, 1re basse-taille, 1er rôle,
GABRIEL, 2e basse-taille, 1er comique,
LEFÈVRE, laruette, financier.
ASTRUC, trial, 2e comique,
LEROUX, basse.

Mmes.
LALANDE, 1re chanteuse,
LOTU, dugazon,
EMMANUEL, 2e chanteuse jeune première,
CLERMONT, dugazon.
DECOQUEBERT, 1er rôle.
MÉRENA, duègne, caractères.

« Cette année, dit Camille Mellinet dans *La Musique à Nantes*, Mlle Lalande commençait dans notre ville cette brillante réputation qu'elle s'est acquise depuis dans la patrie de Rossini, et nous applaudissions la petite Alexandrine à ses premiers débuts. Cette Alexandrine, enfant intelligente connue depuis, sous le nom de Mme Duprez, n'a pas séparé ses succès de ceux du célèbre ténor, son mari. »

Mlle Lalande avait alors dix-huit ans. Sa voix d'un timbre sonore et agréable, était pleine de douceur et d'éclat, mais elle aussi, elle dénaturait la musique par les agréments qu'elle y mettait. Elle était bien faite pour suivre la carrière italienne où le chant passe avant la pensée du maître.

Pendant l'hiver de 1818, les soirs de bals masqués, on installait des Montagnes Russes dans le fond de la salle. Cette innovation fit courir tout Nantes.

En février, entre une comédie et un opéra, un certain Mahier, « grotesque aérien », dit l'affiche, faisait des exercices d'agilité. Il sautait par dessus huit chevaux montés, et franchissait trois tables en faisant le saut périlleux.

En juin, Granger vint donner des représentations. Il avait fait autrefois partie de la troupe et avait laissé les meilleurs souvenirs.

Mlle Leverd et Victor, tous deux artistes des Français, parurent aussi à Graslin.

Les trois principaux faits de cette saison furent les premières représentations à Nantes de *La Clochette*, d'Hérold, de *Walace*, de Catel et du *Petit Chaperon Rouge*, de Boïeldieu. Ce dernier ouvrage fut donné au bénéfice de M. Jausserand « en sa qualité d'acteur ». Le *Journal de Nantes* fait observer avec raison qu'il ne comprend pas trop la différence qui existe entre le bénéfice de M. Jausserand acteur et les recettes de M. Jausserand directeur. L'opéra du futur auteur de la *Dame Blanche*, parfaitement interprété par Mlle Lalande et Jausserand, remporta un succès complet.

SAISON 1819-1820.

JAUSSERAND DIRECTEUR
HUNY, chef d'orchestre.
GABRIEL, régisseur.

DESCHAMPS, soubrette.
DECOQUEBERT, 2e chanteuse.

Opéra

MM. :
HEURTAUX, 1er amoureux.
SAINT-PAUL, fort 2me.
DESCHAMPS, id.
JAUBERT, martin.
DUPORT, 1re basse.
LEROUX, 2me basse.
LEFÈBVRE, laruette.
DALEVILLE, trial.

Mmes :
FLORINY, 1re chanteuse à roulades.
JULIETTE, 1re chanteuse, sans roulades.
LEGEROT, 1re dugazon.
RIVIÈRE, duègne.

Tragédie et Comédie

MM. :
HEURTAUX, 1er rôle.
GENIES, jeune 1er.
DESCHAMPS, 2e amoureux.
GALUET, 1er comique.
LAMAREILLE, père noble.
LECOUVREUR, financier.
LEROUX, 3me rôle.
DALVILLE, 2me comique.
MILAUT, grande utilité.

Mmes :
DECOQUEBERT, 1er rôle.
CLERMONT, forte jeune 1re.
LEGEROT, ingénuité.
RIVIÈRE, caractères.
DORSAN, 1re soubrette.
DESCHAMPS, 2me soubrette.

Le public Nantais avait vu avec regret partir Mlle Lalande, mais il l'oublia bien vite en entendant Mme Floriny, que le *Journal de Nantes*, dans un article enthousiaste, compare à un rossignol.

Le 24 mai 1819, Jausserand demanda à la Ville de porter la subvention à 25,000 francs. Cette augmentation de 10,000 francs lui fut refusée.

En juillet 1819, les frères Bohrer, célèbres violoniste et violoncelliste, donnèrent à Graslin une série de concerts. Rarement on n'avait vu à Nantes un pareil enthousiasme. La salle était trop petite pour contenir, à chaque soirée, la foule des auditeurs.

Le mois de septembre fut signalé par la présence de Boieldieu.

Le compositeur, voyageant pour son agrément, vint à passer par Nantes. Le directeur ne pouvait laisser échapper une occasion semblable sans retenir l'auteur du *Petit Chaperon Rouge*. Boieldieu resta plusieurs jours dans notre ville, et assista à chaque répétition de ses pièces, donnant d'excellents conseils à tout le monde.

On joua en sa présence *Zoraïme et Zulnar*. Le public réclama à grands cris Boieldieu, qui fut traîné sur la scène par ses interprètes au milieu d'unanimes applaudissements. Jausserand commit ce soir là une grosse inconvenance. Un nommé Chalon, faiseur de tours, servait avec Boieldieu d'attrait à l'affiche du jour.

Pendant le séjour du compositeur, on joua *La Fête au village voisin*, *Le Calife de Bagdad*, *Ma Tante Aurore*, *La Jeune femme colère*, *Le Petit Chaperon Rouge*.

Camille Mellinet, dans la *Revue du Breton*, a publié sur Boieldieu un fort intéressant article auquel j'emprunte les détails suivants :

« C'était à la répétition de *Zoraïme et Zulnar*. L'ouverture commence avec une énergie inaccoutumée... Boieldieu, l'interrompant presque à son début, demande la partition, la parcourt avec une sorte d'anxiété, puis, en souriant et poussant un gros hélas : « Je m'en défiais, ce sont des péchés de jeunesse ; mais, quand on devient vieux, on se corrige. » Et corrigeant sur la partition, corrigeant sur les cahiers, il va de pupitre en pupitre, changer quelques notes échappées à une jeune imprévoyance, à un défaut de science dont il s'accuse tout haut avec autant de bonhomie que de gaîté, et dont il renouvela plusieurs fois l'aveu dans cette soirée.

» Au 2e acte, M. Huny, ne pouvant comprendre un passage d'instrumentation, s'approcha du compositeur avec la partition, et lui dit : Il y a là quatre cors que je n'ai jamais pu faire accorder. — Pour y obvier, qu'avez-vous fait jusqu'à ce jour, répondit Boieldieu. — J'en ai supprimé deux. — Faites comme par le passé... Mais, le rappelant, à demi-voix il ajouta : Vous venez de m'embarrasser. — Comment cela ? — Lorsque je composai mes premiers opéras, il faut vous l'avouer, je savais qu'*ut mi sol* fait un accord parfait, mais j'ignorais complètement que *mi sol ut* en est le premier renversement. Mes premières fautes, vous le concevez, ne sont pas restées sur mes partitions, toutefois je n'ai pu les aller corriger dans chaque théâtre.... Voilà l'histoire de l'accord impossible des quatre cors de *Zoraïme*. »

....

— N'est-ce pas après le *Calife* que vous reçûtes les conseils de Chérubini ? demanda Mellinet au compositeur, dans une conversation qu'il eut avec lui.

— Oui, et je n'en perdrai jamais ni le souvenir, ni la reconnaissance, d'autant que le *Calife* parut dans une année féconde pour la musique française, car elle vit naître le *Délire*, *Ariodant*, les *Deux Journées* : je n'y apportai donc pas sans crainte mon faible contingent... Chérubini, me rencontrant dans un des couloirs du théâtre, me prit par le collet, et me dit avec cette franchise assez rude chez lui : « Malheureux, n'es-tu pas honteux d'avoir de si beaux succès et de faire si peu pour les mériter. » Je restai stupéfait de l'apostrophe : on le serait à moins ; ma répartie n'arriva pas; mais, lorsque Chérubini m'eut quitté, sentant tout ce que ses reproches avaient de fondé, je ne tardai pas à me rendre auprès de lui pour réclamer ses conseils. Il fut arrêté qu'il m'emmènerait à la campagne de Saint-Just, mon collaborateur en paroles, notamment de celles du *Calife*, et que là il me ferait broyer du noir, ce que je fis, en effet, pendant deux saisons. Après cela, je sus mon affaire, mais je cessai d'être heureux ; car vous ne vous figurerez jamais avec quelle facilité je composais un opéra avant d'en connaître les difficultés. »

....

La dernière répétition à laquelle assista Boieldieu, fut celle du *Petit Chaperon-Rouge*.

Le Petit Chaperon rassemble des situations fort scabreuses au théâtre. L'actrice (Mlle Légerot) chargée du rôle de Rose d'Amour, n'en marquait les intentions qu'avec une lourdeur, une niaiserie sans naïveté, dont Boieldieu s'impatientait à chaque instant. Il alla jusqu'à lui faire répéter mot à mot, note par note, plusieurs scènes, particulièrement celle où Rose d'Amour ôte son chaperon en présence du loup. Après plusieurs conseils inutiles, ayant épuisé toutes les formes du langage pour se faire comprendre, il s'écria en prenant assez rudement le bras de la pauvre « dugazon » nantaise, que jusque-là il avait traité avec une politesse de bonne compagnie : « Mais mademoiselle, résistez donc..., ne voyez-vous pas que Monseigneur (en montrant Jausserand)... Moi, je ne sais comment vous exprimer ces choses-là devant tout le monde... Votre expérience doit me comprendre... Enfin l'on veut vous faire violence, et votre rôle est celui d'une jeune fille ingénue... — Eh ! bien, monsieur, répondit Mlle Légerot, sans se déconcerter, croyez-vous donc que je ne le sais pas... — Je ne dis pas cela, répondit Boieldieu interdit ; mais alors,... alors, mon duo est... *fichu*... Mon cher Huny, continuons. »

Depuis quelques années, l'orchestre du théâtre avait à sa tête M. Huny, excellent musicien, chef d'une autorité habile et reconnue. Boieldieu le félicita vivement, et ses éloges semblent avoir été vraiment sincères.

Boieldieu profita de son séjour à Nantes pour aller visiter Clisson. Sur la cheminée de l'*Hôtel du Cheval-Blanc*, il écrivit une phrase musicale. J'ignore si les propriétaires de l'auberge ont respecté cet autographe original écrit sur une portée tracée en cercle avec la signature au milieu.

A la même époque, le célèbre violoniste Lafond se fit entendre au Grand-Théâtre dans plusieurs concerts.

Cette année, on joua l'*Officier enlevé* de Catel, et *Mustapha*, de Mazas, représenté pour la première fois en France.

Jausserand se retira au bout de l'année. Il n'avait ait aucun bénéfice, mais du moins, il ne laissait pas de dettes. Le théâtre, sous sa direction, était pourtant très suivi. Le nombre des abonnés s'élevait à 311. Ce chiffre paraîtrait sans doute incroyable à un directeur d'aujourd'hui. A Nantes, il n'y a presque plus d'abonnés.

XVI

DIRECTIONS : LÉGER, — BOUSIGUES, — JAUBERT ET CLERMONT

(1820-1828)

A ville se trouvait fort embarrassée de rembourser à la caisse d'amortissement l'emprunt qu'elle avait fait pour reconstruire la salle. Les intérêts s'accumulaient et la situation financière empêchait l'administration de se libérer.

Le 28 avril 1820, le Conseil émit un vœu tendant à faire décharger la ville de cet emprunt et à laisser au gouvernement la salle en remboursement de la créance. Le Gouvernement refusa.

Dans sa séance du 12 décembre 1820, le Conseil rédigea une adresse au ministre. Après avoir longuement exposé la situation financière de la ville, cette adresse se terminait ainsi :

Le Gouvernement ferait donc à la fois une chose juste et généreuse, de faire remise des 400.000 francs et des intérêts en question, à une ville qui, loin en effet d'avoir profité de cet emprunt, en est devenue plus surchargée par les conditions onéreuses qu'on lui a imposées en faveur de l'entreprise théâtrale et qui est dans l'impuissance de s'acquitter jamais d'un capital aussi énorme.

L'Etat finit par se laisser toucher et en 1823, il accorda à la ville de Nantes un délai de vingt ans pour le remboursement de la dette. Il lui était fait remise des intérêts.

La succession de Jausserand fut briguée par le sieur Léger, s'intitulant pompeusement *homme de lettres et l'un des fondateurs du théâtre du Vaudeville à Paris*. Il était surtout connu comme chansonnier.

L'Administration municipale nomma Léger directeur pour sept ans.

Voici le tableau de la troupe de sa première gestion

SAISON 1820-1821

LÉGER, *homme de lettres*, DIRECTEUR
MARTIN, Chef d'orchestre.
CALCINA, régisseur.

Opéra

MM. :
COLLON, 1er haute-contre.
HEURTAUX, id.
COBOURG, 2me amoureux.
CHATEAUFORT, 3me amoureux.
JAUBERT, martin.
LARTIGUES, 1re basse taille.
BERGERONNEAU, 2me basse taille.
LEFEBVRE, laruette.

HERVET, trial.
RIQUIER, basse.

Mmes :
FLORINY, 1re chanteuse à roulades.
CHOLET, 1re chanteuse sans roulades.
LÉGEROT, dugazon.
KLORCLUAN, 2me chanteuse.
COLLON, duègne.

Comédie et tragédie

MM. :
DALÈS, 1er rôle.

FLORENT, jeune premier.
CHATEAUFORT, 3me amoureux.
LAMAREILLE, père noble.
ARNAUD, financier.
RIQUER, raisonneur.
BULLES, 1er comique.
HERVET, 2me comique.

Mmes :
DORSAN, mère noble.
JOENNA, jeune première.
DORSAN, soubrette.
COLLON, caractère.
LAYSET, confidente.
CHATEAUFORT, ingénuités.

Le prix des abonnements était fixé :

A l'année : Hommes : 130 fr. ; Dames : 90 fr. — Au mois ; Hommes : 20 fr. ; Dames : 12 fr.

Loges à l'année : 4 places, 600 francs ; 5 places, 760 ; 6 places, 900. — Baignoires : 4 places, 560 francs ; 5 places, 700 ; 6 places, 800.

La première direction de Léger ne fut pas brillante.

Ce directeur innova les billets de famille. Ces billets se délivraient par paquet de 25. Avec deux de ces coupons on pouvait aller aux premières. Ils coûtaient 1 franc.

Les principales nouveautés de cette année furent la *Marie Stuart*, de Lebrun, et les *Voitures Versées*, de Boieldieu.

Lavigne, de l'Opéra, Mlle Petit, Saint-Eugène et Colson, des Français, vinrent en représentations.

Un fait assez rare eut lieu les 5 et 6 mai 1820. Le théâtre fut obligé de faire relâche pour cause d'indisposition des principaux acteurs de l'opéra et de la comédie.

SAISON 1821-22

LÉGER, DIRECTEUR
PEPIN, Chef d'orchestre.
CALCINA, régisseur.

Opéra

MM. :
BOUZIGUES, 1er haute-contre.
DELISSE, id.
COLON, rôles annexés.
VOIRET, 2me haute-contre.
CHATEAUFORT, amoureux.
LARTIGUES, 1re basse taille.
HUCHET, 2me id.
LECLERC, 3me id.
CARRÉ, 3me ténor.
LEFEBVRE, laruette.
DEVILE, trial.

Mmes :
SÈVRES, 1re chanteuse à roulades.
JANNARD, 1re chanteuse sans roulades.

BOUZIGUES, dugazon.
SAINT-JAMES, 2me dugazon.
COLON, jeunes rôles.
CHATEAUFORT, 2me amoureuse.
COLON, duègne.
DORSAN, soubrette.
DUFLACHET, 2me duègne.

La Comédie était jouée par les mêmes.

Danse

M. RHENON, maître de ballet.

Mmes :
CHATILLON, 1re danseuse.
OUDARD, id.
CORBY, id.
SOISSONS, id.
RAVENOT, demi-caractère.
Petite SOISSON, les amours.
Petite RAVENOT, id.

Une souscription avait été faite cette année là pour soutenir le théâtre, Elle s'élevait à 48,000 francs. Les auditeurs étaient en droit d'exiger beaucoup.

Les débuts furent assez mouvementés. Le public manifestait hautement son mécontentement. Souvent il faisait venir à grands cris Léger sur la scène et l'accueillait par des bordées de sifflets.

Delisses, Mmes Sèvres et Jannard, sifflés à outrance furent remplacés par Gamet et Mmes Allan-Ponchard et Dangremont. Ces deux cantatrices avaient une réelle valeur.

Mme Allan-Ponchard possédait, d'après le *Journal de Nantes,* une voix pleine, étendue, flexible, une méthode correcte, une intonation sûre, un jeu spirituel et rempli d'intelligence. C'est une des meilleures chanteuses qui se soit fait applaudir à Nantes.

Mme Dangremont, qui sortait de l'Opéra, était douée d'une éclatante facilité et partageait avec Mme Ponchard les faveurs du public.

Le fait musical le plus important de cette saison fut la représentation, le 17 janvier 1822, des *Noces de Figaro.*

Le chef-d'œuvre de Mozart, interprété à la perfection, fut accueilli avec enthousiasme. Mme Ponchard chanta tout le rôle de la comtesse avec une expression ravissante et un goût exquis. Castil-Blaze qui avait traduit le livret pour la scène française, en apprenant que Mme Ponchard allait chanter les *Noces,* dit qu'elle en était digne. Mmes Dangremont (Suzanne), Bouzigue (Chérubin), MM. Bouzigue (le comte), Carré (Figaro), complétaient un excellent ensemble.

Le *Maître de Chapelle* fut aussi représenté cette année (5 mars 1822). Grand succès pour Mme Ponchard, adorable dans Gertrude. M. Carré chantait Barnabé.

M. Auber fit son apparition à la salle Graslin sous cette direction. On joua de ce compositeur trop fécond : *Emma.*

SAISON 1822-23

LÉGER DIRECTEUR
CHARLES, régisseur.

Opéra

MM. :
COUSIN-FLORICOUR, 1er haute-contre.
BOUSIGUE, ellévion.
CHATEAUFORT, 2me haute-contre.
SOLIÉ, martin.
LEFEBVRE, laruette.
X..., 1re basse taille.
CUGNIER, 2me basse taille.
DUPRAT, rôles de tenue.
MONTCASSIN, trial.

Mmes :
PONCHARD, 1re chanteuse.
LECUYER, forte dugazon.
BOUSIGUE, dugazon.
MONTCASSIN, id.

GARNIER, 2me dugazon.
DANGIS, duègne.

Tragédie et Comédie

MM. :
DESBORDES, 1er rôle.
MATHIS, jeune premier.
VALMORE, père noble.
CHARLES, financier.
DUPRAT, 3me rôle.
CHATEAUFORT, 2me amoureux.
SALPÊTRE, 2me comique.

Mmes :
ROY, 1er rôle.
LECUYER, id.
CALLAUT, jeune première.
CHATEAUFORT, 2me amoureuse.
DANGIS, caractères.
CHAUDIER, mère noble.
DORSAN, soubrette.

La partie dramatique de cette troupe était fort bonne. Il faut citer Desbordes et Mme Roy, douée de beaucoup de qualités et d'une beauté remarquable.

« En regardant Mme Roy, dit le *Journal de Nantes*, la critique est forcée de se taire. »

Quant à l'opéra, à part trois ou quatre artistes, l'ensemble en était déplorable.

Léger était d'ailleurs à bout de ressources ; son incapacité précipita encore sa chute. Il fit faillite à la fin de 1822.

Les artistes se réunirent alors en société.

En août 1823, Nourrit vint à Nantes. Il y chanta

au milieu du plus vif enthousiasme et d'ovations sans fin : *Œdipe à Colonne*, *La Vestale*, *Stratonice*, *Les Prétendus* et le *Devin du Village*.

En septembre, M. François Benoist, grand prix de Rome, qui tenait à cette époque la place d'organiste à Saint-Pierre, fit jouer un opéra : *Léonore et Félix*. « Le poème, dit Mellinet, offrait peu d'intérêt dramatique, mais la partition était délicieuse dans ses détails. »

Le 21 du même mois, à l'occasion du passage de la duchesse d'Angoulême, on joua une petite pièce de MM. Corlieu et le Romain intitulée : *Le Pont d'Angoulême*.

Le théâtre Graslin eut en représentations Mme Colson, des Français, Déricourt, Baptiste de l'Opéra-Comique, et enfin Gavaudan, le fameux Gavaudan, qui n'était plus que l'ombre de lui-même.

Vers le milieu d'octobre, Mme Ponchard, qui ne faisait pas partie de la société des artistes, quitta Nantes ; elle renonça à ses appointements en compensation. Le public qui l'adorait, se montra fort blessé de ce départ.

En janvier, les sociétaires abandonnèrent la partie et le théâtre ferma ses portes, au grand désespoir des abonnés. Il ne devait les rouvrir que trois mois après.

***

La direction fut alors demandée par M. Bousigues, chanteur de grand mérite. Le Conseil la lui accorda pour cinq ans. Les 15,000 francs de subvention étaient maintenus par le ministre.

Saison 1823-1824

BOUUSIGUES DIRECTEUR
DELANOUE, chef d'orchestre
COLSON, régisseur

Opéra
MM.
LEROUX, 1er haute-contre.
BOUSIGUES, elleviou.
DORVILLE, 2e haute contre.
DARIUS, martin.
LALANDE, 1re basse-taille.
BERDOULET, 2e id.
LEFEVRE, laruette.
DUMAS, trial.
FUBRAUD, 3e basse.

Mmes.
DELANOUE, 1re chanteuse.
MERCIER, dugazon.
BOUSIGUES, jeune dugazon.
LEROUX, 2e id.
LAPEYRIÈRE, 1re chanteuse sans roulades.

DANGIS, duègne.
REY, 2e id.

Tragédie et Comédie
MM.
COLSON, 1er rôle.
MERCIÉ, jeune premier.
DORVILLE, 2e id.
LEON, père noble.
CHARLES, financier.
DUPRAT troisième rôle.
DOMERGUE, 1er comique.
DUMAS, 2e comique.

Mmes.
LAMI, 1er rôle.
GALLAU, jeune première.
LAPEYRIÈRE, 2e rôle.
BOUSIGUES, jeune amoureuse.
LEOUX, id.
DANGIS, caractères.
RAY, mère noble.
DORSAN, soubrette.

Cette troupe, sans être bien remarquable, possédait un ensemble honorable.

Le 5 juin 1823, le *Barbier de Séville* de Rossini, fut joué pour la première fois. Mme Delanoue interpréta bien le rôle de Rosine. « Cette musique spirituelle, comme la prose de Beaumarchais, fut peu comprise, nous apprend Camille Mellinet. On semblait avoir peur de se compromettre, parce que la nouveauté des effets rendait défiant envers le compositeur italien. »

La musique du *Barbier* pas comprise, cela nous paraît fort aujourd'hui ! Pourtant, rien de plus vrai. Combien d'œuvres qui semblent maintenant d'une clarté éclatante, ont été déclarées primitivement absurdes et incompréhensibles. Cela ne devrait-il pas servir d'exemple à ceux qui poussent des hurlements aux seuls noms de Wagner, de Saint-Saëns et de Reyer, et voudraient les exclure à jamais du théâtre, parce qu'ils n'ont pas eu l'heur de comprendre du premier coup leurs sublimes inspirations.

Citons parmi les autres nouveautés principales *Le Solitaire*, une élucubration de M. le chevalier de Caraffa, dont le succès fut dû aux trois décorations nouvelles et notamment au torrent du Mont-Sauvage. « Cet opéra, dit le *Journal de Nantes*, fournit de fructueuses recettes grâce au peintre et au machiniste. » Quant à la musique, il n'en parle pas et fait bien. *Valérie*, *l'Ecole des Vieillards*, enfin *Fielding*, comédie en un acte et en vers de notre compatriote Mennechet, furent représentés cette année.

Mlle Georges vint jouer : *Mérope, Phèdre, Iphigénie, Macbeth, Britannicus, Marie-Stuart, Médée, Les Macchabées*.

Mme Fay, de l'Opéra, M. et Mlle Fay, Vigier, Michelot, Perlet, se firent aussi applaudir pendant cette saison.

Saison 1824-1825

BOUSIGUES, DIRECTEUR
DELANOUE, chef d'orchestre
CHARLES, régisseur

Opéra
MM.
BOUSIGUES, 1er haute-contre.
GOYON, id.
BARRE, 2e id.
FAIGNET, mattin.
DELAUNAY, 1re basse-taille.
GAUDOIN, 2e id.
DIEUDELETTE, 3e id.
LEFEBVRE, laruette.
EMERY, trial.
VALETTE, grande utilité.

Mmes.
DELANOUE, 1re chanteuse à roulades.
BOUSIGUES, 1re chanteuse sans roulades.
LOTH, dugazon.
BOUSIGUES, jeune dugazon.
FLEURIET, 2e id.
DANGIS, duègne.

GOYON, belzy.
Huit chanteurs de chœurs.
Dix chanteuses de chœurs.

Tragédie et Comédie
MM.
MAINVIELLE, 1er rôle.
MATIS, jeune premier.
BARRE, second amoureux.
STEPHANI, père noble.
ROZAN, 1er comique.
CHARLES, financier.
POLLIN, raisonneur.
EMERY, 2e comique.
LEFEBVRE, paysans.

Mmes.
LEGRAND, 1er rôle.
MATIS, jeune premiere.
GABRIELLE, id.
GOYON, ingénuité.
FLEURIET, 2e amoureuse.
DANGIS, caractères.
DORSAN, soubrette.
GOYON, mère noble.

La troupe de comédie réunie par Bousigues pour l'année présente était remarquable. Le premier rôle, M. Mainvielle, était non seulement un artiste excellent mais un homme des plus estimables et des plus estimés. Le premier comique, M. Rozan, possédait aussi beaucoup de valeur; depuis Arnaud, qui avait laissé dans cet emploi d'excellents souvenirs, on n'en avait pas possédé de meilleur. N'oublions pas Mme Legrand, qui, l'année suivante, devait épouser M. Roche. Elle et son mari restèrent de longues années à Nantes.

DIRECTION BOUSIGUES. — Mlle DUCHESNOIS

Cette artiste, l'une des meilleures comédiennes de province, possédait un réel talent et une vive intelligence ; les amateurs de notre ville l'avaient en haute estime. Pendant vingt ans, elle demeura à Nantes, et son succès ne se démentit pas un seul instant. Le *Journal de Nantes* écrivit un jour en parlant de Mme Legrand-Roche : « qu'il ne connaissait pas une comédienne, Mars exceptée, avec qui elle ne pouvait subir une comparaison à son avantage. »

Le 14 octobre 1824, *La Gazza Ladra* fut accueillie assez favorablement. Pourtant le critique du *Journal de Nantes* écrivit : « que ses sensations étaient si confuses en sortant, qu'il renonce à exprimer son opinion sur cette production tant vantée. »

On joua d'Auber : *La Neige, Le Concert à la Cour* et *Léocadie*.

Pendant toute la maladie de Louis XVIII, le théâtre fit relâche par ordre, et, après sa mort, resta fermé pendant huit jours.

Mlle Duchesnois vint en juillet 1824. Elle parut dans *Phèdre, Jeanne d'Arc, Andromaque, Iphigénie, Marie Stuart, Pierre de Portugal, Mérope, Hamlet, Abufar*. Camille Mellinet a publié sur Mlle Duchesnois un article dans la *Revue du Breton*. J'y prends les lignes suivantes où la célèbre actrice parle d'elle assez curieusement.

« Je ne me sens pas née pour la scène... Des pressentiments de terreur m'y poursuivent... J'ai des croyances autres que celles de mes camarades... Ils sont incrédules, je suis superstitieuse, je dirais presque dévote... Vous riez, vous aussi vous avez la moquerie qu'on me témoigne au théâtre, quand je parle de ces choses-là ; je ne répéterai donc pas ce mot parce qu'il m'est échappé ; mais il n'en est pas moins vrai que de vagues inquiétudes m'oppressent... Je me surprends parfois en prière comme dans une sorte d'exaltation de Sainte-Thérèse... La nuit je me réveille en sursaut avec des visions... Je reviens sur mon passé, et l'avenir que je rêve n'est plus de ce monde...

....

Huet, de Feydeau, qui avait jadis fait partie de la troupe de Graslin, revint donner quelques représentations. On le trouva bien vieilli.

Enfin Lavigne, Dabadie, Mlle Leverd, complétèrent la série des artistes de passage.

SAISON 1825-1826

BOUSIGUES, DIRECTEUR
MORIA, chef d'orchestre.
ROLAND, régisseur.

Opéra

MM.
P. BOUSIGUES, 1re haute-contre.
GOYON, 1re haute-contre.
HIPPOLYTE, 2e haute-contre.
FOIGNET, Martin.
BAPTISTE, 2e basse-taille.
DUCHAUME, id.
ROCROIX, basse-taille en tous genres.
LEFEBVRE, laruette.
ASTRUC, trial.
HOUSSARD, 3e basse.
MÉRIEL, id.

Mmes
LECOUVREUR, 1re chanteuse à roulades.
P. BOUSIGUES, id. sans roulades.
MUTÉE, dugazon.
G. BOUSIGUES, jeune dugazon.
FLEURIOT, 2e amoureuse.
LOUIS, duègne.
PARÉ, 2e amoureuse.
GOYON, Betny.

Tragédie et Comédie
MM.
MAINVIELLE, 1er rôle.
ROCHE fils, jeune premier.
HIPPOLYTE, 2e amoureux.
BALE, père noble.
BERTHAUT, 1er comique.
LOUIS, financier.
POLLIN, raisonneur.
ROCROIX, financier.
ASTRUC, 2e comique.
LEFEBVRE, paysans.

Mmes
LEGRAND, 1er rôle.
FAUVEL-LÉON, jeune première.
D'HÉRICOURT, ingénue.
G. BOUSIGUES, jeune première.
ASTRUC, soubrette.
LOUIS, caractères.
GOYON, ingénuité.
FLEURIOT, 2e amoureuse.
GOYON, mère noble.
PARÉ, 2e amoureuse.

Cette année là Bousigues inaugura un nouveau système : l'exploitation, concurremment et avec la même troupe, des théâtres de Nantes et d'Angers. La municipalité lui en avait accordé l'autorisation. Le service des bateaux à vapeur, qui venait d'être installé, rendait fort commodes les communications entre les deux villes, et permettait de varier assez souvent le répertoire.

La campagne ouvrit par un prologue en vers qui fut fort applaudi ; j'ignore le nom de son auteur. Bousigues s'avança sur la scène et adressa un petit discours au public, l'assurant qu'il ferait tous ses efforts pour le contenter.

Les troupes d'opéra et de comédie étaient fort homogènes. Outre Bousigues, dont le talent de haute-contre avait beaucoup de partisans, nous retrouvons dans ce groupe Mme Delanoue, l'une des favorites du public, l'année précédente ; elle vint remplacer Mme Lecouvreur. Mme Richard-Mutée, délicieuse dugazon, qui fut bientôt l'enfant gâtée des spectateurs. C'était une comédienne aimable, enjouée, toujours en scène ; chanteuse agréable, quoique sans grande méthode, elle suppléait à ce défaut par un goût naturel.

Dans la comédie, nous remarquons Roche, jeune premier, mari de M™° Legrand. Sous l'excellente direction de sa femme, il fit de rapides progrès et ne tarda pas à partager avec elle la faveur du public, qui l'applaudit pendant trente-deux ans.

M™° Ponchard revint à Nantes en septembre 1825. A sa première représentation, elle reçut un accueil assez froid. On lui en voulait de la fugue qu'elle avait faite au courant d'une des saisons précédentes, mais son merveilleux talent ne tarda pas à rompre la glace.

Elle remporta dans le *Barbier* un triomphe splendide. « Avant d'avoir entendu M™° Ponchard dans ce rôle, dit le *Journal de Nantes*, on ne le connaissait pas complètement à Nantes. »

Le 29 septembre, eut lieu la première représentation de *Robin des bois*. C'est le *Freyschütz* que Castil Blaze avait arrangé sous ce titre. Le chef-d'œuvre de Weber, mal interprété, n'eut pas de prime abord le succès qu'il obtint ensuite.

Fernand Cortez, au contraire, qu'on représenta le 14 février 1826, conquit immédiatement la faveur du public. L'opéra de Spontini était bien monté. Ses principaux interprètes étaient MM. Bousigues Baptiste, Faignet, M™° P. Bousigues.

Le 14 mars 1826 est une date célèbre dans les fastes

de notre théâtre. Ce jour-là, en effet, la *Dame blanche*, remarquablement chantée par Bousigues, M⁻ Bousigues et Richard-Mutée, obtint l'un des plus grands succès qui se soient jamais vus à Nantes. Ceux de *Cendrillon*, de *la Vestale* et de *Joseph* étaient dépassés.

Une pièce qui attira aussi beaucoup de public pendant cette saison fut la *Fille de l'Exilé*, mélodrame de Pixérécourt. Un effet de neige, une inondation, enfin un combat au sabre firent pendant de longues soirées les délices des spectateurs.

Jocko ou le Singe du Brésil fut une des nouveautés. Artistes en représentation : Ligier, Bernard-Léon, et Mlle Dupont.

***

Bousigues, après un an d'essai abandonna le système d'exploitation d'Angers et de Nantes. Les abonnés se plaignaient de ce que le répertoire se trouvait parfois entravé. Le directeur ayant à s'occuper de deux théâtres, ne pouvait, en effet, donner au principal tous les soins nécessaires.

Le Conseil municipal vota pour cette campagne, la subvention de 15.000 francs mais en rechignant comme toujours : « Il est inouï, est-il dit dans la délibération, que la ville soit privée de la disposition de sa propriété, obligée d'en abandonner la jouissance sans crier, de payer au gouvernement, chaque année, pendant vingt ans, 29,000 francs, de payer les impôts, l'entretien de la salle, et de donner encore malgré elle, 15,000 francs à un directeur, parce qu'il n'a pu soutenir son entreprise théâtrale. »

SAISON 1826-1827

BOUSIGUES DIRECTEUR
ROLAND, régisseur

Opéra

MM.
RODEL, 1er haute-contre.
CHARLES, 2 id.
OLIVIER, 2e amoureux.
BAZIN, haute-contre.
MARTIN, martin.
LARTIGUES, 1re basse.
ROSANBEAU, 2e id.
MALIARD, 2e id.
ERNOTTE, 3e id.
LEFEBVRE, laruette.
ASTRUC, trial.

Mmes.
PONCHARD, 1re chanteuse.
MALIARD, id.
P. BOUSIGUES, forte dugazon.
HERMINIE, 1re dugazon.
G. BOUSIGUES, 2e id.
BRUNET, duègne.

Comédie

MM.
MAINVIELLE, 1er rôle.
ROCHE, fils, jeune 1er.
CHARLES, 2e amoureux.
HONORÉ, id.
REICHESTEIN, id.
FLAMMERION, père noble.
CHARLES, financier.
DOLIGNY, 1er comique.
ASTRUC, id.
TOUDOUZE, 3e rôle.
LEFEBVRE, paysan.
ROCROY, manteaux.

Mmes.
LEGRAND, 1er rôle.
LÉON, mère noble.
WINIGUES, jeune 1re.
G. BOUSIGUES, ingénuités.
FLEURIET, amoureuse.
ASTRUC, soubrette.
BRUNET, caractère.
LEJEUNE, confidente.

Chœurs : 15 hommes, 12 femmes.

Les abonnements furent augmentés et fixés à :

A L'ANNÉE : Hommes 180 fr. ; Dames 110 fr. — AU MOIS : Hommes 30 fr. ; Dames 20 fr.

Loges, à l'année : 1res loges et baignoires à 4 places, 880 fr. ; à 5 places, 1.15 fr. ; à 6 places, 1.330 fr.

En revanche, le nombre des représentations de l'abonnement fut porté de 20 à 24.

Mlle Mars revint dans le courant de juin. Elle joua : *Le Misanthrope, Les Fausses Confideaces, Tartuffe, Valérie, L'école des Vieillards, Le jeu de l'Amour et du Hasard, La Fille d'Honneur, Edouard en Ecosse, La princesse des Ursins, Le philosophe marié, La Coquette corrigée, L'intrigue et l'Amour La nièce supposée, Misanthropie et Repentir, La Jeunesse d'Henri IV, La Comédienne, Le secret du ménage, La jeune femme colère, Les Trois Sultanes, Le Manteau, Le Mariage de Figaro.*

Pour les représentations de Mlle Mars, le prix des places était fixé comme il suit :

Fauteuils et parquet : 5 fr. — Secondes : 3 fr. — Troisièmes et Parterre : 1 fr. 50. — Quatrièmes : 1 fr. — Loges grillées : 2 fr. 50.

Ligier vint aussi pendant cette saison ainsi que Mlle Duchesnois.

En fait de nouveautés on monta la *Marie* d'Hérold.

La situation de Bousignes 'empirait chaque jour. Ss frais étaient beaucoup trop considérables. Le 9 janvier il fut mis en faillite. Après quelques jours de fermeture, le théâtre rouvrit ses portes. Les artistes s'étaient, pour la plupart, mis en société sous la gérance de Mainvielle, Roland et Charles. Le ballet fut congédié comme trop dispendieux.

Le conseil municipal, touché de la situation précaire des artistes, vota un supplément de subvention de 4,000 francs.

Mme P. Bousigues, dont le charmant talent était très

aimé à Nantes, partit pour Paris où l'appelait un engagement à l'Opéra-Comique.

La saison se termina cahin-caha.

*
* *

La campagne 1827-1828 s'ouvrit sous la direction de MM. Jaubert et Clermont.

SAISON 1827-1828

JAUBERT et CLERMONT DIRECTEURS
DELANOUE, chef d'orchestre.
CHARLES, régisseur.

Opéra

MM.

Auguste NOURRIT, 1er ténor,
St-ANGE, forte 2e haute-contre,
BELFORT, forte 2e haute-contre,
PAYET, martin,
DARANCOURT, 1re basse taille,
DELAUNAY, id.
HONORÉ, 2e id.
LEFÈVRE, laruette,
ASTRUC, trial,

Mmes

DELANOUE, 1re chanteuse,
St-ANGE, 1re, sans roulades,
RICHARD, dugazon,
LEDET, 2e dugazon,

FLEURIET, 3e amoureuse,
BERGER-DELAUNAY, mère dugazon,
COCHEZE, duègne,

Comédie et tragédie

MM.

MAINVIELLE, 1er rôle,
ROCHE, jeune premier,
FLEURIET, 3e amoureux,
MICHELAND, père noble,
CHARLES, financier,
PASTELOT, 1er comique,
ASTRUC, 2e comique,
TOUDOUZE, 3e rôle,
LEFÈVRE, paysan.

Mmes

LEGRAND, 1er rôle,
PASTELOT, jeune première,
FLEURIET, 2e amoureuse,
ASTRUC, soubrette,
LACHAISE, mère noble.

Cette année, le nombre des représentations pour les abonnés fut réduit à 22 par mois.

La troupe d'opéra n'était pas bien fameuse. Auguste Nourrit, 1er ténor, était le frère du célèbre Adolphe. Sans avoir l'immense talent du créateur d'Éléazar, de la *Juive*, il possédait aussi de belles qualités de chanteur.

Le 2 juillet 1827, la salle Graslin fut le théâtre d'un véritable combat. Belfort, qui jouait dans *Joseph* le rôle de Siméon, fut accueilli par les sifflets du parterre. Les galeries supérieures applaudirent à outrance. Les sifflets redoublèrent. Alors les partisans de l'artiste descendirent, envahirent le parterre, et se ruèrent sur les siffleurs. De nombreux coups furent échangés et les assaillants finirent par être repoussés. « La police usa de modération et fit bien, dit le *Breton*, car si l'on avait employé la force, les esprits étaient tellement surexcités qu'on aurait eu peut-être à déplorer quelque malheur. »

Nourrit père vint jouer dans le même mois *Œdipe à Colonne*, *La Vestale*, *Camille*, *Stratonice*, *Les Prétendus*, *Richard*.

Une jeune fille de 14 ans, Mlle Thuillier, douée d'une voix adorable, se fit entendre dans le grand air du *Barbier* et dans plusieurs vaudevilles.

Le fameux mélodrame, *Trente ans ou la vie d'un joueur*, fut joué pour la première fois le 9 octobre 1827. Le succès fut considérable. Mais à la troisième représentation, le parterre cassa le jugement des troisièmes et des quatrièmes, et l'œuvre de Victor Ducange fut sifflée.

Le 27 novembre, *Othello*, de Rossini, fut remarquablement chanté par Auguste Nourrit et Mme Delanoue.

Florella fut aussi jouée pendant cette saison.

Les artistes en représentation furent : Armand, Monrose, des Français, Honoré, Lepeintre, des Variétés.

Sous cette direction, le nombre des entrées gratuites s'élevait à 48.

.*.

SAISON 1828-1829

JAUBERT et CLERMONT, DIRECTEURS
DELANOUE, chef d'orchestre.
ROLAND, régisseur.

Opéra

MM.
THÉOPHILE, 1er ténor.
GABRIEL, fort 2e haute contre.
LOUIS, id.
WELSCH, martin.
POTET, 1re basse-taille.
GONDOUIN, 2e basse-taille.
WELSCH fils, 3e basse-taille.
LEFEBVRE, laruette.
ASTRUC, trial.

Mmes :
DELANOUE, 1re chanteuse.
St-ANGE, 1re chanteuse sans roulades.
DESCHANEL, dugazon.
DENTRÉMONT, jeune dugazon.

FLEURIOT, 3e dugazon.
COLSON, mère dugazon.
COCHESE, duègne.

Comédie et tragédie

MM.
ADRIEN, 1er rôle.
ROCHE, jeune premier.
ROUSSEAU, 2e amoureux.
TOUDOUZE, père noble.
MICHOT, financier.
REGNIER, 1er comique.
ASTRUC, 2e comique.
FOUCAUD, 3e rôle.
LEFEBVRE, paysan.

Mmes :
ROCHE, 1er rôle.
BUCY, jeune 1re.
FLEURIOT, 2e amoureuse.
ASTRUC, soubrette.
COCHESE, mère noble.

Dans la troupe de comédie, nous remarquons un nom qui, à cette époque, n'avait aucune notoriété, mais qui devait devenir célèbre un jour : celui de Regnier, le futur acteur des Français. Régnier avait alors 20 ans. Il avait à peine l'habitude de la scène, et souvent il ne savait que faire de ses bras. Mais il était doué d'une vive intelligence et, d'instinct, comprenait déjà comment on crée un rôle. Mme Legrand-

Roche et Mainvielle donnèrent au jeune Régnier d'excellents conseils ; il fit de rapides progrès et gagna vite la faveur du public. Il resta trois ans à Nantes et quitta notre ville pour entrer au Palais-Royal.

Parmi les artistes de la troupe d'opéra, Potel, une basse excellente, et Welsch, baryton de talent, méritent une mention spéciale. Le ténor Théophile possédait une superbe voix, au timbre éclatant, mais l'art du chant lui faisait défaut.

Le 29, à l'occasion du séjour de la duchesse de Berry, on exécuta une cantate dont la musique était due à M. Mansui.

Dans le courant de juillet, Jaubert se retira et passa la main à Welsch.

Les nouveautés de cette saison furent : *Le Comte Ory*, *Mazaniello* et *Guillaume Tell*, de Grétry.

Mlle Georges fut revue avec plaisir dans *Mérope*, la *Nouvelle Jeanne d'Arc*, *Sémiramis*, les *Macchabées*, *Médée*.

Les artistes suivants vinrent en représentation : Lepeintre, Désiré, Gontier, Lafeuillade, Mmes Boulanger, Delaistre.

XVII

DIRECTIONS : WELSCH. — NANTEUIL. — CHARLES, ROCHE ET DUMONTHIER. — BLOT. — BIZOT. — POURCELT DE BARON. — VALEMBERT.

(1829-1836)

ETTE année le Conseil municipal finit par se montrer raisonnable. Dans un bon mouvement il se décida à donner au théâtre une subvention de 30,000 fr. « vu que le budget de l'entreprise théâtrale, mûrement examiné, présente un déficit d'au moins 15,000 fr. par an, malgré la subvention d'égale somme, qu'une fois admis que Nantes ne peut demeurer sans spectacle, et que si le théâtre était fermé, il en

résulterait les inconvénients les plus graves pour l'ordre public et la tranquillité de cette cité commerçante, on ne peut refuser à l'entreprise théâtrale les secours nécessaires à son existence. »

Voici le tableau de la troupe réunie par M. Welsch. En face du nom de chaque artiste se trouve le chiffre de ses appointements mensuels que j'ai retrouvé.

SAISON 1829-1830

WELSCH, DIRECTEUR
FOURNERA, chef d'orchestre
BRIARD, régisseur.

Opéra

MM :
RODEL, 1er ténor, 1000 fr.
NICOLO-ISOUARD, 1er haute-contre, 450 fr.
CHAPELLE, 2e haute-contre, 416 fr.
DARMONT, martin, 920 fr.
LEMONNIER, 1re basse-taille, 541 fr.
GONDOUIN, basse-taille, 317 f.
PALIANTI, 3e basse, 100 fr.
LEFÈVRE, laruette.
ASTRUC, trial.

Mme :
NICOLO-ISOUARD, 1re chanteuse, 2200 fr.
BRÉARD, forte chanteuse, 300 fr.
DECHANEL, dugazon, 500 fr.
DANTRÉMONT, jeune dugazon

DEPRÉ, 3e amoureuse.
CASTEL, duègne.

Comédie et Tragédie

MM.
MAINVIELLE, 1e rôle, 500 fr.
ROCHE, jeune rôle, 300 fr.
FÉLIX, 3e amoureux, 145 fr.
TOUDOUZE, père noble, 300 fr.
EYSENLEUFFSEL, 3e rôle, 250 fr.
CHARLES, financier, 350 fr.
REGNIER, 1er comique, 250 fr.
ASTRUC, 2e id. 300 fr.
LEFÈVRE, paysan, 250 fr.

Mme :
LEGRAND-ROCHE, 1er rôle, 500 f.
BURY, jeune 1er, 300 fr.
DANTRÉMONT, 2e amoureuse, 250 fr.
DEPRÉ, 3e amoureuse, 200 fr.
ASTRUC, soubrette, 280 fr.
CASTEL, mère noble, 225 fr.

Voici maintenant quels étaient les appointements de l'orchestre. J'ai trouvé utile de donner ces chiffres afin qu'on puisse les comparer avec ceux d'aujourd'hui.

ORCHESTRE

FOURNERA, 1er chef d'orchestre, 208 fr.
BULTIS, 2e chef d'orchestre, 150 fr.
RICHARD, 3e chef d'orchestre, 83.
GHIS jeune, 1e violon-solo, 161
DUCHEMIN, 1e violon, 70 fr.
LEFEBVRE fils, id. 83 fr.
CARILES, id. 50 fr.
LUCAS fils id. 66 fr.
JAUBERD, 2e violon, 45 fr.
MANCEAU, id. 41 fr.
LUCAS père, alto, 55 fr.
MELLINET, violoncelle-solo, 83 fr.
TESTÉ, violoncelle, 83 fr.
GHIS aîné, violoncelle, 100 fr.
HUART, id. 100 fr.
ANDRÉ père, contre-basse, 66 fr.
BURDEAU, contre-Basse, 66 fr.
HUGOT, 1re clarinette, 100 fr.
GRUBET, 2e id. 48 fr.
DUSSEUIL, 1e hautbois, 100.
LEFEBVRE fils, 2e id. 50 fr.
LEDUON, 1e basse, 83 fr.
FLANDRI, 2e id. 45 fr.
PELLIGRY, 1e flûte, 90 fr.
REINCHARD, 2e id. 70 fr.
PELLIGRY aîné, 1e cor, 83 fr.
ANDRÉ fils, 2e id. 70 fr.
PELLIGRY jeune, timbalier, 30 fr.

La haute-contre Nicolo-Isouard était le frère du compositeur de ce nom; c'était un charmant chanteur, malheureusement sa femme n'ayant pas réussie, il résilia son engagement. Ces deux artistes furent remplacés par Heurtaux et Mlle Lemoule.

Le baryton Darmont fut remplacé par Foignet.

Quelques mots sur Mlle Lemoule. C'était une artiste délicieuse qui avait une voix ravissante. Elle suscita dans la vieille rengaine des *Prétendus* un enthousiasme indescriptible. De plus, elle était d'une complaisance à toute épreuve; on ne s'adressait jamais en vain à elle.

Les journaux et Welsch n'étaient pas très bien ensemble. Mangin vit couper ses entrées parce qu'il avait critiqué la direction. Malgré l'augmentation de la subvention, Welsch ne tint pas longtemps. Le 8 juin 1829, il donna sa démission sous prétexte que son bailleur de fonds ne voulait pas lui fournir d'argent. Les artistes se réunirent en société, sous la direction de Mainvielle.

La *Muette de Portici* fut montée avec beaucoup de luxe. La première représentation eut lieu le 17 décembre 1829. Les interprètes étaient Mesdames Lemoule et Dechanel, MM. Rodel, Lemonnier, Chapelle, Heurtaux. L'ouvrage qui était donné dans son entier et non pas tronqué comme aujourd'hui, plut beaucoup au public. L'*Eruption du Vésuve* eut, à elle seule, autant de succès que toute la musique de M. Auber. On joua aussi pendant cette saison le *Siège de Corinthe*, le *Dilettante d'Avignon*, *Paméla*, *Marino Faliero* et l'*Ecole des jeunes gens*, comédie en cinq actes de notre concitoyen Anselme Fleury, qui plus tard devait devenir député de l'Empire. Régnier créa un rôle dans cette pièce.

Une aventure assez drôle arriva un soir au chanteur Rodel, qui n'était pas toujours très bien accueilli des spectateurs. A une représentation de la *Vestale*, où de nombreux sifflets à son adresse se faisaient entendre, il quitta brusquement la scène, monta dans sa loge et se déshabilla. Le commissaire de police survint et l'invita à descendre ; mais l'artiste, irrité, refusa d'obéir et insulta le commissaire. On fut obligé de baisser le rideau. Le public, fort mécontent, s'en alla. Le commissaire posta des agents à la porte pour arrêter Rodel lorsqu'il sortirait. Averti par l'un de ses camarades, le chanteur emprunta un costume de femme à une choriste, et, à l'aide de ce déguisement, passa bravement sous le nez des représentants de l'autorité.

Mais le lendemain, le tapage recommença. Le public exigeait que Rodel vint sur la scène faire des excuses. Le régisseur prévint les spectateurs que l'artiste, n'étant point au théâtre, ne pouvait répondre à cette injonction. Mais le bruit redoubla et prit des proportions formidables. Mlle Lemoule, qui était en scène, s'évanouit. La gendarmerie arriva, entra sous le péristyle et fit évacuer la salle.

Rodel était d'ailleurs coutumier du fait. Sifflé une autre fois dans le *Barbier*, il quitta la scène en disant au public : « *Messieurs j'ai l'honneur de vous saluer.* » Mais cette fois il revint.

Les frères Bohrer donnèrent encore des représentations à Nantes pendant cette campagne. Ils remportèrent leur succès habituel.

Sous cette direction, on joua dans la même soirée la *Vestale* et *Tancrède*.

Après d'assez longs pourparlers, la direction du théâtre fut confiée à M. Nanteuil, se disant homme de lettres, tout comme Léger. Ce directeur fut nommé pour trois ans ; la subvention était maintenue à 30,000 francs.

SAISON 1830-1831

NANTEUIL, DIRECTEUR.
DELANOUE, chef d'orchestre.

Opéra

MM.
THEOPHILE, elleviou.
CHAPELLE, 2e haute-contre.
ALFRED, les Philippe et Gavaudan.
DACOSTA, martin.
DELAUNAY, 1re basse-taille.
DEMONTHIER, 2e id.
LEON, trial.
LEFEVRE, laruette.
PALIANTI, 3e basse.

Mmes.
CAMOIN, 1re chanteuse.
LEON, id. sans roulades.
MADINIER, dugazon.
DEPOIX, 2e id.

MOUCHOT, 2e dugazon.
COCHEZE, duègne.

Comédie et Tragédie

MM.
MAINVIELLE, 1er rôle.
ROCHE, jeune 1er.
ISIDORE, 2e amoureux.
TOUDOUZE, raisonneur.
CHARLES, financiers.
REGNIER, 1er comique.
LEON, 2e comique
LAFFITE, id.
MALPAS, rôles de convenances.

Mmes.
ROCHE, 1er rôle.
BURY, jeune 1er.
MOUCHOT, 2e amoureuse.
VOCHEY, 1re soubrette.
COCHEZE, caractères.
MOUTURIER, id.

Pendant la fermeture, on avait entièrement réparé la salle.

Les peintures avaient été confiées à MM. Philastre et Cambon. Les frais s'élevèrent à 17.000 francs pour les peintures; on restaura pour 4.100 francs de décors, et le changement de velours des loges coûta 1.400 francs. On posa dans le vestibule, les statues de Molière et de Corneille, dues au ciseau de M. M. Molchneth.

Je découpe dans *Le Breton*, la description suivante de la salle nouvellement restaurée:

« L'œil, en entrant, se porte vers les premières galeries; cette couleur grise, ces rares parcelles d'or, paraissent d'abord contraster d'une manière étrange avec le ton brillant des loges et des secondes galeries; mais remarquez que cette simplicité est là vraiment un effet de l'art, un moyen de faire ressortir avec éclat l'or qui brille au second plan; cette simplicité disparaît pour peu que vous examiniez les gracieux détails jetés sur ce fond gris. Ces cariatides qui portent des guirlandes de fleurs, ressortent merveilleusement, elles font relief de même que les fresques de Michel-Ange et, comme pour rompre l'uniformité et raccorder d'une manière adroite cette galerie avec l'ensemble, le peintre a placé de distances en distances des figures grotesques pleines d'une expression bizarre, et il a semé au hasard un peu de cet or prodigué sur le devant des loges.

» Cette partie, reflétée par la lumière du lustre, offre un coup d'œil éblouissant. Cette richesse se retrouve aux secondes galeries, placées au centre du foyer de lumière. Sur un fond orange, se détache des ornements légers de diverses couleurs et, au milieu, des plaques d'or entourent des têtes féminines, dont les traits charmants forment un délicieux contraste avec les figures grotesques des premières. Les nouvelles loges, placées au fond de la deuxième galerie, sont peintes en rouge foncé. Le devant des troisièmes et des quatrièmes loges est de la même couleur que les deuxièmes, mais ici l'or disparaît, il n'y a plus d'abord que de l'élégance et ensuite de la simplicité.

» Nous arrivons au plafond, c'est là surtout qu'il faut admirer, car le peintre a su, à la fois, réunir la richesse et l'élégance à la grâce et à la légèreté. Seize compartiments, divisés par de larges baguettes et des ornements d'or, et dont une guirlande forme la base, vont se réunir en se rétrécissant par degré, pour faire finir la voûte à une rosace en or qui domine le lustre. Huit bacchantes ressortant sur un fond plus sombre, semblent tourner autour du dôme éclatant. Ces figures riantes, expressives, ces corps charmants, et pour ainsi dire aériens, dont un voile léger couvre sans les cacher, les formes enchanteresses, ont quelque chose de séduisant, et, loin de jeter de la lourdeur dans la voûte, elles lui donnent de la grâce et de la vie. »

Les deux colonnes d'avant-scène sont blanches avec de légères cannelures d'or, le fronton blanc de même et ciselé d'or, supporte les armes de Nantes ; une bande découpée descend sur le manteau d'Arlequin......... Beaucoup d'améliorations ont été introduites dans la salle : les galeries se prolongent maintenant jusqu'aux colonnes, ce qui est en effet beaucoup plus agréable ; les nouvelles loges des secondes et l'amphithéâtre des quatrièmes qui a remplacé les loges grillées, permettront d'admettre un bien plus grand nombre de spectateurs.

Mlle Camoin qui succédait à Mlle Lemoule avait fort à faire. Cependant les admirateurs de cette dernière furent forcés de subir le charme de la voix splendide de la nouvelle venue.

Le reste de la troupe d'opéra était assez médiocre.

Les débuts furent défavorables à MM. Dacosta, Delaunay et à Mesdames Léon et Madinier.

Ces artistes furent remplacés par MM. Camoin père et fils — toute la famille Camoin se trouva alors réunie à Nantes, — Mesdames Leroux et Lémery.

La grande nouveauté de cette saison fut *Fra Diavolo* (14 décembre 1830). Succès. Les interprètes de l'opéra cher eux aux amateurs de rengaines étaient Mlles Camoin et Lémery, MM. Théophile, Chapelle, Léon, Dumonthier.

Le *Breton* trouva que « l'ami Auber » avait rencontré parfois d'heureuses inspirations, mais que l'on reconnaissait le *faiseur* qui surcharge de broderies et de roulades un morceau insignifiant pour lui donner une couleur.

Cette juste appréciation ne porte pas de signature, mais j'ai tout lieu de croire qu'elle émane de M. de Bouteiller, ex-grand prix de Rome. Elle me rappelle une anecdote que Ch. Gounod me raconta un jour sur Auber.

« L'auteur du *Domino Noir* avait l'habitude de faire ses opéras d'une drôle de manière. Il avait toujours dans sa poche un carnet assez volumineux. Lorsqu'il lui venait une idée musicale, il l'inscrivait. Le carnet se remplissait assez vite, Auber écrivant tout ce qui lui passait par la tête. Le carnet plein, le musicien allait sonner à la porte de l'hôtel de la rue Pigalle, où demeurait le fabricant d'opéras, breveté S. G. D. G., Eugène Scribe, et lui commandait un livret. Le livret fourni, Auber collait la musique aux paroles, faisait par ci par là quelques raccords, et portait sa partition chez un directeur. Puis, il achetait un nouveau carnet, et recommençait son petit manège. » Etonnez-vous après cela de la valeur de certaines œuvres de cet aimable sceptique, qui ne sut jamais respecter son art.

Le 4 janvier 1831, M. Nanteuil envoya sa démission au maire, démission motivée par son impossibilité de continuer la campagne, ses pertes étant trop considérables.

Le théâtre ferma ses portes pendant quelques jours. Il rouvrit le 9 janvier avec les artistes en société sous la gérance de Mainvielle, dont on avait appris à connaître l'honnêteté et le dévouement.

Pendant cette campagne, on voit que la France est entrée dans une ère nouvelle. En effet, le théâtre joue librement des pièces telles que *Les Victimes Cloîtrées*, *Le Jésuite*.

En mars eut lieu la représentation d'un opéra en un acte, composé exprès pour notre théâtre : *Le Sergent Brutus*, paroles d'Émile Souvestre, musique de Pilati. Une cantate écrite en l'honneur des Polonais, par les mêmes auteurs, eut beaucoup de succès.

Ponchard, de l'Opéra-Comique, vint à Nantes en 1830.

*
**

Cependant, aucun directeur ne se présentait pour la campagne 1831-1832. Les insuccès des directions précédentes décourageaient tous les prétendants. Lorsqu'au conseil il avait été question du maintien de la subvention demandée par l'administration, une vive opposition s'était produite. Il fut même proposé de supprimer l'allocation théâtrale, sous le prétexte qu'aucun directeur n'avait pu se maintenir et que, si l'on ne donnait rien, les choses n'en iraient pas plus mal.

Le Conseil n'accepta pas cette proposition et se contenta seulement de réduire la subvention à 15,000 fr.

Les artistes se décidèrent alors à se mettre en société sous l'administration de trois de leurs camarades les plus estimés.

SAISON 1831-1832

CHARLES, ROCHE, DUMONTHIER,
ADMINISTRATEURS
DELANOUE, chef d'orchestre.
BREMENS, régisseur.

Opéra
MM.
PETIT, 1er ténor.
CHAPELLE, 2e haute-contre.
BLOT, Philippe et Gavaudan.
GUYOT, martin.
DURBAR, 1re basse chantante.
DUMONTHIER, 1re basse-taille.
PALIANTI, 3e basse taille.
EDOUARD, trial.
LEFEBVRE, laruette.

Mmes
GOSSENS, 1re chanteuse.
MARIDO, 1re chanteuse sans roulades.

CHOUSSAT, dugazon.
DEPOIX, 2e dugazon.
MOUCHOT, id.
COCHEZE, 1re duègne.

Tragédie et Comédie
MM.
ROCHE, jeune premier.
RENÉ, 2e amoureux.
TOUDOUZE, raisonneur.
CHARLES, financier.
St-FRANC., père noble.
LAUTMANN, 1er comique.
EDOUARD, 2e id.
DUPRAT, grande utilité.

Mmes
ROCHE, 1ers rôles.
DEMATI, jeune première.
VOCHEY, soubrette.
MOUCHOT, 2e amoureuse.
COCHEZE, 1re caractère.
MOUTURIER, 2e caractère.

Cette année fut terne et désastreuse au point de vue financier. *Zampa* fut monté assez médiocrement. Les artistes réunis représentèrent aussi *Antony* et *l'Incendiaire ou la Cure et l'archevêché*, drame dont les allusions politiques firent le succès.

Le 16 janvier 1832, à l'occasion de l'anniversaire de Mollère, le théâtre représenta une charmante saynète de M. Ludovic Chapplain : *Mollère à Nantes* qui fut fort applaudie.

* *

Il ne se présenta pas davantage de directeur pour la campagne suivante. On était alors en plein choléra et les circonstances n'étaient guère encourageantes pour un entrepreneur. Les artistes demeurèrent en société sous la gérance de M. Blot.

SAISON 1832-1833

BLOT
DIRECTEUR-GÉRANT
LEFEBVRE, chef d'orchestre.

Opéra

MM.
RODEL, 1er ténor.
BLOT, Philippe et Gavaudau.
MOLINIER, martin.
DURBEC, 1re basse-taille.
LANGÉ, 2e haute-contre.
DUMONTHIER, 2e basse-taille.
RENÉ, 3e haute-contre.
LEFÈVRE, laruette.
DÉCOURTY, trial.
PALIANTI, 3e basse.

Mmes
LEMOULE, 1re chanteuse.
BOUCHEZ, id. sans roulades.

JOSSE, dugazon.
FERVILLE, 2e dugazon.
COCHÈZE, duègne.

Comédie et tragédie

MM.
ROCHE, jeune premier.
RENÉ, 2e amoureux.
TOUDOUZE, raisonneurs.
CHARLES, financiers.
St-FRANC, père noble.
LUXENIS, 1er comique
DÉCOURTY, 2e comique.
DUPRAT, grande utilité.

Mmes
ROCHE, 1er rôle.
DEMATTY, jeune 1re.
MELVAL, soubrette.
FERVILLE, 2e amoureuse.
COCHÈZE, caractère.

Mlle Lemoule revint à Nantes cette année. Elle fit sa rentrée au milieu de trépignements d'enthousiasme.

La troupe était assez bonne.

Le *Pré-aux Clercs*, joué avec succès le 10 février 1833, fut l'occasion d'un nouveau triomphe pour Mlle Lemoule. Les autres interprètes étaient MM. Rodel, Blot, Décourty, Mme Bouchez.

Le Philtre, *les 4 sergents de la Rochelle*, *Lucrèce Borgia* « la conception la plus extraordinaire qui ait parue jusqu'ici », dit le *Breton*, enfin *La Tour de Nesles* furent aussi représentés. Dans ces drames, Mme Roche joua les rôles de Lucrèce et de Marguerite de Bourgogne avec un talent tout à fait supérieur. Son mari lui donna parfaitement la réplique.

Le 27 octobre 1832, un petit incident se passa au théâtre. On jouait *Napoléon à Schwœnbrun*. Au moment où l'empereur prononça ces paroles : « le duc d'Orléans ? ah ! du moins celui-là n'a jamais porté les armes contre la France ! » d'assez nombreux sifflets, sortis des lèvres des partisans de la « royauté légitime », se firent entendre.

..*

La campagne suivante s'ouvrit encore sous la gérance de M. Blot. Mais tous les artistes ne faisaient pas partie de la société. Les indépendants ne se montrèrent pas contents de Blot, et finalement celui-ci fut forcé de démissionner. M. Léon Bizot fut choisi par ses camarades pour le remplacer. La subvention avait été maintenue à 15,000 fr.; sur le considérant :

« qu'un spectacle est utile dans la ville que le bénéfice de l'huile qui y est consommée produit environ 2,000 fr. à l'octroi ; qu'il produit au Bureau de bienfaisance une somme d'environ 4,000 fr., et que le personnel de cet établissement est de 150 individus tenant leur existence du théâtre. »

SAISON 1833-1834

BIZOT, DIRECTEUR-GÉRANT.
LEFEBVRE, chef-d'orchestre.

Opéra

MM.
BIZOT, 1er ténor.
BLOT, Philippe.
DELCOURT, Martin.
DESPRÉ, 2e basse-chantante.
SAINT-ANGE, 2e ténor.
REY, 2e basse.
RIGE, 2e haute-contre.
LEGEY, laruette.
DECOURTY, trial.
CASTELLI, 3e basse.

Mmes
BLOT, 1re chanteuse.
ROUX, 1re chanteuse sans roulades.
PELLIER, dugazon.
FERVILLE, 2e dugazon.
BERGERON, 3e dugazon.
COCHÈZE, duègne.

Comédie et Vaudeville

MM.
ROCHE, jeune premier.
TOUDOUZE, 1er rôle.
BLOT, 2e premier rôle.
SAINT-FRANC, père noble.
SAINT-ANGE, jeune premier.
LEGEY, 1er comique.
DECOURTY, 2e comique.
RIGEY, 2e amoureux.

Mmes
ROCHE, 1er rôle.
SAINT-ANGE, jeune première.
CLAIRANÇON, 1re soubrette.
PELLIER, déjazet.
FERVILLE, 1er amoureuse.
COCHÈZE, caractères.
FERVILLE, mère noble.
BERGERON, 3e amoureuse.

Donnons une mention spéciale dans la troupe d'opéra à M. Léon Bizot, véritable artiste, excellent musicien et chanteur consommé, à Mme Bizot, douée d'une voix fraîche, enfin à Mme Roux.

La grande nouveauté de cette saison fut *Robert-le-Diable*, (21 nov. 1833). L'opéra de Meyerbeer fut monté avec un soin tout particulier. L'orchestre fut sensiblement augmenté. La mise en scène était très bien réglée et les décors furent déclarés superbes, notamment ceux du cloître et de la cathédrale, — pauvre cathédrale, dans quel état honteux elle est aujourd'hui !! Enfin rien ne manquait, dit le *Breton*, si ce n'est un tam-tam au moment du bris du rameau. Bizot était excellent dans Robert ; Mmes Roux, et Bizot, MM. Lemonnier et Saint-Ange complétaient un remarquable ensemble. Le succès de la nouvelle partition fut immense. Pendant 24 représentations la foule ne cessa d'affluer au théâtre, pour venir écouter cette musique qui nous paraît bien vieillie aujourd'hui, sauf en deux ou trois parties, et qui alors ouvrait à l'Art une nouvelle voie.

Les autres pièces principales qui furent montées cette année sont les suivantes: *Les enfants d'Édouard, Thérésa, Bertrand et Raton, Le prince d'Édimbourg*, de M. de Caraffa, *Angèle* et enfin *Marguerite d'Anjou*, une des premières partitions de Meyerbeer.

Mme Pradher, de l'Opéra-Comique, Mme Ponchard, et Lepeintre vinrent en représentations.

*
* *

Enfin, la municipalité trouva un directeur pour la campagne 1834-35. M. Pourcelt de Baron. Cet industriel donnant « les assurances les plus positives sur la bonne formation d'un excellent opéra, d'un bon vaudeville et de la comédie, » le Conseil, sur la proposition du maire, vota une subvention de 20.000 fr.

SAISON 1834-1835

POURCELT DE BARON, DIRECTEUR
FERRY-FAY, chef d'orchestre

Opéra

MM.
BIZOT, 1er ténor.
LE PETIT, 2e ténor.
XAVIER, 3e id.
FLEURY, baryton.
WALTER, 1re basse.
WARNIER, 2e id.
GRANGER, laruette.
PERICHON, trial.

Mmes.
FERRY-FAY, 1re chanteuse.
BIZOT, id.
FLEURY, 1re dugazon.
HERVEY, 2e id.
LOVENDAL, id.
PERICHON, 3e id.
GONTHIER, duègne.

Comédie et Drame

MM.
LEMONNIER, 1er rôle.
ROCHE, 2 rôle.
MEUNIER, jeune premier.
XAVIER, 2 amoureux.
SAINT-FRANC, père noble.
PERICHON, 2e comique.
GRANGER, grime.
DUPRAT, 3e rôle.

Mmes.
ROCHE, 1er rôle.
MATIS, jeune première.
LOVENDAL, soubrette.
HERVEY, 2e amoureuse.
PERICHON, 3e id.
GOUFFRIER, 1er caractères.
BARDING, 2e id.
MARTIN, 3e amoureuse.

Cette direction ne devait pas durer longtemps. Le sieur Pourcelt de Baron était un vulgaire *faiseur* qui avait essayé de jeter la poudre aux yeux du public sans y réussir. Au mois de juillet, il envoya au maire sa démission, et les artistes se virent encore une fois obligés de se remettre en société. Ce système ne dura pas et le théâtre ferma. L'Administration municipale, pendant ce temps, demandait à grands cris un directeur. Elle finit par en trouver un en la personne de M. Valembert, qui, nommé pour trois ans, réunit la troupe suivante, et ouvrit le théâtre le 12 septembre.

SUITE DE LA SAISON 1834-1835

VALEMBERT, DIRECTEUR.
HUNY, chef d'orchestre.
HURTAUX, régisseur.

Opéra

MM.
GRAND-JEAN, fort ténor.
LABRUYÈRE, ténor léger.
GUÉRIN, 2ᵉ ténor léger.
PETIT-WALTER, basse-noble.
WARNIER, 2ᵉ
FLEURY, baryton.
PÉRICHON, trial.
GRANGER, laruette.
BERGERONO, 3ᵉ basse.

Mmes
LÉMERY, 1re chanteuse.
SCHRIWANECK, forte chanteuse.
FLEURY, 1re dugazon.

PÉRICHON, 2e dugazon.
GONTHIER, duègne.

Comédie-Drame

MM.
RIQUIER, 1er rôle.
GRAND-JEAN, id.
ROCHE, jeune 1er.
MEUNIER, 2e amoureux
XAVIER, 3e id.
LUXEUIL, 1er comique.
PÉRICHON, 2e id.
SAINT-FRANC, père noble.
HURTHAUX, 3e rôle.

Mmes
ROCHE, 1er rôle.
WENTREL, coquette.
MATIS, jeune 1er.
SAULAY, 1re soubrette.
GONTHIER, mère noble.
COCHÈZE, caractère.

A partir de cette année, les anciennes dénominations des emplois furent supprimées dans les tableaux de troupe et remplacées par les vocables actuels beaucoup plus logiques.

Cette troupe n'offrait aucun artiste vraiment remarquable et digne d'être signalé.

En fait de pièces nouvelles, M. Valembert monta *Le Chalet*, *L'Italienne à Alger*, *Le Muletier*, *Marie Tudor*, *Catherine Howard*.

Artistes en représentations : Damoreau, Lepeintre et Perlet.

*
* *

Lorsqu'il s'agit de voter la subvention pour la nouvelle campagne, les discussions recommencèrent de plus belle au Conseil municipal. Enfin, après de longs débats, une indemnité de 25,000 fr. fut votée sous la condition qu'il y aurait un théâtre de Variétés. Le directeur était libre de ne pas accepter cette concurrence, mais alors il ne recevrait que 20,000 francs.

M. Valembert préféra la seconde subvention.

SAISON 1835-1836

VALEMBERT DIRECTEUR.
HUNY, chef d'orchestre.
HURTAUX, régisseur.

Opéra

MM.
LAPIQUE, 1er ténor.
GUÉRIN, 2e ténor.
XAVIER, 3e ténor.
PAYEN, 1re basse chantante.
GONDOUIN, 2e.
LESBROS, baryton.
CHAMBÉRY, ténor comique.
GRANGER, ténor grime.
BERGERONO, 3e basse.

Mmes
CALAULT, 1re soprano.
MOINET, fort soprano.
CHAMBÉRY, 1re soprano comique.
LEMAIRE, id.
VALENTINE, 2e.

FANNY, 3e.
COCHEZE, duègne.

Comédie-Drame

MM.
DEGRULLY, 1er rôle.
ROCHE, jeune 1er.
XAVIER, 2e amoureux.
THIRARD, 1er comique.
CHAMBÉRY, 2e comique.
CHARLES, financier.
HURTAUX, 3e rôle.
HURTEL, grande utilité.

Mmes
ROCHE, 1er rôle.
FRESSON, jeune 1er rôle.
MOINET, id.
VALENTINE, id.
SAULAY, soubrette.
DURAND, mère noble.

Les débuts furent assez longs. Le ténor Lapique, sifflé dès le premier soir, fut successivement remplacé par MM. Teissere, Couturier et finalement par Gellas. Le public, cette année-là d'ailleurs, semblait n'être pas très bien disposé. Mlle Callault, qui avait pourtant été fort bien accueillie, n'eut pas le courage de continuer ses débuts et préféra résilier. Elle fut remplacé par Mlle Minoret, qui possédait une voix splendide, mais qui ignorait à peu près complètement l'art du chant. Parmi les autres artistes de cette troupe, il faut citer Lesbros, baryton, doué d'un superbe organe, et Payen, excellente basse.

Mme Damoreau-Cinti vint chanter *Robert*; elle suscita un enthousiasme indescriptible. Pendant ses représentations, la foule assiégeait le théâtre.

En octobre, Marie Dorval fut applaudie à son tour. Elle joua *Chatterton*, *Angèle*, *Antony*, *Clotilde*, *Sept-Heures*, *Jeanne Vaubernier*, *Angelo*, *Trente ans ou la Vie d'un Joueur*.

Ernst se fit entendre aussi avec un immense succès. Les autres artistes en représentation furent: Lafond, Lhéric, Henry Monnier, Philippe, Mme Garcia-Vestris, M. et Mme Allan.

L'Eclair, *Chatterton*, *Angelo*, *Lestocq*, *Le Pirate*, *Le Serment*, parurent cette année là pour la première fois sur l'affiche.

A l'une des représentations de *Robert*, données par Lafond, un accident qui aurait pu devenir grave arriva au dernier acte. Payen (Bertram) entraîna avec lui, dans un mouvement mal combiné, Lafond et Mme Moinet sur la trappe. Celle-ci s'ouvrit brusquement, Lafond disparut à moitié et put se retenir au plancher, Payen tomba sans se faire de mal, Mme Moinet fut renversée la tête dans le vide. On accourut au secours des artistes; la chanteuse fut emportée évanouie et la représentation ne put être terminée.

Dans le courant d'octobre, M. Valembert donna sa démission pour la campagne suivante. Jusqu'à la fin de la saison en cours, il fit face à ses engagements.

XVIII

DIRECTIONS : PONCHARD. — ROUX LEMONNIER. — LAFEUILLADE PRAT. — LAFFITTE

1836-1841

E directeur choisi par la municipalité pour la saison 1836-1837, fut M. Ponchard, musicien d'un certain mérite. La subvention était de 25,000 fr., mais le directeur était forcé d'exploiter le théâtre des Variétés, place du Cirque. La troupe réunie offrait un excellent ensemble. Les débuts se passèrent sans encombre ; il n'y eut pas une seule chute. Voici la liste des artistes:

SAISON 1836-1837

PONCHARD, DIRECTEUR.
HUNY, chef d'orchestre.

Opéra

MM.
BIZOT, 1er ténor.
CHEVALIER, id.
CHEMELSER, 2e ténor.
BOUVARET, 3e ténor
HEURTAUX, 1e basse-chant.
BRETOIS, 1re basse.
LESBROS, baryton.
BRODELLE, ténor comique.
GRANGER, ténor grime.
LAVOCAT, 3e basse.

Mmes
THILLON, 1e soprano.
BIZOT, 1e soprano.
MILLER, travesties.
BRETON, 2e soprano.
LEVY, id.
CHEVALIER, id.
DURAND, contralto.

Ballet

MM.
ACHILLE, maitre, 1er danseur
ADOLPHE, danseur comique.

Mmes
FANNY ROUSSEAU, 1re danseuse.
CLOTILDE, 2e danseuse.
Huit Figurantes.

Comédie et Drame

MM.
LEMADEE, 1er rôle.
TOUDOUZE, raisonneur.
ALEXIS, jeune premier.
BOUVARET, 2e amoureux.
CHARLES, financier.
BRETON, 1er comique.
BRONDEL, id.
VALLET, 2e comique
ANATOLE, 3e rôle.

MM.
VENZEL, 1er rôle.
FELIX, jeune première.
LEVY, 2e rôle.
ANAIS, 3e amoureuse.
CHEVALIER, id.
BRETON, 2e rôles.
MELVAL, soubrette.
DURAND, mère noble.
COCHEZE, id.

J'ai déjà parlé de quelques-uns des chanteurs ci-dessus. Il faut donner aussi une mention toute spéciale à Mme Thillon, dont la voix était d'une pureté délicieuse ; à Mme Miller, et enfin à M Heurtaux, une basse-chantante remarquable qui vocalisait avec une charmante facilité.

C'est à la direction Ponchard que l'on doit la mise à la scène de *Guillaume Tell* (8 juillet 1836), que les amateurs nantais désiraient vivement applaudir. L'opéra de Rossini fut très favorablement accueilli mais son succès fut loin d'égaler celui de *Robert le Diable*. Lesbros fut superbe dans Guillaume. MM. Bizot et Heurtaux, Mmes Thillon et Bizot le secondèrent dignement. Huny avait apporté tous ses soins à l'exécution de cette œuvre, et sous son énergique direction, les musiciens firent merveille. Malheureusement, le lendemain de la première de *Guillaume*, M. Huny partait pour Marseille, où il venait d'être nommé chef d'orchestre. Il laissa à Nantes d'unanimes regrets.

Le Cheval de Bronze fut aussi une des nouveautés de la saison; le succès de cette chinoiserie plus ou moins musicale fut immense.

Le Postillon de Longjumeau, *Gustave III*, qui fut splendidement monté, — la musique étant impuissante à soutenir l'œuvre, il fallait trouver un moyen pour attirer le public, — *Le Dieu et la Bayadère, le Revenant, la Nonne sanglante, les Sept Enfants de Lara, Kean, Une famille au temps de Luther*, furent les principales pièces jouées sous la première direction Ponchard.

Le violoniste Baillot, Mme Pradher, M. et Mme Allan, Bocage, Lepeintre et Révial, vinrent donner des représentations.

***

Ponchard conserva la direction l'année suivante. La municipalité réduisit les charges de la direction. L'obligation de jouer aux Variétés ne fut plus que facultative, et l'opéra ne fut exigé qu'à partir du quatrième mois.

SAISON 1837-1838

PONCHARD, DIRECTEUR
THILLON, chef d'orchestre.
CHARLES, régisseur.

Opéra

MM.
TERRA, fort ténor.
LEMAIRE, ténor léger.
GUSTAVE, 2e ténor.
PAPUET, baryton.
LEMONNIER, 1re basse.
CAMET, 2e basse.
PERRON, ténor comique.
VALLET, 2e ténor comique.
GRANGER, ténor grime.
LEOPOLD, 3e basse.

Mmes
THILLON, 1re soprano.
LEMESLE, 1re soprano sérieuse
KIHN, soprano comique.
LAUSTE, soprano comique.
DURAND, contralto.

Drame et Comédie

MM.
ROCHE, jeune premier.
TOUDOUZE, 1er rôle.
ALEXIS, jeune premier.
LACOSTE, 2e amoureux.
CHARLES, financier.
GRANGER, grime.
RENÉ, 1er comique.
VALLET, 2e comique.
LEOPOLD, 3e rôle.

Mmes
ROCHE, 1er rôle.
FELIX, jeune première.
SAULNIER, 2e amoureuse.
ANAÏS, 3e amoureuse.
COCHEZE, caractère.
DURAND, mère noble.

La troupe de comédie, cette année, était en général fort mauvaise. L'opéra était supportable. En somme la saison fut des plus médiocres.

Le dimanche 10 décembre 1837, on avait affiché l'*Ambassadrice* et la *Muette* « avec un nouveau dénouement. »

L'attrait de ce long spectacle avait attiré beaucoup de monde. Mais quelle ne fut pas la surprise des spectateurs de voir à la fin du 4e acte de la *Muette*, les musiciens plier bagages, la rampe s'éteindre, et le lustre commencer à baisser. On se demande si c'est là le nouveau dénouement promis, et les murmures éclatent. Bientôt la salle entière est en émoi. Les projectiles pleuvent de toutes parts: petits bancs, chaises, strapontins volent dans l'orchestre et lancés avec adresse, défoncent les timbales et les basses; on brise le lustre du vestibule, on casse aussi les reverbères du péristyle. La police, impuissante à maintenir la foule, fut forcée d'aller chercher une brigade de gendarmerie qui mit plus d'une demi-heure à faire évacuer la salle.

Le lendemain la mairie s'émut du mécontentement général. Le maire fit appeler le directeur, le tança vertement et le menaça de supprimer la subvention s'il ne faisait pas ses efforts pour contenter le public.

Le fait le plus important de cette piteuse saison fut la représentation de la *Juive* (7 mars 1833). La soirée commença sous les plus mauvais auspices. Le lever du rideau était annoncé pour 6 h. 1/4, et l'opéra ne commença qu'après 7 heures, au milieu d'un tapage épouvantable. Mais les beautés du chef-d'œuvre d'Halévy calmèrent bientôt les esprits irrités. *La Juive* remporta un triomphe complet. Mlle Lemoule, qui se trouvait en représentation à Nantes, chanta merveilleusement Rachel. Le cardinal était fort bien représenté par Lemonnier. Les autres rôles étaient passablement tenus par MM. Terra, Lemaire, Mme Lemesle.

Hernani fut joué cette année. Immense succès pour l'œuvre et les deux principaux interprètes, M. et Mme Roche.

Parmi les autres nouveautés, citons : l'*Ambassadrice*, le *Domino Noir* qui excita, paraît-il, un long ennui, — tout comme aujourd'hui — et la *Double Echelle*, la première pièce d'un jeune musicien, bien inconnu alors, du nom d'Ambroise Thomas.

Mme Fay, Bouffé, Ligier, Odry, vinrent en représentations.

*
* *

Une nouvelle direction Ponchard était impossible. La mairie choisit comme directeur, M. Roux, mari de la créatrice du rôle d'Alice de *Robert* à Nantes.

La subvention demeura fixée à 25,000 francs, de plus, la ville prenait à sa charge le paiement de l'éclairage, jusqu'à concurrence de 6.000 francs, celui d'un décor, jusqu'à 1,200 francs et donnait encore une indemnité de 200 francs au directeur, pour chaque décor repeint, jusqu'à concurrence de 1,200 francs. Pendant l'été, le vaudeville était seul exigé. Le nouveau directeur profita de cette faculté qui lui était laissée, d'où mécontentement du public, habitué à avoir une troupe complète toute l'année. Le soir de l'ouverture, le tapage dura sans discontinuer, de sept heures à onze heures. Le directeur céda et annonça qu'il donnerait une troupe de comédie complète. Le tapage se calma, mais pour recommencer les jours suivants.

On voulait l'opéra. La mairie ferma le théâtre pendant quelques jours, enfin un arrangement survenu avec la municipalité, qui augmenta de 4,500 francs la subvention, permit à M. Roux de donner une troupe complète et d'ouvrir définitivement Graslin.

SAISON 1838-1839

ROUX DIRECTEUR
PIOT, régisseur.
HETTE, chef d'orchestre.

Mmes.
ROUSSELET, 1re danseuse.
LAURENÇON, 2e id.

Opéra

MM.
WERMELEN, for ténor.
MAIRE, 2e id.
JOURD'HEUIL, martin.
PAULVERT, 1re basse.
MONTREUIL, trial.
GRANGER, laruette.

Mmes.
HONORINE, mère dugazon.
BERNARD, duègne.
TESSEIRE, chanteuse légère.
ROUX, falcon.
MILLER, dugazon.
LION, 2e chanteuse.

Ballet

MM.
TOUSSAINT, 1er danseur.
LAURENÇON, 2e id.

Comédie

MM.
TOUDOUZE, 1er rôles.
ROCHE, jeune premier.
GERMAIN, 2e id.
MOREAU, 1er amoureux.
CHABLE, financiers.
RIGAUD, 2e rôles.
GRANGER, grimes.
GERMAIN, pères nobles.
VALMONT, 1er comique.
MONTREUIL, 2e id.

Mmes.
ROCHE, 1er rôles.
BEAUDOUIN, jeune 1re.
MILLER, 1re amoureuse.
BELMONT, jeune amoureuse.
SAIGNE, coquettes.
VALMONT, soubrettes.
GERMAIN, mères nobles.
COCHEZE, grimes.

Le nouveau directeur montra peu d'activité, et bientôt il se trouva dans l'impossibilité de faire face à ses engagements. Les artistes se constituèrent en Société, mais gardèrent à leur tête M. Roux.

Les *Huguenots*, promis depuis longtemps, furent enfin joués le 21 mars 1839. L'œuvre de Meyerbeer fut représentée en entier, avec le 1er tableau du 5e acte, que l'on coupe aujourd'hui. Le ténor Wermelen fit un excellent Raoul. Dans le duo, il eut des moments dignes d'un grand artiste. Mme Roux chanta bien Valentine. Les autres interprètes étaient Mmes Tesseire et Miller ; MM. St-Ange et Jourdeuil.

Le nouvel opéra remporta un vif succès, mais les premiers soirs le public, dérouté, resta fort indécis. Camille Mellinet, un connaisseur pourtant, écrivit le lendemain de la représentation : « Nous sommes sortis étourdis, sans avoir rien retenu, rien compris. C'est une sorte de fantasmagorie accompagnée d'un grand bruit qui nous a laissés ennuyés et fatigués. » Cette œuvre qui parait si claire à présent et qu'on lance toujours à la tête des partisans de la musique actuelle, ne fut pas plus comprise, de prime abord, par les spectateurs d'autrefois, qu'une partition de Wagner ou de Saint-Saëns par les spectateurs d'aujourd'hui. Seulement, nos pères ne se décourageaient pas. Ils revenaient entendre et finissaient par s'enthousiasmer pour l'œuvre qui les avait tant ennuyés le premier soir.

On joua aussi pendant cette campagne *Marion Delorme*, *Ruy-Blas*, *Anne de Boleyn*.

Mlle George vint jouer *Marie Tudor*, *Lucrèce Borgia*, *Mérope*, la *Tour de Nesle*, et Frédéric Lemaitre se vit acclamer dans *Richard Darlington*, *Othello*, *l'Auberge des Adrets*, *Robert Macaire*.

Mme Dorval, Dérivis, Lhérie, Lepeintre et Philippe furent les autres artistes en représentations.

Deux journaux de théâtre se fondèrent pendant cette saison : *Vert-Vert* et la *Corbeille*. Ce dernier était fort bien rédigé par V. Mangin.

La Mairie autorisa ces feuilles à se vendre dans la salle sous les conditions suivantes : 1° Les vendeurs devaient être munis d'une plaque portant le nom du journal : 2· Ils ne pouvaient vendre que pendant les entr'actes : 3· Le titre du journal pouvait seul être crié.

Cette autorisation ne tarda pas à être supprimée. Le directeur ayant retiré ses entrées à la *Corbeille*, la Ville interdit la vente de tout journal dans le théâtre.

L'Administration s'occupa aussi cette année-là des entrées dans les coulisses. On sait qu'à Nantes la Mairie s'est constamment montrée d'une bégueulerie par trop ridicule. Quelques auteurs s'étant vu refuser l'entrée de la scène, réclamèrent. Le maire écrivit dans plusieurs villes pour connaître les usages. Lyon, Marseille, Bordeaux, Lille, répondirent que chez eux pareille prohibition n'existait pas. Mais à Nantes, les choses sont encore dans le même état. Cette question des entrées au foyer ou sur la scène n'est pas encore réglée, et j'ai vu un de mes confrères d'un des plus grands journaux de Paris, se voir brutalement refuser l'accès des coulisses, un soir de première représentation, alors qu'il voulait aller parler à l'auteur, son ami.

Il est nécessaire qu'il y ait une surveillance pour les entrées, mais aussi faut-il qu'elle soit faite avec discernement.

※

M. Lemonnier, une basse qui avait laissé de bons souvenirs à Nantes, prit la direction pour la campagne suivante. Il était associé avec deux de ses artistes, MM. Bizot et Oudinot. La Ville nomma M. Lemonnier directeur pour trois années et vota, après quelques difficultés, une subvention de 50,000 francs.

SAISON 1839-1840

LEMONNIER, DIRECTEUR
HETTE, chef d'orchestre

Opéra

MM.
ADRIEN, fort ténor.
BIZOT, 1er ténor léger.
OUDINOT, ténor.
LEGAIGNEUR, 2e.
NERET, 3e.
BECQUET, baryton.
GARBET, 2e basse.
LEMONNIER, id.
PARIS, basse comique.
BRIAND, 2e basse.
DUCHATEAU, ténor comique.

Mmes
PROVOST-COLON, 1re chanteuse.
BIZOT, id.
OLIVIE, dugazon.
NERET, 2e chanteuse.
DELROUX, 2e dugazon.
ADRIEN, 3e
HESS, forte chanteuse.
SAINT-FIRMIN, duègne.

Danse

MM.
LAURENÇON, maître, 1er danseur comique.
PETIPAS, 1er danseur.
DUCHATEAU, 2e.

Mmes
FERDINAND, 1re danseuse.
LAURENÇON, 2e danseuse.
FERDINAND, id.

Comédie

MM.
ROCHE, jeune 1er.
TOUDOUZE, père noble.
GHOTTE, 2e amoureuse.
BARON, financiers.
HENRI, 1er comique.
LUILDET, 2e.

Mmes
ROCHE, 1er rôle.
MÉNARD, jeune 1er.
MARTIN, 2e amoureuse.
LEGAIGNEUR, soubrette.
COCHEZE, duègne.

Oudinot, le jour de l'ouverture, prononça, selon la coutume, un speech aux spectateurs. Le sien, fort bien trouvé, fit un excellent effet sur le public.

La troupe était bonne. Mme Prévost-Colon a laissé d'excellents souvenirs à Nantes. Malheureusement, le répertoire fut assez restreint. Le fort ténor connaissait seulement *la Juive*, *Guillaume* et *la Muette* et il était forcé d'apprendre au fur et à mesure chaque opéra.

Lucie de Lammermoor fit son apparition le 24 octobre 1839. L'opéra de Donizetti fut chanté avec succès par Mme Prévost-Colon; MM. Adrien, Bécquet et Legaigneur.

Les autres nouveautés principales furent *Mademoiselle de Belle-Isle* et *l'Eau merveilleuse*.

Mme Lebrun, de l'Opéra, et les sœurs Millanolo se firent entendre à Graslin.

* *
*

Lemonnier, je l'ai dit déjà, avait été nommé pour trois années, mais au bout de sa première campagne il renonça à son privilège sous prétexte que la Mairie refusait de lui laisser fermer le théâtre pendant mai, juin et juillet.

L'administration fut donc forcée de se mettre en quête d'un directeur. Elle choisit M. Lafeuillade qui a laissé à Nantes les souvenirs d'un homme de la plus haute honorabilité. La subvention était maintenue à 50,000 fr., mais à condition d'avoir pendant onze mois une troupe complète en tous les genres.

Cette obligation était fort dure, aussi M. Lafeuillade ne put-il tenir ses engagements qu'au prix des plus lourds sacrifices.

SAISON 1840-1841

LAFEUILLADE, DIRECTEUR
HASSELMANS, chef d'orchestre
BERTIN, régisseur

Opéra

MM.
LAFEUILLADE, fort ténor.
GELLAS, ténor léger.
OUDINOT, ténor.
STEPHANE, 2e ténor.
CONSTANT, 3e id.
DERVILLIERS, baryton.
HERMANN-LEON, 2e basse.
LAVILLIER, basse comique.
PARIS, laruette.
DE PLANK, 3e basse.
BLANCHARD, ténor comique.
DUCHATEAU, id.

Mmes
CUNDELL, 1re chanteuse.
ST-CHARLES, forte chanteuse.
OLIVIÉ, dugazon.
CONSTANCE, 2e dugazon.
VILER, 3e dugazon.
ST-FIRMIN, duègne.
HESS, mère dugazon.

Danse

MM.
PETITPAS, 1er danseur.
TELLE (Constant), 2e danseur.
DUCHATEAU, danseur comique.

Mmes
FERDINAND, 1re danseuse.
P. FERDINAND, 2e id.

Comédie

MM.
ROCHE, jeune 1er.
CONSTANT, 2e amoureux.
TOUDOUZE, 2e rôles.
CHARLES, financier.
FERDINAND, père noble.
HENRI, 1er comique.
GUILLET, 2e comique.

Mmes
ROCHE, 1er rôle
JOLLY, jeune 1er.
DEBROUX, ingénuité.
NEUVILLE, soubrette.
COCHEZE, duègne.

Il faut remarquer dans cette troupe le nom d'Hermann-Léon, une basse excellente, encore à l'aurore de sa carrière qu'il devait terminer brillamment à l'Opéra-Comique. Citons aussi Lafeuillade, ténor de grand mérite.

Il y eut plusieurs chutes dans la troupe. Mme Cundell échoua; Mme Bultell lui succéda, mais cette artiste devint malade et fut remplacée par Mme Duchampy. MM. Gellas et Dervillier, tombèrent eux aussi ; ils eurent comme successeurs deux bons chanteurs, MM. Damoreau et Abadie.

Le 18 mars 1841, il y eut une grande panique dans la salle. Une violente explosion de gaz s'était produite dans le magasin des costumes. Il n'y eut aucun accident à déplorer.

La *Favorite* fut jouée pour la première fois le 13 avril 1841. L'opéra de Donizetti, très bien monté, remporta un succès unanime. L'interprétation confiée à MM. Lafeuillade, Hermann-Léon, Abadie et à Mme Duchampy était irréprochable.

On joua aussi pendant cette saison : les *Premières Armes de Richelieu*, *Anne de Boleyn*, avec les récitatifs, le *Verre d'eau* et la *Chaste Suzanne*, un opéra bien oublié, de Monpou.

Bouffé vint donner une série de représentations.

Les habitués et les abonnés du théâtre, satisfaits de l'administration Lafeuillade, se réunirent pour faire une souscription de 20,000 fr. destinée à venir en aide au directeur ; les souscripteurs mettaient seulement comme condition à leurs concours, que la ville se chargerait de tous les frais d'éclairage. Le Conseil municipal refusa et la souscription n'aboutit point.

Malgré ses pertes, Lafeuillade demanda encore la direction pour l'année suivante. Les artistes s'associèrent avec lui pour un cinquième de leurs appointements. Le Conseil qui avait refusé de payer l'éclairage, consentit à une augmentation de subvention. La somme de 60,000 francs fut inscrite au budget de la ville pour le théâtre.

SAISON 1841-1842

LAFEUILLADE, DIRECTEUR
HASSELMANS, chef d'orchestre
BERTIN, régisseur

Opéra

MM.
LAFEUILLADE, fort ténor.
BERTON, ténor léger.
OUDINOT, ténor.
LEGAIGNEUR, 2e ténor.
POITEVIN, 1re basse.
BARDON, basse comique.
PARIS, laruette.
MEUNIER, trial.
DE PLANCK, 3e basse.

Mmes
DUCHAMPY, 1re chanteuse.
St-CHARLES, forte chanteuse.
GENOT, dugazon.
LAVOCAT, 2e forte chanteuse.
CRESSENT, 2e dugazon.
FOIGNET, duègne.

Danse

M.
PETITPAS, 1er danseur.

Mmes
FERDINAND, 1re danseuse.
P. FERDINAND, 2e id.

Comédie

MM.
ROCHE, 1er rôle.
WABLE, jeune 1er.
TOUDOUZE, père noble.
PERREAU, financier.
LUXEUIL, 1er comique.
ADOLPHE, 2e amoureux.
GUILLET, 2e comique.

Mmes
ROCHE, 1er rôle.
BEIGBEDER, jeune 1er.
DEBROUX, ingénuité.
CHAMAND, soubrette.
COCHEZE, duègne.

Cette troupe était, en général, excellente. La basse Poitevin, qui possédait une voix magnifique, était le propre père de M. Poitevin, basse chantante, qui devait devenir, en 1888, directeur du théâtre Graslin; le ténor léger Berton était le petit-fils de l'auteur de *Montano et Stéphanie*.

M!le Saint-Charles avait été réengagée par le directeur, qui avait cédé à certaines influences. La plus grande partie des abonnés était fort irritée contre elle et la sifflait outrageusement pendant que le parterre applaudissait à outrance. Un soir que la malheureuse artiste était encore plus sifflée que d'habitude, on vit un abonné, M. Ab..., sauter sur la scène, offrir son bras à la chanteuse et l'accompagner au dehors de la scène. Loin de calmer les esprits, cette aventure ne fit que les irriter. Le tapage augmenta encore les jours suivants, d'autant plus que la municipalité avait fait déclarer Mme Saint-Charles admise, jugeant que les applaudissements étaient supérieurs en nombre aux sifflets.

Le maire de Nantes reçut à ce propos une lettre que je crois devoir publier pour montrer combien, à cette époque, les choses du théâtre passionnaient les esprits.

» Monsieur,

» Puisque vous avez assez peu de justice pour donner gain de cause à un parterre entièrement composé de gens salariés par l'administration sur une opposition dirigée par une masse d'abonnés, vous serez responsable jusque devant les tribunaux, s'il le faut, de l'opposition continuelle que va éprouver Mme Saint-Charles, chaque fois qu'elle reparaîtra. Malgré l'injonction de vos commissaires, nous sifflerons aux premières sans vouloir sortir, à moins que vous n'ayez l'imprudence de nous en faire arracher de force par les gendarmes et les soldats. Nous vous prouverons que nous avons la majorité, à moins que le directeur ne donne, tous les jours où l'actrice en question doit jouer, 150 billets de claqueurs. Nous ne souffrirons pas que cette peste qui infeste les théâtres de Paris, fasse la loi chez nous qui payons 60,000 francs de subvention au directeur du théâtre. Nous vous proposons une enquête sur la manière dont est exécuté le cahier des charges imposé par le Conseil municipal au directeur, et si on nous pousse à bout, nous vous prouverons que l'obligation faite au directeur de fournir des artistes venant de villes d'une importance égale au moins à celle de Nantes, n'a pas été exécutée cette année pour un seul des nouveaux acteurs. Evitez des collisions, M. le Maire, un grand nombre de jeunes gens et d'hommes sérieux et marquants ont blâmé votre décision d'hier soir. En conscience, que deviendra le droit du public qui paie ? Est-il possible de refuser un acteur si une protestation aussi énergique que celle d'hier soir ne suffit pas. Laissez passer la justice des abonnés ou bien fermez le théâtre plutôt que de le laisser diriger par les manœuvres de gens payés à la soirée.

Un Abonné.

Devant une telle opposition, Mme Saint-Charles finit par résilier.

Le 12 octobre 1841, la *Fille du Régiment* fit son apparition à Nantes. Le critique musical du *Breton* se montra fort sévère pour cet opéra « vraie parade musicale, écrit-il, qui, pour mieux nous transporter à la pensée des baraques ambulantes, n'a pas oublié le tambour et la grosse caisse. C'est une macédoine lyrique sans aucun caractère. »

Franchement, la *Fille du Régiment* ne mérite pas qu'on la traite avec un tel mépris ; cet opéra possède des pages charmantes et qui n'ont aucunement vieilli.

DIRECTION LAFEUILLADE. — NORMA

C'est même peut-être l'œuvre la plus complète de Donizetti.

La première représentation de *Norma* eut lieu le 25 janvier 1842. Succès modéré, malgré une interprétation supérieure. Mme Duchamp fut superbe dans Norma, et M. Lafeuillade excellent dans Pollion.

∴

Le *Guittarero* et *Robert Devereux* virent aussi le jour cette année-là.

Ponchard, Marié, Mme Ducrest, Mme Ernst, qui, dans *Robert-le-Diable*, exécuta, à l'étonnement général, le tour de force de chanter Alice et Isabelle, vinrent donner des représentations. Enfin, Mme Vigano et Tamburini se firent entendre dans un grand concert. Orgie de macaroni !

Pour la campagne suivante, le Conseil municipal refusa d'accorder une subvention en numéraire. La ville prenait seulement à sa charge les frais de gaz et les appointements des machinistes, du peintre décorateur et du concierge. Malgré cela, il se trouva un directeur, Prat, pour prendre le théâtre dans de pareilles conditions. Il est vrai qu'aucun genre ne lui était imposé par le cahier des charges et il en profita pour ne donner qu'une troupe de comédie. De là mécontentement exprimé dans le public, non seulement contre Prat, mais aussi contre la municipalité. Le jour de l'ouverture, une véritable émeute éclata dans la salle. De toutes parts on demandait le rétablissement de la subvention. Le tapage dura sans discontinuer pendant quatre heures. Les spectateurs furieux cassèrent les pupitres et brisèrent les portes. La police impuissante dut avoir recours à l'infanterie qui pénétra dans la salle au roulement du tambour et parvint à la faire évacuer. Pendant plusieurs jours, les représentations furent des plus agitées. Les artistes étaient impitoyablement refusés. Finalement le théâtre ferma au mois d'août. Le Conseil municipal réuni se décida à voter une allocation de 10,000 francs au directeur. Le chiffre était encore insuffisant, aussi dans la séance du 7 septembre 1842, nos édiles, revenus à des sentiments plus sensés, accordèrent enfin une subvention de 40,000 francs.

SAISON 1842-1843

PRAT, DIRECTEUR.

HASSELMANS, chef d'orchestre
BERTIN, régisseur.

Opéra

MM.

HUNER, 1er ténor.
HENRIOT, ténor léger.
ALERME, 2e
St-ANGE, 2e
MEZERAY, baryton.
MATHIEU, 2e basse chantante.
POTEH, basse.
St-ROMAIN, 2e basse.
LAUTMANN, trial.
PARIS, laruette.
GRANGER, grime.
ARTHUR, 2e amoureux.
DEPLANCHE, 1er comique.
BERTIN, 2e comique.

Mmes

ROCHE, 1er rôle.
PETIT, jeune première.

Mmes

MARGUÉRON, sopr. sérieuse.
ROY, soprano légère.
SANDELION, dugazon.
IMBERT, 2e chanteuse.
FOIGNET, duègne.
DAMAS, 2e dugazon.

Comédie

MM.

ROCHE, 1er rôle.
WABLE, jeune premier.
TOUDOUZE, père noble.
DELAMARRE, financier.
LAUTMANN, 1er comique.
PARIS, paysan.
GRANGER, grime.
WABLE, 1er rôle.
POIRIER, grande coquette.
CAILLOT, soubrette.
LÉONIDE, ingénuité.
FOIGNET, duègne.

Cette troupe, réunie assez tard, offrait d'assez bons éléments. Le ténor Huner, notamment, a laissé d'excellents souvenirs dans la mémoire des dilettanti nantais. Doué d'une excellente voix, cet artiste se faisait surtout remarquer par son grand style. La *Juive* était son triomphe. Mme Margueron était, elle aussi, une chanteuse de valeur. Les soirées, pendant le reste de la campagne, demeurèrent très mouvementées. Jamais le public ne s'était montré aussi tapageur. Le répertoire était très restreint, de là le mécontentement général. En outre des susceptibilités et des vanités froissées avaient mis la dissension entre les artistes et Graslin se voyait transformé en une véritable pétaudière. Les représentations continuant à être troublées, l'autorité résolut de frapper un grand coup. Par arrêté du 24 novembre 1842, le préfet, M. Chaper, prononça la fermeture du théâtre. La leçon porta ses fruits, et quand, au bout de quinze jours, la première scène de Nantes rouvrit ses portes, les spectateurs étaient devenus plus calmes. Mais il était dit que cette saison ne finirait pas. Au commencement d'avril, Prat se retira et ne garda que nominalement le titre de directeur. Les artistes se mirent en société, mais une foule d'intérêts opposés empêchèrent l'affaire de marcher et Graslin ferma définitivement ses portes le 18 avril.

Parmi les choristes de Graslin se trouvait, cette année-là, un jeune homme de seize ans et demi, arrivé sans ressources à Nantes, où il avait vécu quelque temps avec les sous qu'il ramassait en chantant dans les cafés. Prat remarqua sa jolie voix de chanteur ambulant et l'engagea comme choriste. Doué d'une vive intelligence et d'une ferme volonté d'arriver, il fit des progrès rapides, et un soir il chanta au pied-levé et à la satisfaction générale le rôle de Max dans le *Chalet*. Ce choriste, inconnu alors, devait s'élever peu à peu par son talent au premier rang des chanteurs de l'époque, c'était Ismaël, le futur créateur à Paris de *Rigoletto*.

La saison 42-43 avait été des moins intéressantes. En fait de nouveautés, Prat ne donna que *Nizza de Grenade*, mauvais arrangement de *Lucrèce Borgia* de Donizetti. La basse Renault, de l'Opéra-Comique, fut le seul artiste en représentation.

La campagne 1843-1844 s'ouvrit sous la direction de M. Laffite. La subvention était maintenue à 40,000 fr.

SAISON 1843-1844

LAFFITE, DIRECTEUR.
HASSELMANS, chef d'orchestre.
VAUTRIN, régisseur.

Opéra

MM.
HUNER, 1er ténor.
BONAMY, ténor léger.
FLEURY, 2e id.
PICARD, 2e id.
VIGNEROT, martin.

ALPHONSE, trial.
PARIS, laruette.
FLACHAT, baryton.
PLANQUE, 1re basse.
FALBERT, 2e id.
BACHELIER, 3e id.

Mmes
FLEURY-DOLLY, 1re chant.
ROY, 1re chanteuse légère.
St-EDME, 1re dugazon.
FALBERT, 2e id.
RENAUD, mère dugazon.
BOULANGÉ, duègne.

Ballet

MM.
LÉON, 1er maître.
GRENIER, 1er danseur.
HONORÉ, 2e id.
BENIEU, danseur comique.

Mmes
BACHELOT, 1re danseuse.
BELLON, 2e id.

Comédie

MM.
ROCHE, 1er rôle.
HARMANT, jeune premier.
MOREAU, 1er amoureux.
PLEURY, id.
BAZIN, id.
LEMONNIER, financier.
FALBERT, père noble.
VIGNEROT, 2e 1er rôle.
BAHQUI, 1er comique.
ALPHONSE, 2e id.
GRANGER, grime.
ROCMORT, 3e rôle.

Mmes
RENAUD, 1er rôle.
BALLAURI, jeune première.
St-EDME, 1re amoureuse.
LEFEVRE, 2e id.
PERROUD, soubrette.
ROCHE, mère noble.
BOULANGÉ, duègne.
CUCHEZE, grimes.

Laffite ne manquait pas d'intelligence, mais il ignorait complètement les ressources de Nantes. Sa troupe était dispendieuse, surtout sous le rapport de la chorégraphie. Il éprouva, pendant l'été, des pertes considérables. Un beau matin il prit la diligence, laissant le théâtre en plein embarras. On était à la fin d'août et les mois favorables au théâtre arrivaient à grands pas. Par arrêté préfectoral, le régisseur Vautrin fut nommé directeur. Les principaux artistes de l'opéra avaient formé une société sous sa gérance.

FIN DE LA SAISON 1843-1844

VAUTRIN, DIRECTEUR
HASSELMANS, chef d'orchestre.
ROUÈDE, régisseur.

Opéra

MM.
HUNER, fort ténor.
FOSSE, ténor léger.
GUILLEMIN, 2e id.
ANGLÈDE, 3e id.
HURTAUX, baryton.
GARDET, 1re basse.
FALBERT, basse comique.
REPÉ, trial.
PARIS, laruette.

Mmes.
LAMY, forte chanteuse.
BORES, 1re chanteuse légère.

ROUÈDE, dugazon.
FALBERT, 2e id.
St-ROMAIN, mère dugazon.
LAURENT, duègne.

Chœurs
14 hommes, 14 femmes.

Comédie
MM.
ROCHE, 1er rôle.
MONTVAL, jeune premier.
MORE, 1er amoureux.
GUILLEMIN, id.
ANGLEDE, 3e id.

TOUDOUZE, père noble.
ROCMORT, troisième rôle.
LAUTMANN, 1er comique.
DENIZOT, 2e comique.
PARIS, grime.

Mmes.
GUIBERT, 1er rôle.
MEUNIÉ, jeune première.
BERGER, 1re amoureuse.
ROUÈDE, id.
FALBERT, 2e id.
LEROUX, soubrette.
ROCHE, mère noble.
St-ROMAIN, grande coquette.

Cette troupe était excellente. Le public revit Huner avec un vif plaisir. Hurtaux, que jadis nous avions connu basse, nous revint comme baryton ; dans son nouvel emploi, il demeura l'artiste de goût et le chanteur habile qu'il était. Du côté des femmes, Mmes Lamy et Borès méritent d'être signalées tout particulièrement.

Le 9 juillet 1843, un tuyau de gaz se rompit ; la salle se trouva complètement plongée dans l'obscurité. Une vive panique s'empara des spectateurs. Il n'y eut pas d'accidents.

Le 11 août de la même année, un splendide bal fut donné à la salle Graslin, en l'honneur du duc et de la duchesse de Nemours, de passage à Nantes.

Pendant cette campagne, on joua une fois dans la même soirée la *Juive* et la *Tour de Nesle*. On commença à cinq heures. La chronique locale du temps ne dit pas à quelle heure finit cette représentation monstre.

En janvier 1844, le *Stabat Mater*, de Rossini, fut

exécuté pour la première fois à Nantes. Huner, Hurtaux et Mme Borès interprétèrent à la perfection l'œuvre du maître italien.

Vautrin donna aussi deux autres grandes nouveautés, les *Martyrs* (23 février 1844), qui obtinrent un succès immense, grâce à Huner et à Mme Lamy, et *don Pasquale* (16 avril 1844), où Mme Lamy remporta un double triomphe de chanteuse et de comédienne.

La *Part du Diable*, *Lucrèce*, de Ponsard, les *Mystères de Paris*, furent joués aussi pendant cette saison. Ligier vint en représentation.

XIX

DIRECTIONS : TILLY. — LEMONNIER. TALIER. — LEMONNIER.

1844-1851

A ville eut beaucoup de peine à trouver un directeur. La subvention, pourtant, avait été votée. Enfin, M. Tilly obtint le privilège. Il présenta la troupe suivante au jugement du public.

SAISON 1844-1845

TILLY, DIRECTEUR
SOLIÉ, chef d'orchestre.
FOUCHET, régisseur.

Opéra
MM.
MARTIN, fort ténor.
LABRUYÈRE, ténor léger.

REUZÉ, 2e id.
FOUCHET, fort second.
EMILE, 3e ténor.
ROMMY, baryton.
TILLY, baryton d'opéra-comique.
POPPE, basse-noble.
FALBERT, basse-contre.
DUBOIS, 3e basse.
RENÉ, trial.
PARIS, laruette.

Mmes.

FROUARD, forte chanteuse.
NALDY, 1re chanteuse.
NORDET, dugazon.
FALBERT, 2e dugazon.
DELAUNAY, duègne.
FAMIN, 2e id.

Comédie

MM.

ROCHE, 1er rôle.
EMILE, jeune premier.
ROUZE, 2e rôle.
FAUCHET, raisonneur.
FALBERT, financier.
GOT, 1er comique.
RENÉ, 2e id.
PARIS, id.
MAULÉON, convenances.

Mmes.

RESTOUT, jeune première.
IRMA, grand 1er rôle.
TILLY, soubrette.
FALBERT, ingénuité.
FAMIN, 3e amoureuse.
DELAUNAY, duègne.
COCHEZE, caractères.

Les abonnements furent diminués et fixés comme il suit :

À L'ANNÉE

Baignoires et loges à 4 places.....	800 fr.
— à 5 places.....	1.000 fr.
— à 6 places.....	1.200 fr.
Parquet et premières................	200 fr.
Places libres. — Hommes............	120 fr.
— Dames.............	100 fr.

AU MOIS

Hommes............................	30 fr.
Dames.............................	25 fr.

Le théâtre ne put ouvrir que le 16 novembre. Des réparations à la salle avaient été jugées nécessaires. On fit un remaniement des places et l'on parvint à en gagner un certain nombre.

Un amphithéâtre fut installé aux secondes et l'on construisit, dans le couloir des fauteuils, deux petits escaliers pour y conduire. Cette installation était défectueuse, car elle rétrécissait le corridor. La première galerie, entièrement remise à neuf, se composait de trois rangées de chaises-gondoles en velours et à haut dossier. En avant des loges de face, huit causeuses mi-saillantes, mi-engagées dans les loges, procuraient des places très agréables par leur isolement. Six loges mi-découvertes avaient été faites aux secondes. La troisième galerie fut légèrement augmentée. Le piédestal des colonnes d'avant-scènes, qui était carré, fut rendu octogonal. Toute la décoration de la salle était dans le style Louis XIII. A chaque galerie, des médaillons représentaient le visage des principales célébrités dramatiques. Un cartouche portait les noms de chaque sujet.

Le plafond figurait un portique Renaissance appuyé sur un riche soubassement. Seize grands médaillons renfermaient divers sujets ayant rapport à la comédie, au drame, à la tragédie, à l'opéra, à la danse... Au centre de la frise d'avant-scène se trouvaient les Armes de France enlacées dans de riches rinceaux. Une bannière de velours tricolore, retombant sur la corniche, complétait les Armes Nationales. Le rideau représentait une large portière entr'ouverte avec un rideau cramoisi. Les retroussis étaient doublés d'hermine blanche mouchetée d'hermine de Bretagne.

Derrière cette portière on voyait deux génies distribuant d'une main des couronnes et supportant de l'autre les Armes de la Ville. Le foyer subit, lui aussi, un remaniement complet. On y plaça six grands panneaux représentant les scènes principales des chefs-d'œuvre de Molière. Le buste de Graslin, par Ménard, fut posé sur la cheminée. Les portraits en médaille de Crucy et du maire Richard de la Pervenchère furent mis aussi dans ce nouveau foyer...

Enfin, dernier détail, très prosaïque, les cabinets d'aisance, qui étaient dans un état déplorable, furent reconstruits et rendus inodores. Les plans de cette restauration furent faits par M. Driollet, architecte de la Ville. Les décorations furent confiées à MM. Philastre et Cambon.

On inaugura cette année un nouveau genre de scrutin. Les artistes étaient soumis à trois débuts. Les abonnés et le parterre étaient seuls appelés à voter. A l'entrée, ladite catégorie de spectateurs recevait un numéro d'ordre. Pendant un entr'acte, il était publiquement procédé au tirage de 80 numéros. Les personnes qui s'en trouvaient possesseurs se réunissaient, à un jour indiqué, sous la présidence du maire ou d'un adjoint, et votaient à la majorité des suffrages exprimés. Pendant les débuts, toute manifestation quelconque d'improbation et d'approbation était absolument interdite sous peine de poursuites. Ce mode de débuts donna d'assez bons résultats.

La troupe réunie offrait un excellent ensemble. Tilly était un charmant baryton d'opéra comique; Martin, Mmes Drouard et Naldy étaient des artistes de réelle valeur. Le scrutin fut défavorable à MM. Reuzé et Emile, qui furent remplacés par MM. Bourdais et Ludovic. Ce dernier devint, de longues années plus tard, sur ses vieux jours, souffleur au théâtre Graslin.

Parmi les artistes de la comédie, nous trouvons Got, alors à l'aurore de cette carrière qui devait être si brillante.

Le futur sociétaire de la Comédie-Française remporta de vifs succès pendant son court passage sur notre scène.

Ce fut Tilly qui amena à Nantes le chef d'orchestre Sollé, qui devait rester longtemps dans notre ville, où il sut, par son amabilité et son intelligence, se créer une situation exceptionnelle. C'était un habile chef; sa science musicale ne répondait point à ses prétentions, mais au point de vue du bâton, il était excellent. Il savait manier son orchestre et l'entraîner. Très consciencieux, il apportait un soin tout particulier aux exécutions des opéras et, grâce à lui, nos armées chorales et instrumentales firent de réels progrès. Nantes a gardé de lui le meilleur souvenir comme chef d'orchestre.

Les Demoiselles de Saint-Cyr, admirablement jouées par Got, Roche, Mmes Restou et Tilly; *Don César de Bazan*, le *Mari à la Campagne*, les *Sept*

Châteaux du Diable, furent les principales nouveautés de l'année théâtrale nantaise. Levassor se fit entendre à Graslin ainsi que Rachel qui vint en juin. L'illustre tragédienne suscita des transports d'enthousiasme. Après la première représentation, les artistes du théâtre lui donnèrent une sérénade sous les fenêtres de l'Hôtel de France. Chaque soir la police faisait la haie sur son passage. Elle joua *Horace*, *Andromaque*, *Phèdre*, *Polyeucte*, *Marie Stuart*, *Iphigénie*, *Bajazet*.

Pour ces représentations, le prix des places fut doublé.

Cette année-là mourut, âgé de 83 ans, le vieil artiste Calcina. Il était venu à Nantes en 1772, comme danseur, et n'avait pas quitté Graslin depuis cette époque. Il était devenu chef des comparses, puis bibliothécaire. Son nez, véritable tubercule, aux dimensions extraordinaires, l'avait rendu célèbre dans le public. C'était un excellent homme. Il fut très regretté.

**

Tilly conserva la direction. La subvention était toujours de 40,000 fr., dont 8,000 étaient affectés à la confection de nouveaux décors et à la restauration des anciens. La saison ouvrait en mai avec la comédie, l'opéra ne commençait qu'en septembre.

Le parterre fut augmenté cette année. De 1 fr. 50 il fut porté à 2 fr. Il est vrai que des dossiers avaient été placés aux banquettes.

SAISON 1815-1816

TILLY, DIRECTEUR
SOLIÉ, chef d'orchestre.
TOUDOUZE, régisseur.

Opéra

MM.
GIRAUD, 1er ténor.
CORNELIS, ténor léger.
SAILLARD, 2e id.
PRUDENT, 3e id.
RENNEVILLE, trial.
PARIS, laruette.
JOURDAIN, baryton.
TILLY, baryton d'opéra comique.
PETIT, basse-comique.
MARGUERITTE, 3e basse.

Mmes
MASSON, 1re soprano.
CORNELIS, soprano.
PETIT, 1re dugazon.
ROLLAND, 2e id.
SAILLARD, 3e id.
JOBEY, duègne.

Chœur
18 hommes, 18 femmes

Ballet
ADRIEN, 1er danseur et maître.
T. ROUSSET, 1re danseuse.
A. ROUSSET, 2e danseuse.

Comédie

MM.
ROCHE, 1er rôle.
TOUDOUZE, père noble.
MONROSE, jeune premier.
COLOMBEY, 2e amoureux.
SAILLARD, jeune premier.
BRET, financier.
LÉOPOLD, 1er comique.
RENNEVILLE, 2e id.
PARIS, grime.

Mmes
HALLY, 1er rôle.
BLAUGY, jeune première.
BROUX, ingénuité.
PETIT, amoureuse.
TILLY, soubrette.
SAILLARD, 2e soubrette.
JOBEY, mère noble.
THÉNARD, caractères.

La seconde direction Tilly est restée célèbre dans la mémoire de tous les *dilettanti* nantais.

En effet, ce fut pendant cette saison qu'Elisa Masson parut pour la première fois à Graslin. Elisa Masson ! que ce nom remue de souvenirs dans la mémoire des vieux habitués du Grand-Théâtre ! J'en ai connu un qui s'attendrissait chaque fois qu'il l'entendait prononcer devant lui.

Consacrons donc quelques lignes spéciales à cette chanteuse dont Nantes raffola jadis et qui, certes, méritait cet engouement.

La figure belle et pleine de noblesse, les cheveux noirs, les yeux brillants, de manières distinguées, telle était Elisa Masson.

La chanteuse n'était pas parfaite, mais la somme des qualités était bien supérieure à celle des défauts. La voix fraîche et étendue était pleine de puissance dramatique, les notes graves et celle du médium étaient superbes et pleines de rondeur, par contre, le registre élevé était un peu grêle et la respiration un peu courte. Douée d'une vive intelligence, passionnée pour les choses artistiques nobles et grandes, Elisa Masson était une comédienne de premier ordre. Le jeu, le geste, l'attitude, la voix, tout en elle savait traduire les divers sentiments d'un personnage. Elle s'identifiait avec son rôle et ne faisait qu'une avec lui.

Reçue à l'unanimité, elle fit, pendant deux campagnes, les délices du théâtre. Son grand triomphe était *La Favorite*. A chaque représentation, le public enthousiasmé lui faisait bisser la phrase : *O bonheur! c'est mon rêve perdu.*

En 1847, Mlle Masson vit s'ouvrir devant elle les portes de l'Opéra. Elle y fit de forts beaux débuts, mais, malgré tout son talent, elle ne parvint pas à remplacer la Stolz. En 1848, elle créa à l'Académie de musique, avec un talent de premier ordre, le rôle de la reine dans *Jeanne la Folle*, un mauvais opéra de Clapisson. Peu après elle quitta l'Opéra et se mit alors à voyager. Elle alla donner des représentations jusqu'en Amérique. Presque chaque année, après son départ de Graslin, elle revenait jouer à Nantes, où elle se considérait comme chez elle. Elle se montra toujours reconnaissante à notre ville d'avoir été la première à la sacrer grande artiste. Elle mourut en 1867 d'une triste maladie : un cancer au sein.

Comme la cigale, elle avait toujours chanté sans songer à rien mettre de côté, et ce fut un de ses vieux amis de Nantes qui paya ses modestes funérailles. Cette artiste n'a pas laissé un nom à Paris, mais à Nantes, où elle suscita tant d'enthousiasmes, on a gardé et l'on gardera fidèlement la mémoire de celle qui fut Elisa Masson.

La troupe réunie pour desservir le théâtre pendant la saison 1845-1846 était bonne. Le ténor Giraud tomba et fut remplacé par Mouchelet. Le baryton Jourdain était un artiste de valeur. Signalons aussi Mme Cornélis.

La première représentation de *Charles VI* eut lieu le 26 mars 1846. Le succès fut complet. Elisa Masson triompha dans Odette, qu'elle chanta et joua d'une façon admirable. Les autres interprètes : Mouchelet, Jourdain, Mme Cornélis contribuèrent pour une large part à l'excellente interprétation de l'œuvre d'Halévy. Les décors neufs furent trouvés très beaux. Ils coûtèrent 4,000 francs.

On exécuta aussi avec succès le *Désert*, de Félicien David. Les *Trois Mousquetaires*, le *Roi d'Yvetot*, *Marie Jeanne* ou *la Femme du Peuple* se jouèrent pour la première fois pendant cette saison.

Le 17 décembre 1845, Listz donna à Graslin un grand concert. Voici quel était son programme : 1° Ouverture de *Guillaume Tell* (piano solo) ; 2° Fantaisie sur *Robert* ; 3° Variations sur un motif des *Puritains* ; 4° *Invitation à la valse* de Weber ; 5° *Fête villageoise* ; 6° *Galop chromatique*. Le célèbre pianiste remporta un superbe triomphe. Il fut couvert de fleurs et de couronnes.

Poultier fut acclamé cette année-là dans la *Juive*. Levassor, Lafond, Thalberg, Mmes Dorus-Gras et Rossi-Cassia parurent aussi à Graslin.

*
* *

Tilly, qui avait su se concilier, comme directeur et comme homme privé, l'estime et la sympathie de tous, fut renommé directeur.

SAISON 1846-1847

TILLY, DIRECTEUR

SOLIÉ, chef d'orchestre.
BELNIE, régisseur.

Opéra

MM.

DULUC, fort ténor.
VERNEUIL, ténor léger.
DEBRINAY, 2e id.
DASSOEUL, massol.
DORVAL, baryton.
MATHIEU, basse noble.
BORSAY, basse comique.
FRONCHET, 3e basse.
BELNIE, trial.
LAMARRE, laruette.

Mmes

MASSON, forte chanteuse.
DESCOT, soprano légère.
SANDELION, soprano comique.
SAGE, 2e soprano.
VADÉ, 2e forte chanteuse.

Ballet

FILLODEAU, maître de danse.
H. BALOTH, 1re danseuse.
L. BALOTH, 2e danseuse.

Comédie

MM.
ROCHE, 1er rôle.
BINET, jeune premier.
CHATELAIN, 2e amoureux.
SAGE, 2e id.
TALLIER, père noble.
OZANNE, financier.
FROSNE, 1er comique.
VICTOR, id.
DENIZOT, 2e comique.
LUCIEN, utilité.

Mmes
VADÉ, 1er rôle.
DELAROCHE, jeune première.
ROUX, ingénuité.
SANDELION, déjazet.
SAGE, 2e amoureuse.
TILLY, soubrette.
JOBEY, mère noble.
THENARD, caractères.

La troupe offrait un excellent ensemble. Le baryton Dorval échoua seul. Il fut remplacé par un nommé Saint-Charles, qui tomba, lui aussi, et enfin par Chollet.

Le ténor Duluc, Chollet, Mlle Masson formaient un trio de premier ordre. Il est rare de trouver réunis en province trois artistes de cette valeur.

La *Reine de Chypre* (27 décembre 46), avec trois interprètes pareils, ne pouvait que remporter un grand succès. Cet opéra fut remarquablement monté. Les décors neufs coûtèrent 5,183 fr. 93 centimes.

On joua aussi la *Closerie des Genêts* et *Bélisaire*, de Donizetti.

Mlle Fargueil et Ravel vinrent en représentation. Un incident signala l'une des soirées de ce dernier. L'acteur Ozanne ayant manqué de mémoire, fut sifflé. Il se tourna alors vers le parterre et dit d'un ton moqueur : « Vous vous fâchez, messieurs ». Immédiatement la salle demanda des excuses. « Des excuses ! jamais ! » s'écria l'artiste, qui quitta aussitôt la scène. Pendant trois quarts d'heure le spectacle fut interrompu. On fut obligé de lire le rôle abandonné.

Traduit en correctionnelle, Ozanne fut condamné à une amende. Voyant sa situation compromise, il se décida à faire au public des excuses par la voie des journaux. On ne lui tint pas rigueur. Il avait, il est vrai, un certain talent.

Mlle Masson fit ses adieux dans la *Favorite*. La représentation fut superbe. L'artiste aimée disparaissait littéralement sous les fleurs. La salle, véritablement en délire, trissa le duo du quatrième acte, où Duluc se montrait à la hauteur de sa belle partenaire.

Cette saison vit la naissance d'un nouveau journal de théâtre : le *Furet*. Ses prédécesseurs la *Corbeille* et *Vert-Vert* étaient déjà morts depuis quelque temps.

***

Pour la campagne 1847-1848, la municipalité fit appel à M. Lemonnier, qui avait déjà dirigé Graslin pendant une année. Le montant de la subvention était, comme les années précédentes, de 40,000 francs.

SAISON 1847-1848

LEMONNIER, DIRECTEUR
SOLIÉ, chef d'orchestre.
BERTIN, régisseur.

Opéra

MM.
BERTAUT, fort ténor.
PUJET, ténor léger.
BOURDAIS, 2e ténor léger.
EDOUARD, 3e ténor léger.
ROMANVILLE, ténor comique.
LESBROS, baryton.
MATHIEU, 1re basse.
HONORÉ, basse comique.
OZANNE, laruette.

Mmes
ARGA, grande 1re chanteuse.
PRÉVOST, 1re chanteuse légère.
VADÉ, 2e chanteuse légère.
MATHIEU, 1re dugazon
BOURDAIS, 2e dugazon.

JOBEY, duègne.
40 choristes.

Comédie

MM.
ROCHÉ, 1er rôle.
SANDRE, jeune premier rôle.
MOUROT, jeune premier.
MANGIN, 1er comique.
PÉRAULT, père noble.

VADÉ, 3e amoureux.
MAULÉON, convenances.

Mmes.
DELRAY, 1er rôle.
MORSIANI, jeune première.
GEORGINA, 1re soubrette.
PÉRAULT, coquette.
THÉNARD, duègne.
LEMOULE, convenances.

De nombreux ténors furent, cette année, victimes des rigueurs du scrutin. Bertaut fut successivement remplacé par Tulli, Delavarde, Garras, Tisseyre. Enfin, le 1er mars, Valgalier, un artiste de talent, fut admis presque à l'unanimité. Il était temps : plusieurs émeutes avaient déjà éclaté au théâtre. Le 15 octobre, la mairie s'était fâchée ; le théâtre fit relâche deux jours de suite par ordre, et le maire prévint le directeur que si, le 18, il n'avait pas de ténor, la subvention lui serait retirée. Les abonnés, eux aussi, se montraient fort irrités. Le malheureux Lemonnier n'en pouvait mais. Il réunit au foyer les habitués de théâtre et leur prouva, correspondance en main, qu'il faisait le possible pour trouver ce *rara aris*, qui s'appelle un ténor.

La troupe, d'ailleurs, était fort bonne. On revit avec plaisir le baryton Lesbros, dont la voix avait encore pris de l'ampleur. Puget, était charmant dans l'emploi de ténor léger. Mme Mathieu, une excellente dugazon, et Mme Prévost, étaient pour l'opéra de réels éléments de succès.

Le 9 janvier 1848, avant le sixième tableau du *Chevalier de Maison-Rouge*, Roche lut un article du

Sémaphore de Marseille, annonçant l'arrivée d'Abd-el-Kader à Toulon. Un vif enthousiasme éclata dans toute la salle et de nombreux cris de *Vive le Roi* se firent entendre.

La situation financière de l'entreprise était loin d'être brillante. Le 20 mars, Lemonnier abdiqua et les artistes se mirent en république sous la présidence de Roche. Le parterre, de 2 fr. fut abaissé à 1 fr. 50, et l'on décida de jouer pendant tout l'été.

En mai, plusieurs artistes, appelés ailleurs par d'autres engagements, furent forcés de partir. Lesbros fut remplacé par Desterberg, un baryton à la voix très fraîche.

Pendant les journées de juin, Graslin ferma ses portes.

Les nouveautés de cette saison furent : *Les Mousquetaires de la Reine*, le *Chevalier de Maison-Rouge*, le *Fils du Diable*, *L'âme en peine* de Flotow, *Ne touchez pas à la Reine*, enfin *Gastibeza* de Maillard, qui excita un fou rire général.

Au mois d'août 1847, Déjazet vint donner une série de 18 représentations. La charmante comédienne était adorée à Nantes et la salle ne désemplissait pas.

Levassor, Baroilhet, Numa, Neuville, Bouffé, Hoffmann, Mesdames Sauvage, Mondutaigny et Julienne se firent aussi applaudir sur la scène de Nantes.

Les lorettes — c'était le nom des horizontales de l'époque — attirèrent, par leur tenue au théâtre, l'attention de la municipalité. Le maire ordonna aux commissaires de police de surveiller attentivement les couloirs du parquet « devenus un lieu de véritable scandale. Les filles y font la bourse avec les jeunes gens, — l'honorable M. Colombel aurait mieux fait de dire : « des jeunes gens » —, pendant les entr'actes et c'est là qu'on va traiter de l'heure et des conditions du rendez-vous. » Je suis forcé de constater qu'à l'heure actuelle, les choses se passent encore de même.

✣

La subvention fut abaissée à 38,000 fr. l'année suivante et la direction confiée à un certain Tallier.

SAISON 1848-1849

TALLIER, DIRECTEUR

SOLIÉ, chef d'orchestre.
BERTIN, régisseur.

Opéra

MM.
ESPINASSE, fort ténor.
SCOTT, ténor léger.
PETIT-DELAMARRE, massol.
VILLA, baryton.
VALLÉE, 1re basse.
LACROIX, basse-comique.
OZANNE, laruette.
BELNIE, trial.

Mmes
SCOTT-MOREL, forte chanteuse.
DELILE, chanteuse légère.
VADÉ, 2e chanteuse.
OBERTAL, 1re dugazon.
CHAUVET, 2e dugazon.
VADÉ, 3e dugazon.
JOBEY, duègne.

Danse

PRÉVOST, 1re danseuse
CHAUVET, 2e danseuse.

Comédie

ROCHE, 1er rôle.
TALIER, père noble.
SANDRE, jeune premier.
XAVIER, id.
WANPA, id.
JULES, 3e amoureux.
MORIN, 3e rôle.
DOLIGNY, 1er comique.
OZANNE, financier.
SAINVAL, 1er comique.
AIMÉE, 2e id.
DENIZOT, 2e id.
NAULÉON, convenances.

Mmes
VADÉ, 1er rôle.
DEVÉLIA, jeune première.
BROUX, ingénuités.
GEORGINA, soubrette.
C. VADÉ, ingénuité.
CHAUVET, 2e amoureuse.
JOBEY, duègne.

Le meilleur artiste de cette troupe était le ténor Espinasse. Les notes élevées de ce chanteur étaient peut-être un peu faibles, mais il avait un médium superbe. Il possédait beaucoup d'expression et de sentiment et était excellent acteur. Malheureusement il n'avait été engagé qu'on représentation et fut forcé de partir en février.

Huner vint le remplacer et fut revu avec plaisir.

Mᵐᵉ Scott ne réussit pas et fit place à Mᵐᵉ Koska, une jeune débutante, qui promettait beaucoup. La chanteuse légère, Mˡˡᵉ Delille, était douée d'une très jolie voix secondée par un talent sûr de lui-même.

Haydée fut jouée le 4 mars 1849 et, malgré une interprétation assez médiocre, remporta un certain succès. La ville entra pour 1,300 francs dans la confection des décors neufs.

Le *Val-d'Andore*, représenté le 28 août de la même année, fut accueilli avec une extrême froideur. Cet opéra comique d'Halévy vaut pourtant mille fois mieux que l'œuvre hybride de M. Auber.

Le même mois, une pièce bourrée d'allusions politiques : *La Foire aux Idées*, que la situation rendait d'autant plus brûlantes, fut accueillie par de vifs sifflets et de bruyants applaudissements.

Le lendemain de la représentation, le Maire fit afficher une proclamation dans laquelle il recommandait le calme à ses concitoyens. Le soir de la seconde, un piquet d'infanterie se tint en permanence sous le péristyle, mais tout se passa tranquillement.

Le 21 Juin 1849, fut jouée la *Jérusalem*, de Verdi. Duprez, alors en tournée, fit le succès de cette pièce dont les autres rôles étaient tenus par des élèves du célèbre ténor, qui joua aussi *La Juive*, la *Favorite* et le *Barbier*. Le rôle de Rosine était chanté par une toute jeune fille, qui donnait déjà plus que de brillantes promesses : Mlle Miolan. La future créatrice de Marguerite chanta aussi, toujours avec Duprez, *Lucie de Lammermoor*.

A une représentation d'*Othello*, Mme Delille, qui n'avait pas eu le temps d'apprendre son rôle, fut autorisée par la municipalité à chanter partition en main. Domange remplissait le rôle d'Othello, où il se montra admirable comme chanteur et comme comédien.

Au mois de juillet, les musiciens n'étant pas payés refusèrent de jouer. C'était au moment des représentations de Duprez et de Mlle Miolan. Tallier donna sa démission. Mais un arrangement se fit avec les artistes, et Duprez put achever ses représentations.

Au mois d'août, Rachel vint jouer *Phèdre*, *Andromaque* et le *Moineau de Lesbie*.

Dans le courant de cette saison, l'Alboni se fit entendre dans un concert. Mmes Persiani, Térésa Millanollo, Julian, Elisa Masson, les ténors Domange et Bettini vinrent en représentations.

Lemonnier fut nommé de nouveau directeur, pour la campagne 1849-1850, des artistes réunis en société.

La subvention de 38,000 fr. était affectée au paiement partiel des premiers sujets de l'opéra et des artistes de l'orchestre, au traitement de différents employés, aux frais de chauffage et à la moitié de ceux d'éclairage.

SAISON 1849-1850

LEMONNIER, DIRECTEUR-GÉRANT

SOLIÉ, chef d'orchestre.
CHUQUET, régisseur général.

Opéra

MM.

CHENET, fort ténor.
LAGET, ténor léger.
BOUCHER, 2e ténor.
RAYNAL, baryton.
BONNASSEUR, 1re basse.
LACROIX, 2e basse.
St. ALBE, trial.
CRAMOISAN, laruette.

Mmes

LAGET, forte chanteuse.
BOUZIGUES, chanteuse légère.
ESME, dugazon.
PELLERIN, 2e dugazon.
JOBEY, duègne.

Danse

PROVOST, 1re danseuse.
CAPELLE, 2e danseuse.

Comédie

MM.

ROCHE, 1er rôle.
LEMONNIER, père noble.
ANDRÉ, jeune premier.
SANDRÉ, 1er amoureux.
ADRIEN, 2e amoureux.
MORIN, 3e rôle.
OZANNE, financier.
ANNÉE, comique.
XAVIER, convenances.

Mmes

DUFOSSÉ, grand 1er rôle.
DESGRANGES, jeune 1re.
BONNARD, ingénuité.
GEORGINA, soubrette.
DANGREMONT travestis.
RICHER, 2e amoureuse.
THÉNARD, duègne.

Les débuts furent très mouvementés. Le fort ténor tomba et fut remplacé par Ollard. Mme Bousigues, une ancienne connaissance, fut reçue, mais dans la suite trouva souvent une vive opposition parmi les auditeurs. Les deux meilleurs artistes de la troupe d'opéra étaient le ténor léger Laget et le baryton Raynal.

La saison fut assez terne. En fait de pièces nouvelles pour Nantes, on joua le *Caïd*, *Maria Padilla*, de Donizetti, *François le Champi*, *Gabrielle*, *Charlotte Corday*, le *Juif-Errant*, la *Biche aux Bois*.

Artistes en représentation : Anna Thillon, la créatrice des *Diamants de la Couronne*, et ancienne pensionnaire de Graslin, Mmes Sara, Julienne, Widmann et 48 danseuses viennoises qui firent courir tout Nantes.

*
* *

Lemonnier conserva la gérance de la Société des artistes qui, grâce à ce moyen d'exploitation, touchaient des appointements fort minimes. Les charges de l'entreprise furent allégées. Le théâtre n'ouvrit que le 15 juillet avec la comédie. L'opéra ne commençait que le 2 novembre.

SAISON 1850-1851

LEMONNIER, DIRECTEUR-GÉRANT.
SOLIÉ, chef d'orchestre.
GUÉRIN, régisseur.

Opéra

MM.
HELLOT, fort ténor.
BONAMY, ténor léger.
PETIT, deuxième ténor.
MARCHOT, première basse.
RIVIÈRE, baryton.
NESME, deuxième basse.
DERVILLE, trial.
CRAMOISAN, laruette.
RICHARD, troisième ténor.

Mmes
HALDER, forte chanteuse.
LOIRON, première chanteuse.
LESPINASSE, dugazon.
PELLETIT, deuxième dugazon.
GENEVOISE, duègne.
VOBAN, id.

Comédie

MM.
ROCHE, premier rôle.
FAILLE, jeune premier.
RENÉ, fort second.
GUILLEMIN, 2e amoureux.
COSSARD, financier.
SAURVAL, premier comique.
XAVIER, convenances.

Mmes
DUFOSSÉ, premier rôle.
VICTORIA, jeune première.
JULIE, jeune première.
ORVILLE, 2e amoureuse.
TRENON, duègne.
DACOSTE, utilité.

La troupe présentée était assez faible, mais les débuts se chargèrent de la rendre meilleure. Le ténor, le baryton, la forte chanteuse et la dugazon échouèrent. Après quatre essais infructueux on trouva dans Banche un bon ténor. Un baryton remarquable Flachat vint remplacer Rivière. Mlle Blaes, une dugazon fine et enjouée, qui devint bientôt l'enfant gâtée des Nantais, et Mme Paola, une chanteuse inexpérimentée, mais douée d'une voix superbe, succédèrent à Mmes Lespinasse et Halder. Enfin, Mme Voiron, une vocaliste des plus brillantes, apportait l'appoint de son talent dans la troupe ainsi reconstituée.

Dans le personnel de la comédie, un nom doit attirer notre attention : celui de Mlle Victoria, qui tint plusieurs années, avec un réel talent, l'emploi de jeune première. Cette artiste était très appréciée.

Mais cette reconstitution ne s'était pas accomplie sans peine et sans tapage. Le 12 octobre, le maire, mécontent de Lemonnier, qui ne se pressait pas de compléter sa troupe, le fit révoquer par le Préfet. On nomma à sa place le régisseur Guérin. Lemonnier réclama auprès du ministre, disant qu'il était dans les délais pour remplacer les artistes tombés et que, n'étant qu'administrateur, la Ville avait fixé un maximum d'appointements qu'il ne pouvait dépasser. Lemonnier protesta vainement, et la campagne s'acheva sous la direction de Guérin.

Le *Songe d'une Nuit d'Été*, joué le 15 mars 1851, ne remporta qu'un succès relatif. L'interprétation de cet opéra était pourtant tout à fait supérieure. Mlle Voiron roucoula d'une façon merveilleuse le rôle d'Elisabeth. Bonamy était très bien dans Shakespeare. Mlle Blaës et Marchot étaient parfaits eux aussi.

Quelque temps après notre illustre concitoyen Bataille joua l'opéra de Thomas et y remporta un immense triomphe. C'était la première fois qu'il venait, comme chanteur, dans sa ville natale. Il fut heureux et fier du succès qu'on lui fit. Nantes donna un démenti au proverbe : *Nul n'est prophète dans son pays.*

Je ne puis laisser passer le nom de Ch. Bataille sans consacrer à cet éminent artiste, l'une des gloires de la scène française, quelques lignes dans cet ouvrage qui contient l'histoire du théâtre de la ville où il a vu le jour.

Bataille naquit en 1822. Son père était un médecin accoucheur très estimé. Tout jeune, son fils fut destiné à lui succéder. Le futur créateur de Pierre le Grand commença donc l'étude de la médecine. Il fut reçu interne au concours de Nantes et passa ses quatre premiers examens du doctorat. Bon nombre de nos concitoyens, qui connurent Bataille à cette époque, conservèrent avec lui les meilleurs rapports. Mais la médecine n'était pas l'affaire du jeune homme. Le théâtre l'attirait irrésistiblement. Il entra donc au Conservatoire pour en sortir avec tous les prix. Mais je n'ai point l'intention de retracer ici en détails la carrière glorieuse de Battaille. Elle est assez connue.

Battaille fut, dans toute l'acception du mot, un grand artiste. Son éducation le mettait bien au-dessus de la généralité des gens de son métier; aussi, à la chute de l'Empire, il fut appelé à remplir les fonctions de sous-préfet à Ancenis. Dans ce nouvel emploi, qu'il tint avec un tact et une habileté rares, il prouva que ceux qui avaient poussé des cris à sa nomination avaient eu tort. Ecrivain distingué, il présenta plusieurs écrits théoriques à l'Académie des Sciences, qui leur fit le meilleur accueil.

Charles Battaille mourut en 1872. Nantes peut être fière de compter parmi ses enfants cet homme de cœur, cet incomparable artiste.

Deux Nantais, au début de leur carrière, firent jouer à Graslin deux petites pièces qui remportèrent un vif succès : Hignard, *Les Fiancés Bretons*, et Jules Verne, *Les Pailles rompues*, une délicieuse comédie qui ne laissait point pressentir l'auteur des *Voyages extraordinaires*. *La Chanteuse voilée*, *Giralda*, *Les Monténégrins*, *La Jeunesse des Mousquetaires*, *Monte-Christo*, *La Fille bien gardée*, enfin le *Courrier de Lyon*, dans lequel Roche joua d'une façon remarquable le double rôle de Dubosc et de Lesurques, furent les autres nouveautés de cette saison. On eut aussi l'occasion d'applaudir les artistes suivants en représentation : Mlle Masson, le ténor Dulaurens, alors au Conservatoire, Ernst,

Thalberg, Lepeintre, Bardon, Kelun, Laferrière, Ferville, enfin Mme. Montenegro, une chanteuse italienne de talent qui vint chanter *Norma* à la fin de la saison.

XX

DIRECTIONS : GUÉRIN. — CLEMENT DEFRENNE. — ROLAND

1851-1857

A municipalité, satisfaite de M. Guérin, le conserva à la tête de Graslin. La subvention, primitivement fixée à 35,000 francs, fut augmentée de 10,000 francs à la suite des événements du 2 décembre, qui firent traverser au théâtre une crise inquiétante.

SAISON 1851-1852

GUÉRIN, DIRECTEUR.
SOLIÉ, chef d'orchestre.

Opéra

MM.
DULUC, fort ténor.
ALTAIRAC, ténor léger.
LEGRAND, 2° ténor léger.
METZLER, massol.
OSWALD, baryton.
MARCHOT, 1'° basse-chantante.
LEFORT, 1'° basse-comique.
MARCHAND, laruette.
BELNIE, trial.

Mmes
PAOLA, forte chanteuse.
VOIRON, chanteuse légère.
FABERT, mère-dugazon.
BLAES, dugazon.
GAUTROT, 2ᵉ dugazon.
JOBEY, duègne.

Comédie

MM.
ROCHE, 1er rôle.
FAILLE, jeune 1er.
LEFORT, financier
DEVAUX, id.

FABERT, fort jeune 1er.
RICHARD, 3e rôle.
DERVILLE, 1er comique.
ANNER, 2e id.
MAIRE, grande utilité.

Mmes
MAILLET, 1er rôle.
VICTORIA, jeune 1re.
FABERT, coquette.
GAUTROT, ingénuité.
BOUDOIS, soubrette.
JULIEN, 2e amoureuse
JOBEY, duègne.

Le ténor Duluc, très apprécié jadis à Nantes, ne trouva pas grâce devant le scrutin. La généralité du public lui avait fait cependant le meilleur accueil. Il fut remplacé par Laborde. Mlle Paola, applaudie pourtant l'année passée, eut le même sort que Duluc. Mmes Cault et Gueudy lui succédèrent sans succès. Enfin Mme Stransky fut admise. Mlle Voiron, dont le délicieux organe pur, souple et velouté, se prêtait si bien aux fioritures du chant léger, Mlle Blaës, le ténor léger Altairac qui était excellent, le baryton Oswald et la basse Marchot, formaient une belle réunion d'artistes.

La saison, malgré cela, fut languissante. La situation politique détournait du théâtre tous les esprits.

Guérin fit une heureuse incursion dans le vieux répertoire. On réentendit avec un vif plaisir : *le Petit Chaperon Rouge*, de Boieldieu, *Gulistan*, de Dalayrac, *le Tableau parlant*, de Grétry, enfin *Aline, reine de Golconde*, de Berton, opéra par lequel le Grand-Théâtre avait fait sa réouverture en 1813.

En fait de nouveautés, le théâtre représenta : *la Perle du Brésil, les Porcherons, la Dame aux Camélias, Mlle de la Seiglière, la Poupée de Nuremberg, la Petite Fadette, le Chapeau de Paille d'Italie, Benvenuto Cellini, Salvator Rosa*. Ces deux dernières pièces furent jouées avec le concours de Mélingue. Le célèbre acteur remporta un très grand succès. A la dernière de *Benvenuto*, on tira une tombola composée de six statuettes d'Hébé. On sait que Mélingue, doué d'un beau talent de sculpteur, modelait en quelques minutes une statue dans le drame de *Benvenuto*.

Levasseur se fit entendre et applaudir à outrance dans *Robert, la Juive* et *les Huguenots*. Les autres artistes en représentation furent Hermann-Léon, Vigier, Grassot, Arnal et Mlle Duprez.

Le 15 août 1852, une représentation de gala fut donnée en l'honneur du prince Jérôme Napoléon, président du Sénat. La salle était comble et montra beaucoup d'enthousiasme. La foule insouciante avait déjà oublié les massacres de Décembre.

On répara, cette année-là, la façade principale du Grand-Théâtre et les retours sur les rues Corneille et Molière. Les dépenses de cette restauration s'élevèrent à 10,000 francs.

*

Le Conseil municipal maintint la subvention à 35,000 francs, et Guérin conserva la direction.

SAISON 1852-53

GUÉRIN, DIRECTEUR
SOLIÉ, chef d'orchestre.

BROCHARD, 2e dugazon.
JOBEY, duègne.

Opéra

MM.
DEMEURE, fort ténor.
LASSINE, ténor léger.
LETTRAYE, 2e ténor léger.
PROUVIER, 1re basse.
VANLAIR, baryton.
BERRY, 2e basse.
CHAMBERY, trial.
PERRON, laruette.

Mmes
CHAMBON, forte chanteuse.
ZULÉMA, chanteuse légère.
CHOIMET, 1re dugazon.

Comédie

MM.
ROCHE, 1er rôle.
FABERT, jeune premier.
LEBLANC, fort second.
DEVAUX, financier.
LEMAIRE, comique.
TONY, convenance.

Mmes
VALERY, 1er rôle.
VICTORIA, jeune première.
HAGIOS, ingénuité.
BLONDEL, id.
BROCHARD, 2e amoureuse.
BERRY, soubrette.

Les débuts décimèrent cette troupe. Les soirées furent très orageuses, les spectateurs ne sifflaient pas, — l'arrêté de la mairie interdisait l'usage des clefs, — mais ils riaient, causaient à haute voix et frappaient des pieds. Le 25 octobre, le préfet prit l'arrêté suivant :

Article premier. — Le Théâtre de Nantes est fermé provisoirement.

Art. 2. — M. Guérin, directeur, est mis en demeure de procéder, dans le plus bref délai possible, à la formation d'une nouvelle troupe en tous genres. Les artistes précédemment engagés ne seront admis à faire partie de la nouvelle troupe qu'après avoir reçu l'assentiment préalable de l'autorité.

Art. 3. — M. le Maire de Nantes est chargé de l'exécution du présent arrêté.

Le Préfet,
E. DE MANTOUE.

Guérin s'empressa de reconstituer une nouvelle troupe, et le théâtre rouvrit le 6 novembre.

MM. Lapierre, fort ténor ; Bousquet, ténor léger ; Flachat, baryton ; Béchers, basse ; Saint-Denis, basse chantante. — Karl, premier comique. Mmes Hillen, chanteuse légère ; de Courseilles, dugazon ; Choimet, 2e dugazon, furent immédiatement reçus.

Madame Hillen était une ravissante chanteuse légère. Elle a laissé à Nantes d'inoubliables souvenirs. Flachat, déjà connu, retrouva tout son succès. Les autres artistes étaient d'une bonne moyenne.

Si j'étais Roi, qui remporta un succès des plus vifs ; *Galathée*, *Diane*, d'Emile Augier, le *Père Gaillard*, la *Case de l'oncle Tom*, furent les nouveautés de l'année.

Bataille se fit applaudir avec frénésie dans le *Val d'Andore* et le *Songe d'une nuit d'été*. Rachel vint jouer *Adrienne Lecouvreur* et *Lady Tartuffe*. Fleury de l'Opéra, et Vieuxtemps, complétèrent la série des artistes en représentation.

Mangin fonda cette année le *Théâtre*, feuille de spectacle dont l'existence fut assez éphémère.

L'administration municipale, prise d'un beau mouvement de générosité, proposa au Conseil d'élever la subvention au chiffre de 50,000 francs. La discussion fut vive, mais enfin la victoire resta au bon sens. La subvention proposée fut votée et le système des artistes en société fut de nouveau remis en vigueur.

La subvention était ainsi affectée :

24,000 fr. pour assurer aux premiers sujets un minimum d'appointements convenables.
6,000 pour l'entretien et la confection des décors.
8,000 pour l'orchestre.
4,000 éclairage.
2,000 chauffage.
6,000 appointements à divers employés.
─────
50,000 fr.

Le Théâtre devait ouvrir le 2 mai, il fermait ensuite pour rouvrir définitivement le 15 août. Guérin fut renommé directeur.

SAISON 1853-54

GUÉRIN, DIRECTEUR
SOLIÉ, chef d'orchestre.

Opéra

MM.
PHILIPPE, fort ténor.
BINEAU, ténor léger.
DESIRÉ, 2e ténor.
FLACHAT, baryton.
FILLIOL, 1re basse.
BERRY, 2e basse.
LÉON, trial.
CRAMOISAN, laruette.

Mmes
LUGUET, forte chanteuse.
LASSENNE, chanteuse légère.
GAULTROT, 2e chanteuse.
MARCHAND, dugazon.
FLACHAT, 2e dugazon.
LUGUET, duègne.

Ballet

M. HUS, maître de ballet.

Mmes
DELAHAYE, 1re danseuse.
DEMOUCHY, 2e danseuse.

Comédie

MM.
ROCHE, premier rôle.
RIBES, jeune premier.
DEVAUT, financier.
BERRY, 2e rôle.
RICHARD, 3e rôle.
FABERT, premier amoureux.
MARECHAL, 2e amoureux.
LÉON, premier comique.
MARCHAND, 2e comique.
LAMBERT, convenances.

Mmes
DALLOCA, premier rôle.
GAUTROT, coquette.
A. GAUTROT, jeune premier.
GAUSE, 2e amoureux.
FROMENT, soubrette.

Les débuts furent défavorables à Philippe, Filliol et Léon, ainsi qu'à Madame Luguet. Ces artistes furent remplacés par Duprat, ténor ; Taste, basse ; Belnie, trial, et Madame Cambier, forte chanteuse.

Ainsi remaniée, la troupe se trouva être de premier ordre. Duprat était un superbe ténor à la voix claire, juste, sympathique. Madame Cambier était douée d'un très bel organe et possédait en outre un réel talent de comédienne. Mlle Lassenne avait une voix délicate et frêle, mais charmante, enfin Bineau et Flachat ne doivent pas être oubliés non plus.

Le grand événement artistique de la saison fut la première du *Prophète* (31 janvier 1854). Au dire de certaines personnes, cet opéra ne devait jamais être représenté à Nantes. Les difficultés de la mise en scène avaient déjà arrêté plusieurs directeurs. Guérin, plus courageux, n'hésita pas et monta le chef-d'œuvre de Meyerbeer ; il eut raison, car le succès fut immense et incontesté. Quelques spectateurs pourtant se plaignirent de ne pas trouver assez de morceaux chantants dans cette partition ! ! ! Toujours la même rengaine ! Quoi qu'il en soit, le *Prophète* enthousiasma le public pendant 17 représentations. L'interprétation était supérieure, Duprat et Madame Cambier (Jean et Fidès) méritèrent des éloges unanimes. Mlle Lassenne, Filliol, Taste, Flachat et Bineau chantèrent les autres rôles à la satisfaction générale. La mise en scène était superbe et fit beaucoup d'effet. Malheureusement le lever du soleil rata le premier soir. Les cinq décors neufs étaient l'œuvre de MM. Crémion et Séchan. Ils coûtèrent 7,168 fr. 64 cent.

Deux cents costumes nouveaux furent aussi confectionnés.

Le lundi 15 mai 1854, un grand concert fut donné au théâtre à l'occasion de l'ouverture du Musée de Feltre. Bataille, Roger, le violoniste Alard, Vanden-Heuvel, Mmes Cabel et Dulken prêtaient leurs concours à cette intéressante cérémonie artistique dans laquelle on exécuta, entre autres morceaux, des compositions du comte de Feltre. Deux critiques parisiens, Florentino et Escudier, vinrent à Nantes pour cette solennité.

Les Noces de Jeannette (15 novembre 1854) remportèrent un vif succès. L'opéra de Massé fut délicieusement interprété par Flachat et Mlle Lassenne. « La voix sympathique de l'un, les trilles, les fioritures, les gammes chromatiques et les roulades de l'autre firent merveille » dit le *Breton*. On joua aussi *Raymond*, un méchant opéra de M. Thomas ; *Colin-Maillard*, petit opéra comique dû à la collaboration de nos concitoyens Hignard et Verne ; l'*Honneur et l'argent*, le *Fils de famille*, *Philiberte*, *Diane de Lys*, les *Filles de Marbre*.

Elisa Masson vint jouer deux fois le *Prophète* et produisit dans le rôle de Fidès une profonde impression. Artistes en représentation : Déjazet, Achard, Levassor, Mlle Luther ; enfin une troupe de Chinois jongleurs.

A l'une des représentations de ces acrobates exotiques, une dame, placée aux secondes de face, s'élança dans la salle après avoir compté : une, deux... Elle tomba sur le bord de la galerie des fauteuils sans se faire grand mal. Reconduite chez elle, elle n'expliqua pas les motifs de cet acte de folie.

Un soir on joua le *Prophète* et *l'Honneur et l'argent*. Le spectacle commença à 6 heures.

A cette époque, la critique musicale se montrait justement sévère. Les artistes n'étaient pas ménagés lorsqu'ils ne le méritaient pas et la presse leur disait carrément la vérité. Que diraient les chanteurs d'aujourd'hui si tous les journaux se montraient aussi raides qu'autrefois ? Pourtant la critique dépassait parfois les bornes. Voici un extrait d'un article de M. Olivier Merson, paru dans l'*Union Bretonne*. Je le donne non comme un exemple, mais simplement comme un échantillon du ton que certains journaux prenaient dans leur feuilleton théâtral :

« C'est comme cette horrible Madame Lapie ! Ah ! personne n'avait donc de clef pour siffler cette affreuse Madame Lapie ! Ce n'est plus de la baraque, ce n'est plus de la foire, ce n'est plus de la farce, que cette abominable Madame Lapie ! c'est une difformité comique en tout point semblable au diable ébouriffé qui sort d'une tabatière en corne. Et dire que ce diable ébouriffé a montré son goinfre envermillonné et que le public n'a pas eu un seul sifflet pour la faire rentrer dans sa tabatière de corne !

Ces choses-là, M. Guérin, quand on les a, c'est à coup sûr un malheur, mais précisément à cause de cela, il faut des précautions pour ne les produire qu'à bon escient. A l'avenir, regardez donc à deux fois avant d'ouvrir la tabatière de corne qui recèle dans ses flancs le diable ébouriffé que je vous signale, et personne, vraiment, ne se plaindra de votre réserve à cet égard. »

C'était dur, pour ne pas dire plus, surtout s'adressant à une femme. Mais, sans employer un style pareil, ne pourrait-on revenir, envers le directeur et les artistes, à une critique sévère tout en restant juste? La presse politique, depuis quelques années, est vraiment trop douce. D'un autre côté, les spectateurs d'aujourd'hui, — fils dégénérés de pères que des compagnies de ligne, baïonnette au fusil, étaient obligées de faire sortir du théâtre, — ne se passionnent plus pour les questions artistiques. Aussi qu'arrive-t-il ? C'est qu'on voit paraître et rester sur la première scène de Nantes, des cabotins dont Carcassonne ne voudrait pas. Si la critique voulait se montrer un peu plus dure, cet état de choses cesserait bientôt.

Le directeur nommé pour la campagne 1854-55 fut M. Clément. La subvention resta fixée à 50,000 francs.

SAISON 1854-55

CLÉMENT, DIRECTEUR
SOLIÉ, chef d'orchestre.

Opéra

MM.
DE LA CHAUSSÉE, fort ténor.
JULES, ténor léger.
MATHIEU, 2e ténor.
VINCENT, baryton.
VALET, première basse.
GODECAUHY, basse comique.
DUFOUR, 2e basse.
BERNONVILLE, laruette.
DAIRE, trial.

Mmes
BERNONVILLE, forte chant.
EICHFELD, chanteuse légère.
DE LA CHAUSSÉE, 2e chant.
DUBARRY, dugazon.
SIMON, duègne.

Comédie

MM.
ROCHE, 1er rôle.
COULOMBIER, fort jeune 1er.
DUFOUR, 2e rôle.
J. ROCHE, 1er amoureux.
LAVAL, 2e amoureux.
MORIZE, grande utilité.
PERROT, financier.
DAIRE, 1er comique.
MARIDO, 2e comique.

Mmes
DAMOUREAU, 1er rôle.
LAURETTI, jeune premier.
SIMON, mère noble.
VALENCE, grande coquette.
OLYMPE, jeune première.
ADORCY, ingénuité.
LAVAL, 2e amoureux.
JOBEY, duègne.

Un nouvel arrêté concernant les débuts fut promulgué au commencement de la saison. En voici le résumé : Un mois après l'ouverture de la campagne, tous les artistes à emploi étaient soumis à l'épreuve du scrutin. Les abonnés à l'année seuls votaient. Un bulletin imprimé portant le nom des artistes à juger était donné aux votants. Il suffisait de barrer le nom pour le rejet. Le vote, personnel et secret, était à la majorité des suffrages. Quel que fût le nombre des votants, le scrutin durait une heure dans le local et au jour fixé par la mairie. Tout artiste tombé devait être remplacé dans les quinze jours. Pendant les débuts, toute manifestation d'improbation était rigoureusement interdite.

Un autre arrêté du maire préposa une ouvreuse à chaque cabinet d'aisance. La taxe était fixée à 10 centimes. Pour l'ouverture, le gaz fut installé dans toutes les parties du théâtre. L'huile était encore employée sur la scène et à l'orchestre.

La troupe présentée par Clément était mauvaise ; aussi fut-elle vite décimée par les débuts qui congédièrent MM. de la Chaussée, Jules, Vincent, Godelaghy, Mathieu, Vallet, Coulombier, Daire ; Mmes Bernonville, Blohfeld, de la Chaussée. Ces artistes furent remplacés par les suivants, dont plusieurs étaient avantageusement connus : MM. Duprat, Anthiôme, ténor léger de beaucoup de talent ; Lyon, Graat, Céret. Après trois essais infructueux pour trouver une forte chanteuse, on eut recours à Élisa Masson, qui fut reçue avec des transports d'allégresse dans sa bonne ville de Nantes.

Au commencement de la saison, le comique Daire, refusé, causa un scandale qui devait se dénouer d'une manière fâcheuse pour lui, en police correctionnelle. Cet individu, trouvant dans le passage Pommeraye un banquier bien connu, M. Jules B***, le frappa brutalement au visage, croyant avoir affaire à M. Olivier Merson. Le comédien, s'étant aperçu de son erreur, se confondit en excuses, mais l'affaire ne devait pas en rester là. M. Merson, apprenant l'incident, se rendit à la conciergerie du théâtre et fit appeler Daire. « C'est moi, lui dit-il, qui suis M. Olivier Merson. » Aussitôt l'artiste donna au critique une chiquenaude. Merson riposta par un vigoureux soufflet. Le soir l'on dut changer le spectacle, Daire ne pouvant plus reparaître en public. La cause première de toute cette histoire était une critique, cette fois assez anodine, de M. Olivier Merson sur M. Daire. La presse entière protesta vigoureusement contre les prétentions des cabotins.

Cette campagne fut mauvaise au point de vue pécunier. Le 16 avril 1855, Clément se retira. Le soir on fit relâche. Mais l'orchestre ayant abandonné les 16 jours d'appointements qui lui étaient dûs, les artistes ayant promis de ne pas faire de saisie sur les recettes, enfin Elisa Masson, Duprat et Anthiome ayant consenti à faire la remise de plusieurs cachets, Clément consentit à reprendre ses fonctions. On affiona un spectacle, mais à 4 heures du soir le directeur envoya à la Mairie sa démission définitive et fit coller des bandes sur les affiches. La campagne n'avait plus que quinze jours à courir; les artistes la terminèrent. Cette année-là il n'y eut pas d'artistes en représentation et les nouveautés ne furent pas des plus intéressantes. On joua : *Madelon* de Bazin ; la *Promise*, de Clapisson; le *Billet de Marguerite*, de Gevaërt ; la *Crise* ; le *Cœur et la Dot*. Une grande féerie : les *Merveilles du Monde*, admirablement montée avec le matériel de Paris, obtint un vif succès.

* *

La gérance de la Société pour la campagne suivante fut confiée à M. Defresnes. La durée de l'année théâtrale était fixée à onze mois, dont neuf avec tous les genres.

SAISON 1855-56

DEFRESNE, DIRECTEUR-GÉRANT

SOLIÉ, chef d'orchestre.

Opéra

MM.
CAUBET, fort ténor.
CHALLART, ténor léger.
LEMAIRE, 2e ténor.
HOGUIER, massol.
MARTIN, baryton.
BALÉTRAUD, 1re basse.
PETIT, basse chantante.
BERRY, 2e id.
LUCAS, trial.
OUDINOT, laruette.

Mmes
FUIZARD, forte chanteuse.
ROZIES, chanteuse légère.
FAIGLE, 1re dugazon.
RIBAUCOURT, 2e dugazon.
PARONNE, 2e chanteuse.
PONCELET, mère dugazon.
JOBBY, duègne.

Comédie

MM.
BERNET, 1er rôle.
ROCHE, 2e rôle marqué.

ROGUIER, jeune premier.
DORVAL, fort jeune premier.
RAYNARD, 2e amoureux.
ALLAN, —
BERRY, 3e rôle.
FANOLLIER, financier.
LAZARDEUX, rôle de genre.
RAYNARD aîné, 1er comique.
GERVAIS, 2e comique.

Mmes
PONCELET, 1er rôle.
HARDY, jeune première.
DEHAY, mère noble.
JOBEY, caractères.
CÉCILE, amoureuse.
EUGÉNIE, 2e id.
DELPHINE, soubrette.
LUCIE, amoureuse.

ABONNEMENTS A L'ANNÉE :

Places non réservées : Hommes	200 fr.
— — Dames	160 fr.
Places réservées : Fauteuils et loges	30 fr.
— — Baignoires et orchestre	300 fr.
— — Loges de secondes	230 fr.

Cette troupe contenait quelques bons artistes. Le ténor Caubet possédait une grande et belle voix qu'il avait le talent de ne jamais forcer. Son triomphe était Eléazar de la *Juive*. Citons aussi le ténor léger Challart et le baryton Martin. Il y eut plusieurs chutes ; celles de Balétraud, Raynard, Dorval, Roguier, Oudinot, Mmes Fuizard et Faigle, qui furent remplacés par Bonnesseur, Thirard, Nardier et Mlle Blaës.

Mme Geismard vint comme forte chanteuse. Cette artiste possédait une jolie voix et un beau talent. Elle devait faire plus tard une courte apparition à l'Opéra. Elle revint ensuite se fixer à Nantes. Son mari, M. Ecarlat, tenait le cabinet de lecture situé rue Voltaire. Mme Geismard était fort estimée dans notre ville.

Régnier, alors dans toute sa gloire, vint donner des représentations sur cette scène de Graslin où il avait fait ses premières armes. Il remporta, dans le rôle de Noël, de la *Joie fait peur*, un succès sans précédent. Il joua aussi *Tartuffe*. A cette occasion, le maître de pension Boullaut lui adressa les vers suivants :

> *Nantes t'a vu commencer ta carrière,*
> *Elle applaudit à tes heureux essais,*
> *Pensant qu'un jour la maison de Molière*
> *Retentirait de tes brillants succès.*
> *Tu nous devais cette aimable visite*
> *Qui nous ramène, un instant, au bon goût.*
> *Mais cet instant disparaîtra bien vite,*
> *Le mauvais goût est aujourd'hui partout.*
> *Molière, hélas !... pour nous quel ridicule,*
> *Exilé de la scène, est dans... le vestibule !!!*

Le 11 septembre 1855, pour célébrer la prise de Sébastopol qu'on venait d'apprendre, l'orchestre joua, pendant l'entr'acte du deuxième acte de la *Juive*, le *God save the Queen* et l'air de la *Reine Hortense*.

Moïse obtint le 30 octobre 1855 un brillant succès. L'opéra de Rossini était bien chanté par Mme Geismard, Caubet, Bonnesseur et Martin. Chose étrange, la Prière, la seule page qui ait survécu, fut le morceau le moins applaudi de la soirée.

Le 26 mars 1856, l'*Etoile du Nord* parut à son tour, pour la première fois, sur l'affiche. L'exécution fut excellente du côté de l'orchestre et des chœurs, quant aux artistes, ils laissèrent à désirer. Un enrouement général affligeait les chanteurs. Les interprètes de cette œuvre hybride et endormante étaient MM. Bonnesseur, Martin, Challart, Nardier, Mmes Rozlès et Dubarry.

Pour ces deux opéras, des décors neufs furent brossés par M. Bernier.

Les spectacles monstres étaient toujours à la mode le dimanche. On donna un soir les *Trois Mousquetaires*, le *Chalet* et les *Deux Aveugles*. Le rideau se leva à cinq heures et demie, pour ne tomber définitivement qu'à deux heures moins un quart.

Les autres nouveautés offertes par Defresne, furent le *Demi-Monde*, le *Comte Hermann*, la *Reine Margot*, le *Bijou perdu*, le *Médecin des Enfants*, l'*Elisire d'Amore* avec Mme Persiani, les *Compagnons de la Marjolaine*, d'Hignard et Verne, enfin le *Monde*, drame inédit d'un autre de nos compatriotes, M. Tessier, aujourd'hui rédacteur de la *Lanterne* et directeur de son supplément littéraire. Cette œuvre d'un débutant fut très applaudie et l'auteur dut paraître deux fois sur la scène.

Les nombreux admirateurs de l'Alboni eurent le plaisir de l'entendre dans le *Barbier*, la *Favorite*, la *Fille du Régiment* et le *Prophète*. Dans les rôles si différents de ces opéras, la grande cantatrice fut admirable.

Mme Persiani se fit entendre dans un concert avec d'autres artistes italiens. Sivori et son violon magique, M. et Mme Taigny, du Vaudeville, Mélingue, enfin Céline Montaland, vinrent en représentations. Cette dernière, déjà célèbre, n'était âgée que de douze ans. Elle joua son fameux rôle de la *Fille bien gardée*, et, pour la première fois à Nantes, un vaudeville de V. Mangin : *Cerisette en prison*.

Roche fit, cette année, ses adieux au public qui l'applaudissait depuis trente et un ans sans se lasser.

Il donna une représentation de retraite et Mme Roche qui s'était retirée du théâtre depuis quelque temps, reparut sur la scène une dernière fois. Ces deux excellents artistes dont la carrière à Nantes avait été si brillante et si honorable, furent couverts de bouquets et de couronnes, justes témoignages de l'estime et de l'affection générales. Ils jouèrent une scène en vers de l'un de nos compatriotes, M. Puységur : *Un Souvenir de Défiance et Malice*. *Défiance et Malice* est une petite pièce dans laquelle Roche avait joué pour la première fois à Graslin en 1825.

Pendant cette saison, la ville fit établir deux calorifères au théâtre. La dépense s'éleva à 24,000 francs.

J'ai retrouvé dans les archives de la mairie, le chiffre des appointements de l'orchestre à cette époque. Ces appointements sont intéressants à connaître :

1836

1er Chef d'orchestre	450 fr. par mois
2e chef d'orchestre	140 fr. —
Répétiteur et 1er alto	120 fr. —
Violon solo	120 fr. —
1er violon	100 fr. —
2e violon	80 fr. —
2e alto	50 fr. —
1er violoncelle	100 fr. —
2e violoncelle	100 fr. —
3e violoncelle	90 fr. —
4e violoncelle	55 fr. —
1re contrebasse	65 fr. —
2e contrebasse	76 fr. —

3e contrebasse	50 fr.	par mois.
4e contrebasse	50 fr.	—
1re clarinette	120 fr.	—
2e clarinette	110 fr.	—
1er hautbois	120 fr.	—
2e hautbois	70 fr.	—
1re flûte	120 fr.	—
2e flûte	70 fr.	—
1er basson	100 fr.	—
2e basson	70 fr.	—
1er cor	110 fr.	—
2e cor	90 fr.	—
3e cor	70 fr.	—
4e cor	70 fr.	—
1er piston	120 fr.	—
2e piston	60 fr.	—
1er trombone	80 fr.	—
2e trombone	50 fr.	—
3e trombone	70 fr.	—
Ophicléide	50 fr.	—
Timbalier	70 fr.	—
Pianiste-organiste	115 fr.	—
Tambour	25 fr.	—

*
* *

Pour la première fois, la question de la gérance du théâtre par la ville fut posée au Conseil, lorqu'il s'agit du vote de la subvention. M. J.-B. Guilley, alors conseiller municipal, bien connu par son goût pour la musique et le théâtre, goût qu'il conserva jusqu'à l'âge le plus avancé, fit un rapport remarquable qu'il serait trop long de citer et dans lequel il proposait comme remède à la situation maladive où se trouvaient tous les théâtres, l'exploitation des scènes par la municipalité. Cette idée ne reçut pas un accueil favorable. Il fut décidé pourtant qu'il n'y aurait plus de société d'artistes mais bien un directeur responsable, avec 90,000 fr. de subvention. Cette somme de 90,000 fr. destinée à tenter les directeurs, était absolument illusoire, car voici comment la ville la répartissait.

En numéraire....................	50.000 fr.
Loyer gratuit de la salle estimé à...	30.000 fr.
Partitions, décors, costumes à.......	10.000 fr.
Total.........	90.000 fr.

L'allocation théâtrale était donc en réalité la même que les autres années.

Deux artistes de la troupe, Demortain, jeune premier et Bonnesseur, basse, postulèrent la direction. Demortain l'emporta, mais il ne devait pas demeurer longtemps à la tête du Grand-Théâtre.

Le 10 août 1856, il envoya sa démission à la municipalité. La chaleur était tellement forte que personne n'allait au théâtre : on était forcé de jouer devant les banquettes. La Ville se mit à la recherche d'un directeur. Elle finit par en trouver un en la personne de M. Roland-Saint-Léger, qui ne consentit d'ailleurs à venir que comme gérant d'une société d'artistes. Le théâtre n'ouvrit qu'en octobre.

SAISON 1856-57

ROLAND-SAINT-LÉGER, DIRECTEUR-GÉRANT	SOLIÉ, chef d'orchestre. EMMANUEL, régisseur.

Opéra	Comédie
MM.	MM.
TOBY-MASSET, fort ténor,	DELAFOSSE, 1er rôle,
SUJOL, ténor léger,	E. ROCHE, jeune premier,
CAZENAVE, 2e ténor léger,	PIETEZ, 1er amoureux,
CARLIER, baryton,	BEAUQUESNE, 2e comique
DOBBELS, basse noble,	CHEVAYE, 2e id,
SOTTO, basse chantante,	ERNEST, jeune comique,
HALY, 3e basse chantante,	ROSAMBEAU, 3e comique.
CHEVAYE, trial,	
BAUQUESNE, laruette.	
Mmes	Mmes
RENONVILLE, forte chanteuse,	TROY, 1er rôle,
NUMA-BLAINI, chant. légère,	ALBERT, mère noble,
DUCLOS, dugazon,	DEVAUX, ingénuité,
ROBERT, 2e id,	OCTAVIE, amoureuse,
JOBEY,) duègnes.	HERMANCE, coquette,
ALBERT,)	ROBERT, soubrette,
	JOBEY, duègne.

Cette saison fut terne et sans intérêt. Il y eut plusieurs chûtes : Carlier, Mmes Renonville, Dubois et Robert durent partir. M. Fernando, Mmes Rey-Santon enfin, Mlle Blaës à qui l'on finissait toujours par avoir recours, vinrent les remplacer. Le ténor léger Sujol était le père d'André Sujol que Nantes devait applaudir plus tard deux ans de suite, sous les directions Paravey. Il possédait les mêmes qualités que son fils et débuta comme lui dans le *Barbier*. Il chantait avec une grande aisance cette musique légère et vocalisait avec une facilité remarquable.

Dans un article sur le théâtre paru en 1856, M. Mangin se plaint du peu de variété du répertoire et du ressassement continuel de certains opéras entre autres de la *Favorite* qu'il juge : « une musique frippée et une œuvre chantante dont la popularité ne garantit nullement le mérite. » Toucher à la *Favo-*

rile en l'an de grâce 1856 !!! Décidément Mangin avait toutes les audaces.

On joua sous cette direction *Jaguarita l'Indienne*, la *Fanchonnette*, le *Fils de la Nuit*, qui fournit treize représentations, chose extraordinaire pour un drame, la *Joie de la Maison*, et enfin une pièce du cru : *Rue d'Orléans, N°...* dont l'auteur ne se fit pas connaître.

Déjazet, Grassot, Pérez, Mmes Araldi, Ravel, Aline Duval, le pianiste Prudent, Debureau, Darcier, Raphaël Félix, vinrent donner des représentations.

XXI

THÉATRE DES VARIÉTÉS

Place du Cirque

(1834-1859)

En 1834, s'éleva près du pont Sauvetout, sur l'emplacement d'une ancienne tour de l'enceinte de Nantes, un petit théâtre qui prit le nom de Salle des Variétés. Ce monument propre et coquet, était dû à l'architecte Chenantais.

Un certain Armand en prit la direction, mais le Maire lui refusa l'autorisation d'ouvrir cette seconde salle.

Après bien des démarches, cette difficulté fut aplanie, mais le nouveau théâtre ne commença ses représentations qu'en 1836. L'ouverture eut lieu le 23 mai. On joua un *Prologue* et un *Duel sous Richelieu*.

Pendant quelque temps la foule afflua aux Variétés, mais bientôt on ne joua guère, pendant l'hiver, que le dimanche. L'été, les représentations étaient plus suivies. Il y avait souvent des artistes de passage. On applaudissait aussi sur cette petite scène des gymnasiarques, des prestidigitateurs. Quelques concerts s'y donnaient encore de temps à autre.

En 1840, la seconde scène nantaise remporta un grand succès avec un drame fort bien monté : le *Naufrage de la Méduse.*

En 1842, Lemonnier prit la direction des Variétés. Il monta avec luxe les *Pilules du Diable*, et appela en représentation des artistes de valeur : Lepeintre, Achard, Ligier.

Pendant l'année 1844, Déjazet et le comique Vernet, des Variétés, vinrent donner une série de soirées. Grâce à ces deux artistes, la société élégante qui avait abandonné les Variétés, se décida à y revenir.

Ce renouveau ne dura pas et le petit théâtre retomba dans le marasme. Parfois la troupe de Graslin allait y jouer quelque gros mélo ou quelque vaudeville abracadabrant qu'on ne jugeait pas digne d'être représenté sur notre première scène.

Peu à peu les Variétés abandonnèrent le genre dramatique. Le propriétaire se contentait de louer la salle à des faiseurs de tours quelconques, à des lutteurs. Bientôt le cirque Pasquier s'y aménagea et les Variétés cessèrent d'être théâtre. Elles devaient être transformées plus tard en magasin de fer. Il y a quelques années, on voyait encore, lorsqu'on passait sur le pont Sauvetout, le dôme de cette petite scène s'arrondir au milieu d'un amas de vieilles maisons. Plus rien n'existe aujourd'hui de ce théâtre dont la vie fut assez courte.

CINQUIÈME PARTIE

Depuis la gestion du Grand-Théâtre par la Ville jusqu'à nos jours.
(1857-1892)

GRASLIN — RENAISSANCE — VARIÉTÉS

XXII

Charles SOLIÉ, DIRECTEUR-GÉRANT POUR LE COMPTE DE LA VILLE
(1857-1861)

Pour l'année 57-58, l'Administration choisit, comme directeur M. Vigny, mais dès le mois de juillet celui-ci démissionna. Le scrutin avait démoli presque toute la troupe qu'il avait réunie pour les mois d'été. La municipalité nomma alors l'ancien directeur du théâtre de Rouen, M. Plunkett, qui se démit quelques jours après. On s'adressa, en désespoir de cause, à Doligny, neveu de Talma, qui avait été applaudi comme 1er comique sous la direction Bousigues. Mais comme il demandait une avance sur la subvention pour former sa troupe, les pourparlers engagés furent bientôt rompus.

La situation commençait à devenir grave et la future saison paraissait bien compromise. La Ville, très ennuyée, demandait à cor et à cri, chez tous les correspondants, un directeur. Celui-ci demeurait introuvable. Personne ne voulait plus se risquer à venir à Nantes. Les chutes continuelles effrayaient tellement les artistes qu'ils refusaient de faire partie, à n'importe quelle condition, de la troupe de Graslin. Les correspondants consultés, exigeaient pour fournir un directeur un remaniement entier du cahier des charges, la suppression des débuts, pas de nombre limité pour les choristes, et le maintien assuré de la subvention à 50,000 francs. Pendant tous ces pourparlers, le temps avait passé et la fin de septembre arriva sans qu'une décision ait été prise.

Enfin l'Administration se décida à réunir le conseil pour lui exposer la situation sans issue dans laquelle on se débattait. M. Guilley, le partisan le plus décidé de la gestion du théâtre, soutint avec énergie et éloquence son projet favori et fut assez heureux pour le faire adopter. Charles Solié fut nommé administrateur. Nantes était la première ville à essayer ce système. Nous verrons tout à l'heure les résultats qu'il donna.

Restait à former une troupe ; ce n'était pas le plus facile, vu l'époque avancée de l'année.

Enfin, après bien des difficultés, Solié y arriva, mais le théâtre ne fut prêt à ouvrir que le 31 octobre.

SAISON 1857-58

MM.
SOLIÉ, administrateur et chef d'orchestre.
GAUBERT, régisseur.

Opéra

MM.
DUPRAT, fort ténor.
BETOUT, ténor léger.
BERNARD, id.
GERARD, 3e id.
OSMOND, baryton.
GAYRAL, 1re basse.
CARON, basse chantante.
LAVERGNE, 2e id.
YLON, 3e id.
JOLLY, trial.
COLLINET, laruette.

Mmes
STRANSKI, forte chant..
HILLEN, chant. légère.
VIE, jeune chanteuse.

GONTHIER, 2e dugazon.
JOBEY, duègne.

Comédie

MM.
ROGER, premier rôle.
MARCELLIN, jeune 1er.
KRAUSS, 1er amoureux.
MAURICE, 2e id.
JOLLY, 1er comique.
THAIS, 2e id.
COLLINET, com. marqué.
THOMAS, comique grime.
ROBERT, 3e rôle.

Mmes
AUMONT, grand 1er rôle.
REYNES, jeune première.
GONTHIER, ingénuité.
PASSARIEUX, amoureuse.
BERGER, coquette.
BOUDOIS, soubrette.
JOBEY, duègne.

PRIX DES PLACES :

Premières loges, Fauteuils, Baignoires : 5 fr. — Deuxièmes Loges, Stalles : 4 fr. 50 — Premières Galeries, Parquet, Deuxièmes de face : 3 fr. 50. — Parterre, Deuxièmes de côté : 2 fr. — Troisièmes : 1 fr. — Quatrièmes : 50 cent.

Pour que le scrutin fût valable, il fallait que la moitié des abonnés votât. Il y avait alors 150 abonnés, mais ils avaient fini par se désintéresser des scrutins. Aussi était-ce presque toujours la mairie qui prononçait le rejet ou l'admission des artistes.

Il y eut peu de chutes. Bétou et Bernard furent les seules victimes. Ils furent remplacés par MM. Carré et Danglès. La troupe était convenable. Mme

Hillen, que personne n'avait oubliée, retrouva son vif succès d'autrefois. Rosine, du *Barbier*, était toujours son triomphe. Après son départ de Nantes, cette excellente chanteuse fut engagée à l'Opéra.

Le 19 mars 1858, les *Dragons de Villars*, « le triomphe du cornet à piston, » comme les a appelés spirituellement M. Wilder, firent leur apparition sur la scène de Nantes. Cette platitude musicale, dont le seul mérite est de posséder un assez joli livret, eut un vif succès. Mme Hillen remporta dans le rôle de Rose Friquet un triomphe de comédienne et de cantatrice. Le ténor léger Carré était fort bon dans Sylvain.

On reprit *Robin des Bois* avec succès. Deux décors nouveaux, dont le prix s'éleva à 5,287 fr. 12 c., furent peints à cette occasion.

Cette année, Déjazet vint donner une représentation dont le produit devait être destiné à racheter du service le fils de Mme Beaugé, la souffleuse du Grand-Théâtre. Depuis bien longtemps, la charitable et grande artiste avait promis son concours à cette brave femme, qui était très aimée des artistes. Déjazet joua *Colombine* avec un grand succès, et la recette s'éleva à 2,629 fr. 30 c. Mais le fils Beaugé ayant été réformé pour cause d'obésité, sa mère employa l'argent de la représentation à l'achat d'une petite maison située chemin des Dervallières, à côté de l'auberge du *Repos de Jules César*. En souvenir de l'artiste, Mme Beaugé donna à sa minuscule maison de campagne le nom de *Villa-Déjazet*.

La saison de grand opéra se termina à la fin d'avril, mais l'opéra-comique et la comédie continuèrent pendant le mois de mai.

On joua pendant cette saison plusieurs comédies nouvelles : la *Fiammina*, le *Mari à la campagne*, la *Question d'argent*, le *Fils naturel*, *Dalila*.

Bataille, Lafontaine, Desclée, Lia Félix, les Zouaves, Ackermann vinrent en représentation.

SAISON 1858-59

MM.
SOLIÉ, administrateur et chef d'orchestre.
GAUBERT, régisseur.

Opéra

MM.
MIRAPELLI, fort ténor.
BOUVARD, ténor léger.
BOUSQUET, 2e id.
SOUSTELLI, 3e id.
VINCENT, baryton.
DELAROMBE, 1re basse.
VINCENT-CUQ, basse chantante.
LAVERGNE, 2e basse.
CHAPUIS, 3e basse.
CHARLES, trial.
GRAFETOT, laruette.

Mmes
BELLONI, forte chant.
BRIÈRE, chant. légère.
BLEAU, dugazon.
PERILIET, 2e dugazon.
FLEURY, id.
JOBEY, duègne.

Ballet

Mmes
MAURY, 1re danseuse.
BERTHOT, 2e danseuse.

Comédie

MM.
VEZIAN, premier rôle.
ALHAIZA, jeune premier.
BRELET, 1er amoureux.
P. ALHAIZA, 2e id.
BEJUY, 1er comique.
CHARLES, comique.
ERNEST, 2e comique.
BIRE, 3e rôle.
GRAFETOT, financiers.
SOUSTELLI, convenances.

Mmes
BLANCHARD, 1er rôle.
COLLIGNON, jeune 1re.
CHAPUIS, ingénuité.
FLEURY, soubrette.
BERGER, coquette.
GRAFETOT, soubrette.
DUVAL, mère noble.
JOBEY, duègne.

Il y eut un assez grand nombre de chutes. Delarombe, Mmes Belloni, Maury et Berthot tombèrent et furent remplacés par M. Périlié, Mmes Hilaire et Betton. Mme Maury resta comme seconde danseuse.

Mme Brière-Fauré était une chanteuse légère qui

ne manquait pas de talent. Elle avait beaucoup de partisans et aussi des ennemis assez nombreux. Des bravos entremêlés de sifflets ne manquaient jamais de saluer ses apparitions. L'*Union Bretonne* se faisait surtout remarquer par l'âpreté de ses critiques. Enervée, Mme Brière résilia le 23 octobre. Lors de sa dernière représentation, les artistes de l'orchestre, qui l'avaient en haute estime, lui offrirent une couronne ornée d'une dédicace flatteuse, mais la municipalité empêcha de la lui donner en scène, pour ne pas contrarier l'opinion de certains habitués de Graslin. Cette interdiction nous semble avoir été un véritable abus de pouvoir. Pourquoi favoriser plutôt les ennemis de Mme Brière que ses nombreux partisans ? Mystère et coulisses.

Mme Brière-Fauré fut remplacée par une artiste qui, comme Elisa Masson, ne sera jamais oubliée à Nantes. Je veux parler de Mlle Lavoye, qui, très âgée aujourd'hui, habite encore notre ville. Mlle Lavoye avait jadis créé *Haydée*, à l'Opéra-Comique. C'était une femme très distinguée, une chanteuse de valeur, une musicienne accomplie. A l'époque où elle vint à Graslin, elle était sur son déclin; les notes élevées de sa voix étaient un peu fatiguées, mais le médium demeurait superbe. Comme actrice, elle était très correcte, mais cependant un peu froide. Mlle Lavoye obtint chez nous un vif succès. Elle sut bien vite se faire adorer du public.

Parmi les artistes d'opéra, il faut citer Mirapelli, assez bon ténor qui, malheureusement, avait le grave défaut de chevroter, et Bouvard.

Dans la troupe de comédie, signalons le nom de Béjuy. Cet excellent et fin comédien a laissé à Nantes le meilleur des souvenirs. Il était très jeune alors et ne faisait que débuter ; mais il avait déjà un réel talent. Il avait surtout étudié Régnier. Il ne pouvait choisir un meilleur modèle.

Cette année on monta les *Amours du Diable*, de Grisart. Cet opéra-féerie remporta un succès assez vif. On avait acheté pour 5,000 francs le matériel du théâtre de Lille.

Les autres nouveautés furent *Martha*, l'*Avocat Patelin*, la *Mode*, comédie de notre concitoyen M. Tessier, *Fanfan-la-Tulipe*, enfin *Télémaque et Calypso*, ballet-vaudeville-fantaisie en 4 tableaux. Cette pièce fort drôle, remplie d'une foule de bons mots, avait pour auteurs deux nantais, Auguste et François Polo, qui, plus tard, devaient fonder à Paris le journal *l'Eclipse*. Cette bouffonnerie forçait le rire et fut très applaudie.

L'anniversaire de la naissance de Molière était, suivant un vieil usage, toujours célébrée à Graslin. Cette année on lut, à cette occasion, une pièce de vers de A. Polo. Le passage suivant fut souligné par les bravos :

>Nous n'oublierons jamais, ô poète penseur,
>Qu'à Nantes tu parus, artiste voyageur !
>Ta gloire à son aurore étincelait à peine,
>C'était ton premier pas dans la brillante arène
>Dont tu sortis vainqueur ! Le marbre a conservé,
>Comme un évènement ce souvenir gravé ;
>C'est un feuillet obscur de ta sublime histoire
>Dont nous nous sentons fiers de garder la mémoire !

Pendant cette saison, l'Alboni vint jouer la *Favorite*. Elle se fit aussi entendre dans un concert.

La Ville acquit pour 6,628 fr. les décors des *Huguenots*, qui appartenaient à une tierce personne.

*_**

Les résultats financiers de la gérance par la Ville pour ces deux saisons n'avaient pas été des plus brillants. Je sais combien les chiffres sont fastidieux. Aussi me dispenserai-je de reproduire le rapport très détaillé de M. Guilley. Il suffira de savoir que, de l'avis même du rapporteur, promoteur de la gérance par la Ville, pendant ces deux campagnes,

Les dépenses totales avaient été de.. 661.253 fr.
Les recettes totales de.............. 468.518
Perte totale sur les deux campagnes. 193.735 fr.

En réalité, la perte n'était que de 95,735 francs, puisque la Ville aurait toujours donné pour chacune des campagnes 50,000 francs de subvention à un directeur responsable.

Mais, comme le faisait remarquer très judicieusement M. Guilley, tous les genres avaient été exploités pendant dix mois et l'on avait eu un ballet complet. L'honorable rapporteur concluait au maintien du système adopté, en réduisant la campagne à huit mois avec tous les genres, à deux mois de comédie et en remplaçant le ballet par un simple divertissement. Avec ces trois économies, il pensait qu'on arriverait à balancer la subvention.

L'affaire vint au Conseil municipal le 13 décembre 1858. La discussion fut chaude ; finalement M. Guilley fut vaincu. L'administration parvint à faire voter son projet d'une simple subvention de 60,000 fr., qui fut, après différentes observations, portée à 70,000 fr.

Ce vote produisit parmi les artistes, qui s'étaient trouvés fort bien de la gestion par la Ville, une profonde émotion. La troupe envoya au maire une lettre de regrets qui se terminait ainsi : « Si Nantes avait persisté, croyez-le bien, Monsieur le Maire, dix villes peut-être, l'an prochain, eussent suivi son généreux exemple, et l'expérience assurait alors la prospérité du système. Le vote du Conseil municipal, au contraire, marquera d'un temps sérieux d'arrêt la régénération du théâtre ; permettez aux soussignés de dire qu'à tous les titres ils doivent en déplorer les fâcheuses conséquences. »

Restait à trouver un directeur. Mais, comme deux ans avant, ou ceux qui s'offraient n'avaient pas le cautionnement de 10,000 fr. exigé, ou les entrepreneurs sérieux demandaient une subvention de 90,000 fr. Dans ces conditions, et sur le rapport de M. Chenantais, le Conseil municipal vota à l'unanimité, dans la séance du 20 janvier 1859, l'annulation de sa précédente délibération et la continuation de la gérance par la Ville. Ce jour-là, l'excellent M. Guilley se coucha heureux. Il triomphait sur toute la ligne. Les événements lui donnaient raison !

*
* *

SAISON 1859-1860

MM.
SOLIÉ, administrateur.
CLÉMENT, régisseur.

Mmes
BETTON, 1re danseuse.
GUICHARD, 2e danseuse.

Opéra

MM.
MIRAPELLI, fort ténor.
TANDEAU, ténor léger.
MARCELIN, 2e ténor.
SOUSTELLI, 3e ténor.
MAGNE, baryton.
PÉRILIÉ, basse profonde.
VINCENT CUQ, basse chantante.
LAVERGNE, 2e basse.
VANDELEN, 3e basse.
CHARLES, trial.
GRAFETOT, laruette.

Mmes
BORGHÈSE, forte chanteuse.
LAVOYE, chanteuse légère.
VIGNY, 2e chanteuse.
COURTOIS, 1re dugazon.
SERVIER, 2e —
JOBEY, duègne.

Ballet

M.
DOMINGIE, maître du ballet, 1er danseur.

Comédie

MM.
FOURRIER, 1er rôle.
LARMET, jeune premier.
ESTÈVE, 1er amoureux.
A. ROCHE, 2e id.
BOUCHET, 1er comique.
CHARLES, jeune comique.
ERNEST, 2e
GRAFETOT, grimes.
LAVERGNE, financier.
LUDOVIC, utilité.

Mmes
BLANCHARD, 1er rôle.
LARMET, jeune première.
BOUCHET, ingénuité.
SERVIER, soubrette.
DEVERMAND, coquette.
VIGNY, 2e coquette.
GRAFETOT, 2e amoureuse.
JOBEY, duègne.
DUVAL, mère noble.

Cette troupe offrait un assez bon ensemble. Nous avons déjà parlé de Mlle Lavoye et de Mirapelli; il nous reste à donner un souvenir à Mme Borghèse, excellente forte chanteuse, qui arrivait du Théâtre Lyrique, où elle avait créé les *Dragons de Villars*. Ses splendides notes graves rachetaient la faiblesse de son médium.

La basse chantante et le ténor léger ne furent pas heureux dans leurs débuts. MM. Filliol et Carré les remplacèrent.

Le commencement de la saison fut sans intérêt.

Solié s'endormait. De plus sa lésinerie, qui plus tard devait devenir proverbiale lorsqu'il prit la direction à son compte, se faisait jour déjà.

Graslin, ne sortit de cet état léthargique qu'à partir de la première représentation du *Pardon de Ploërmel*, donné le 28 février 1860. Le succès de cet opéra, le plus complet, le plus homogène de Meyerbeer, fut éclatant. Mlle Lavoye eut d'excellents moments ; elle chanta le rôle de Dinorah en virtuose accomplie. Malheureusement, comme comédienne, elle laissa fort à désirer. Le trial Charles trouva dans Corentin son meilleur rôle ; il y était absolument parfait. Le nom de cet artiste, qui fit longtemps partie des troupes de notre théâtre, restera attaché à sa création du *Pardon*, à Graslin. M. Charles était d'ailleurs très apprécié dans ses modestes fonctions de trial. Quand il prit sa retraite, il resta à Nantes, où il demeure encore. C'est le père de M. Abd'Allah-Charles, professeur de piano au Conservatoire de notre ville. Le baryton Magne interpréta le rôle d'Hoël d'une façon assez convenable. — Les décors neufs furent peints par M. Bernier. Ils étaient fort réussis et coûtèrent 5,386 fr. 20. Les journaux furent unanimes à louer l'œuvre de Meyerbeer. Cependant le *Phare*, par la plume d'Ev. Mangin, reprocha au compositeur d'avoir fait trop de science, notamment dans l'ouverture !!!!

Le jeudi 29 mars, les Nantais eurent le non-enviable avantage de faire connaissance avec le *Trouvère*, dont le livret énigmatique et la musique banale et *orgue barbaresque* n'eurent qu'un succès relatif. Mlle Lavoye chanta Léonor avec son talent et sa placidité habituelle. Mme Borghèse interpréta le rôle d'Azucéna en artiste de valeur. Manrique et Luna étaient représentés par Mirapelli et Magne. La scène du *Miserere*, la meilleure chose de l'œuvre, ne produisit aucun effet. Le *Trouvère* fut monté très économiquement. On se moqua du quatrième tableau, que l'on avait encadré d'un décor Louis XV.

Une représentation de *la Joie fait peur* fut signalée par un incident assez pénible. Brusquement, Mme Larmet fut prise d'une crise de larmes et quitta la scène. Le régisseur parut et demanda l'indulgence pour cette artiste qui avait, la veille, perdu son enfant. De toutes parts on cria : « Qu'elle ne joue pas ! » M. Larmet, qui était dans la coulisse, très émotionné lui-même, entendit mal ce que disait le public ; il entra en scène et adressa à plusieurs spectateurs une épithète injurieuse. Le lendemain il fit des excuses au public par la voie des journaux.

Voici la liste des pièces nouvelles qui furent jouées encore pendant cette campagne : *la Martire*, *l'Atelier de Prague*, de notre concitoyen Bourgault-Ducoudray ; deux pièces de vers : *le Château de Clisson* et *Cambronne*, de M. de Riberpré ; *le Père Prodigue*, *le Duc Job*, *les Pirates de la Savane*, enfin *la Croix de Pierre*, une opérette de M. Doudiès. Cette œuvre prouva qu'en M. Doudiès le compositeur était loin d'égaler le flûtiste.

Elisa Masson, Brasseur, Mlle Scriwaneck, vinrent en représentations.

*

Mais les ennemis de la gestion du théâtre par la Ville n'avaient pas désarmé. Le 13 décembre 1860, la question revint devant le Conseil municipal. La Commission des finances s'était déclarée contre le système s'adopté. Une ardente et longue discussion s'engagea. Vivement attaquée, la gestion fut vivement défendue, notamment par M. Dagault, qui finit par obtenir un vote favorable.

SAISON 1860-61

MM.
SOLIÉ, administrateur.
CLEMENT, régisseur.

Opéra

MM.
BERTRAND, fort ténor.
WARNOTS, ténor léger.
PEQUEUX, 2° ténor léger.
SOUSTELLI, 3° id.
COMTE, baryton.
PERILIE, basse noble.
CASTELMARY, basse chantante.
ETIENNE, 2° id.
VANDELERS, 3° id.
CHARLES, trial.
GOFFIN, laruette.

Mmes
WARNOTS, contralto.
DESTERBECQ, falcon.
RAYNAUD, chant. légère.
COURTOIS, jeune chant.
VIGNY, mère dugazon.
BACHMONT, 2° id.
JOBEY, duègne.

Comédie

MM.
FACIOT, 1er rôle.
LAVERNOS, jeune 1er.
SAUTRI, 1er amoureux.
FAYE, 2° id.
BOUCHET, 1er comique.
CHARLES, jeune comique.
ERNEST, 2° id.
DUVAL, amoureux.
SELNY, 3° rôle.
GOFFIN, grimes.
ETIENNE, financier.
CORNAGLIA, père noble.
LUDOVIC, utilité.

Mmes
AUBRÉE, 1er rôle.
MALON, jeune première.
BOUCHET, ingenuités.
TOUDOUZE, soubrette.
DESTERBECQ, jeune coquette.
VIGNY, id.
BACHMONT, 2° amoureuse.
DUVAL, duègne.

La troupe d'opéra était bonne. Le ténor léger Warnots fut seul refusé, et encore injustement. Bineau vint le remplacer. Comte-Borchard, qui alla plus tard à l'Opéra, et Castelmary, étaient deux excellents artistes. Mlle Desterbecq, parfaite musicienne, chanteuse de beaucoup d'expression, et Mlle Raynaud, étaient aussi fort appréciées du public.

Par contre, la troupe de comédie était assez mauvaise. Faciot, Lavernos, Sautri, Mmes Aubrée et Duval tombèrent ; ils furent remplacés par Bina, Tournade, Speck, Mmes Boulin et Coblenzt. La soubrette, Mlle Toudouze, était charmante ; elle remporta de vifs succès pendant la saison.

Malgré les bons éléments qu'offrait la troupe d'opéra, les représentations étaient loin d'être parfaites. Aussi Solié était-il très attaqué par la presse. Il n'y avait guère que l'*Union Bretonne* à prendre sa défense.

Le principal événement de la saison fut la première représentation de *Faust* (version primitive), le jeudi 28 février 1861. La soirée, commencée à sept heures, ne se termina qu'à une heure. La réussite de l'opéra de Gounod fut complète. Les morceaux les plus applaudis furent le Chœur des Vieillards et celui des Soldats. Le superbe prélude passa inaperçu. Le Jardin, l'Eglise, la Prison, n'excitèrent pas au premier abord un grand enthousiasme. Le *Phare de la Loire* écrivit que la mélodie était souvent absente et que le duo manquait d'élan ! ! ! ! ! Ce jugement se passe de commentaires. C'est assez de le reproduire. Mlle Raynaud fit une charmante Marguerite ; Castelmary (Méphisto), remporta un succès très mérité ; seul, Bineau se montra assez médiocre. Comme l'écrivit spirituellement E. Mangin, il aurait fallu stipuler dans le pacte que la voix serait rajeunie comme le reste. *Faust* était monté avec beaucoup de soin. Les décors étaient très beaux. Les chœurs, pour la circonstance, avaient été renforcés des élèves du Conservatoire.

En fait d'autres nouveautés, on donna *Quentin Durward* et *M. Garat*. Il fut question d'un nouvel opéra de M. Bourgault-Ducoudray. La mairie était très favorable à ce projet, mais Solié, qui était jaloux de tout talent, parvint à le faire échouer. Mme Carvalho, alors dans tout l'éclat de son talent, se fit applaudir dans les *Noces de Jeannette* et le *Barbier*. Déjazet et Delaunay vinrent aussi en représentations.

Jetons maintenant un rapide coup d'œil sur les résultats de ces quatre campagnes.

La perte réelle des saisons 57-58, 58-59, était de	95.735 fr.
Celle de l'année 59-60 fut de	107.000 »
— 60-61 fut de	112.000 »
Soit	314.735 fr.
Dont il faut retrancher 100,000 francs	100.000 »
somme qui aurait été, en tout cas, affectée à une subvention pour ces deux campagnes	214.735 fr.

Il est certain que du moment qu'on ne donnait que 50,000 fr. de subvention, l'essai était malheureux. Pourtant je crois que l'idée en elle-même est excellente, et j'y reviendrai à la fin de ce volume, lorsque j'aborderai la question de l'état actuel de notre théâtre.

Au point de vue artistique, l'ensemble de ces quatre saisons avait été infiniment supérieur à celui des campagnes précédentes. Cependant il aurait pu être encore meilleur. Malheureusement, M. Solié n'était pas l'homme qu'il aurait fallu pour mener à bien une telle entreprise, qui lui est redevable, pour une bonne part, de son insuccès pratique.

XXIII

DIRECTIONS : CHABRILLAT. — JOURDAIN. — COMMINGES. — BERNARD. — COMMINGES. — DÉFOSSEZ.

(1861-1871)

ans la séance du 7 janvier 1861, le Conseil municipal, en repoussant définitivement le système de la gérance par la Ville, avait voté pour le théâtre une subvention de 80,000 francs. Plusieurs membres demandèrent en vain le chiffre plus raisonnable de 90,000 francs. Le nouveau cahier des charges exigeait dix mois de campagne. Le théâtre devait ouvrir le 1er juillet avec la comédie, le 1er septembre avec l'opéra, et finir le 30 avril. Le chauffage et l'éclairage étaient aux frais du directeur, qui devait faire par an pour 2,000 francs de décors.

M. Chabrillat fut nommé directeur.

SAISON 1861-62

MM.
CHABRILLAT, directeur.
SOLIE, chef d'orchestre.

Opéra

MM.
LABAT, fort ténor.
DEDIEU, id.
PILO, ténor léger.
COMMINGES, 2º ténor lég.
CRAMBADE, baryton.
PICOULET, 1ʳᵉ basse.
BOUZAC, basse chantante.
LIGNEL, trial.
ETIENNE, laruette.
PEMARQUE, 2º basse.
JEAN, 3º ténor.
ROGER, 3º basse.

Mᵐᵉˢ
BOULANGEOT, chanteuse légère.
FERRAND, contralto.
ANDRE 2º chanteuse.
FOREST, dugazon.
Sᵗ-AMAND, 2º chanteuse.
NORET, duègne.

Ballet

Mᵐᵉˢ
CAMILLE, 1ʳᵉ danseuse.
RICHARD, demi-caractère.

Comédie

MM.
HAMILTON, 1ᵉʳ comique.
LIGNEL, id.
ERNEST, 2º id.
SCHAUB, amoureux.
ETIENNE, financier.
DESFRANC, grime.
PEMARQUE, père noble.
MENTER, 3º rôle.
MAILLET, rôle de genre.
FRANCIS, 3º comique.

Mᵐᵉˢ
BLAINVILLE, 1ᵉʳ rôle.
HAMILTON, jeune 1ʳᵉ.
NEVERS, 2º rôle.
ALHAIZA, jeune 1ʳᵉ.
FANOLDET, ingénuité.
TOUDOUZE, soubrette.
MENTER, coquette.
MAILLET, duègne.
DARPARE, caractère.
ROGEN, 2º soubrette.
LIGNEL, id.

Cette saison fut déplorable. La troupe présentée était des plus mauvaises. Pendant la saison d'été la troupe de comédie jouait sans débuts. Chabrillat avait profité de cela pour aller recruter des artistes jusque dans la troupe de Riquiqui. Mais lorsque les débuts arrivèrent, de nombreuses victimes restèrent sur le carreau. Parmi elles étaient Mᵐᵉˢ Boulangeot, Ferrand, Saint-Amand, Forest, Camille. MM. Pilo, Picoulet, Bouzac, Lignel, enfin la plus grande partie des artistes de comédie.

Toutes ces chutes ne s'étaient pas accomplies sans tapage; de fréquentes manifestations avaient lieu au théâtre. Des abonnés furent poursuivis et condamnés, ce qui ne calma pas les esprits. Enfin les nouveaux artistes suivants furent admis : Mmes Hillen, Wagner, Albert, Laborderie; MM. Pascal, Odezenne, Tournade, Tapiau, Buet.

Mlle Forest, dugazon refusée, continuait toujours à chanter. Dans les premiers jours de janvier, une nouvelle tempête éclata à son sujet. Certains spectateurs s'interpellèrent si violemment qu'on crut que le lendemain il y aurait plusieurs rencontres. La presse fut unanime à blâmer Chabrillat et à engager l'administration à agir vigoureusement. Le directeur finit par s'exécuter; il congédia définitivement Mlle Forest, qui fut remplacée par Mlle Lecomte.

Pendant les débuts, deux artistes, Menter et Schaub, se présentèrent un jour à la rédaction du *Phare*. Ils se plaignirent des critiques qu'on leur faisait et intimèrent à Mangin l'ordre de ne plus parler du théâtre. On devine comment ils furent reçus.

Le 28 août 1861, à l'occasion de l'Exposition de Nantes, un grand concert fut donné à Graslin, avec le concours de M. et Mme Gueymard, de l'Opéra, de Vieuxtemps, Berthelier et Verroust. Au programme figurait pour la première fois l'ouverture du *Tannhauser*. L'exécution fut mauvaise. Les journaux imprimèrent la rengaine habituelle : Musique « sans mélodie !!! »

La *Statue* fut jouée le 25 mars 1862. L'interprétation était confiée à Mme Hillen, à MM. Pascal, Odezenne, Tournade. On fit pour le dernier tableau un décor neuf. Cette œuvre si intéressante, d'un coloris si particulier, fut peu comprise. L'*Union Bretonne* seule, apprécia à sa juste valeur la partition de Reyer.

Ernani, *Stradella*, les *Pattes de Mouche*, *Nos Intimes*, les *Domestiques*, les *Chevaliers du Brouillard*, les *Bibelots du Diable*, furent les autres nouveautés de cette saison.

M⁻ᵉ Tedesco donna plusieurs belles représentations. Elle chanta avec un succès toujours grandissant, le *Prophète*, le *Barbier*, la *Favorite*, le *Trouvère*.

Merly vint aussi à Graslin, ainsi que M⁻ᵉ Doche, qui joua la *Dame aux Camélias*.

.

La question théâtrale revint au Conseil municipal le 11 février 1862. Quatre projets étaient en présence : 1° Une subvention de 45,000 fr. et pas de grand opéra. Ce projet était soutenu par l'administration; 2° Gérance municipale; 3° Subvention affectée à la réparation de la salle ; 4° Subvention de 100,000 francs. Le premier projet fut adopté. Dans la ville, ce fut un mécontentement général : on tenait au grand opéra. Le 19 février, le Conseil revint sur sa première détermination et vota une subvention de 80,000 francs. Quelques remaniements furent faits au cahier des charges. Le théâtre n'ouvrit plus que le 1ᵉʳ août avec la comédie, et le 1ᵉʳ octobre avec tous les genres.

SAISON 1862-63

MM.
JOURDAIN, DIRECTEUR.
SOLIE, chef d'orchestre.

Opéra

MM.
CHAMBON, fort ténor.
CŒUILTE, ténor léger.
BERTON, 2e ténor léger.
WILHELM, baryton.
MAYMO, basse noble.
HURE, basse chantante.
DESVEAUX, 2e basse.
CHARLES, trial.
CIFOLELLI, laruette.

Mmes
E. MASSON, contralto.
DANNEVILLE, falcon.
ROUVROY, chant. légère.
BIBES-DURAND, Id.
VIETTE, 2e chanteuse.
CIFOLELLI, dugazon.
RIQUIER, 2e dugazon.
MURAT, duègne.

Ballet

M.
VICTOR, maître.

Mmes
PRANZINI, 1re danseuse.
CHENAT, 2e Id.

Comédie

MM.
MONTAIGU, 1er rôle.
DUBARRY, jeune premier.
DERVILLE, amoureux.
COPELLY, 2e Id.
PASCAL, 1er comique.
CHARLES, Id.
ERNEST, 2e Id.
MURAT, père noble.
ACHILLE, financier.
SANDRE, 1er rôle.
LUDOVIC, utilités.

Mmes
SIMIANE, jeune 1er rôle.
SANDRE, jeune première.
RIQUIER, ingénuité.
VIETTE, coquette.
JUBIN, soubrette.
LAURE, Id.
MURAT, mère noble.
ACHILLE, duègne.
CIFOLELLI, amoureux.
ROMAINVILLE.

Cette saison ne fut pas meilleure que la précédente. La troupe était médiocre. Jourdain ne pensait qu'à économiser.

Chutes: Mme Rouvroy; Chambon, Maymo, Wilhelm, Montaigu. Ces artistes furent remplacés par Mme Bibès; Vivien, Geslin, Jouard, Thierry.

Elisa Masson revint, et fut, comme à son habitude, très acclamée. Pourtant elle commençait à décliner. Mais elle était tellement aimée qu'on lui pardonnait sans peine ses faiblesses.

Le ténor léger Cœuilte était assez bon. Rappelons aussi le nom de la gentille et excellente Mlle Simiane.

Pendant les débuts, le tapage recommença. La Mairie prohiba sévèrement les sifflets. Mais les abonnés tournèrent la difficulté. Ils achetèrent une certaine quantité de ces petits chiens placés sur une caisse à air et qui aboient par la pression. Ils mettaient la boîte sous leurs souliers et protestaient ainsi à la barbe de la police. Cette invention d'écolier obtint un vif succès.

A l'occasion de la naissance de Molière, on joua un à-propos dû à la plume d'un artiste de la troupe qui ne manquait pas de valeur, M. Marcel Briol : *Molière à Nantes*.

Le *Fils de Giboyer*, qu'on représenta, eut assez peu de succès. Contrairement à ce qui se passait dans toutes les autres villes, aucune manifestation n'eut lieu dans la salle.

Rigoletto, ignoblement interprété, tomba à plat.

La direction voulut remettre le *Juif Errant* à la scène, mais la préfecture mit son *veto*.

On joua aussi *Orphée aux Enfers*; la *Bohémienne*, de Balfe; le *Médecin malgré lui*, de Gounod; *Fleur de Genêt*, opérette de M. Doudiès, que son premier insuccès n'avait pas découragé; le *Bossu*, la *Chatte Merveilleuse*, le *Pied de Mouton*, la *Bouquetière des Innocents*, enfin les *Ganaches*, qui furent sifflés à outrance.

*
**

Les destinées de la campagne 1863-1864 furent confiées aux mains de M. Comminges, qu'on prétendait n'être que le porte nom de Solié.

SAISON 1863-64

MM.
COMMINGES, DIRECTEUR.
SOLIÉ, chef d'orchestre.
PHILIPPON, régisseur.

Opéra

MM.
HARVIN, fort ténor.
ARNAUD, ténor léger.
SCRIBOT, 2° id.
VANAUD, baryton.
MARION, basse noble.
JAMET, basse chantante.
JOUARD, 2° id.
CHARLES, trial.
ARQUIER, laruette.

Mmes
SUBRA-SOULÉ, contralto.
PRADAL, falcon.
PICQUET-WILL, ch. lég.
ROBERT, dugazon.
DUBARRY, 2° chanteuse.
RICQUIER, 2° dugazon.
SAINT-ANGE, duègne.

Ballet

M.
COHEN, maître.

Mmes
OSMOND, 1re danseuse.
DARQUIEZ, 2e id.

Comédie

MM.
THÉRY, premier rôle.
PAUL, jeune premier.
JOUARD, père noble.
SANDRE, troisième rôle.
COPELLY, amoureux.
CHANONIN, comique.
CHARLES, id.
ARQUIER, id.
ERNEST, 2° id.
LUDOVIC, utilités.

Mmes
SIMIANE, premier rôle.
JESLIN, jeune première.
VIVIEN, id.
RICQUIER, ingénuité.
REILLEY, soubrette.
LEGRAND, coquette.
BASTARD, ingénuité.
ROMAINVILLE, convences.

La saison d'été fut des plus mauvaises. On vit certaines pièces jouées par des figurants. Les protestations recommencèrent.

Dans la troupe d'opéra, trois artistes valent la peine d'être signalés: Mme Picquet-Will, une chanteuse légère qui vocalisait avec beaucoup de talent, le ténor léger Arnaud et la basse Jamet.

Harvin, Scribot, Marion et la contralto firent des débuts malheureux. Ils eurent pour remplaçant Solve, Taste, Bourgeois et Mme Audibert, qui avait jadis été à l'Opéra.

Dans le courant de l'année, Mme Pradal résilia. Une chanteuse éprouvée, Mme Charuy, lui succéda.

A une représentation de la *Tireuse de Cartes*, donnée par Marie Laurent, il y eut une scène scandaleuse qui se termina par un rire général. Mme Bourgeois ayant été légèrement chutée, se tourna vers le public et l'appela « Tas de crétins. » Aussitôt un épouvantable tapage éclata. Le mari de l'artiste entre alors en scène, le chapeau sur la tête, prend sa femme par la main et l'emmène, salué par les hurlements des spectateurs. On demande à grands cris le régisseur, celui-ci ne vient pas; il paraît qu'il n'est pas là. On baisse le rideau. Le bruit ne fait qu'augmenter. Alors un artiste, Théry, se dévoue et s'avance sur la scène. Mais il est sans gants, on ne veut pas l'entendre. Le rideau tombe de nouveau, puis se relève. Théry paraît soigneusement ganté, explique que le régisseur est malade et prie d'excuser Mme Bourgeois, qui s'est chargée du rôle par complaisance.

— Bon ! Mais pourquoi Mme Bourgeois nous a-t-elle appelés crétins ?

— Il m'est impossible de répondre à cette question, répond Théry en souriant.

— Pourquoi M. Bourgeois est-il venu chercher en scène Mme Bourgeois ?

— Je l'ignore.

— Enfin, que signifient ces rendez-vous bourgeois ?

A ces derniers mots, un fou rire général gagne le public, qui fut bientôt désarmé, et la représentation s'acheva sans encombre.

De même que les deux saisons précédentes, la campagne 63-64 fut déplorable. Comminges manquait absolument d'expérience. Le public, dégoûté, abandonnait de plus en plus le théâtre.

Le 19 mai eut lieu un grand festival Meyerbeer. Le programme était composé des plus beaux actes de son répertoire. Le buste du compositeur fut couronné sur la scène, au milieu d'un enthousiasme général. Parmi les nombreuses couronnes, on en remarquait une véritablement superbe, donnée par le Cercle des Beaux-Arts. Elle fut envoyée à la veuve du maëstro.

En fait de nouveautés, il fallut se contenter de la *Reine Topaze*. C'était maigre !

Marie Sax, Merly, Judith, Marie Laurent, Berthelier, vinrent donner des représentations.

M. Comminges était protégé par certaines personnes très influentes. Aussi, malgré l'incapacité dont il avait fait preuve pendant les campagnes 1863-64, il fut maintenu dans ses fonctions.

SAISON 1864-65

MM.
COMMINGES, DIRECTEUR.
CH. SOLIÉ, chef d'orchestre.
THÉRY, régisseur.

Opéra

MM.
MAZZURINI, fort ténor.
FABRE, ténor léger.
DUCOS, 2ᵉ ténor léger.
BEN-ABEN, baryton.
COURTOIS, basse noble.
JANET, basse chantante.
BERRY, basse bouffe.
CHARLES, trial.
ARQUIER, laruette.
GINIES, 3ᵉ ténor.
BARTOUX, 3ᵉ basse.

Mᵐᵉˢ
DE JOLY, 1ʳᵉ chanteuse légère.
MARIANNI, falcon.
MASSON, contralto.
ROSA MYRTEL, chant. légère.
CÈBE, dugazon.
BERTHILDE, 2ᵉ dugazon.
SAINT-ANGE, duègne.

Ballet

MM.
AUBERT, maître.
LUPO, 2ᵉ danseur.

Mᵐᵉˢ
FILOMÉNA, 1ʳᵉ danseuse.
LUPO, 2ᵉ danseuse.

Comédie

MM.
THÉRY, 1ᵉʳ rôle.
MANSTEIN, jeune premier.
BELLOTTI, 1ᵉʳ amoureux.
BERRY, père noble.
LANGLAIS, 3ᵉ rôle.
TONY ROLLAND, 1ᵉʳ rôle.
GOURDON, 1ᵉʳ comique.
CHARLES, comique.
NOGUET, comique.
LUDOVIC, utilités.

Mᵐᵉˢ
TISSERAND, grand 1ᵉʳ rôle.
MARNIER, grande coquette.
BERTHILDE, jeune 1ᵉʳ rôle.
DEBRUNET, forte ingénuité.
BEDUEL, 1ʳᵉ soubrette.
LEGAL, 2ᵉ soubrette.
ANTONIO, jeune coquette.
SAINT-ANGE, duègne.
ROMAINVILLE, utilités.

Cette campagne fut loin de relever le niveau de notre théâtre. La troupe cependant était assez bonne, mais Comminges ne savait nullement la faire valoir.

Mᵐᵉˢ de Joly, Cébe, échouèrent. Mᵐᵉˢ Gasc et Authier leur succédèrent.

Trois contralti tombèrent successivement, et parmi elles la pauvre Elisa Masson, de plus en plus fatiguée, et qui n'était plus que l'ombre d'elle-même. Enfin, Mˡˡᵉ Gonzalès fut reçue.

Comme nouveautés, Comminges donna la *Somnambule*, la *Belle Hélène* et les *Vieux Garçons*.

Artistes en représentation : Déjazet, Mˡˡᵉ Wertimberg, Mˡˡᵉ Schriwaneck.

*
* *

Le Grand-Théâtre n'ouvrit pas pendant la saison 1865-66. Des réparations urgentes avaient été jugées nécessaires et un crédit de 125,000 francs y fut spécialement affecté. La salle restaurée était peinte en blanc, en or et en rouge. Elle était un peu trop surchargée d'ornements. Les balcons des premières et des secondes refaits à neuf affectaient la forme élégante d'une corbeille renversée. Elles étaient très joliment ornées d'enfants jouant avec des cymbales et des flûtes.

Amédée Ménard avait sculpté les cariatides des avant-scènes, représentant les arts scèniques. Les fauteuils furent agrandis; mais par contre, on fut obligé de diminuer les loges où l'on se trouva alors un peu à l'étroit. Cambon peignit un nouveau rideau, qui représentait une tenture de soie rouge à crépines d'or relevée découvrant une doublure blanche. Le plancher de la scène fut reconstruit à neuf. Mais on oublia de réparer et de nettoyer les loges et les foyers des artistes, qui étaient dans un état déplorable. Six décors nouveaux furent brossés : une forêt, un palais gothique, une salle basse, le premier acte de la *Juive* et deux salons.

**

La subvention fut maintenue à 80,000 francs et M. Comminges renommé une troisième fois directeur.

SAISON 1866-67

MM.
COMMINGES, DIRECTEUR.
SOLIÉ, chef d'orchestre.
ROUX, régisseur.

Opéra

MM.
PICOT, fort ténor.
JUSTIN NÉE, ténor léger.
JOURDAN, 2º ténor.
LEDERAC, baryton.
PONS, basse noble.
DUPIN, basse chantante.
BRUGÈRE, 2º basse.
DUPLAN, trial.
JULIEN, laruette.

Mᵐᵉˢ
BARBOT, chanteuse légère.
ROZEZ, falcon.
CASTAN, contralto.
JUSTIN NÉE, dugazon.
BONNEFOY, 2º chant. légère.
MATHILDE, 2º dugazon.
PRÉVOT-COLON, duègne.

Ballet

M. PAUL, maître.

Mˡˡᵉˢ
BOLYAGUET, 1ʳᵉ danseuse.
PAUL, 2º danseuse.

Comédie	Mmes
MM.	MELCHISSÉDEC, 1er rôle.
LORENZITI, 1er rôle.	SAINT-MARC, forte jeune 1re.
MOREAU, jeune premier.	LEGRIS, jeune première.
RIMBAULT, 1er amoureux.	THIBAULT, ingénuité.
JOANNY, jeune 3e rôle.	FLEURY, soubrette.
LINGÉ, p.re noble.	DUPLAN, 2e soubrette.
OSTERMANN, 3e rôle.	BORDIER, amoureuse.
GUERCHET, 2e amoureux.	HERMANCE, coquette.
BÉJUY, 1er comique.	
BOUDIER, 1er comique.	
LUDOVIC, convenance.	

Le théâtre Graslin ne fut prêt à ouvrir que le 1er Mars 1866. La saison devait durer jusqu'au 5 Mai 1867 pour compenser l'année perdue. Un nouvel article avait été introduit dans le cahier des charges, article par lequel le Maire avait le droit de suspendre le versement de la subvention si un artiste refusé n'était pas remplacé dans les 15 jours.

Cette fois-ci, Comminges avait réuni une excellente troupe. Mme Barbot était une chanteuse légère de grand talent ; le ténor Picot possédait une voix superbe ; Pons, tout jeune et bien inexpérimenté, était néanmoins fort bon ; Justin Née était doué d'un joli organe et Mme Justin Née était une aimable dugazon, enfin Béjuy, l'excellent Béjuy, faisait de nouveau partie de la troupe de comédie.

Dupin tomba et fut remplacé par Marchot, basse chantante de beaucoup d'acquit. On eut à déplorer la perte de Mlle Legris, jeune première, qui mourut en couches.

L'Africaine fut jouée pour la première fois au bénéfice de Solié le jeudi 28 septembre 1867. Picot, Pons, Mme Barbot, et Rozez interprétèrent avec talent l'œuvre posthume de Meyerbeer. Léderac, très enroué, ne donna pas à Nélusko le relief nécessaire. La mise en scène fut généralement trouvée insuffisante. Ce nouvel opéra réussit sans conteste mais ne semble pas avoir pourtant excité grand enthousiasme. Il n'en fut pas de même de *Roland à Roncevaux*. Cette piètre partition eut un immense succès. Picot était remarquable dans le rôle de Roland.

Notre compatriote Mlle de Taisy de l'Opéra (Mlle François) qui, toute jeune, avait remporté de grands succès à Nantes, où elle avait été la cantatrice choyée des Beaux-Arts, vint jouer les *Huguenots*, *Robert* et l'*Africaine*. Cette artiste, qui possédait une voix très fraîche et très étendue, était aussi une excellente comédienne. Les nombreux amis qu'elle avait laissés à Nantes l'accueillirent avec enthousiasme et la couvrirent de bouquets.

La préfecture ayant levé cette année l'interdiction qui pesait sur le répertoire de V. Hugo, *Hernani* fut repris en grande pompe avec Mme Judith, de la Comédie-Française. Cette artiste joua aussi l'*Hamlet* de Dumas et Meurice avec la musique de V. Joncières. Ce jeune compositeur, alors à l'aurore de sa carrière, vint diriger l'exécution. Mme Judith créa encore une comédie inédite de notre compatriote M. de Vieillechèze : *Un caprice d'Ovide*.

Dans le courant de juillet, Déjazet vint donner une représentation des *Premières armes de Richelieu*, au bénéfice de Mme Baugé, qui quittait le trou du souffleur occupé par elle depuis 1834. Une curieuse représentation d'*Othello* eut lieu en décembre. Le rôle du maure était tenu par le tragédien noir Aldrige. Grand succès.

Got se fit applaudir dans la *Contagion*. Plusieurs auditions du *Désert* furent données à Graslin.

Les autres nouveautés furent : *Gringoire*, où Béjuy était parfait; le *Voyage en Chine*, la *Famille Benoîton*, *Peau d'Ane*, *Barbe-Bleue*, *Nos bons Villageois*, *Maison Neuve*, la *Grande Duchesse*.

Cette année-là, les bals masqués furent interdits. Le prétexte donné était la crainte de voir les masques salir la salle neuve.

***

La subvention ayant été rabaissée à 70,000 francs, Comminges ne redemande pas la direction, qui fut donnée à M. Bernard.

SAISON 1867-1868

MM.
BERNARD, DIRECTEUR.
SOLIÉ, chef d'orchestre.
DANGLÈS, régisseur.

Opéra

MM.
LAVIGNE, fort ténor.
BLUM, ténor léger.
DEKEGEL, 2e ténor léger.
THIERY, baryton.
DERION, basse noble.
DUSSARGUES, basse chant.
AUBRY, 2e basse chantante.
MERAN, laruette.
CHARLES, trial.

Mmes
BARBOT, chanteuse légère.
GOUBAUD, chanteuse légère.
ICART, falcon.
VINCENT, contralto.
GELIN, dugazon.
DARMAND, 2e dugazon.
BESSY, 2e dugazon.
JOLLY, duègne.

Ballet

M. GRIÉTENS, maître.

Mlles
BOLYAGUET, 1re danseuse.
DELAS, 2e danseuse.

Comédie

MM.
LONGPRÉ, 1er rôle.
BRELET, jeune premier.
DAUSSY, 2e rôle.
VALLY, rôle de genre.
TAILLEFER, jeune premier.
DEVIENNE, amoureux.
FAUGÈRE, père noble.
BÉJUY, 1er comique.
DUPLAN, 1er comique.
CHARLES, 1er comique.
GERMAIN, financier.
BOUDIC } 2e comique.
DIDIER }
LUDOVIC, utilités.

Mmes
DAUSSY, 1er rôle.
DIDIER, jeune première.
POTET-DELORT, forte ingén.
DARMANT, ingénuité.
BASTA, soubrette.
HARELLE, coquette.
JOLLY, duègne.
HERMANCE, 3e rôle.
EUGÉNIE, amoureuse.

Les artistes suivants échouèrent dans leurs débuts : MM. Lavigne, Derioux, Mmes Vincent et Geslin. MM. Sylva et Lamarche, Mmes Peyret et Estagel les remplacèrent.

Sauf Mme Barbot, cette troupe n'offrait aucun artiste particulièrement remarquable, cependant elle était très homogène et très convenable. La comédie était fort bonne.

La direction ayant supprimé dans les *Huguenots* le tableau du bal, une émeute éclata au théâtre. Il fallut rétablir la scène coupée.

Première de la *Traviata* (21 décembre 1867). Grand succès. Mme Barbot chanta Violetta avec un talent des plus remarquables. Les autres rôles étaient tenus par Blum et Thierry.

Une charmante comédie en un acte de notre spirituel concitoyen M. Paul Chauvet : La *Proie et l'ombre*, fut représentée au bénéfice des pauvres. De nombreux et légitimes applaudissements accueillirent cette œuvre.

Plusieurs concerts, entre autres ceux de Carlotta Patti et de Sivori eurent lieu au Grand-Théâtre.

Pour l'anniversaire de Molière, on joua *Don Juan* pour la première fois. Excellente interprétation. Béjuy remporta un nouveau triomphe.

Nouveautés : le *Docteur Crispin*, la *Vie Parisienne*, *Paul Forestier*, *Rholomago*.

Artistes en représentation : Michot, Levassor, Depassio, Dulaurens, Delabranche, Brasseur, Mmes Harris et Thérésa.

Bernard fut renommé, mais au beau milieu d'août il mit la clef sous la porte, laissant la municipalité dans un cruel embarras. Enfin Campo-Casso et Comminges se présentèrent. Ce dernier l'emporta. La subvention fut rétablie à 80,000 francs.

SAISON 1868-1869

MM.
COMMINGES, DIRECTEUR.
SOLIÉ, chef d'orchestre.
SANDRE, régisseur.

Opéra
MM.
TALLON, fort ténor.
BRUNEAU, ténor léger.
WIDMAN, 2ᵉ ténor léger.
DEPASSIO, basse noble.
DUSSARGUES, basse chant.
TAPIÉ-BRUNE, baryton.
WALTER, 2ᵉ basse.
MAUGARD, trial.
LAVERGNE, laruette.

Mᵐᵉˢ
LAPORTE, falcon.
PRÉVOST, chanteuse légère.
ÉTIENNE, contralto.
ELOY, dugazon.
LUCCIANI, 2ᵉ chanteuse.
HÉLÈNE, 2ᵉ dugazon.
LAGIER, duègne.

Ballet
M.
DOMENGIE, maître.
Mᵐᵉˢ
BOLZAGUET, 1ʳᵉ danseuse.
GARNIER, 2ᵉ danseuse.

Comédie
MM.
SIMON, 1ᵉʳ rôle.
METRÊME, jeune premier.
SOREL, jeune premier.
GARNIER, amoureux.
SANDRE, père noble.
ARMAND, 1ᵉʳ comique.
MICHEL, 2ᵉ comique.
LUDOVIC, utilités.

Mᵐᵉˢ
BOTTEREAU, 1ᵉʳ rôle.
MARCEL, 1ᵉʳ rôle jeune.
CARRUEL, jeune 1ᵉʳ rôle.
BASTA, soubrette.
DARMAND, ingénuité.

Les débuts furent défavorables à MM. Tallon, Bruneau, Tapié-Brune, Widmer; Mᵐᵉˢ Laporte, Etienne, Eloy. Leurs successeurs furent MM. Fromant, Lechevalier, Voisin, Marcuini; Mᵐᵉˢ Bédora, Faivre, Borghèse.

La basse Depassio était excellente.

La saison fut très terne et très peu suivie. La troupe italienne attirait alors tout le public à la Renaissance.

Le 15 janvier, Graslin ferma ses portes. La troupe

n'était pas payée et Comminges était absent. Deux personnes chargées de le représenter proposèrent aux artistes de les solder moitié en argent, moitié en billets. Ceux-ci n'acceptèrent pas. Comminges fut déclaré en faillite et les artistes se réunirent en société, pour la fin de la campagne, sous l'administration de Solié.

Mignon fut joué pour la première fois le 15 avril 1869. Cet opéra-comique, cher aux petites pensionnaires, remporta un succès complet.

Les autres nouveautés furent : les *Faux Ménages*, *Séraphine*, *Fleur de Thé*.

Céline Montaland, le ténor Massy et la troupe japonaise du Taïcoun vinrent donner des représentations.

..

La question de la subvention revint de nouveau au Conseil municipal dans la session du mois de mars 1869. La discussion fut longue. MM. Guilley, Doré, Halgan et Brousset prirent successivement la parole. Différents projets furent soumis au Conseil : 1° Gestion par la Ville. — 2° Une subvention de 80,000 francs. — 3° Une subvention de 100,000 francs accordée à MM. Touchais, propriétaires de la Renaissance, pour l'exploitation des deux théâtres. — 4° Une subvention de 40,000 francs et aucun genre imposé. Aucun de ces systèmes ne fut adopté. Le Conseil décida « que le théâtre serait donné à un directeur ou à une association d'artistes sans qu'aucun genre leur soit imposé, sans autre cahier des charges que celui nécessaire pour la conservation de l'immeuble et des valeurs municipales qui leur seront remises et sans autres restrictions que celles qui touchent à l'ordre et aux bonnes mœurs. »

Enfin les ennemis de la subvention avaient remporté la victoire. La suppression du subside théâtral entraînait fatalement celle de l'opéra. Nantes, pendant plusieurs années, allait tomber au rang des villes de second ordre.

La direction fut confiée à M. Défossez, homme honorable et habile qui, avec les ressources restreintes dont il disposait, fit son possible pour contenter le public.

SAISON 1869-1870

MM.
DÉFOSSEZ, DIRECTEUR.
LAMBERT, régisseur.
FISCHER, chef d'orchestre.

Comédie et Opérette

MM.
LAMBERT, 1er rôle.
COSTE, jeune 1er.
PONITUS, rôle de genre.
SANDRE, père noble.
MONTAL, 3e rôle, chantant l'opérette.
CHEVALIER, comique, chantant l'opérette.
COLOMBIN, amoureux, chantant l'opérette.
GRANDVILLE, ténor d'opérette.
ARMAND, 1er comique.
SCHMITT, 1er comique.

MM.
CIFOLELLI, 2e amoureux.
FOSSOMBRONY, 3e comique.
LUDOVIC, utilités.

Mmes
DESCLAUZAS, chanteuse d'opérette.
BEDDAD, 1er rôle.
PRÉVIEUX, jeune 1re.
JACOPS, ingénuité.
SARAH, ingénuité.
DESJARDINS, amoureuse.
J. DUBOIS, chanteuse d'opérette.
DAUBRAY, soubrette d'opérette.
DELORME, soubrette.
HAMÉ, duègne, chantant l'opérette.
DUCHEMIN, duègne chantant l'opérette.

L'étoile de cette troupe était Mme Desclauzas. Avec elle l'opérette régna en maîtresse à Graslin. Le premier rôle, M. Lambert, était excellent. Citons aussi Armand et Mme Prévieux.

Une très belle représentation de *Rigoletto* fut donnée

avec le concours de la Krauss, de Nicolini et de Strozzi.

Le *Petit Faust*, les *Brigands*, la *Périchole*, *Geneviève de Brabant*, *Froufrou*, la *Sorcière* furent les nouveautés de cette saison. Febvre et Brindeau vinrent en représentations.

A la dernière représentation, le régisseur adressa des adieux publics à Défossez et lui remit une couronne aux applaudissements de toute la salle.

Pris de remords, le Conseil municipal, dans sa séance du 16 février 1870, vota une subvention de 80,000 fr. Tous les genres dramatiques devaient être exploités pendant la campagne. L'opéra-comique n'était exigé que pendant 7 mois et le grand-opéra était facultatif. Enfin, le directeur, pendant la saison lyrique devait donner tous les mois un concert populaire à prix réduits.

Cette subvention ne fut pas employée. La guerre survint. Pendant l'année terrible on ne songea guère au théâtre, des préoccupations trop graves occupant tous les esprits.

Pendant l'été, avant la déclaration de la guerre, Solié avait formé une petite troupe de comédie. Certains des artistes qui en faisaient partie demeurèrent à Nantes et jouèrent, de temps en temps, à Graslin.

Au mois d'octobre, à une conférence organisée au bénéfice des Francs-Tireurs, le baryton Strozzi chanta la *Marseillaise* et électrisa la salle.

Dans le courant de mars 1871, le ténor Roger donna

deux concerts avec le concours de Strozzi et de Mme Albini. En avril, il en organisa plusieurs autres avec Mme Pradal, de la Monnaie, de Bruxelles.

XXIV

DIRECTIONS : DÉFOSSEZ, FERRY, — DE THOLOZÉ, — FRESPECH, LONGPRÉ ET FRANCIS

(1871-1875)

L ne pouvait être question de subvention. La ville, vu les tristes circonstances, avait trop de charges par ailleurs. Personne ne récrimina. Cette fois la nécessité faisait loi. La municipalité fit appel à M. Défossez et lui confia le théâtre.

Du 1ᵉʳ juin au 1ᵉʳ août, Défossez donna de l'opéra-comique. A partir du mois de septembre, une troupe de comédie et d'opérette desservit seule Graslin.

SAISON 1871-1872

MM.
DÉFOSSEZ, DIRECTEUR.
DEBRINAY, régisseur.
BERNIER, chef d'orchestre.

Opéra-Comique
MM.
GUILLOT, ténor léger.
DEROCHE, 2e ténor léger.
BIGNON, 3e ténor léger.
ROUGÉ, baryton.
Justin BOYER, basse chantante.
GABRIEL, 2e basse chantante.
FERET, trial.
LÉON, laruette.

Mmes
BALBI, 1re chanteuse légère.
VERGER, dugazon.
DEPDAILLE, 2e dugazon.
ANGOT-BERTIN, duègne.

Comédie et Opérette
MM.
BOURSIER, 1er rôle.
MALLET, grand 2e rôle.
CHAVANNE, jeune 1er.

MM.
PROSPER, père noble.
DARLIN, raisonneur, chantant l'opérette.
VERNEUIL, amoureux, chantant l'opérette.
LIVRY, rôle de genre, chantant l'opérette.
FAVRE, grand 2e comique.
GUÉRIN, ténor d'opérette.
GRIBOUVAL, jeune 1er comique, chantant l'opérette.
Joseph LÉON, comique marqué, chantant l'opérette.
ARMAND, comique marqué, chantant l'opérette.
RODOLPHE, comique marqué, chantant l'opérette.
LAROCHE, 2e comique.

Mmes
AMÉLI-FONTI, 1re chanteuse.
MALARD'HIE, jeune 2e rôle.
DEVERS, grand 1er rôle.
HEMS, 2e jeune 1er.
BLANCHE, jeune 1re, opérette.
BAL, 2e amoureuse, opérette.
MAES, soubrette.
BOURGEOIS, duègne.

Le prix des abonnements était fixé ainsi :

Places réservées : 280 fr. — Places libres ; hommes : 175 fr. ; Dames : 140 fr.

Au mois ; places réservées, 45 fr. — Places libres ; Hommes : 35 fr. ; Dames : 25 francs.

Cette courte saison d'opéra-comique fut excellente. Justin Boyer, basse doué d'une voix ravissante, était très apprécié, Guillot et Rougé étaient deux bons artistes ; Mme Balbi avait une valeur réelle, enfin Mlle Verger était une charmante dugazon.

Roger se fit entendre dans *Lucie* et la *Favorite*, en compagnie de Laura Harris et de Tombesi, dont je parlerai plus tard au chapitre du Théâtre de la Renaissance.

Le *Premier Jour de Bonheur* et *l'Ombre* furent les nouveautés de la saison d'opéra.

Dans la troupe de comédie, il faut retenir le nom du jeune 1er, Chavanne, et du comique Gribouval, parfaits tous les deux.

En février, les sous-officiers du 28e de ligne organisèrent un concert spectacle au bénéfice de la libération du territoire. Ils jouèrent les *Saltimbanques* et la *Chambre à deux lits*.

Pendant les bals masqués, des boutiques furent installées dans la salle. Chacune portait le nom d'une des villes annexées. Les actrices en costume alsacien y vendaient divers objets au profit de l'œuvre du rachat de la France.

Pendant les mois de juin et juillet 1872, Défossez, dont on ne saurait trop louer le zèle et la bonne administration, forma une nouvelle troupe lyrique. En voici le tableau :

SAISON D'ÉTÉ 1872

MM.
DÉFOSSEZ, DIRECTEUR.
BERNIER, chef d'orchestre.
RODOLPHE, régisseur.

MM.
JOURDAN, ténor léger.
QUINEL, 2me ténor léger.
RICQUIER-DELAUNAY, baryton.
BRÉGAL, baryton.
R. BOYER, basse chantante.
VERK, 2e basse chantante.

MM.
LEMAIRE, laruette.
RODOLPHE, trial.

Mmes
HASSELMANS, chanteuse légère.
CÉCILE MÉZERAY, dugazon.
VERCKEN, falcon.
BARBOT, contralto.
VEROUEN, dugazon.
BERTIN, duègne.

Cette troupe était parfaite. Justin Boyer fut revu avec un vif plaisir. Jourdan, ténor de grand style et

Ricquier-Delaunay, bon chanteur et bon comédien formaient avec Boyer un trio d'artistes hors pair. Cécile Mézeray était une dugazon charmante; sa voix était un peu faible, mais jolie et souple. Elle remporta dans *Mignon* de vifs succès. Mᵐᵉ Hasselmans, une cantatrice de talent, ne doit pas non plus être oubliée.

C'est à Défossez que l'on doit la mise à la scène de *Roméo et Juliette* (15 juin 1872). Jourdan et Mᵐᵉ Hasselmans furent absolument parfaits. Les autres rôles étaient très bien tenus par Cécile Mézeray, Boyer, Ricquier-Delaunay et Brégal. L'œuvre fut très applaudie. E. Garnier, dans son feuilleton, se montra sévère pour Gounod. Il trouve que l'école à laquelle appartient l'auteur de *Faust*, n'est pas celle de l'inspiration et juge la ballade de la *Reine Mab* une composition tourmentée et prétentieuse. Ce jugement étonne de la part de Garnier.

Nouveautés : *Jean-le-Duc*, opéra-comique inédit, musique de M. Tac-Lœn, paroles de M. Bureau, *Christiane, Maxwell*.

Artistes en représentation : Ismaël, Galli-Marié, Mˡˡᵉ Priola, Mᵐᵉ Rousseil, Mᵐᵉ Favart, Bressant, Brasseur.

M. Défossez a laissé à Nantes les meilleurs souvenirs. C'était un homme d'une honorabilité parfaite. Sa direction fut excellente sous tous les rapports

.˙.

Défossez demandait le rétablissement de la subvention. On discuta longuement la question au Conseil municipal, mais on était très embarrassé pour trouver dans le budget une somme disponible de 50 à 60,000 francs. On décida de laisser les choses en l'état. La direction fut donné à un M. Ferry, qui ne demandait rien que le paiement du gaz.

SAISON 1872-1873

MM.
PERRY, DIRECTEUR.
SMITZ, chef d'orchestre.
SANDRE, régisseur.

Opéra - Comique
MM.
NOVELLI, ténor léger.
VILLEFROY, baryton.
SUREAU, basse.
DUCHATEAU, 2ᵐᵉ basse.

Mᵐᵉˢ
SMITZ, 1ʳᵉ chanteuse.
BLOUNT, jeune chanteuse.
CAVÉ-RIVENEZ, dugazon.

Comédie
MM.
ROGER, 1ᵉʳ rôle.
CHEVALIER, rôle de genre.
SANDRE, 3ᵉ rôle.
GONTRAN, jeune 1ᵉʳ.
WERGAMME, amoureux.
BOURDEILLE, comique.
RODOLPHE, grime.
LUDOVIC, raisonneur.

Mᵐᵉˢ
VALENTIN, 1ᵉʳ rôle.
CARLE, jeune 1ᵉʳ.
AYMÉ, grande coquette.
CHEVRIER, ingénuité.
NORVILLE, amoureuse.
MAES, soubrette.
ALEXANDRINE, duègne.
DE WARS, 2ᵉ rôle.

Cette saison fut sans aucun intérêt. En fait intéressant, je ne vois rien à signaler qu'une reprise du *Petit Chaperon Rouge*, de Boieldieu. Novelli et Mᵐᵉ Cavé-Rivenez ne manquaient pas d'un certain talent.

A la fin de décembre, par suite des inondations, le gaz (comme on se le rappelle), manqua absolument dans Nantes. L'usine était envahie par les eaux. Le théâtre dut fermer ses portes pendant plusieurs jours.

L'*Union Bretonne*, ayant critiqué la direction qui laissait les femmes de mœurs légères s'étaler aux fauteuils, se vit retirer ses entrées. Le *Phare* protesta énergiquement et déclara que lui aussi paierait ses places.

Dans le courant de mars, les artistes impayés,

firent mettre le directeur en faillite et continuèrent l'exploitation en société.

La *Femme de Claude*, la *Périchole*, *Héloïse et Abeilard*, la *Queue du Chat*, furent les nouveautés de cette piteuse saison.

Coquelin, Agar, Laferrière, Montaubry, Coraly Geoffroy, Mme Devoyod, Berthelier, Achard, Mlle Schriwanek, vinrent en représentations.

**

La subvention ne fut pas encore rétablie pour l'année suivante.

La direction passa aux mains de M. de Tholozé.

SAISON 1873-1874

MM.
DE THOLOZÉ, DIRECTEUR.
BERNIER, chef d'orchestre.
LOUIS, régisseur.

Opéra-Comique
MM.
SÉRAN, ténor léger.
RONDEAU, baryton.
MONTI, basse.
Mmes
PAPIN, chanteuse légère.
LAURENDAU, duzazon.

Comédie
MM.
COURTOIS, 1er rôle.
FRESPECH, jeune 1er.
JACOBEL, amoureux.

MM.
VOYZ, père noble.
ROBIN DE CONCHES, 3e rôle.
QUIRINY) amoureux.
BIGNON)
KARL, 1er comique.
POYARD, comique.
BLANCHET, jeune comique.
LUDOVIC, convenance.
Mmes
DE LAVAUX, 1er rôle.
MONNIER, jeune 1re.
LÉON, ingénuité.
CULLEN, grande coquette.
DEBAY, soubrette.
DE VAL MOMA, soubrette.
VICTORINE, mère noble.
FRESPECH, amoureuse.
COURTOIS, 2e soubrette.

La petite troupe d'opéra-comique ne joua qu'en janvier. Nous voyons y figurer le nom du ténor Séran, dont nous aurons à parler plus tard.

Cette saison fut un peu moins terne que la précédente.

La Fille de Madame Angot fut jouée pour la première fois le 13 septembre 1874. La charmante opérette de Lecoq était remarquablement interprétée par Mmes Ugalde et Vanghell, MM. Garnier et Gaussins, engagés spécialement. Le succès fut immense et pendant plusieurs années ne se démentit pas.

Une grande panique eut lieu à Graslin le 26 janvier 1874. Une fuite de gaz s'étant produite à l'orchestre, les pompiers arrivèrent et pour la découvrir furent obligés de démolir le box de gauche, où se tenait, d'habitude, un viel abonné du théâtre, bien connu du public, M. Mérot du Barré. A cette vue, un grand nombre de spectateurs s'enfuirent épouvantés, mais le mal fut vite réparé et la représentation continua.

On joua cette année-là une grande revue locale, qui avait pour auteur le 3e rôle de la troupe, M. Robin de Conches. *Tout Nantes y passera et Trentemoult aussi*, où figuraient de nombreuses physionomies nantaises, entre autres celles de Mlles Amadou, eut assez de succès.

Artistes en représentation : Agar, Brasseur et les Chanteurs Béarnais.

Nouveautés : les *Cent Vierges*, la *Chatte Blanche*.

Les artistes se réunirent en société pour l'exploitation de la nouvelle campagne sous la gérance de trois des leurs, MM. Frespech, Longpré et Francis. La subvention ne fut pas rétablie, par contre les débuts le furent. Tous les abonnés étaient appelés à voter. Les artistes devaient faire 3 débuts ; l'admission était prononcée à la majorité des voix. Les artistes faisant déjà partie de la troupe l'année précédente étaient soumis à une simple rentrée.

SAISON 1874-1875

MM.
FRESPECH, ADMINISTRATEUR.
LONGPRÉ, id.
FRANCIS, id.
MOREAU, régisseur.
BERNIER, chef.

Opérette

MM.
DELAVIGNE, ténor.
DENIZEL, ténor de genre.
FRESPECH, ténor de genre.

Mmes
GUÉRINOT, 1re chanteuse.
DORTAL, 1re chanteuse.
MASCARTÉS, 2e chanteuse.
WILLIM, chanteuse de genre.
DUMAY, duègne.

Comédie

MM.
LONGPRÉ, 1er rôle.
DUCRESNOIS, 1er rôle jeune.
FRESPECH, jeune 1er.
LINEVAL, amoureux.
MOREAU, père noble.
BEULÉ, 3e rôle.
FRANCIS, 1er comique.
MALLEVILLE, comiq. grime.
DEVAUX, 2e comique grime.
LUDOVIC, utilités.

Mmes
MARTY, 1er rôle.
de LAVAUX, 1er rôle jeune.
CIFOLELLI, jeune 1re.
AMESLANT, ingénuité.
CLEMENCE, jeune 1re.
PÉRILLET, mère noble.
GILBERT, coquette.
WILLIM, soubrette.
CHALONT, amoureuse.

Delavigne et Mme Guérinot tombèrent. Ils furent remplacés par Verneuil et Mme Lyonnel.

Le 30 octobre une représentation eut lieu au bénéfice de Déjazet, qui, malgré son grand âge, — elle avait alors 76 ans, — avait conservé tout son talent et tout son esprit. Elle se fit applaudir dans *M. Garat*. L'excellente artiste, qui était adorée à Nantes, fut couverte de bouquets. Pendant l'intermède, des stances de notre confrère M. Léon Séché furent lues en son honneur.

Les vers suivants furent particulièrement applaudis :

> Le siècle tout entier a passé dans ta vie,
> Tu vécus tant que rien ne te fait plus envie,
>   En dehors des êtres aimés.
> Riche et pauvre à la fois, tu bus dans tous les verres,
> Et Dieu seul avec toi sait combien de misères
>   Tu soulageas les yeux fermés.

Notre compatriote M. Gaston Serpette vint conduire la première d'une de ses œuvres : la *Branche Cassée*. Plusieurs palmes lui furent offertes.

La troupe des Italiens de Paris donna quelques représentations somnolentes pendant le mois de février.

En fait de nouveautés on joua : la *Jolie Paysanne*, la *Timbale d'Argent*, *Giroflée Girofla*, la *Petite Marquise*, M*me* *l'Archiduc*, les *Deux Orphelines* et la *Fée aux Miettes*.

M*mes* Favart, Léonide Leblanc, Agar ; Brasseur vinrent en représentation.

XXV

DIRECTIONS : COULON, — BELLEVAUT, COULON, — LEMOIGNE

(1875-1880)

De toutes parts on réclamait le rétablissement de la subvention. Les journaux menaient en sa faveur une vive campagne. L'Administration comprit qu'on ne pouvait différer plus longtemps. Une Commission fut nommée pour étudier la question en même temps que celle de l'achat du Théâtre de la Renaissance. Dans la séance du 14 mars 1875, le Conseil adopta, à la presque unanimité, les conclusions du rapport. La Ville prenait à sa charge, le paiement de l'orchestre, des chœurs et du gaz, jusqu'à concurrence de 85,560 francs. La campagne d'hiver était fixée à huit mois, de septembre à avril. La campagne d'été ne devait durer que deux mois. Le directeur pouvait disposer de la Renaissance, sauf pendant les deux mois du cirque, moyennant un droit de 5 0/0 sur la recette. Un nouveau mode de débuts fut adopté. Etaient appelés à juger les artistes : les abonnés à l'année et une Commission de vingt membres nommés par le Maire.

La ville choisit pour directeur M. Coulon, qui venait d'Anvers où il était très apprécié. Il fut nommé pour sept ans, avec facilité de résiliation des deux parts avant le 15 février.

Avec la direction Coulon, le Grand-Théâtre entra dans une période brillante et féconde, dont les Nantais se souviendront longtemps.

SAISON 1875-1876

MM.
COULON, DIRECTEUR.
CH. BUZIAU, chef d'orchestre.
SCOTT, régisseur.

Opéra

MM.
TOURNIÉ, fort ténor.
FORNT, ténor léger.
TRILLET, 2º ténor léger.
BEN-ABEN, baryton.
PONS, basse noble.
DAUPHIN, basse chantante.
COLIN, Id.
CHARLES, trial.
BOULÈGE, laruette.

Mmes
CAROLINE MÉZERAY, 1ʳᵉ chanteuse légère.
FORNT-BRIOL, chanteuse légère.
COLLIN, falcon.
BALKA, contralto.
PARENT, dugazon.
DEBER, 2º dugazon.
HENAULT, duègne.

Ballet

Mmes
GUERRA, maîtresse de ballet.
E. VERGANI, 1ʳᵉ danseuse.
N. VERGANI, 2º id.

Comédie

MM.
DEPAY, 1ᵉʳ rôle
DURIEZ, jeune 1ᵉʳ
MONTAIGNAC, jeune 1ᵉʳ.
MARMIGNON, amoureux.
LONGPRÉ, 2º rôle.
DELCROIX, 3º rôle.
DOUAT, 1ᵉʳ comique.
DOLIAT, id.
LAURENT, id.
GACOU, id.
FRELENT, jeune amoureux.

Mmes
SMITH, jeune 1ʳᵉ.
MARTY, 1ᵉʳ rôle
SUBRA, jeune 1ʳᵉ
PROTAT, soubrette.
JACMET, ingénuité.
BRAUCIEZ, grande-coquette.
FRESPECH, 2º soubrette.
CATEL, amoureuse.
DOCRAT, duègne.

PRIX DES PLACES :

Fauteuils et loges de face, 5 fr. — Fauteuils et loges de côté, 4 fr. — Fauteuils d'orchestre et baignoires, 4 fr. — Parquet et deuxième, 3 fr. — Parterre et deuxième de côté, 2 fr. — Troisième, 1 fr. — Quatrième, 50 centimes.

M. Charles Buziau prit cette année-là possession du pupitre de chef d'orchestre qu'il occupa pendant quinze ans. C'était un excellent musicien, un harmoniste des plus distingués. Il ne tarda pas à être apprécié à sa juste valeur. Quand Édouard Garnier donna sa démission de professeur d'harmonie au Conservatoire, il fut appelé à lui succéder.

Quelques mots maintenant sur les excellents artistes de cette troupe.

Tournié a laissé parmi nous un souvenir difficile à effacer. Joli garçon, bon acteur, il possédait une belle voix de ténor, facile, bien posée. Fils d'un modeste chanteur du théâtre de Toulouse, il fit d'abord parti du théâtre du Capitole, comme violoncelliste. S'étant découvert une voix, il aborda la carrière lyrique. Coulon l'avait amené d'Anvers où il avait eu beaucoup de succès. A Nantes, il remporta de véritables triomphes. Ses meilleurs rôles étaient Robert, Raoul et Fernand.

La basse chantante Dauphin était aussi lui un excellent artiste, parfait sous le double rapport de chanteur et de comédien.

Pons, que l'on connaissait déjà et dont la voix avait encore gagné en ampleur, partagea pendant la campagne la faveur du public avec ses camarades Tournié et Dauphin.

Ces trois artistes furent reçus à l'unanimité moins une voix ; celle d'un abonné grincheux qui, par principe, votait toujours non.

Caroline Mézeray possédait de nombreuses qualités, mais sa voix était fatiguée. Elle n'obtint que deux voix au scrutin. Une chute aussi complète était injuste. Le lendemain de son échec elle remporta dans la *Juive* un vrai triomphe ; mais le public protesta vainement et le vote fut maintenu. Elle fut remplacée par Mlle Séveste, une chanteuse accomplie, alors dans toute la plénitude de son talent. Le rôle de Violetta lui était particulièrement favorable. Dans le courant de la saison elle fit une incursion dans l'opérette et chanta Clairette de la *Fille de Madame Angot*.

Mme Collin échoua ainsi que sa remplaçante Mme Deville. La succession de ces deux artistes fut recueillie par la troisième des sœurs Mézeray, Reine. C'était une vraie famille d'artistes que celle des Mézeray. Le père était chef d'orchestre à Bordeaux ; trois des filles étaient chanteuses de talent, — Cécile finit même par être engagée à l'Opéra-Comique, — une quatrième était harpiste et fit plus tard partie de notre orchestre. La jolie voix de Reine Mézeray ne tarda pas à lui conquérir tous les suffrages. Comme femme elle était fort séduisante. Dans *Mignon* qu'elle joua en dehors de son répertoire, elle a laissé d'excellents souvenirs.

Mme Balka et Ben-Aben tombèrent et furent remplacées par Mme Théoni et Rougé, déjà avantageusement connu.

Dans la comédie, citons M. Depay et Mme Smith.

Au mois de mars Tournié étant tombé malade, fut remplacé par un nommé Donati qui débuta dans

Guillaume Tell. Cet artiste était tellement scandaleux, que sur l'ordre de la municipalité on remplaça après le 1er acte *Guillaume Tell* par *Mignon*.

A une représentation des *Huguenots*, Pons s'étant trouvé indisposé pendant le 1er acte, Coulon qui jadis avait été basse, le suppléa.

Un commencement d'incendie qui pouvait devenir grave, se produisit un soir à l'acte de la tente du *Prophète*. La lampe d'esprit de vin placée sur la table fut renversée. L'alcool prit feu et une flamme assez élevée lécha le décor. Pons essaya en vain de l'éteindre avec son chapeau, des choristes vinrent à son aide et l'on parvint après un certain moment à écarter tout danger. Il y eut dans la salle un moment de vive émotion. Tous les esprits étaient encore sous le coup de l'incendie du théâtre de Rouen qui venait d'avoir lieu.

A partir de cette année, on coupa définitivement dans les *Huguenots* le tableau du bal. *Faust*, fut joué pour la première fois avec les récitatifs. Jusqu'à cette époque, la version opéra-comique avait été conservée. Une reprise de *Moïse*, bien interprétée pourtant avec Tournié, Rougé, Pons et Reine Mézeray, n'eut pas un très grand succès.

Pendant ces dernières années, deux journaux de théâtre s'étaient fondés : *la Lorgnette*, rédigé par M. Léon Séché, et *Nantes-Théâtre*, rédigé par M. Brisson, aujourd'hui directeur des *Annales Politique et Littéraire*. Ces deux journaux ne devaient avoir que peu de numéros.

Pendant la campagne 1875-76, une nouvelle feuille musicale, *Nantes-Lyrique* fit son apparition. Contrairement à toutes celles qui l'avaient précédée, elle était née viable. Depuis lors elle paraît toujours.

L'*Etrangère*, la *Reine Indigo*, la *Petite Mariée*, furent les nouveautés de la saison.

Mmes Agar, Bloch, de Belloca et Scriwanech vinrent donner des représentations.

TOURNÉES. — *La Fille de Roland*, Mme Théo, Brasseur, Lassouche, Daubray.

Pendant mai et juin, une troupe d'opérette, avec Zulma Bouffard et le ténor Puget, se fit applaudir à Graslin.

∴

M. Coulon ne conserva pas la direction l'année suivante. Il fut remplacé par M. Bellevaut.

Comme subvention, la ville prenait à sa charge: 1° L'éclairage jusqu'à concurence de 1,400 francs par mois; 2° les choristes (18 hommes, 16 femmes) jusqu'à concurrence de 3,420 francs; 3° l'orchestre (40 musiciens), jusqu'à concurrence de 5,405 francs. Une troupe de comédie n'était pas exigée, ce qui était un avantage. Si peu cher que coûtât une troupe de comédie et de drame, elle coûtait encore plus qu'elle ne rapportait. La municipalité se réservait le droit de disposer de l'orchestre et des chœurs deux fois par mois dans la journée, afin de donner des concerts populaires.

SAISON 1876-1877

MM.
BELLEVAUT, DIRECTEUR.
BUZIAU, chef d'orchestre.
MERLE, régisseur.

MM.
GARNIER, fort ténor.
DEFRIANT, ténor double.
LAURENT, ténor léger.
BARBE, 2e ténor léger.

MM.
NOÉ, 3ᵉ ténor léger.
CHARLES, trial.
GUILLEMOT, baryton.
GHELYNS, baryton d'opéra-comique.
DARTES, basse.
ISAAC, basse chantante.
NEULAT, 2ᵉ basse chantante.
BOULÈGE, larruette.
POITEVIN, 3ᵉ basse.

Mᵐᵉˢ
LACOMBE-DUPREZ, 1ʳᵉ chanteuse légère.
BOSC, chanteuse légère.

Mᵐᵉˢ
DE GÉRADON, falcon.
RIFF, contralto.
ROBERT, dugazon.
NEULAT, duègne.
MERLE, 2ᵉ dugazon.

Ballet

M.
GRIÉTENS, maître.

Mᵐᵉˢ
GRIÉTENS, 1ʳᵉ danseuse.
RORTAIN, 2ᵉ danseuse.

Cette troupe était bien inférieure à celle de l'année précédente. Elle renfermait pourtant deux artistes de premier ordre : Mᵐᵉ Lacombe-Duprez et Guillemot.

Mᵐᵉ Lacombe était la nièce du fameux Duprez et son élève. Elle possédait une magnifique voix de chanteuse légère, d'un timbre éclatant et pur, d'une justesse impeccable. Malheureusement comme comédienne elle était d'une froideur outrée. Malgré tout elle fut reçue à l'unanimité, l'abonné grincheux étant absent ce jour-là. En quittant Nantes elle alla à l'Opéra-Comique, puis à l'Opéra.

Guillemot était, que dis-je? est encore, un de nos meilleurs barytons de province. Sa voix pleine et sonore qu'il maniait avec une habileté rare était des plus sympathiques. Très bon acteur, il savait, contrairement à Mᵐᵉ Lacombe-Duprez, se mettre en communication avec le public dont il devint bientôt l'idole. Il est peu d'artistes à avoir laissé à Nantes d'aussi bons souvenirs.

Les chutes furent nombreuses et la période des débuts mouvementée. Garnier, Laurent, Ghelyns, Defriant, Boulège, Isaac, Darlès, Mmes de Géradon, Boso, Riff, restèrent sur le carreau.

Après une représentation de *Robert* véritablement scandaleuse avec MM. Morère, Depotier, Mmes Moreau et Leverrier, artistes engagés pour remplacer les victimes du scrutin, le maire écrivit au directeur une lettre sévère qui se terminait ainsi : « Notez que s'il n'y a à bref délai un changement dans l'état des choses, je fermerai les théâtres. Cette menace ne sera pas plus vaine que les précédentes. »

Enfin furent reçus MM. Carrière, fort ténor ; Maës, ténor double ; Caubet, ténor léger ; Tapiau, basse ; Fronty, basse chantante ; Maupas, seconde basse ; Mmes Redouté, chanteuse légère ; Moreau, falcon. La contralto fut plus difficile à trouver. On entendit successivement Mmes de Graëf, Peyret, Denain, Wery. Cette dernière nous demeura.

Parmi les nouveaux artistes, signalons Caubet qui avait une assez jolie voix, Tapiau et enfin Maupas, une seconde basse de 1re ordre qui devait revenir sous la direction Gravière.

Le ténor Carrière étant tombé malade, M. Bellevaut engagea alors Warot. La voix de ce ténor n'était certainement pas parfaite et sous ce rapport je connais vingt cabotins qui lui sont supérieurs. Mais Warot possédait quelque chose qui vaut mieux qu'un organe extraordinaire : un talent complet et admirable de chanteur et de comédien. Son style était superbe, sa diction magnifique, son jeu plein de chaleur et de vérité. Qui ne se rappelle de Warot, dans le *Prophète*, racontant son rêve aux anabaptistes et fascinant sa mère ?? C'était absolument merveilleux !! Et l'Africaine, et la *Juive*, et le 4ᵉ acte des *Huguenots !* Autant de rôles, autant de triomphes. Warot était un grand et véritable artiste. Retiré aujourd'hui du théâtre, il est professeur au Conservatoire de Paris. L'honneur est pour l'établissement.

A la fin de mars l'engagement de Warot pris fin. Son successeur fut M. Vitaux, un ténor doué d'une voix éclatante.

Le 2 avril 1877, l'*Hamlet* de M. Ambroise Thomas, fut représenté avec succès. Mᵐᵉ Lacombe-Duprez fut admirable au point de vue du chant, dans le rôle d'Ophélie. Guillemot chanta et joua avec un très réel talent le rôle d'Hamlet qui est demeuré l'un de ses meilleurs. Le reste de l'interprétation confiée à Mᵐᵉ Moreau, Tapiau, Barbe, Fronty était bonne. Les décors étaient beaux et furent très admirés.

Un accident qui n'eut heureusement pas de suites graves arriva un soir pendant le défilé de la *Juive*. Un cheval effrayé se cabra et tomba dans l'orchestre, au-dessous de la loge municipale. Cheval et cavalier se relevèrent sans grand mal. Les musiciens eurent aussi la chance de s'en tirer à bon compte. Il fallut un temps assez long pour retirer l'animal de l'orchestre. On n'y arriva pas sans difficultés.

Mᵐᵉ Dereims-Devriès vint en représentation.

Tournées : *L'Ami Fritz*, *Bébé*, *Dora*, *l'Aventurière* (Mᵐᵉ Favart), *l'Helmann* (Marie Laurent), la troupe des Variétés.

Au point de vue financier, cette campagne fut désastreuse. M. Bellevaut ne put payer ses artistes et quitta Nantes ruiné. Il est aujourd'hui régisseur dans un théâtre de drame à Paris. Il consacre, chaque mois, une partie de ses appointements à éteindre ses dettes. Tous ses anciens artistes prennent plaisir à rendre hommage à sa probité.

.·.

M. Coulon obtint de nouveau la direction pour la campagne 1877-78. La Ville, tout en fournissant la même subvention, exigeait cette fois-ci une troupe de comédie.

SAISON 1877-1878.

MM.
COULON, DIRECTEUR.
BUZIAU, chef d'orchestre.
LEBLANC, régisseur.

Opéra

MM.
DORIA, fort ténor.
TRÉMOULET, ténor léger.
LAIDET, 2ᵉ ténor léger.
GUILLEMOT, baryton.
AUGER, baryton d'opéra-com.
PLAIN, basse noble.
DANGON, basse chantante.
FONDANT, 2ᵉ basse chantante.
TAILLARD, trial.
BOULAND, laruette.

Mᵐᵉˢ
FÉLICIE ARNAUD, 1ʳᵉ chanteuse légère.
SARAH LEWINE, 2ᵉ chanteuse légère.
LESLINO, falcon.
REGGIANNI, contralto.
FALCONNET, dugazon.
E. LEROUX, 2ᵉ dugazon.
NEULAT, duègne.

Ballet

M.
D'ALESSANDRI, maître.

Mˡˡᵉˢ
ISABELLA OTTOLINI, 1ʳᵉ dans.
GINA OTTOLINI, 2ᵉ danseuse.

Comédie

MM.
SERRET, 1ᵉʳ rôle.
JOISSANT, jeune-premier.
WILLIAM, 2ᵉ amoureux.
CARPON, amoureux.
REYNIER, 2ᵉ amoureux.
FRUMENU, 3ᵉ rôle.
VOYEZ, père noble.
BEJUY, 1ᵉʳ comique.
BENINGARD, 1ᵉʳ comique.
LEPOUX, comique.
LEPRIN, comique.
LUDOVIC, grime.

Mᵐᵉˢ
AYMÉE, 1ᵉʳ rôle.
SANON, jeune-première.
JOISSANT, 1ᵉʳ rôle.
LEROUX, ingénuité.
M. AYMÉE, amoureuse.
CHAMEROY, soubrette.
PHILIPPE, amoureuse.
TROYES, coquette.
CHAPP, jeune-coquette.
MARVAL, duègne.

Cette troupe, quand les débuts l'eurent épurée, fut excellente.

Doria avait une assez jolie voix, mais pas l'ombre de talent. Pourtant il fut reçu à l'unanimité. Le scrutin a de ces surprises. Trémoulet lui était bien supérieur. Il possédait un organe agréable et était bon musicien et bon comédien.

Plain avait une superbe voix de basse, un peu pâteuse cependant. Bouland, un laruette fort drôle, se fit applaudir aussi très justement. A cette époque, il venait de se marier. Sa jeune et charmante femme se tenait au contrôle avec Mme Coulon. Personne ne se doutait alors que dix ans plus tard Mme Bouland fanatiserait les Nantais par son talent fin et sympathique.

Mme Félicie Arnaud avait une voix adorable dont elle se servait avec un grand talent ; c'était, de plus, une ravissante actrice. Alma Reggiani a laissé, elle aussi, d'excellents souvenirs parmi nous. Son organe de contralto était un peu faible, mais elle savait en tirer un excellent parti. De plus, elle était fort jolie femme et fit tourner bien des têtes. Elle alla plus tard à l'Opéra-Comique, où elle créa, dans la *Nuit de Cléopâtre*, le rôle de Charmion. Elle est morte quelques années après, en pleine possession de son talent, enlevée par une cruelle maladie de poitrine.

Mmes Leslino et Sarah Lewine échouèrent. Elles furent remplacées, la première, d'abord par Mme Dupuy, puis par Mlle Reine Mézeray, qui fut accueillie avec enthousiasme ; la seconde, par Mlle de Mollens. Cette chanteuse fut très appréciée. Elle quitta le théâtre quelques années plus tard pour épouser notre concitoyen M. Pelletier. Elle est aujourd'hui l'un des professeurs de chant les plus estimés de Nantes.

Le 2ᵉ ténor Laidet, un Nantais, ne fit pas mentir le proverbe et fut remplacé par Rozeral. Mˡˡᵉ Dufau succéda à Mᵐᵉ Falconnet, qui tomba elle aussi.

Le ballet de la *Nuit du Walpurgis*, que Gounod avait ajouté à la partition de *Faust* pour les représentations de l'Opéra, fut enfin joué à Nantes, sous cette direction. Le corps de ballet cette année-là était de premier ordre. M. d'Alessandri savait en tirer un excellent parti. Les ravissantes sœurs Ottollini, aujourd'hui à l'Académie nationale de Musique, remportèrent de nombreux et légitimes succès.

La seconde direction Coulon fut fertile en grandes nouveautés. La première qui nous fut offerte fut *Paul et Virginie* (3 décembre 1875). Cet opéra, légèrement soporifique, remporta néanmoins un certain succès, grâce à l'excellence de son interprétation, confiée à MM. Trémoulet, Dangon, Gack, Mᵐᵉˢ Arnaud et Reggiani.

Aïda, le chef-d'œuvre de l'école italienne moderne, fut représenté le vendredi 28 février 1878. Mézeray et Reggiani étaient excellentes dans les rôles d'Aïda et d'Amnéris. Guillemot, dans Amonasro, les secondait admirablement. Doria, Plain, Dangon et Mˡˡᵉ Lewine complétaient une bonne exécution. N'oublions pas les deux Ottollini, fort jolies sous le costume égyptien. L'orchestre, sous l'habile direction de Buziau, se surpassa. Les décors, peints par Bernier, étaient des plus réussis. L'opéra de Verdi eut un grand succès.

Un autre chef-d'œuvre, aujourd'hui adoré des Nantais, reçut tout d'abord un accueil assez froid. Je veux parler de *Carmen*, donné au bénéfice de Trémoulet, le 24 avril 1878. La première fut médiocre ; la pièce n'était pas à point. Trémoulet fit un excellent Don José, Mézeray une piquante Carmen, cependant la tessiture du rôle était un peu basse pour elle; il eût mieux convenu à Reggianni. Mlle Arnaud était une charmante Micaëla. Les autres rôles étaient confiés à Dangon, Bouland, Taillard, Gack, Grondaut, Mlles Dufau et Leroux.

Les premières représentations de ces trois opéras eurent lieu à la Renaissance.

Les *Cloches de Corneville* (9 mai 1878), jouées au bénéfice de Bouland, excellent dans le bailli, remportèrent un éclatant succès. Guillemot s'était chargé du rôle du marquis et y remporta un vif succès. Les rôles de femmes étaient tenus par Mlle de Mollens, dont la nature s'accordait peu avec l'opérette, et Mlle Dufau.

A la suite des incidents qui eurent lieu à la Renaissance à propos de *Marceau*, différentes manifestations, peu sérieuses, eurent lieu au Grand-Théâtre. Mlle Mézeray avait refusé de chanter la *Marseillaise* dans ce drame aussi ennuyeux que patriotique. Les légitimistes saisirent l'occasion aux cheveux. Ils assaillirent Mlle Mézeray de bouquets blancs ornés de longs rubans immaculés ; les républicains répondirent en envoyant à Mlle Reggiani des bouquets aux couleurs tricolores. C'était alors une lutte d'applaudissements entre les deux partis. Pendant quelques représentations, ces enfantillages égayèrent les spectateurs indifférents à la politique.

Guillemot joua *Hamlet* pour son bénéfice. Ce fut un triomphe véritable. L'excellent artiste fut couvert de palmes et de couronnes.

Un incident assez comique signala la représentation. On vit tout à coup un spectateur des quatrièmes se lever en s'écriant : « Tiens Guillemot, je n'ai que ma casquette à te donner ; la voilà. » Et il jeta son couvre-chef sur la scène. Ce bizarre hommage fut des plus sensibles au baryton qui a conservé toujours la casquette graisseuse de son humble admirateur.

Cette saison si artistique fut très mauvaise sous le rapport financier. Dans les premiers jours de mai, Coulon fut déclaré en faillite. Les artistes, réunis en société, achevèrent la campagne.

Laura Harris, Galli-Marié, Couturier vinrent donner des représentations. Les autres nouveautés furent *Graziella*, *Charlotte Corday*, *Une cause célèbre*, le *Réveillon*.

Tournées : *Hernani*, les *Fourchambault*.

La ville prit à son compte les décors de *Paul et Virginie* et d'*Aida*.

***

M. Lemoigne fut nommé directeur pour la campagne suivante.

SAISON 1878-1879

MM.
LEMOIGNE, DIRECTEUR.
BUZIAU, chef d'orchestre.
ÉMILE, régisseur.

Opéra

MM.
DELABRANCHE, fort ténor.
DEREIMS, ténor léger.

MM.
DE QUERCY, 2ᵉ ténor léger.
GUILLEMOT, baryton.
FRÉDÉRIC BOYER, baryton d'opéra-comique.
PLAIN, basse noble.
BADIALI, basse chantante.
DUBOSC, 2ᵉ basse chantante.
DUBOUCHET, trial.
MATRAY, laruette.

Mmes
DEREIMS-DEVRIÈS, chanteuse légère.
BELGIRARD, falcon.
DE BASTA, contralto.
DE MOLLENS, chant. légère.
NALDI, dugazon.
DUBOUCHET, duègne.
CORALIE GEOFFROY, chanteuse d'opérette.

Ballet

M.
THÉOPHILE, maître de ballet.

Mmes
PIASCOLLI, 1re danseuse.
PASSANI, 2e danseuse.

Comédie

MM.
ARÈNE, 1er rôle.
VIENNE, jeune 1er.
LINEVAL, jeune 1er.
DE KENDER, amoureux.
PROSPER, père noble.
GROSEILE, 3e rôle.
BEJUY, comique.
LECOURT, comique.
ROLLIN, comique.

Mmes
LORNIANI, 1er rôle.
MILLER, jeune 1re.
CLAUDIA, jeune 1re.
CARINA, ingénuité.
LEROY, ingénuité.
DERVAL, soubrette.
KLEBER, coquette.
DUCHESNE, duègne.

Cette troupe était fort bonne en son ensemble. Il n'y eut pas de chutes. Delabranche était un fort ténor de valeur ; sa voix était claire et vibrante et il chantait avec beaucoup de style. Dereims, aussi lui, était excellent. Pourtant il était préférable dans les rôles de demi-caractère ; le répertoire de ténor léger proprement dit lui allait moins bien. Cet artiste entra plus tard à l'Opéra. Frédéric Boyer, baryton d'opéra-comique de premier ordre, étant tombé malade fut forcé de partir. Rappelons aussi le nom du trial Dubouchet, si fin, si amusant dans tous ses rôles.

L'étoile du côté des femmes était Mme Dereims-Devriès, chanteuse légère, d'un talent tout à fait exceptionnel, douée d'une voix magnifique, d'une virtuosité hors ligne. Cette admirable cantatrice était malheureusement desservie par un embonpoint extrême. Les autres emplois étaient fort bien tenus par des chanteuses qui sans avoir la haute valeur de Mme Dereims, ne manquaient pas pourtant d'un certain talent.

Le *Petit Duc* remporta un vif succès avec Mᵐᵉ Coraly-Geoffroy et Dubouchet.

Un mauvais opéra de Verdi : les *Brigands*, éprouva un échec mérité. A la seconde représentation de cet opéra, il y eut dans la salle une vive panique. Pour produire un lever de soleil, on employait un certain mélange d'oxygène et d'hydrogène. Par suite d'une imprudence, une retentissante explosion éclata à la fin du 1ᵉʳ acte. Le gazier fut blessé, différents objets furent brisés. On juge de la peur qui s'empara des spectateurs plongés dans l'obscurité. Le gazier aussitôt l'explosion avait, par prudence, éteint immédiatement le gaz. Enfin, on n'eut pas d'autre accident à déplorer ; la salle était presque vide, l'opéra de Verdi n'ayant attiré personne. Ce soir-là les *Brigands* furent utiles à quelque chose.

Don Juan fut repris au bénéfice de Guillemot. L'interprétation du chef-d'œuvre de Mozart manquait de cohésion et ne répondit pas à l'attente des spectateurs. *Qui se ressemble s'assemble*, une piécette spirituelle de notre concitoyen M. Alfred Guillon, fut jouée plusieurs fois avec succès.

Au point de vue financier, cette campagne ne fut pas plus heureuse que la précédente. Des créanciers récalcitrants firent mettre M. Lemoigne en faillite, le 29 mars. C'était l'année de l'exposition, le public avait peu suivi le théâtre et la troupe coûtait fort cher.

Tournié, Mˡˡᵉ de Stuckli vinrent en représentation.

Nouveautés : le *Grand Casimir*, la *Boîte à Bibi*, les *Provinciales à Paris*, enfin *Nous allons à Paris*, revue par deux nantais MM. Laurencin et Ordonneau.

Tournées : *Ruy-Blas*, le *Roi s'amuse*, les *Four-*

chambault, *Tancrède*, *Rodogune* (Agar), les *Bourgeois de Pont-Arcy*, les *Lionnes pauvres*, le *Fils Naturel*.

*

Le Théâtre Graslin avait besoin d'urgentes réparations. Une réfection complète de la salle s'imposait aussi. Le Conseil municipal, dans sa séance du 8 mars 1879, décida d'affecter la subvention théâtrale à sa réparation. La Renaissance était donnée sans subvention à un directeur.

Le Grand-Théâtre resta donc fermé pendant la campagne 1879-1880.

L'ancienne charpente qui menaçait ruine fut entièrement remplacée par une charpente en fer. On remit en état les loges des artistes qui étaient dans un état de saleté vraiment repoussant. On agrandit le foyer de la scène et on le remeubla à neuf. Les lourdes cariatides qui supportaient les avant-scènes furent supprimées et remplacées par des colonnes ioniennes. Les loges de première furent refaites, mais le nouvel aménagement les rendit sombres comme des baignoires. On s'aperçut de cet inconvénient, mais une fois les travaux achevés. On décida alors de les éclairer au moyen de boules lumineuses. Ce projet ne fut pas mis immédiatement à exécution. On dut attendre l'installation de la lumière électrique, c'est-à-dire onze ans. Les loges qui, dans tous les théâtres sont les places les plus brillantes et les plus en vue, furent au contraire, à Nantes, les places les plus obscures, avec les baignoires, bien entendu. La salle est peinte en or et en vert sur un fond saumon. Elle est entièrement tapissée de rouge.

Le balcon est orné des médaillons des grands poëtes et des grands musiciens reliés entre eux par des guirlandes. Un nouveau lustre, plus petit que le précédent, mais permettant de bien voir le plafond, fut installé aussi. Le plafond, commandé au peintre Bertaux, ne fut pas prêt pour la réouverture. Les fauteuils et les banquettes furent entièrement refaits. Dans le foyer du public, on construisit une cheminée monumentale surmontée du buste de Graslin. En face on plaça une jolie statuette d'Apollon en bronze. Les murs de ce foyer sont divisés en panneaux, les uns tendus d'étoffes de soie avec des sujets lyriques, les autres ornés de glaces. En face du foyer, du côté de la rue Corneille, on établit un vaste buffet. Deux nouveaux rideaux furent peints par Rubé et Chaperon : le premier est le rideau classique : draperie rouge, broderie et frange d'or ; le second, représente un parc avec des statues et des balustres.

Toutes les réparations furent faites sous les ordres de l'architecte de la ville, M. Demoget. Elles s'élevèrent à 92,000 francs. Dans ce chiffre n'est pas compris le prix du plafond qui coûta 10,000 francs.

XXVI

DIRECTIONS : GRAVIÈRE, — LAFON, GAULTIER, — SOLIÉ

(1880-1885)

Les faillites successives des derniers directeurs décidèrent l'Administration à élever la subvention. Le 8 mars 1880, le Conseil municipal porta le subside théâtral à 120,000 francs. D'après le nouveau cahier des charges, la campagne était de sept mois ; la comédie était supprimée, mais deux représentations par mois de troupes de passage étaient exigées ; le directeur devait monter dans la saison deux œuvres nouvelles : un grand opéra et un opéra-comique ; enfin, immense avantage, la ville s'engageait à ne pas autoriser la présence d'un cirque sur la place Bretagne.

Rien que cette clause équivalait, au bas mot, à une augmentation de 15,000 francs. Le mode de débuts restait le même (abonnés et une Commission de 20 membres).

M. T. Gravière fut nommé directeur. Ce choix fut des plus heureux. La campagne 1880-81 restera célèbre dans les fastes de notre théâtre. Depuis, jamais notre première scène n'a brillé d'un éclat pareil.

SAISON 1880-81

MM.
T. GRAVIÈRE, DIRECTEUR.
LABATTE, secrétaire-général
BUZIAU, chef d'orchestre.

MM.
WAROT, fort ténor.
SERAN, ténor léger.
RICHARD, 2° ténor léger.
COUTURIER, baryton.
YTRAC, baryton d'opéra-comique.
GUILLABERT, basse noble.
J. BOYER, basse chantante.
MAUPAS, 2° basse chantante.
BARBARY, trial.
DARTHENAY, laruette.

Mmes
VAILLANT - COUTURIER, 1re chanteuse légère.
CHEVRIER, falcon.
JEANNE FOUQUET, chanteuse légère.
SBOLGI, contralto.
VEGLIANI, dugazon.
BARBARY, 2° dugazon.
WILFERT, duègne.
PERRAT, 2° chanteuse.

Ballet

MM.
D'ALESSANDRI, maître de ballet.
DAUMAS, danseur comique.

Mmes
D'ALESSANDRI, 1re danseuse
BAVA, 2° danseuse.

J'ai déjà parlé de MM. Warot, J. Boyer et Maupas. Il est donc inutile que je revienne sur ces excellents artistes qui furent revus avec enthousiasme. Cette troupe contenait une collection de jolies femmes et de chanteuses de talent. Mme Vaillant-Couturier, dans tout l'éclat de sa jeunesse et de sa radieuse beauté blonde, ne tarda pas à se créer de nombreux admirateurs. Douée d'une très jolie voix d'une pureté ravissante, elle n'avait pas encore comme artiste tout le talent qu'elle devait acquérir plus tard. Moins poétiquement jolie que Mᵐᵉ Vaillant, Mˡˡᵉ Fouquet n'en était pas moins charmante. Cette cantatrice, d'un tempérament très artistique, possédait un organe fort beau et très étendu qui lui permettait d'aborder avec bonheur des rôles très différents comme emploi. C'est ainsi que nous eûmes le plaisir de l'entendre tour à tour chanter dans les *Huguenots* Marguerite, le page et Valentine. Mˡˡᵉ Chevrier, une falcon de premier ordre, sous le double rapport de la voix et du jeu, complétait le trio qu'un vieil abonné galantin avait surnommé les trois grâces. Malheureusement, nous ne profitâmes pas longtemps de la présence de Mˡˡᵉ Chevrier. Dans le courant de décembre, cette excellente artiste tomba malade et fut obligée de quitter Nantes suivie des regrets de tous. Différentes falcons, Mᵐᵉˢ Pitteri, Leslino, Panchioni, tinrent pendant quelques soirées l'emploi dans le courant de la saison, mais la falcon réelle fut Jeanne Fouquet.

Le ténor Séran, qui avait jadis chanté à Graslin pendant une saison d'été, revint en possession complète d'un superbe talent. Sa voix était fort belle et fort agréable; malheureusement, l'homme était laid et sans distinction. Pourtant, à force de talent, il arrivait à faire oublier son physique désavantageux. Couturier, baryton de beaucoup de style, comédien rempli de feu, Guillabert, bonne basse à la voix pleine et vibrante, Richard, charmant second ténor, méritent aussi des mentions spéciales. Tous les autres artistes tenaient leurs emplois d'une façon des plus convenables. Mlle Vegliani, la dugazon, fit une fugue avant même d'avoir débuté et fut remplacée par Mme Cavé-Rivenez.

La saison s'ouvrit par la première représentation de *Mireille* (29 septembre 1880). Une indisposition de Warot ayant empêché de donner la *Juive*, M. Gravière ne craignit pas de rompre avec la tradition et il eut mille fois raison. Le charmant opéra-comique de Gounod remporta un vif succès. Son interprétation était d'ailleurs admirable. Mme Vaillant était la plus ravissante Mireille qu'on pût imaginer. Séran, Justin Boyer, Ytrac, Maupas, Mmes Marie Lyonnel et Barbary, se firent justement applaudir.

La seconde nouveauté fut *Jean de Nivelle* (27 novembre 1880). C'était la première représentation de la version avec récitatifs. Plusieurs Parisiens, entre autres MM. A. Gouzien, Paladilhe, Heugel, avaient fait exprès le voyage de Nantes. Léo Delibes fut traîné sur la scène où il reçut de nombreuses palmes et couronnes. L'interprétation confiée à Mmes Vaillant, Sbolgi, Cavé-Rivenez, MM. Séran, Couturier, Boyer, Maupas, était fort bonne. Cet opéra eut un certain succès de première qui ne se maintint pas dans la suite.

Mme Vaillant remporta un nouveau triomphe dans *Philémon et Baucis*, joué pour la première fois, le 13 décembre 1880. Les autres rôles étaient très bien tenus par Séran, Boyer et Maupas.

Polyeucte fut donné à la Renaissance le 23 avril 1881 au bénéfice de Warot. L'éminent ténor était superbe dans le rôle du mari de Pauline. L'interprétation des autres rôles était confiée à Séran, Couturier, Guillabert, Boyer, à Mmes Fouquet et Wilfert, c'est dire qu'elle était excellente. Malgré cela, l'opéra de Gounod ne fut pas compris. Les beautés sévères de cette œuvre inégale, mais très intéressante, ne plurent pas aux Nantais.

Plusieurs opérettes nouvelles furent jouées aussi cette année-là. Mme Vaillant-Couturier, qui consentit à se charger de rôles en dehors de son emploi, fit beaucoup pour leur succès.

La Fille du Tambour-Major eut de nombreuses représentations. On joua aussi *Pomme d'Api, la Mère des Compagnons* et les *Mousquetaires au Couvent*. Cette dernière pièce, jouée à l'époque de l'expulsion des capucins, donna lieu à de légères manifestations et fut retirée de l'affiche.

Aïda fut reprise avec succès. Warot et Jeanne Fouquet s'y montrèrent excellents. *Carmen* reparut elle aussi sur l'affiche et remporta cette fois un triomphe complet. Le chef-d'œuvre de Bizet est aujourd'hui l'un des opéras favoris des Nantais. Mlle Fouquet était une merveilleuse Carmen ; Sérau, Boyer, Richard, Mme Vaillant tenaient les autres rôles et complétaient un merveilleux ensemble.

On dut jouer *la Nuit de Saint-Germain*, de notre compatriote M. Serpette, mais ce dernier ayant donné au Théâtre de la Renaissance, à Paris, l'autorisation de monter avant Nantes, cette œuvre qui n'avait encore été jouée qu'en Belgique, Gravière la retira du tableau des répétitions.

Tournées : *Phèdre* (Agar), *les Plaideurs, les Grands Enfants, le Homard, Jean Baudry, Lucrèce Borgia* (Agar), *Divorçons* (Marie Kolb), *Oscar ou le mari* qui trompe sa femme, le *Klephte*, la *Roussotte* (Dupuis), *le Monde où l'on s'ennuie* (Mme Devoyod); *Nana*, *Julie* (Mme Favart).

La direction Gravière marque l'apogée du Grand-Théâtre de Nantes. Depuis 1881, notre première scène n'a fait que décliner.

* *

La subvention fut maintenue à 120,000 francs, mais le cirque fut rétabli. M. Olive Lafon fut appelé à recueillir la lourde succession de M. Gravière.

Le nouveau plafond de Berteaux fut placé pour l'ouverture de la campagne. Disons quelques mots de cette œuvre très remarquable, qui fait le plus grand honneur à notre concitoyen. Un grand nombre de groupes de personnages allégoriques animent cette vaste composition. Je vais signaler les principaux. L'un de ceux qui attirent le plus vivement l'attention représente la scène des Furies dans la tragédie des *Coéphores*, d'Eschyle. Les cadavres de Clytemnestre et d'Egisthe gisent à terre. Les terribles sœurs sont conçues dans un mouvement superbe. Au-dessus, Melpomène, le glaive en main, considère avec calme cette scène d'épouvante. Ce fragment est de tout premier ordre. Le groupe de Vénus et de l'Amour est aussi fort réussi. L'épisode des deux petits enfants qui se sont emparés du miroir de la déesse est charmant. Signalons encore un autre groupe : L'Harmonie et la Mélodie se tiennent par la main, l'Inspiration personnifiée par un enfant ailé touche du doigt le front de cette dernière. Différents autres personnages ornent encore le plafond : Thalie, Euterpe, Polymnie, les Trois Grâces, Bacchus, Momus, le dieu de la Gaieté. Ce dernier personnage est placé devant la scène. Un pan de sa draperie rouge est en tôle et se rabat en dehors du cadre du plafond. C'est là la partie faible de l'œuvre de Berteaux. Ce trompe-l'œil banal n'est guère artistique. Mais ce léger défaut est compensé par de nombreuses qualités. Le coloris est superbe, les personnages bien posés, la composition d'un très grand effet. Le Théâtre Graslin peut, à bon droit, être fier de son plafond.

SAISON 1881-1882

MM.
O. LAFON, *DIRECTEUR*
BUZIAU, chef d'orchestre.
REINE, régisseur.

MM.
RICHARD, fort ténor.
VAL, ténor en double.
G. PELLIN, ténor léger.
VOISIN, 2° ténor léger.
GYON, 3° ténor.
UTTO, baryton de grand opéra.
NURY, baryton d'opéra-comique.
BRUN, baryton d'opéra-comique.
DENOYÉ, basse noble.
DURAT, basse chantante.
REINE, basse bouffe.
SAVERNA, trial.
GRÉGOIRE, laruette.

Mmes
FLACHAT, falcon.
LEGENISEL, contralto.
GUÉRIN, 1re chanteuse légère.
BERETTA, chanteuse légère.
JUSTIN NÉE, dugazon.
MARIANI, dugazon.
NOAILLES, duègne.

Ballet

M.
THÉOPHILE, maître.

Mmes
FERRUS, 1re danseuse.
ALEXANDROWNA, 2° danseuse.

Cette troupe arrivant après celle de Gravière parut d'une médiocrité à peine honorable. Exceptons toutefois le ténor Pellin, musicien consommé, chanteur et comédien de talent, Denoyé, Reine, Mmes Guérin et Justin Née.

Les chutes furent nombreuses : Utto, Richard,

Durat, M*mes* Flachat et Legénisel furent remplacés par Bérardi, Eyraud, Comte, M*mes* Delprato et Théonie. Ces quatre dernières artistes étaient d'une moyenne passable.

Bérardi fut accueilli avec enthousiasme. Sa voix puissante, sa belle diction, lui assura immédiatement les faveurs du public.

Un scandale signala les débuts du ténor Val. Un spectateur ayant sifflé M*me* Flachat dans la *Juive*, Val alla trouver ce spectateur au café du Sport et le frappa brutalement en s'écriant : « Si nous nous entendions pour administrer de semblables corrections à ceux qui nous sifflent, nous les mettrions bien vite à la raison. » Traduit en police correctionnelle, le sieur Val fut condamné à 100 francs d'amende. Le surlendemain, il chantait le *Trouvère* pour son 3e début. Dès son entrée en scène, ce ténor, plus habile à donner des coups de poing qu'à tenir son emploi, fut accueilli par une bordée de sifflets. Val s'avança alors vers un abonné, M. Peyraud, qui se tenait dans l'avant-scène de gauche et lui dit : « Vous êtes un lâche et je vous provoque pour demain. » Val se retira sous les huées du public ; on baissa le rideau et M. Pellin acheva la représentation au contentement de tous. Après un scandale pareil, tout 3e début était inutile et la mairie signifia immédiatement au directeur le renvoi du sieur Val.

Le *Roi de Lahore* (12 avril 1882) fut la grande nouveauté de cette campagne. Massenet vint diriger la représentation et fut vivement applaudi ; une palme d'or lui fut offerte. Après la représentation une sérénade lui fut donnée sous le péristyle. Bérardi chanta Scindia avec un réel talent. Les autres rôles étaient assez convenablement tenus par Eyraud, Comte, Dénoyé, Mmes Delprato et J. Née. Les décors et la mise en scène étaient très réussis.

La *Servante Maîtresse*, de Pergolèse, fut entendue avec curiosité. On joua encore le *Jour et la Nuit*.

Jourdain et Mme Derivis vinrent en représentations. Un soir M. Lafon, qui jadis avait été baryton, remplaça dans *Charles VI* avec un certain succès Bérardi, indisposé.

Tournées : *Léa*, la *Femme à papa*, *Niniche* (Judic), le *Prêtre*, les *Rantzau*, le *Monde où l'on s'ennuie*, *Divorçons*, *Jean Baudry*, la *Papillonne*, *Mme Caverlet*, *Marie Tudor* (Agar), les *Premières armes de Richelieu*, *Lili* (Judic), *Angelo*.

*

M. Lafon fut renommé directeur avec la même subvention, seulement deux nouvelles clauses avaient été introduites dans le cahier des charges : l'obligation d'avoir quelques artistes de comédie pour pouvoir jouer des levers de rideau et celle de donner deux fois par mois des représentations populaires à moitié prix.

SAISON 1882-1883

MM.
O. LAFON, DIRECTEUR.
BUZIAU, chef d'orchestre.
LIGNEL, régisseur.

MM.
VERIIÉES, fort ténor.
MAURAS, ténor léger.
STUART, 2e ténor léger.
AUBERT, 3e ténor.
BÉRARDI, baryton de grand opéra.

MM.
DELPECH, baryton d'opéra-comique.
GEORGES, 2e baryton d'opéra-comique.
GUILLABERT, basse noble.
O. ROGER, basse chantante.
BERRY, 2e basse chantante.
JOUSSEAUME, 3e basse chantante.
FLAVIGNY, trial.
LIGNEL, laruette.
OMEZT, trial.

Mmes
ALICE RABANY, 1re chanteuse légère.
BRIARD, falcon.
LINSE, contralto.
DUQUESNE, chant. légère.
FLAVIGNY, dugazon.
MAILLET, 2e dugazon.
JOUSSE, duègne.

Ballet
M.
CLUZEAU, maître.
Mmes
LUCIE JULIANI, 1re danseuse.
LOUISE JULIANI, 2e danseuse.

Levers de rideau
MM.
DUQUESNE. MULLER
LIGNEL. BERNY.
FLAVIGNY. CERVELLI.
Mmes
DELCROIX. HENRY.
JOUSSE. STUART.
MAILLET. MULLER.

Cette troupe, sans valoir celles de Coulon et de Gravière, offrait néanmoins un ensemble fort bon. Il n'y eut que trois chutes : celles de Cluzeau, remplacé par Ruby, de Stuart auquel succédèrent Thivalin, Cortelli et enfin Lejeune, et de Delpech dont le remplaçant fut difficile à trouver. Bérardi jeune, Merlier, Arsandeaux échouèrent successivement, enfin Germa fut reçu.

En outre de Bérardi et de Guillabert déjà connus, cette troupe renfermait deux artistes de premier ordre : Mlle Alice Rabany et Mauras.

Mlle Rabany, que des revers de fortune avaient forcée à prendre le théâtre, était fille de notre confrère Alfred Asseline et cousine de Victor Hugo. Elle mettait au service d'une voix magnifique au timbre un peu cuivré, mais néanmoins fort agréable, un tempérament artistique de premier ordre. On se rappelle ses triomphes dans la *Traviata*, *Hamlet* et *Faust*. Dans le rôle de Marguerite, elle était absolument idéale. Au trio final, elle enthousiasmait la salle entière par la merveilleuse façon dont elle lançait l'invocation sublime : *Anges purs, anges radieux*. Malgré le bel avenir qui s'ouvrait devant elle, Mlle Rabany ne tarda pas à quitter le théâtre préférant les douceurs de la vie de famille aux triomphes de la scène.

Mauras était un partenaire digne d'elle. Leurs talents étaient faits pour se faire valoir mutuellement. Ce ténor, l'un des meilleurs de ces dix dernières années, possédait un organe chaud et sympathique qu'altérait parfois malheureusement quelques légers accidents. D'une figure expressive, d'une taille élégante, de manières distinguées, Mauras était en outre un comédien d'un rare talent. En quittant Nantes, il entra à l'Opéra-Comique où il reprit *Carmen*. Ce fut son triomphe. Il était absolument merveilleux dans ce rôle. Au dernier acte, il atteignait les dernières limites du tragique. Engagé plus tard à la Monnaie de Bruxelles, il y remporta de vifs succès jusqu'en 1889. La mort implacable est venue le saisir en pleine jeunesse. Atteint d'une phthisie galopante, le malheureux artiste fut emporté en quelques semaines.

Verhées, joli garçon aussi lui, et ténor de grâce plutôt que de force, Mme Briard, falcon fort inexpérimentée mais douée d'un bel organe, Mme Duquesne, enfin Duquesne, un jeune premier d'un réel talent, qui alla ensuite au Gymnase, sont les autres artistes de cette troupe dont les noms valent la peine d'être conservés.

Cette année-là, on introduisit définitivement une harpe à l'orchestre et on supprima le piano qui jusqu'alors l'avait remplacée.

Quoiqu'il n'y ait eu que trois chutes, les débuts traînèrent en longueur et les artistes refusés ne furent définitivement remplacés qu'en janvier. M. Lafon encourut pour ce fait différentes amendes. En ce temps, la mairie ne badinait pas avec le directeur et avec raison.

Le grand événement de cette saison fut la première représentation d'*Hérodiade* (29 mars 1883). Nantes était la première ville en France à monter la belle œuvre de Massenet. Le compositeur vint diriger les répétitions et la première. Le tableau de la chambre de Phanuel ajouté par le maître après les représentations de Bruxelles vit le jour à Nantes. L'opéra de Massenet suscita la plus vive curiosité. Huit jours avant la première la salle était déjà louée. Le jour de la représentation les billets se vendaient 20 francs sur la place Graslin. L'empressement était tel que l'on vit nombre de dames appartenant à la haute société de Nantes consentir à prendre place aux secondes pour ne pas manquer cette solennité musicale. Cette soirée fut un triomphe pour Massenet qui fut acclamé après chaque acte et couvert de palmes et de couronnes. L'œuvre eut un vif succès et pendant 12 représentations fit des salles combles. Le soir une sérénade fut donnée au musicien sous le vestibule.

L'interprétation d'*Hérodiade* était excellente. Verhées interpréta le rôle de Jean d'une façon très poétique ; Bérardi chanta Hérode avec son superbe organe. Mme Briard, qui primitivement avait fait concevoir quelques craintes, bien stylée par Massenet, se surpassa. Guillabert (Phanuel), Mmes Linse (Hérodiade), Flavigny (la Sulamite), complétaient une interprétation véritablement excellente. Les décors de Rubé et de Chaperon étaient superbes et produisirent un grand effet. M. Lafon les abandonna à la ville contre la remise des amendes qu'il avait encourues pendant la saison.

Un vaudeville, fort gai, de notre concitoyen M. A. Backman : La *Fille aux trois Papas*, fut fort bien accueilli.

La *Mascotte* fut la seconde nouveauté. L'opérette d'Audran remporta un joli succès.

Galli-Marié, le ténor Duchesne et les chanteurs Béarnais, vinrent en représentation.

Tournées : 115, *rue Pigalle*, *Tête de Linotte*, le *Roi s'amuse*, le *Crime du Pecq*, les *Maris inquiets*, *Formosa*, *Ne divorçons pas*, le *Neveu de Saturnin*, le *Père de Martial*, les *Effrontés*, le *Fils de Giboyer*, les *Mères ennemies* (Agar), *Un Roman parisien*.

Pendant le mois de mai, une troupe parisienne vint jouer *Michel Strogoff*. Duquesne tint le rôle du courrier du czar avec son talent habituel. L'œuvre de notre éminent compatriote Jules Verne remporta un vif succès, bien que les décors fussent, pour la plupart, assez défraîchis.

Malgré quelques défauts, parmi lesquels il faut citer une parcimonie extrême et une insouciance complète de la mise en scène, qui allait jusqu'à laisser se jouer dans un décor Louis XV le dernier acte de *Charles VI*, M. Lafon n'en restera pas moins un des bons directeurs qui aient passé à Nantes. La Mairie commit une grande faute en ne faisant pas son possible pour le conserver : elle devait s'en repentir.

∴

Le nouveau directeur ne fut nommé que fort tard, ce qui est toujours une grave faute. Il avait été d'abord question de M. Sellier, frère du ténor de l'Opéra, avec Bérardi comme commanditaire; mais au dernier moment, l'affaire ne s'était pas conclue. Ce fut M. Gaultier de Loncle qui décrocha la timbale. Sa direction fut terne et insignifiante au point de vue artistique.

SAISON 1883-1884

MM.
E. GAULTIER DE LONCLE, DIRECTEUR.
BUZIAU, chef d'orchestre.
MORFER, régisseur.

Opéra

MM.
GUILLABERT, fort ténor.
VASSORT, ténor léger.
DESCAMPS, 2e ténor léger.
PEGUILLAN, 3e ténor.
DOYEN, baryton de grand-opéra.
FRONTY, baryton d'opéra-comique.
CARPAUX, basse noble.
VERNOUILLET, basse chant.
DONVAL, 2e basse.
RAITER, trial.
TONY, laruette.
WILHEM, 3e basse.

Mmes
LACOMBE - DUPREZ, 1re chanteuse légère.
ALES, falcon.
ROMY, contralto.
WILHEM, chanteuse légère.
GAULTIER DE LONCLE, dugazon.
GAYET, duègne.
VALDY, dugazon.

Ballet

M.
ROUGIER, maître.
HOLSTER, danseur comique.

Mmes
MAGGY, 1re danseuse.
KLEYER, 2e danseuse.

Les débuts furent désastreux. Quatre fort ténors : MM. Guillabert, Pellen, Berthier, Moreau, tous plus insuffisants les uns que les autres, échouèrent successivement. Enfin, le vieux Dulaurens, l'ancien ténor de l'Opéra, tout fatigué qu'il était, fut admis. On lui adjoignit M. Cottet. Le ténor léger Vassort fut remplacé par Villaret, qui n'avait, avec son père, que le nom de commun. Il échoua lui aussi et fut remplacé par M. Marris qui, en comparaison de ses prédécesseurs, parut supportable. M. Doyen fit place à M. Mayan qui dut se retirer. Son successeur Horeb ne fût pas plus heureux. Le baryton définitif fut M. Romieu. Crépaux, Vernouillet, Mlle Maggi tombèrent eux aussi ; leurs remplaçants furent Echetto, Villefranck et Mlle Lavigne. Le laruette Tony et le trial Raiter, deux artistes de valeur et d'un comique achevé, égayèrent cette triste saison par leur verve endiablée.

Du côté des femmes, il n'y eut pas de chutes.

Mme Lacombe-Duprez, toujours en possession de son beau talent, mais comédienne toujours aussi glaciale, malgré son passage à l'Opéra-Comique et à l'Opéra, fut revue avec plaisir. Mme Gaultier de Loncle, comédienne fine et intelligente, possédait une assez jolie voix de dugazon, qui finit par se fatiguer à force de chanter l'opérette, enfin Mlle Wilhem, qui débutait, fit apprécier une facilité de vocaliste de premier ordre. En faveur de sa virtuosité, on lui pardonna son inexpérience complète de la scène et du jeu.

La période des débuts fut des plus mouvementées. Dans le public, on accusait la Commission de se montrer trop sévère alors qu'elle n'était que juste, et de suivre trop fidèlement les avis de M. Giraud-Mangin, adjoint délégué aux Beaux-Arts.

Le mécontentement d'une certaine partie du public, habilement fomentée par quelques meneurs, trouva bientôt l'occasion de se manifester. Le ténor Moreau, dont les *colpi di gola*, avaient immédiatement conquis les galeries supérieures, échoua à son troisième début dans *Robert*. Naturellement, on accusa encore la Commission de parti pris. Le surlendemain, 12 décembre, on rejoua *Guillaume* avec ledit ténor dont le « *Suivez-moi* » faisait vibrer les cristaux du lustre.

Dès son apparition, des acclamations enthousiastes partirent des secondes, troisièmes et quatrièmes bourrées d'entrées gratuites. Des sifflets répondirent des fauteuils et de l'orchestre, mais noyés dans les bravos. Ce fut bientôt un tapage épouvantable qui dura tout le temps de la représentation. On ne faisait silence que lorsque le ténor chantait. « Les cris : « A bas la Commission !!! », « A bas Giraud-Mangin !!! » « A mort ! A la lanterne !!! », « Régisseur ! » se croisaient de toutes parts. Plusieurs fois on dut baisser le rideau. Le régisseur parut. On lui réclama l'admission de Moreau. Il répondit que cela dépendait du Maire, qu'on lui transmettrait dès le lendemain cette demande. « Non, tout de suite ! Qu'il vienne !!! ». « — Mais M. le Maire est au Conseil municipal ! » — « Qu'il vienne. Nous l'avons nommé, il peut bien se déranger pour nous ! » Et le bruit de recommencer de plus belle. Le troisième acte se joua sans qu'on pût entendre une seule note. Les artistes finirent par prendre le parti de mimer leurs rôles. La représentation s'acheva sans que le calme revînt. Le public quitta la salle et alors la manifestation dégénéra en une véritable émeute. Trois cents personnes environ s'élancèrent en hurlant dans la rue Franklin, traversèrent le boulevard Delorme, réveillant par leurs cris les habitants de ce quartier tranquille et gagnèrent ainsi la rue Mondésir où demeurait alors M. Giraud-Mangin. Là, ils brisèrent à coups de pierre, les vitres de son hôtel. Un des projectiles, lancés par les assaillants, faillit même blesser un des jeunes enfants de M. Giraud. Après cette attaque sans nom, et devant la police qui arrivait, les groupes se dispersèrent.

Le lendemain un arrêté du maire défendit à Moreau de reparaître sur la scène. Quant à M. Giraud-Mangin, il donna sa démission d'adjoint, ce en quoi il eut tort, car il n'avait fait que remplir son devoir.

Les *Contes d'Hoffmann*, d'Offenbach, furent joués le 12 janvier 1884 et accueillis froidement, malgré une assez bonne interprétation. Mme Lacombe-Duprez se montra parfaite dans le double rôle d'Olympia et d'Antonia. Les principaux autres rôles étaient tenus par Marris, Villefranck et Mme Gaultier.

Lakmé (11 mars 1884) remporta un succès plus durable. Ce délicieux opéra, l'un des chefs-d'œuvre de l'école française, était bien interprété par Mlle Wilhem, qui trouva dans le personnage de la jeune Hindoue son meilleur rôle et par Marris, Villefranck, Fronty et Mmes Alès, Gayet, Valdy.

Le *Tribut de Zamora* (23 avril) joué par Cottet, Romieu, Echetto, Fronty, Mmes Lacombe-Duprez, Alès et Valdy, ennuya profondément le public. Aussi quelle idée baroque que de monter cette œuvre sénile où éclate toute l'impuissance actuelle de l'auteur de *Faust !!*

M. Gaultier ne portait au grand opéra qu'un intérêt médiocre. Il réservait toutes ses faveurs à l'opérette. Il fit venir M. et Mme Simon-Girard qui pendant plusieurs semaines firent des salles combles avec la *Princesse des Canaries*, la *Fille du Tambour-Major* et la *Fille de Madame Angot*. Les autres opérettes nouvelles furent : *Boccace*, le *Cœur et la Main*, *Fanfreluche*, *François les Bas-Bleus*.

M. Gaultier était d'un caractère tracassier. Il adorait les procès. Le ténor Marris, en différend avec lui, le fit mettre en faillite le 21 avril. Le directeur fit immédiatement opposition à ce jugement. Le 24, sur la vue des livres de M. Gaultier, le tribunal rapporta cette faillite qui avait été vraiment prononcée trop à la légère.

Tournié, Guillemot, Lassalle, Warot, Bouvet, Mmes Montbazon et Caylus vinrent en représentations.

Tournées : L'*Etrangère* (Jane Méa), *Serge Panine*, la *Femme à Papa*, le *Bel Armand*, *Œdipe* et *les Femmes savantes* (Agar), *Ruy-Blas*, le *Maître de Forges*, *Severo Torelli* (Jane Méa), *Britannicus*, *Tartufe*, le *Légataire universel* (Agar), le *Député de Bombignac* (Coquelin et Céline Montalant).

Pendant les mois d'été, on joua le drame. Deux nouveautés, dues à l'un des artistes de la troupe, M. Champagne, les *Pavillons noirs* et *Cambronne*, n'eurent aucun succès. Dans ce dernier drame, le rideau tombait sur le fameux mot qu'Hugo écrivit en toutes lettres dans les *Misérables*. La troupe de l'Ambigu : Paul Deshayes, Lacressonnière, Petit, Mmes Marie Kolb et Deshayes, en tête, vint donner aussi une série de représentations.

*

Fût-ce cette médiocre campagne qui décida définitivement l'Administration à réduire la subvention, je ne sais, toujours est-il que cette résolution, désastreuse pour notre théâtre, fut adoptée par le Conseil, le 25 mars 1884. Sur le rapport de M. Martin,

100,000 fr. de subside théâtral étaient seulement inscrits au budget. La somme était ainsi affectée :

    Orchestre .... 54.000 fr.
    Chœurs 34.000
    Gaz. 10.500
    Machiniste ...   1.500
                   100.000 fr.

   L'orchestre devenait municipal. Les engagements étaient faits par la Ville. Ce système offre à la fois des avantages et des inconvénients ; j'en parlerai avec détails dans un chapitre spécial. D'après le nouveau cahier des charges, les artistes de levers de rideau étaient supprimés, et la Ville reprenait au 1er mai la possession de ses théâtres, au lieu de les laisser au directeur jusqu'au 15 juillet.
   Un nouveau mode de débuts, qui devait donner les plus mauvais résultats, fut adopté. Pour flatter la populace, on supprima la Commission et le vote des abonnés, et l'on établit cette chose grotesque : le suffrage universel en matière artistique. Tout spectateur, sauf les femmes, recevait en entrant un bulletin portant au milieu le nom de l'artiste, et d'un côté : oui ; de l'autre : non. Il suffisait de déchirer l'un des côtés. L'artiste était toujours soumis à trois débuts, ce qui était absolument illusoire. La majorité des électeurs n'assistaient pas aux trois soirées et ne votaient que sur une audition. Aussi arriva-t-on à des résultats fantastiques. Tous les gens soucieux de la dignité du théâtre s'abstinrent bientôt de voter. Que pouvaient faire leurs quelques *Non*, contre l'avalanche

de *Oui* qu'assurait à l'artiste une salle bourrée d'entrées de faveur !!

M. Solié, l'ancien chef d'orchestre, l'ancien administrateur du théâtre au compte de la ville, demanda la direction et l'obtint sans difficultés pour deux ans. Il avait laissé à Nantes les meilleurs souvenirs et l'on espérait que sous sa direction tout irait bien. Mais on s'illusionnait. En peu de temps, le nouveau directeur s'aliéna les sympathies de la plus grande partie du public, par un caractère difficile qu'on ne lui connaissait pas autrefois, — effet de son âge sans doute, — par une complète insouciance artistique, enfin par une lésinerie sans exemple. Il rognait sur tout. Les foyers étaient à peine éclairés ; la salle à peine chauffée au milieu de l'hiver. A côté de M. Solié, M. Lafon pouvait être considéré comme prodigue.

SAISON 1884-1885

MM.
SOLIÉ, DIRECTEUR.
BUZIAU, chef d'orchestre.
FLORENTIN, régisseur.

BERGER, fort ténor.
MARTINI, ténor léger.
VIDAL, 2ᵉ ténor léger.
LABIS, baryton de grand opéra.
FROSTY, baryton d'opéra-comique.
DEBOR, basse noble.
MAYAN, basse chantante.
FRÉDÉRIC, 2ᵉ basse.
BARON, trial.
HERBEZ, laruette.

Mᵐᵉˢ
BARETTI, falcon.
MARTINI, chanteuse légère.
ESPIGAT, chanteuse légère.
DE FREMINVILLE, contralto.
POYARD, dugazon.
MASSUE, 2ᵉ dugazon.
OLIVIER, duègne.

Ballet

M.
ROUX, maître.
Mᵐᵉˢ
DELAS, 1ʳᵉ danseuse.
ROUX, 2ᵉ danseuse.

Le scrutin naturellement ne fut défavorable à personne, mais il y eut deux résiliations, celles de Mˡˡᵉ de Fréminville qui fut remplacée par Mˡˡᵉ Garelli et de Debor auquel Coste succéda. Ce dernier, quelques semaines après, devint fou subitement. Ponsard fut appelé à lui succéder.

L'ensemble de la troupe était assez médiocre, pourtant quelques artistes valent la peine d'être signalés. Berger avait une belle voix de ténor, au timbre sympathique, mais il manquait absolument de distinction. Labis était un excellent artiste, qui mettait un fort joli organe au service d'un réel talent 'e chanteur. M¹¹ᵉ Espigat conquit vite les sympathies du public par sa jeunesse et sa très jolie voix pleine d'une éclatante pureté. Comme Berger, elle devait rester deux ans à Nantes, où elle épousa un de nos concitoyens, dilettante bien connu, M. René Lebec, l'un des architectes de la ville. Quelques mois après une terrible maladie l'enlevait à l'affection des siens. Enfin, citons l'aimable couple Roux que nous devions garder six années consécutives. Habile maître de ballet, danseur de goût, M. Léopold Roux, pendant son séjour parmi nous, a accompli de véritables prodiges avec le corps de ballet assez restreint qui était mis à sa disposition. Mᵐᵉ Roux est une des meilleures danseuses de demi-caractère qui soient venues à Nantes.

Cette saison fut des plus ternes. Pourtant, M. Sollé daigna nous donner *Manon*. Massenet, naturellement, vint diriger son opéra. Le Maître aime beaucoup Nantes, où il possède de nombreux amis et c'est toujours avec plaisir qu'il revient dans la ville qui, la première en France, a monté son *Hérodiade*. Cette année là cependant, il ne fut pas content de son séjour. Les répétitions marchaient mal, M. Sollé mettait toute la mauvaise volonté possible et voulait faire passer l'œuvre avant qu'elle ne fût sue. Une fois même, énervé et poussé à bout, Massenet jeta le bâton de chef d'orchestre et quitta la répétition.

Enfin, la première eut lieu (11 mars 1885), et le jeune Maître fut acclamé par la salle. L'exécution fut des plus médiocres, sauf de la part de Mlle Espigat et de M. Labis. Plusieurs fois pendant la soirée, le Maître donna des signes évidents de son juste mécontentement. Les autres interprètes de ce délicieux chef-d'œuvre étaient MM. Martini, Mayan, Fronty, Baron; Mmes Poyard et Massue.

M. Charles Solié fils, qui se piquait d'être compositeur, fit jouer deux de ses élucubrations : *A qui la Pomme*, opéra-comique en un acte, et la *Bamboula*, opéra-comique en trois actes. Ces deux œuvres, d'une insuffisance et d'un grotesque achevé, excitèrent le fou rire du public. Je me demande encore comment la ville put accepter pour le second opéra exigé par le cahier des charges une insanité musicale comme la *Bamboula*.

Une reprise de *Roland à Roncevaux*, opéra où Berger était à son avantage, eut assez de succès. M. Solié remit aussi à la scène une autre vieillerie *Jérusalem*. Insuccès complet. On reprit encore le *Roi de Lahore*.

Tournées : La *Cosaque*, la *Femme à Papa*, les *Champatrol*, le *Maître de Forges*, les *Pattes de Mouche* (C. Montaland), *Gringoire*, la *Flamboyante*, les *Premières armes de Richelieu*, *Indiana et Charlemagne* (Jeanne Granier et Marie Kolb), le *Bourgeois gentilhomme*, le *Philosophe sans le savoir*, *Denise*, le *Passant*, les *Fourchambault* (Agar), la *Doctoresse*, Mlle *de la Seiglière* (Coquelin), *Une*

Parisienne, l'*Avare*, le *Malade imaginaire*, le *Légataire universel*, *Clara Soleil*.

∴

L'expérience ayant prouvé que l'orchestre coûtait plus cher que le chiffre prévu, M. Nicolleau, adjoint délégué aux Beaux-Arts, parvint à faire augmenter la subvention pour la campagne 85-86. Une somme de 118.642 francs fut inscrite au budget, à l'article théâtre. Elle était ainsi répartie :

Orchestre	62.400
Machiniste	1.500
Espèces payées au directeur par septièmes	54.742
	118.642

SAISON 1885-1886

MM.
SOLIÉ, DIRECTEUR.
CH. BUZIAU, chef d'orchestre.
LEMATTE, 2ᵉ chef d'orchestre.
FLORENTIN, régisseur.

MM.
BERGER, fort ténor.
COTTET, ténor léger.
GUERNOY, 2ᵉ ténor.
ALBERT, baryton.
LAVILLE, baryton d'opéra-comique.
ROSE, basse noble.
DURAT, basse chantante.
LAURENT, 2ᵉ basse chant.
MAZARD, trial.
NICOLLE, laruette.

Mᵐᵉˢ
SCHWEYER, falcon.
ACH, contralto.
ESPIGAT, chanteuse légère.
JOUANNY, 2ᵉ chant. légère.
TEVINI, dugazon.
GRANTÉ, 2ᵉ dugazon.
GRENET, duègne.

Ballet

M. ROUX, maître.

Mᵐᵉˢ
PARMIGIANI, 1ʳᵉ danseuse.
ROUX, 2ᵉ danseuse.

Les chutes cette année furent un peu plus nombreuses. Pellin vint remplacer Cottet et, pendant toute la saison, fut légitimement applaudi. Sa voix était un peu fatiguée, mais son beau talent de chanteur était resté intact. MM. Palianti, l'inévitable et médiocre Fronty, Servat, Mmes Candelon et Pourret, succédèrent à MM. Rose, Laville, Nicolle et à Mmes Jouanny et Grante.

La troupe ainsi reconstituée était assez honorable ; mais M. Solié savait si mal la présenter et si peu en tirer parti que l'ensemble de la saison n'en fut pas moins médiocre.

La 2e basse, Laurent, artiste consciencieux, homme charmant, devait rester cinq ans attaché au théâtre, où il sut se créer de nombreuses sympathies.

Le baryton Albert avait un organe superbe, mais ignorait l'art du chant. Mlle Schweyer, qui épousa, à la fin de la saison, le 2e chef d'orchestre, M. Lematte, un musicien de talent, était bien supérieure à Mlle Baretti. Cette artiste, fort sympathique, avait une belle voix de falcon, dont elle se servait avec habileté. Mlle Torini était une assez gentille dugazon... d'opérette. Mme Appin, une contralto sur le retour, vint au mois de mars suppléer Mlle Ach, dont la nullité dépassait les bornes. Enfin, la charmante Jeanne Parmigiani parut pour la première fois à Nantes, sous la deuxième direction Solié.

Le 28 janvier 1886, le délicieux opéra-comique de Delibes, le *Roi l'a dit*, fut accueilli assez froidement et ne tarda pas à quitter l'affiche. Il était pourtant bien interprété par Pellin et Mlle Espigat.

Le *Chevalier Jean*, de Victorin Joncières, dont la valeur musicale est loin de celle du *Roi l'a dit*, eut plus de sucès. La première eut lieu le 16 février 1886, sous la direction du compositeur. Les rôles étaient tenus par MM. Berger, Albert, Durat, Mmes Schweyer et Candelon.

En fait d'opérettes nouvelles, on joua *Mam'zelle Nitouche*, les *Petits Mousquetaires*, le *Grand Mogol*.

A une représentation de *Guillaume Tell*, le 2 novembre, il y eut une grande panique. Le rideau de gaze qui, au 4e acte, imite les nuages, ayant frôlé une herse, prit feu. En un instant, tout le fond du théâtre parut en flammes. M. Abraham, le machiniste, put heureusement couper les fils qui retenaient le rideau, et tout se borna à un léger dommage matériel, qui affligea considérablement Solié l'économique. Mais dans le public, il y eut un instant d'émotion terrible. On se précipita vers les issues. Il n'y eut pas d'accident à déplorer.

L'excellente basse Boudouresque vint donner plusieurs représentations et fut accueilli avec enthousiasme.

Tournées : Le *Demi-Monde*, *Antoinette Rigaud*, les *Jacobites*, *Georgette*, le *Dépit amoureux*, *Georges Dandin*, le *Médecin malgré lui*, *Martyre*, *Georgette*, *Jonathan*, le *Sphinx* (Jeanne Méa), *Une Mission délicate*, *Bonheur conjugal*, la *Doctoresse*, le *Fiacre 117*.

Pendant le mois de mai, la troupe des *Galeries Saint-Hubert*, de Bruxelles, donna des représentations d'opérettes.

Deux nouveaux journaux de théâtre se fondèrent sous la deuxième direction Solié : la *Gazette Artistique*, organe spécial de la *Société des Concerts Populaires*, et la *Réforme Artistique*, qui prit plus tard le nom de *Korrigan*. Ce dernier devait mourir dans la cinquième année de son âge. Pendant la saison précédente, une autre feuille artistique, *Nantes-Moderne*, n'avait eu que quelques numéros.

XXVII

DIRECTIONS : PARAVEY — POITEVIN

(1886-1890)

La direction souriait encore à M. Solié. Il avait beau crier partout qu'il perdait de l'argent, on savait à quoi s'en tenir. Mais l'opinion publique était absolument contraire à l'ancien chef d'orchestre, *Nantes-Lyrique*, pendant toute la saison, avait mené contre le directeur une très vive campagne et l'avait tué sous le ridicule. Malgré quelques chauds protecteurs qui s'entremettaient pour M. Solié, l'Administration municipale comprit qu'elle ferait une grande faute en le renommant directeur une troisième fois. Elle choisit M. Paravey, administrateur du théâtre de Bordeaux, et lui confia pour deux ans la direction.

La subvention fut rabaissée à 100,000 francs, ainsi répartis :

Orchestre	57.000 fr.
Machiniste	1.500
Espèces payables au directeur par septième	41.500
	100.000 fr.

Les débuts furent radicalement supprimés et la faculté de renvoyer les artistes ou de les conserver laissée au Directeur. La Ville continuait à errer. Le nouveau système ne pouvait donner que de mauvais résultats. On s'en aperçut sinon cette année-là, du moins les suivantes.

SAISON 1886-87

MM.
L. PARAVEY, DIRECTEUR
Ch. BUZIAU, chef d'orchestre.
MACK, 2ᵉ chef d'orchestre.
STRELESKY, régisseur.

MM.
DEVILLIERS, fort ténor.
MONTARIOL, ténor demi-car.
SUJOL, ténor léger.
JOUANNE, 2ᵉ ténor.
DÉMON, 3ᵉ ténor.
GUILLEMOT, baryton.
ILLY, baryton.
DUTHOIT, baryton d'op. com.
GARDONI, basse-noble.
POITEVIN, basse-chantante.
DEJEAN, basse-chantante.
LAURENT, basse-chantante.
GAULTHEIL, trial.
BOULAND, laruette.
ROBERT, 3ᵉ basse.

Mmes
VIOLETTI, falcon.
DUVIVIER, contralto.
JOUANNE-VACHOT, 2ᵉ chanteuse légère.
PELOSSE, 2ᵉ chanteuse légère.
BOULAND, dugazon.
LOVELY, 2ᵉ dugazon.
MANCEREH, 3ᵉ dugazon.
URBAIN, duègne.

Ballet

M.
ROUX, maître.

Mmes
PARMIGIANI, 1ʳᵉ danseuse.
ROUX, 2ᵉ danseuse.

Cette troupe offrait un ensemble remarquable. La première direction Paravey restera célèbre à Nantes comme celles de Coulon et de Gravière. La nomination du nouveau directeur avait été fort bien accueillie. Distingué, instruit, chanteur de talent, jadis pensionnaire de l'Opéra-Comique, causeur brillant, enfin parfait homme du monde, M. Paravey sut conquérir en peu de temps la sympathie générale. Ce n'était qu'un cri dans la ville : « Quelle différence avec Solié ! ! ! »

Parlons maintenant des artistes choisis pour desservir le théâtre, artistes que M. Paravey savait faire valoir avec une habileté remarquable.

Le ténor Devilliers commençait à décliner, mais il avait encore une voix superbe et éclatante, malheureusement rebelle aux effets de demi-teinte. Dans le courant de la saison, fatigué par les représentations du *Cid*, il lui arrivait parfois de chanter un peu faux. Sujol, dont le père avait fait jadis partie de la troupe du Théâtre Graslin, est le ténor léger par excellence. Sa voix d'une souplesse rare se prête avec une facilité étonnante aux vocalises. Ses meilleurs rôles sont Almaviva du *Barbier* et Chapelou du *Postillon*. Inutile de parler de Guillemot ; l'excellent baryton est assez connu à Nantes. Poitevin, une basse chantante, à la voix cuivrée et sonore, devint bientôt un des artistes estimés du public. Il avait jadis été coryphée sous la direction Bellevault ; deux ans après, il devait succéder à M. Paravey. Comédien habile et intelligent, il était gêné pourtant par sa petite taille.

Parmi les autres artistes, il faut citer Jouanne, un deuxième ténor *di primo cartello*, Duthoit, très bon baryton d'opéra-comique ; Gardoni, une basse douée d'un organe magnifique que gâtait une fâcheuse inexpérience ; enfin Bouland, une vieille connaissance toujours fort amusant. Le ténor de demi-caractère, Montariol, indisposé au commencement de la saison, fut remplacé par M. Bovet, artiste d'expérience mais dont la voix était fatiguée.

La troupe, du côté des femmes, était aussi fort bien partagée. M™° Jouanne-Vachot, beauté fine et distinguée, possédait un merveilleux talent de chanteuse légère. Elle égrenait comme en se jouant les vocalises les plus difficiles. La comparaison avec le rossignol est bien vieille et bien usée, mais en parlant de M™° Jouanne, elle est tellement vraie qu'on se voit forcé de la rééditer. Dans Rosine du *Barbier* et dans la Reine des *Huguenots*, elle remporta de vrais triomphes. La blonde Marthe Duvivier, la créatrice à Bruxelles d'*Hérodiade*, artiste d'une grande valeur, chanteuse de style, comédienne parfaite, fit bien vite la conquête du public. Elle chanta et joua *Carmen* avec un talent de premier ordre. On se rappelle aussi son succès dans la *Favorite*. Grâce à elle, le vieil opéra de Donizetti fit plusieurs salles combles. Elle disait la phrase du dernier acte : *O bonheur, c'est mon rêve perdu*, d'une façon exquise. De même qu'Elisa Masson, elle faisait, à chaque fois, bisser le duo. L'excellente artiste nous quitta au mois d'avril pour aller créer à Paris le rôle d'Ortrude de *Lohengrin*, à l'unique représentation du chef-d'œuvre de Wagner, à l'Eden. M™° Sbolgi lui succéda sans la remplacer. La falcon, M¹¹° Violetti, possédait une voix superbe, d'une grande étendue, d'un timbre magnifique. Quoique Française, elle n'avait encore chanté que le répertoire italien, aussi sa prononciation était-elle défectueuse. J'ai gardé pour la fin la toute charmante

Mᵐᵉ Bouland qui était déjà venue à Nantes sous la direction Coulon, avec son mari ; mais alors elle n'avait pas encore abordé le théâtre. Chanteuse intelligente, comédienne extraordinairement bien douée, Mᵐᵉ Bouland devint bientôt l'enfant gâtée du public nantais qui l'applaudit sans se lasser pendant deux ans. M. Paravey l'emmena ensuite avec lui à l'Opéra-Comique. Son départ a laissé à Graslin un vide qui ne sera pas comblé. Dans l'opérette, Mᵐᵉ Bouland était absolument ravissante. Le rôle de Benjamine de *Joséphine vendue par ses sœurs*, qu'elle jouait avec une gaminerie des plus réussies, lui valu une série d'ovations méritées. La grâce et l'amabilité de Mᵐᵉ Bouland lui gagnèrent la sympathie de tous. D'une complaisance inépuisable, d'une exquise bonté, jamais elle ne refusa son concours aux œuvres pour lesquelles on le lui demandait. Les Nantais surent récompenser l'excellente artiste. A son bénéfice et à ses adieux, jamais on n'avait vu autant de cadeaux et de fleurs.

N'oublions pas non plus, la duègne Mᵐᵉ Urbain, étourdissante dans l'opérette.

M. Paravey apporta à la mise en scène si négligée par ses prédécesseurs un soin particulier. Il s'était fait aider en cela par le régisseur Strelesky, petit homme doué d'une dévorante activité, qui remplissait ces fonctions importantes d'une façon fort remarquable. Le magasin de costumes était dans un état déplorable. Le nouveau directeur fit venir à ses frais un costumier. Choristes et figurants ne parurent plus en guenilles sur la scène.

Le foyer du public fut orné cette année-là de deux panneaux peints par un de nos concitoyens M. Levrault. Ces panneaux, représentant des sujets antiques, furent de l'avis général, jugés d'un goût fort malheureux. On se demande encore comment la ville a accepté deux compositions aussi médiocres. Le plafond, dû au même peintre, est plus réussi.

M. Paravey sachant combien les Nantais affectionnaient Massenet, voulut leur donner le plaisir d'être les premiers, en province, à applaudir le *Cid*. La première représentation eut lieu avec un grand éclat, le 8 janvier 1887. Le Maître conduisit et fut comme à son habitude, couvert de palmes et de couronnes. L'œuvre était montée avec beaucoup de soin. Trois beaux décors neufs furent faits pour la circonstance et produisirent beaucoup d'effet. L'interprétation offrait un excellent ensemble. Elle était confiée à MM. Devilliers, Guillemot, Gardoni, Poitevin, Dejean, Illy, Mmes Violetti et Pélosse. Dans le ballet, remarquablement réglé, M. Roux, Mmes Parmigiani et Roux, obtinrent un vif succès.

Le comité de la Presse organisa au bénéfice des inondés du Midi une représentation qui eut lieu le 5 février 1887. On joua les *Deux Avares* de Grétry et les *Jumeaux de Bergame*, pantomime de M. de Lajarte.

Les *Pêcheurs de perles*, le premier opéra de Bizet, furent représentés le 30 février, Mme Jouanne-Vachot, Sujol, Duthoit, Poitevin, interprétèrent cette œuvre de jeunesse du compositeur de *Carmen*. Malgré des choses fort intéressantes, cet opéra n'eut aucun succès et disparut de l'affiche après trois représentations.

M. Paravey devait terminer brillamment la saison

en montant une œuvre qui n'avait pas encore été jouée en France. Depuis longtemps, je faisais auprès des directeurs de notre scène des démarches pour faire représenter le *Méphistophélès* d'Arrigo Boïto. Jusqu'ici je n'avais pas réussi.

M. Paravey, plus artiste que ses prédécesseurs, se laissa convaincre et résolut d'être le premier directeur à faire connaître en France cet opéra fort intéressant.

La partition de M. Boïto n'est pas un chef-d'œuvre; en bien des endroits elle est fort inégale, mais elle n'en est pas moins une œuvre de haute valeur. M. Boïto a suivi de très près la pensée de Goëthe et l'a rendue parfois d'une façon des plus heureuses, notamment dans le *Prologue*, la *Prison*, l'épisode d'*Hélène*, enfin la *Mort de Faust*. Malgré ses faiblesses, *Méphistophélès*, est l'une des productions les plus remarquables de l'Ecole italienne moderne. Avec *Aïda*, *Othello* et *Falstaff*, c'est la plus sincère manifestation de l'évolution artistique au-delà des Alpes, aussi était-il à déplorer que la France fût le seul pays d'Europe qui n'ait pas encore joué cet opéra. M. Paravey le comprit vite, et *Méphistophélès* fut mis en répétition. Malheureusement, on ne put être prêt qu'à la fin de la saison et les représentations furent forcément limitées. La première eut lieu le 26 avril 1887, avec succès. Poitevin remporta un triomphe mérité, dans le rôle de Méphistophélès, qu'il créa avec une vive intelligence. Devilliers, Jouanne, Mmes Violetti, Bouland, Gaultheil, tenaient avec talent les autres rôles.

Deux opérettes : *Le Petit Chaperon Rouge*, de M. Gaston Serpette, qui vint diriger la première, et

Joséphine vendue par ses Sœurs, obtinrent un éclatant succès, grâce à la charmante Mme Bouland.

Tournées : *Cromwell* (Taillade), *le Bonheur Conjugal*, *un Conseil Judiciaire*, *Francillon*, *Numa Roumestan*, *le Fils de Giboyer*, *Don César de Bazan*, *le Mariage de Figaro*, *Gringoire*, *les Précieuses Ridicules* (ces quatre pièces avec Coquelin), *la Comtesse Sarah*, *Durand et Durand* (Daubray), *Tailleur pour Dames*, *un Parisien*, *l'Étrangère*, *Chamillac* (ces trois pièces par Coquelin).

Pendant le mois de septembre 1886, on joua à Graslin *Le Tour du Monde* avec un vif succès. Une troupe de comédie donna des représentations pendant le mois de mai 1889.

*
* *

Le théâtre avait été des plus suivis. Presque toujours on faisait le maximum. Pourtant la campagne se chiffra par un fort déficit.

M. Paravey ne sut jamais faire d'économies; jamais il ne trouvait rien de trop beau pour la mise en scène, et il dépensait sans compter. Le 12 mai, il envoya au maire sa démission de directeur. Il voyait, disait-il, par expérience, qu'il était impossible de marcher avec une subvention de 100,000 francs, que dans ces conditions, il préférait se retirer plutôt que d'être forcé de faire moins bien la campagne suivante. La municipalité se trouva fort embarrassée. L'année était trop avancée pour avoir chance de trouver un directeur sérieux.

L'Administration prit le sage parti de demander au Conseil de porter la subvention à 120,000 francs.

Celui-ci se fit tirer l'oreille. Enfin, après une longue discussion, l'augmentation fut votée dans la séance du 26 mai. M. Paravey reprit alors sa démission. Toute la presse, d'ailleurs, avait été unanime pour demander qu'on fît tout le possible pour conserver à la tête du théâtre « le jeune et sympathique » directeur, qui avait redonné à Graslin son éclat de jadis.

L'incendie de l'Opéra-Comique qui venait d'avoir lieu décida la ville à prendre dans les théâtres des mesures de sécurité. Pendant tout l'été on travailla ferme pour être prêt à l'époque de la réouverture. Voici les principales améliorations apportées à Graslin. On installa d'abord un rideau de fer plein, d'un poids de 40,000 kilos, tombant en trois secondes. Derrière, une herse d'eau fut placée pour empêcher l'échauffement du rideau en cas d'incendie. Au-dessus de la scène il existait déjà un réservoir d'eau de 20,000 litres; on en construisit un second de 37,000 litres au-dessus de la conciergerie. Toutes les portes communiquant avec la scène furent faites en tôle. On isola complètement la scène de la salle au moyen d'un mur épais en briques réfractaires depuis les dessous jusqu'à un mètre au-dessus des faîteaux. On supprima les herses de gaz. Cette mesure, excellente au point de vue des précautions à prendre, avait par contre un grave inconvénient. La scène, par suite, se trouvait mal éclairée, la lumière venant de côté au lieu de tomber de haut. On enleva les petits escaliers qui conduisaient du couloir des fauteuils à celui des premières. On plaça des barres de fer à l'extérieur du monument et de nouvelles échelles pour faciliter une évacuation rapide par les fenêtres. Enfin, on transporta rue Molière le bureau de location, et on fit du local occupé précédemment par lui rue Corneille un poste de police. Tous ces travaux, qui furent exécutés sous l'habile direction de M. Lebec, s'élevèrent à la somme de 57,539 francs.

SAISON 1887-1888

MM.
L. PARAVEY, DIRECTEUR.
CH. BUZIAU, chef d'orchestre.
MACK, 2° chef d'orchestre.
STRELESKY, régisseur.

MM.
BERNARD, fort ténor.
LORANT, ténor demi-caractère.
SUJOL, ténor léger.
ROCHEVILLE, ténor en double.
FIORATTI, 2° ténor en double.
DÉMON, 3° ténor en double.
COUTURIER, baryton.
BEAUGÉ, baryton d'opéra-comique.

MM.
MALZAC, basse noble.
POITEVIN, basse chantante.
LAURENT, 2° basse.
OMETZ, trial.
BOULAND, laruette.

Mmes
VAILLANT - COUTURIER, 1re chanteuse légère.
DEVIANNE, falcon.
MOUNIER, contralto.
RENOUX, chanteuse légère.
BOULAND, dugazon.
DUQUESNE, 2° dugazon.
URBAIN, duègne.

Cette troupe était bien inférieure à la précédente. Avouons-le franchement, elle renfermait des nullités comme on n'en avait pas encore vu même sous la direction Solié. M. Paravey, hypnotisé devant la direction de l'Opéra-Comique alors vacante et qu'il convoitait ardemment, n'avait apporté qu'un soin distrait à la formation de sa nouvelle troupe.

Le ténor Bernard avait un organe très généreux, mais il n'avait aucune notion de l'art du chant. A la fin de la saison les directeurs de l'Opéra l'engagèrent, mais après quelques représentations ils trouvèrent le moyen de s'en défaire au plus vite. M. Bernard ne fut pas plus heureux à la Monnaie de Bruxelles. Il retomba alors à Carcassonne d'où il n'aurait jamais dû sortir.

La voix du ténor de demi-caractère Lorant était légèrement fatiguée, mais elle était conduite par un véritable artiste, chanteur de valeur, comédien excellent.

Le retour de Mme Vaillant-Couturier fut accueilli avec joie. La vaillante artiste nous revenait en pleine possession d'un talent très complet et très original. Sa voix avait un peu perdu de sa légèreté, par contre elle avait gagné en ampleur. Comme l'avait fait jadis Jeanne Fouquet, elle aborda durant la saison certains rôles de falcon et de contralto. Ces tentatives furent plus ou moins heureuses, — son interprétation du rôle de *Carmen* suscita beaucoup de critiques, — mais elles étaient toujours intéressantes au point de vue artistique. Mme Vaillant possède une personnalité indiscutable ; elle aime à sortir des sentiers battus, à affronter les difficultés. Dans *Faust*, elle nous présenta une adorable Marguerite, vêtue du costume de la petite paysanne allemande et non pas de cette ridicule robe à traîne qui transforme en grande dame l'humble amante de *Faust*. Quand elle apparut ainsi, ce fut de toutes parts un cri d'admiration. Le chef d'œuvre de Gounod eut grâce à elle un nouveau succès ; on le joua 18 fois pendant la campagne. *Mireille*, qui avait été jadis son premier rôle à Nantes, valut aussi à Mme Vaillant des triomphes mérités. Dans *Manon* enfin, elle chanta et joua en artiste consommée tout le rôle de la maîtresse de Des Grieux. Mme Vaillant-Couturier, que nous avions connue sous la direction Gravière chanteuse ravissante mais comédienne assez ordinaire, était devenue une artiste absolument hors ligne. Son second court séjour à Nantes laissera certainement une trace plus durable que le premier.

Dans le courant de novembre M. Paravey engagea, pour suppléer Mlle Renou, absolument insuffisante, Mlle Seveste à qui restait du moins le talent. A la fin de la saison, cette artiste épousa M. Normand, ex-maire de Nantes, qui se résolut à chercher dans ce mariage une consolation à ses déboires politiques.

A la fin de décembre M. Paravey atteignit enfin le but qu'il poursuivait depuis si longtemps. Le gouvernement l'appela à la tête de l'Opéra-Comique. Notre directeur pour cela n'abandonnait pas le théâtre de Nantes, qu'il laissait aux bons soins du fidèle Stréleski. Mais le cahier des charges contient un article interdisant au directeur de Graslin de diriger une scène quelconque dans une autre ville. Une interpellation eut lieu à ce sujet au Conseil municipal. On cria haro sur le pauvre Paravey coupable d'avoir accepté un poste aussi avantageux que celui qui lui était offert sans avoir demandé préalablement la permission du maire. Tout finit par s'arranger ; le nouveau directeur de l'Opéra-Comique s'engagea à envoyer par mois deux artistes de son théâtre de Paris jouer sur son théâtre de Nantes. Cette combinaison avantageuse fut acceptée et il ne fut plus question de poursuivre M. Paravey pour avoir violé le cahier des charges.

La première nouveauté de la saison fut une œuvre inédite : *Diane de Spaar*, opéra d'un certain M. David, fabricant patenté de morceaux de piano imitatifs. Quelle raison avait pu pousser M. Paravey à monter une nullité pareille ??? Mystère !! La chute de cette œuvre, dont le livret était dû à Armand Silvestre, fut complète et méritée. Cette représentation fut une erreur de Paravey. Il la racheta plus tard en jouant l'*Hamlet* d'Hignard.

Le 2 février 1888, Gounod, venu à Nantes pour diriger aux Concerts Populaires un festival en son honneur, assista, dans la loge préfectorale, à une représentation de *Mireille*. Pendant toute la représentation, il fut de la part du public l'objet d'ovations chaleureuses. A la sortie, les spectateurs, massés sous le péristyle, acclamèrent l'illustre musicien.

La *Reine de Saba* fut jouée le 6 mars 1888 sans grand succès. Mme Couturier fit une adorable Balkis. Le reste de l'interprétation, confiée à MM. Bernard, Malzac, Couturier, Poitevin, Mmes Bouland et Urbain, ne sortait pas de la médiocrité. On peignit deux toiles neuves pour cet opéra.

Le centenaire du Grand-Théâtre fut célébré avec solennité le 5 avril. La place Graslin et le monument étaient pavoisés et illuminés. Entre les colonnes du Théâtre, on lisait en lettres de feu l'inscription suivante :

1788-1888

HOMMAGE

A

GRASLIN

Les serres du Jardin des Plantes avaient été mises au pillage et le grand vestibule se trouvait transformé en un véritable jardin. *Richard Cœur de Lion*, que depuis de longues années on n'avait pas repris à

Graslin, fut joué avec succès. Soulacroix et Mme Molé-Truffier, de l'Opéra-Comique, prêtèrent leur concours à cette soirée de gala. On applaudit ensuite un spirituel à-propos en vers dus à nos excellents confrères MM. Paul Chauvet et Léon Brunschvicg. Enfin, le buste de Graslin fut couronné sur la scène en présence de tous les artistes. Seules Mmes Vaillant-Couturier et Mounier, par une boutade inexplicable, avaient refusé de se joindre à leurs camarades.

L'*Hamlet* de notre concitoyen Hignard, qui n'avait encore jamais été représenté, mais dont la partition était gravée depuis longtemps, fut joué le 21 avril 1888. C'est une œuvre d'une haute valeur tant au point de vue musical que littéraire. L'idée de Shakespeare est rendue tout le temps de la façon la plus exacte et avec le respect le plus scrupuleux. Nous sommes loin des inepties impuissantes et réunies de MM. Ambroise Thomas, Barbier et Carré. M. Lorant, qui avait jadis joué la comédie, composa le rôle d'Hamlet de la façon la plus remarquable. Cette création comptera dans sa carrière. Mme Vaillant-Couturier fit une touchante Ophélie. Elle interpréta les scènes de folie, si différentes de celles de M. Thomas, avec un talent absolument hors de pair. Couturier était un excellent Laërte. Il disait le beau *cantabile* de la scène du cimetière : *Rentre donc dans la terre, ô pauvre désolée* en véritable artiste. Mme Mounier, MM. Malzac, Poitevin, Fiorati, Beaugé et Maréchal tenaient convenablement les autres rôles.

Très intéressante au point de vue harmonique, la partition d'Hignard pêche un peu par l'instrumentation qui est grise et en général peu nourrie.

Malgré cela, malgré aussi quelques longueurs et quelques parties écrites dans un style démodé, mais faciles à supprimer, elle restera comme l'adaptation musicale la plus intelligente du drame du grand poète anglais.

Hignard et son collaborateur poétique, Pierre de Gorac, ont introduit dans leur œuvre certaines parties déclamées sous lesquelles l'orchestre continue la trame musicale. Ce nouveau système offre l'inconvénient d'exiger des artistes de grand opéra sachant en même temps dire les vers. Cette année on tombait bien.

L'œuvre d'Hignard fut très vivement applaudie. L'auteur fut appelé à grands cris sur la scène. Toujours modeste, Hignard voulait se dérober à cette ovation, mais les artistes l'entraînèrent et il dut subir les acclamations des Nantais, heureux de saluer l'un des hommes qui honorent le plus la vieille cité bretonne.

La représentation de cette œuvre termina brillamment la dernière campagne de M. Paravey, comme *Méphistophélès* avait terminé la première.

Les artistes que le directeur de l'Opéra-Comique envoya, selon sa promesse, à Nantes, et qui firent à chaque fois salle comble, furent les suivants : Mesdames Blanche Deschamps, Dufrane, Molé-Truffier, MM. Bouvet, Soulacroix, Delmas et Mouliérat.

Tournées : *Le Microbe, Gabrielle, La Joie fait peur* (Mme Favart). *L'Abbé Constantin, La Souris, Durand et Durand, L'Affaire Clémenceau, Dora, Les Femmes savantes, Le Monde où l'on s'ennuie* (Agar), *Les Fourchambault, Britannicus* (Agar).

Une troupe de comédie, sous la direction de

M. Louar, desservit le Grand-Théâtre pendant le mois de mai.

*
* *

M. Poitevin qui, comme artiste, avait su se concilier les sympathies générales, demanda la direction. Très soutenu par une partie de la presse qui mena en sa faveur une campagne énergique, il ne tarda pas à l'emporter sur ses concurrents et fut nommé. Le Conseil municipal ne maintint pas l'augmentation de 20,000 francs faite l'année précédente à la subvention.

Pendant les mois d'été, on installa un nouvel orgue au Grand-Théâtre. Ce superbe instrument, dont le clavier est placé dans l'orchestre même, est mû par l'électricité. Nantes fut la première ville de France à posséder un orgue de ce nouveau système.

SAISON 1888-1889

MM.
A. POITEVIN, DIRECTEUR.
CH. BUZIAU, chef d'orchestre.
PERRAULT, 2ᵉ chef d'orchestre.
LAURENT, régisseur.

MM.
MINVIELLE, fort ténor.
GUIBERTEAU, ténor léger.
FIORATTI, 2ᵉ ténor léger.
BAZAND, 3ᵉ ténor léger.
LABIS, baryton de grand opéra.
DELVOYE, baryton d'opéra-comique.
GUILLABERT, basse noble.
NEVEU, basse chantante.
LAURENT, 2ᵉ basse.
MORDET, trial.
LABRANCHE, laruette
BOUCHER, 3ᵉ basse.

Mᵐᵉˢ
THURINGER, falcon.
ISMAEL-GARCIN, 1ʳᵉ chanteuse légère.
DE SANI, chanteuse légère.
LENDER, contralto.
VALLIER, dugazon.
ISAAC, 2ᵉ dugazon.
URBAIN, duègne.

M.
ROUX, maître de ballet.

Mᵐᵉˢ
PARMIGIANI, 1ʳᵉ danseuse.
ROUX, 2ᵉ danseuse.

M. Minvielle et Mlle Isaac furent forcés de partir. Ils eurent pour successeurs M. Bucognani et Mlle de Deyn.

Cette troupe, à deux ou trois exceptions, n'offrait rien de remarquable. Labis et Guillabert, dont on avait appris le retour avec un vif plaisir, n'étaient plus que l'ombre d'eux-mêmes. L'étoile de la troupe, du côté des hommes, était M. Delvoye, qui prit dans l'affection des Nantais la succession de Mme Bouland. Ce jeune artiste est doué d'une ravissante voix de baryton, chaude, sympathique, d'une échelle très étendue; avec cela excellent comédien. Pendant deux ans, il devait faire les délices des Nantais, qui ne se lassèrent jamais de l'applaudir. Le ténor Bucognani possède un bel organe, fort sympathique; malheureusement au point de vue du chant, il avait encore à cette époque beaucoup à apprendre. Citons aussi la basse chantante Neveu, artiste de talent, qui mourut au mois de janvier en laissant d'unanimes regrets, et Mordet, un amusant trial. Après la mort de M. Neveu, M. Poitevin fit venir pour lui succéder un débutant, M. Cordier, qui ne chanta pas souvent. La mairie autorisa le directeur à paraître sur la scène et à tenir de nouveau un emploi dont il s'acquittait si bien.

Mme Ismaël-Garcin, femme du célèbre baryton Ismaël, cantatrice d'une haute valeur, mais dont l'organe commençait à faiblir, laissera un nom à Graslin. Son meilleur rôle était Dinorah, du *Pardon de Ploërmel*. Elle le chantait en grande artiste.

Mmes de Sany et Vallier avaient de généreux organes; mais une prononciation impossible nuisait à la première, une médiocrité complète de comédienne à la seconde, qui avait à recueillir la lourde succession de Mme Bouland.

Depuis plusieurs années, je menais une vive campagne pour faire monter à Nantes le *Lohengrin*, de Wagner, et le *Sigurd*, de Reyer, mais jusqu'ici je n'avais pu réussir. Aucun directeur, pas même Paravey, n'avait voulu se risquer. Pourtant, pour *Sigurd*, j'étais arrivé à déterminer dans la ville un tel mouvement d'opinions et les deux auditions données chez M. G. Roux, le grand facteur de pianos de la rue Boileau, avaient eu un tel retentissement, que je vainquis assez facilement les dernières hésitations de M. Poitevin ; je le décidai donc à monter le magnifique opéra de Reyer. Quand il demanda la direction, il s'engagea à mettre cette partition à la scène. Il tint loyalement parole.

Sigurd fut joué, pour la première fois, le mardi 4 décembre 1888. Bucognani trouva son meilleur rôle dans celui de Sigurd. Delvoye se fit justement applaudir dans le grand-prêtre. Les autres interprètes, MM. Labis, Guillabert, Boucher, Etaix, Mmes Thuringer, Sany, Lender, étaient tous d'une faiblesse déplorable. Les décors de MM. Amable et Gardy furent justement admirés. La mer de flammes, produite par des jets de vapeur d'eau sortant de canaux percés de trous et placés sous la scène, produisit une sensation profonde. Cette superbe partition eut un immense succès. Malgré une interprétation médiocre dans son ensemble, *Sigurd* atteignit le nombre considérable de 25 représentations. Jamais encore un opéra n'était arrivé sur notre théâtre à un chiffre pareil. Quelle victorieuse réponse aux ennemis de la musique moderne, qui avaient prédit que l'œuvre « *incompréhensible* » de Reyer ferait à peine trois soirées!!! La Ville acheta à la fin de l'année les décors et le matériel de *Sigurd*, qui est entré ainsi définitivement au répertoire du Grand-Théâtre.

Le 13 décembre, il y eut, à la cinquième de *Sigurd*, un tapage infernal. M. Poitevin ayant limité à un certain nombre les entrées à prix réduits, accordées par M. Paravey aux étudiants, ceux-ci résolurent de manifester. Poitevin ayant le soir pris le rôle d'Hagen, que le pauvre Guillabert tenait d'une façon insuffisante, fut accueilli par une bordée de sifflets partis du parterre, bourré d'étudiants. Une contre-manifestation partit des autres places, favorables au directeur. A plusieurs reprises la représentation fut troublée. Du paradis on jeta sur le parterre différents projectiles : pommes, légumes, voire même jusqu'à des œufs. Les spectateurs d'en bas ouvrirent leurs parapluies pour se protéger contre ces projectiles d'un nouveau genre. Pendant un instant la salle offrit un curieux aspect. Le lendemain, M. Poitevin retira aux étudiants toutes leurs entrées à demi-place, mais il finit bientôt par céder et les leur rendit.

M. Buziau tomba malade dans le courant de décembre. Ce fut le deuxième chef, M. Perrault, qui le suppléa pendant une partie de la saison.

La seconde nouveauté fut le *Roi d'Ys* (25 février 1889). Le bel opéra de Lalo n'eut que quelques représentations. La faiblesse de son interprétation fut la cause de l'accueil réservé qu'on fit à cette œuvre remarquable.

Exception faite de Delvoye et Poitevin, les autres artistes, MM. Guiberteau, Cordier, M™ Ismaël-Garcin et Vallier étaient franchement mauvais.

Le 29 avril, *Don César de Bazan* eut une unique représentation. L'opéra de Massenet fut joué dans des condiditions déplorables. Les rôles n'étaient pas sus. Mlle de Sany se permit même de chanter un morceau partition en mains. L'Administration municipale eut la faiblesse de ne pas sévir. Cette soirée pourtant fut absolument honteuse.

Dans le courant d'avril, Mme Ismaël, dont la voix était de plus en plus fatiguée, prit le parti de se retirer. Elle fut remplacée par Mlle Storell, qui fut bien accueillie dans *Lakmé*. Cette artiste pourtant ne possédait rien d'extraordinaire.

Outre *Lakmé*, on reprit aussi *Hérodiade*, avec le tableau de la chambre d'Hérode, ajouté par Massenet depuis la première représentation à Nantes.

En fait de nouvelles opérettes, on joua *Mam'zelle Crénon*, la *Béarnaise* et *Surcouf*.

Marthe Duvivier, Boudouresque, Bérardi et Fürst vinrent en représentations.

Tournées : les *Surprises du Divorce*, *Pépa*, *Roger-la-Honte*, le *Parfum*, *Martyre*, la *Sécurité des Familles*, *Froufrou*, les *Femmes Nerveuses*, le *Dépit Amoureux*, la *Porteuse de Pain* (Agar).

**

M. Poitevin fut renommé directeur pour l'année 1889-1890. Cette seconde nomination ne fut pas accueillie avec autant de satisfaction que la première par le public. Poitevin directeur, à tort ou à raison, s'était fait beaucoup d'ennemis, s'était aliéné bien des sympathies. Il acheva de mécontenter toute une catégorie de spectateurs, en remettant à prix entier les matinées de la Renaissance que M. Paravey avait eu l'idée de donner à moitié prix. Enfin, il irrita différentes Sociétés de la ville en interdisant formellement à tous ses artistes de leur prêter un concours quelconque. Jamais directeur n'avait encore pris une telle mesure.

SAISON 1889-1890

MM.
A. POITEVIN, DIRECTEUR.
A. LEVY, chef d'orchestre.
LÉON DU BOIS, 2° chef d'orchestre.
LAURENT, régisseur.

MM.
LESTELLIER, fort ténor.
GOFFOEL, ténor léger.
FERRIÈRES, 2° ténor léger.
FLEURIX, 3° ténor léger.
STANLER, baryton de grand opéra.
DELVOYE, baryton d'opéra-comique.
CHAVAROCHE, basse noble.
DESMETS, basse chantante.
LAURENT, 2° basse.
NORDET, trial.
MELINGUE, laruette.
GRAS, 3° basse.

Mmes
LAVILLE-FERMINET, falcon.
MARIE GABRIEL, 1re chanteuse légère.
OBERTY, 2° chanteuse légère.
DUGUAY-LAVILLE, contralto.
PLANTIN, dugazon.
MAURY, 2° dugazon.
FOLMER, duègne.

MM.
ROUX, maître de ballet.
DELAPLIE, danseur comique

Mmes
CÉLINE ROZIER, 1re danseuse.
ROUX, 2° danseuse.

M. Buziau qui, depuis 15 ans, tenait de la façon la plus distinguée et la plus artistique le bâton de chef d'orchestre, prit sa retraite cette année-là. La municipalité Guibourd qui, pendant les quatre ans qu'elle resta au pouvoir, témoigna toujours le plus profond mépris pour les œuvres artistiques, ne se donna pas la peine de donner à Buziau un successeur digne de lui. Elle prit le premier venu, un certain M. Abraham Lévy qui, jusque-là, n'avait encore pu se fixer nulle part. Notre malheureux orchestre, entre les mains de cet homme, dont le seul talent consiste à gesticuler d'une façon désordonnée et grotesque, périclita bien vite. Un seul trait suffira à démontrer la valeur du chef auquel l'insouciance de M. Guibourd confia un orchestre qui comptait alors parmi les meilleurs de province, et qui, aujourd'hui, est complètement désorganisé. Pendant l'été, M. Lévy installe sur le cours Cambronne un concert en plein vent, où il dirige des polkas de barrières et accompagne des chansons pornographiques, dégoisées par des chanteurs et chanteuses de quinzième ordre. Mais assez sur ce sujet. C'est égal, après les Solié et les Buziau, il est pénible de voir occuper le fauteuil de premier chef d'orchestre par un Lévy !!

Par contre, comme second chef, nous eûmes pendant cette saison, un musicien de premier ordre, M. Léon du Bois, grand prix de Rome du Conservatoire de Bruxelles, premier prix de violon, prix de piano, premier prix d'orgue. Compositeur d'un mérite reconnu, théoricien digne de succéder à l'excellent harmoniste Buziau, il accepta ces fonctions secondaires pour se familiariser avec le répertoire. En quittant Nantes, il alla à la Monnaie de Bruxelles, où il fut spécialement chargé des études des œuvres waguériennes dont il possède une connaissance approfondie.

La troupe était incontestablement de beaucoup supérieure à la précédente. M. Lestellier comptait parmi les meilleurs ténors de province... et les plus chers.

La voix était belle, un peu sèche pourtant, mais d'une sûreté extraordinaire. Cet artiste, qui avait chanté longtemps en Italie, y avait contracté des habitudes déplorables dont il ne voulait pas se défaire : abus des points d'orgue, des ports de voix, des oppositions de *piano* et *forte*, des *rallentendi*. Grâce à lui, un opéra durait dix minutes de plus. Mᵐᵉ Laville-Ferminet est une cantatrice de tout premier ordre. Quoiqu'elle ne soit pas de la première jeunesse, elle a conservé une étonnante fraîcheur d'organe. Sa voix est d'une homogénéité parfaite, d'un timbre sympathique, d'une étendue remarquable. Elle possède, en outre, un très beau talent de comédienne. Comme Mᵐᵉˢ Fouquet et Couturier, Mᵐᵉ Laville aborda à Nantes tous les rôles du répertoire. C'est ainsi qu'elle chanta *Faust, Norma, Carmen, Charles VI.* Dans ce dernier opéra, elle fit une Odette remarquable. *Norma* aussi est l'un de ses meilleurs rôles. Mais la reprise de l'opéra de Bellini, qui n'avait pas été joué depuis de longues années, n'attira personne au théâtre. M. Chavaroche possède une magnifique voix de basse. M. Claverie, qui vint remplacer M. Stamler, est un baryton de grand style, un chanteur consommé. Mˡˡᵉ Gabriel ne plut pas et fut remplacée par Mˡˡᵉ Storell, qui ne retrouva pas son succès de la fin de l'année précédente. Mˡˡᵉ Wilhem vint lui succéder. Cette artiste a toujours sa jolie voix, mais est restée l'artiste insipide et insuffisante que nous avions connue jadis. M. Goffoël résilia ainsi que Mᵐᵉˢ Duguay-Laville et Follemer. Le premier fut remplacé par M. Déo, jeune artiste doué d'une jolie voix ; la seconde par Mᵐᵉ Collin, qui avait autrefois échoué comme falcon et qui, cette fois-ci, ne plut pas davantage ; elle céda la place à une chanteuse de talent, M¹¹ᵉ Gérald, que l'organe trahissait parfois. Mᵐᵉ Echaud, ex-artiste de Riquiqui, succéda à Mᵐᵉ Follemer. Ceci était un comble ; mais comme les débuts étaient supprimés et que le directeur n'avait aucun intérêt à renvoyer ladite artiste, il fallut la supporter pendant toute la saison !

Les trois premiers mois se passèrent cahin-caha. Les représentations étaient peu suivies ; l'Exposition qui venait d'avoir lieu avait un peu écorné toutes les bourses ; de plus Poitevin s'entêtait à vouloir cette année vivre sur le vieux répertoire. Ce n'était pas la manière d'amener du monde au théâtre.

Survint l'épidémie d'*influenza* : à plusieurs reprises on dut faire relâche. Les artistes non payés se réunirent ; M. Poitevin arriva une fois à conjurer l'orage. Mais, quelques jours plus tard, voyant qu'il ne pouvait sortir d'une situation où les circonstances, mais aussi de nombreuses maladresses l'avaient jeté, il prit le parti de déposer son bilan.

Le théâtre ferma le 9 janvier. Les artistes proposèrent à la ville de se mettre en Société. Ils demandaient cependant que la mairie leur abandonnât le cautionnement de 15,000 francs de M. Poitevin et les déchargeât de l'obligation de donner deux opéras nouveaux. La municipalité accueillit leur demande. Après une douzaine de jours d'interruption, nos théâtres se rouvrirent. MM. Lestellier, Roux et Mordet avaient été choisis comme administrateurs.

Le malheureux Poitevin quitta Nantes et reprit son emploi de basse chantante, qu'il aurait mieux fait de conserver. Pendant ses directions, il avait commis bien des fautes qu'il aurait pu éviter. Quoi qu'il en soit, on doit lui conserver un bon souvenir. C'est lui qui a monté *Sigurd* et qui l'a bien monté. Son nom restera à Graslin attaché à cette belle œuvre que les Nantais, grâce à lui, peuvent applaudir désormais.

Les artistes réunis firent venir Mlle Thèves pour suppléer dans l'opérette Mlle Plantin.

Mme Bouland vint en février donner trois représentations : *Les Dragons de Villars*, *Carmen*, *le Maître de Chapelle*. Les artistes empochèrent des recettes fabuleuses. La charmante artiste fut accueillie avec un enthousiasme indescriptible. *Carmen*, qu'elle joue avec un talent tout à fait remarquable, et qu'elle n'avait pas encore chanté à Nantes, lui valut un succès mérité. Sa dernière représentation eut lieu à la Renaissance, dans l'opéra de Bizet, en matinée. Le Comité de la Presse avait fait appel à Mme Bouland et lui avait demandé de prêter son concours au spectacle qu'il organisait au bénéfice des artistes des Variétés, eux aussi en déconfiture. La recette fut superbe : elle dépassa 4,000 francs. Mme Bouland reçut des ovations sans fin.

Couronnes, palmes, cadeaux, lui furent offerts en nombre considérable pendant ces trois soirées triomphales. Le Comité de la Presse lui envoya sur la scène même une magnifique statuette, véritable œuvre d'art. Mme Bouland conservera longtemps le souvenir de cette semaine triomphale.

La Revanche de Sganarelle, opéra-comique en un acte, de Léon Du Bois, où les brillantes qualités de ce musicien distingué purent être appréciées une fois de plus, fut joué en avril.

On représenta aussi deux nouveaux ballets : l'un *Pierrot surpris*, livret de M. Thomas Maisonneuve, musique de M. David, l'autre *Ma Mie la Lune*, de M. P. de Lerne, musique de M. Silvani. Le public fit bon accueil à ces deux œuvres, notamment à la dernière, qui est charmante en tous points. M. Roux régla ces ballets avec un grand talent. Dans le premier, qui exige une figuration considérable, il se surpassa. M⁰⁰ Rozier, une danseuse de mérite qui avait succédé à M⁰⁰ Parmigiani, et M⁰⁰ Roux remportèrent aussi dans ces ballets un vif succès.

On monta encore, pendant cette saison qui fut des plus ternes, *Gillette de Narbonne*.

Signalons aussi une curieuse représentation de la *Fille de Madame Angot*, interprétée par tous les artistes d'opéra, Lestellier et M⁰⁰ Laville-Ferminet en tête. Cette parodie fut donnée, sur sa demande, au bénéfice de M. A. Lévy, premier chef d'orchestre des Théâtres municipaux. Solié, Buziau choisissaient comme bénéfice *Faust*, le *Pardon*, *Hérodiade*, etc., etc. M. Lévy voulut se distinguer de ses prédécesseurs. Il empocha une grosse recette. C'était tout ce que demandait d'ailleurs ce piteux batteur de mesures.

M⁰⁰ Montbazon et Boudouresque vinrent en représentations.

Tournées : *Belle Maman* (Marie Kolb), l'*Abbé Constantin*, le *Fiacre 117*, les *Faux Bonshommes*, les *Dantcheff*, les *Misérables*, *Feu Toupinel*, *Margot* (Marie Kolb), *Belle Maman*, les *Femmes nerveuses*.

Pendant les mois d'été de ces deux campagnes, la

Ville fit repeindre plusieurs décors, entre autres ceux du *Prophète*, de la *Juive* et des *Huguenots*. Ils en avaient besoin.

XXVIII

DIRECTIONS J. MORVAND.
DÉCADENCE DU GRAND-THÉATRE

(1890-1893)

A municipalité Guibourd, dont les connaissances en matière théâtrale étaient absolument nulles, choisit comme directeur un certain M. Melou, dit Morvand, ex-artiste de comédie sans grande valeur, qui après avoir dirigé un nombre considérable de scènes infimes, Agen, Valenciennes, Cherbourg, etc., etc., venait en dernier lieu de Lille.

M. Morvand demanda en vain une augmentation de subvention et la suppression du cirque. La ville se décida pourtant à lui donner, de fait, une légère compensation en lui concédant la direction dès le 1er Mai et en le mettant à même de profiter ainsi du produit des troupes de passage pendant les mois d'été.

Les pièces suivantes furent jouées durant cette période : *La Lutte pour la vie* (M™° Favart), *Les Chemins de fer*, *Le Chapeau de paille d'Italie* (Lassouche), *La Vie à deux*, *Les Trois Épiciers* (Baron), *Les Jacobites*, (M™° Segond-Weber), *Tout feu, Tout flamme, Ménages Parisiens* (Brasseur).

Le mois de septembre fut loué par M. Morvand à M. Raduel, qui exploita le Grand-Théâtre avec une troupe de comédie où figuraient M™° Favart et une charmante ingénue, toute fraîche émoulue du Conservatoire, M¹¹° Carlix. Entre autres pièces, on joua un drame intéressant de notre excellent confrère et ami M. Édouard d'Aubram : *Mary Rouvière*.

SAISON 1890-1891

MM.
J. MORVAND, DIRECTEUR.
ABRAHAM LÉVY, chef d'orchestre.
THAON, 2° chef d'orchestre.
SERNIN CHEVALIER, régisseur général.

MM.
BUCOGNANI, fort ténor.
DEO, ténor léger.
BIANCHONI, 2° ténor.
SOLAS, 3° ténor.
CLAVERIE, baryton de grand opéra.
LEBRETON, baryton d'opéra-comique.
ATHÈS, basse noble.
DARMANT, basse chantante.
SERNIN CHEVALIER, 2° basse chantante.
BARON, trial.
DONVAL, laruette.

M™°°
LAVILLE-FERMINET, falcon.
SALAMBIANI, 1™ chanteuse légère.
FINCKEN, 2° chanteuse légère.
D'ALFA, contralto.
DEMOULIN, dugazon.
ROMAIN, 2° dugazon.
DEGRAEF, duègne.

Ballet

M™°°
HENNECART, maîtresse de ballet.
PARMIGIANI, 1™ danseuse.
CLAIRE ORY, 2° danseuse.

Bucognani, pendant son année d'absence, avait fait de sensibles progrès. On revit aussi avec plaisir le baryton Claverie et Mᵐᵉ Laville-Ferminet dont le beau talent avait été si apprécié pendant la campagne précédente.

Parmi les nouveaux artistes, je ne vois guère à citer que Mˡˡᵉ Salambiani, chanteuse légère distinguée, mais comédienne d'une froideur exagérée, et Mˡˡᵉ d'Alfa, une contralto géante, douée d'une assez belle voix, mais pleine d'inexpérience. Cette artiste, à la suite de certains faits que nous narrerons plus tard, ne devait pas rester à Nantes. Le reste de la troupe ne sortait pas de la médiocrité. MM. Déo, Darmant et Mˡˡᵉ Demoulin, mal accueillis par le public, furent résiliés par M. Morvand. Ils furent remplacés, le premier par M. Mailland, un ténor connaissant le métier, mais très fatigué, et le second par une de nos anciennes connaissances, M. Olive Roger, un artiste des plus corrects. Quant à Mˡˡᵉ Guyot, qui remplaça Mˡˡᵉ Demoulin, autant elle était médiocre dans l'opéra, autant dans l'opérette elle était charmante.

Une reprise de *Paul et Virginie*, le fastidieux opéra de Massé, n'eut aucun succès. La première nouveauté fut une opérette assez médiocre d'Audran : *La Cigale et la Fourmi*, où Mˡˡᵉ Guyot se fit applaudir.

La Basoche, le délicieux opéra-comique de Messager, fut joué le 13 janvier 1891. Insuccès complet. Cette chute d'ailleurs était facile à prévoir. L'œuvre avait été à peine travaillée ; de plus M. Morvand en avait distribué les rôles de la façon suivante : Marot (baryton), M. Mailland (ténor); Longueville (basse chantante), M. Sernin (régisseur) ; Marie d'Angleterre (chanteuse légère), M{ᵐᵉ} Guyot (dugazon); Colette (dugazon), M{ᵐᵉ} Salambiani (chanteuse légère). C'était, comme on le voit, de la haute fantaisie. On peut juger d'après cela des procédés artistiques de l'étonnant directeur que la municipalité Guibourd devait pendant trois années infliger à Nantes.

La vive campagne, depuis longtemps menée par moi, pour faire monter *Lohengrin* à Nantes, avait fini par porter ses fruits, et le public témoignait hautement de son désir de connaître enfin l'œuvre de Wagner. M. Morvand, en prenant la direction, annonça qu'il jouerait l'opéra demandé. Il devait être le premier directeur à risquer la partie en France, et il annonçait bien haut qu'il allait acheter à M. Lamoureux le superbe matériel qui avait servi à l'unique représentation de l'Eden. Ces belles promesses ne devaient pas être tenues. Non seulement M. Morvand se laissa distancer par Rouen, mais il joua le chef-d'œuvre de Wagner avec une piteuse mise en scène. L'annonce des répétitions de *Lohengrin* suscita de nombreuses polémiques, et la ville se partagea en deux clans. Disons pourtant que les adversaires de l'œuvre n'étaient guère nombreux. L'opposition se borna tout simplement à quelques articles anti-wagnériens parus dans l'*Union Bretonne* et le *Nantes-Mondain*, à de nombreuses lettres anonymes qui me furent adressées et à plusieurs affiches couvertes de boue.

La première représentation eut lieu le samedi 21 février 1891, devant une salle magnifique. Ce fut un triomphe immense, incontestable. La soirée se passa tranquillement, sans aucune protestation. Bucognani retrouva dans *Lohengrin* son grand succès de *Sigurd*. Il chanta à merveille tout le rôle du chevalier au cygne, qui semble avoir été écrit pour lui. Claverie tint avec son talent habituel le rôle de Telramund. M. Athès ne donna aucun relief à la partie d'Henri L'Oiseleur. M. Roger fut très correct dans celle du héraut. Les rôles du répertoire moderne conviennent généralement moins bien que ceux de l'ancien répertoire au genre de talent de Mme Laville-Ferminet. L'excellente artiste remplit fort convenablement sans doute le rôle d'Elsa, néanmoins, elle n'en tira pas tout le parti désirable. Mlle d'Alfa, en Ortrude, fut d'une complète médiocrité. L'orchestre, mal dirigé par son chef Lévy, joua cette merveilleuse partition de la façon la plus terne, la plus molle. Les chœurs furent mauvais. Quant à la mise en scène, elle dépassait les bornes du grotesque. M. Morvand n'avait fait aucun décor, et toutes ses belles promesses aboutissaient à présenter *Lohengrin* au public dans des toiles d'*Hamlet*, du *Cid*, de *Mignon*.

Jamais œuvre n'avait été donnée encore à Nantes dans d'aussi pitoyables conditions, jamais un directeur n'avait encore eu le toupet de violer d'une façon aussi flagrante l'article 33 du cahier des charges. Mais tout cela n'était rien à côté des mutilations que le malheureux *Lohengrin* allait bientôt subir.

Dans le courant de mars, Mlle Juliette Jœger, dite d'Alfa, contralto, fut cueillie par la police et expédiée à Paris, afin de comparaître devant la sixième chambre pour avoir inculqué à sa jeune sœur les premiers principes d'un art quelque peu étranger à la musique. M. Morvand fit venir pour la remplacer une de nos anciennes connaissances, Mme Delprato, qui chanta deux fois et partit aussitôt. La campagne s'acheva sans contralto et le rôle d'Ortrude, de *Lohengrin*, fut confié à... la seconde chanteuse légère !!!!! L'œuvre de Wagner fut alors déchiquetée. On fit dans le duo des deux femmes des coupures véritablement sacrilèges ; enfin, pour économiser les frais de musique militaire, M. Morvand, de complicité avec le chef d'orchestre Lévy, supprima toute la scène du lever du jour. Malgré tout, *Lohengrin* continua à attirer la foule. Mais tous les amis de l'Art furent unanimes à déclarer qu'ils eussent cent fois mieux aimé qu'on ne jouât pas *Lohengrin* que de le voir massacrer d'une façon aussi inique.

Au mois d'avril, Mlle Salambiani et M. Mailland qui, paraît-il, n'étaient engagés que pour six mois, quittèrent Nantes. M. Morvand en profita pour faire une nouvelle économie, toujours en violation du cahier des charges, et il acheva la saison sans chanteuse légère et sans ténor léger à demeure. Il fit venir Mme Dereims, qui parut une fois dans *Hamlet* et laissa à tous ses anciens admirateurs la plus complète désillusion. Mme Mailly-Fontaine, que nous avions connue jadis deuxième dugazon sous le nom de Maillet, et M. Cornubert qui vinrent ensuite, chantèrent, la première, *deux fois*, et le second, *une*.

Pendant cette saison, le théâtre Graslin joua trois œuvres dues à la plume de quatre de nos concitoyens : *Chanson du soir*, de M. Thomas Maisonneuve ; *Les Conscrits de Jagenne*, ballet de M. Bollaërt ; enfin, un joli petit opéra-comique : *Le Coq de Souvigny*, paroles de M. Gringoire, musique de M. Boischot.

Tournées. — *Gentil Bernard* (Jane May), *Paris fin de siècle*, *Le Pompier de Justine*, *L'Arlésienne*, *Les Premières Armes de Richelieu* (J. Garnier et Marie Kolb), *Hamlet* (Mounet-Sully), *Henri III* (P. Deshayes), *Madame Mongodin*, *L'Obstacle*, *Ferdinand le Noceur*, *Le Misanthrope* (Worms), *Les Joies de la Paternité*, *Musotte* (Marie Kolb), *Le Régiment*, *Un Prix Monthyon*, *Le Juif Errant* (Dumaine, Taillade, Lacressonnière), *Les Faux Bonshommes*, *L'Art de tromper les Femmes* (Marie Kolb), *Un Troupier qui suit les Bonnes* (Lassouche), *Mademoiselle de la Seiglière* (Coquelin et Mme Favart).

Pendant le mois de septembre 1891, une troupe de comédie, où figuraient M. Abel et Mme Harris, desservit nos théâtres.

Artistes en représentation. — Mmes Jeanne Fouquet, Krauss, Richard, Baldo ; Paulus.

Après une saison aussi déplorable, il était du devoir de la Municipalité de congédier au plus vite M. Morvand. La mairie Guibourd, avec son incompétence ordinaire, non seulement redonna la direction audit *impressario*, mais elle enleva, sur sa demande, du cahier des charges, la clause concernant l'obligation faite au directeur d'avoir deux troupes, une d'opéra, l'autre d'opéra-comique. Cette suppression était une faute énorme au point de vue artistique, car sans artistes d'opéra-comique, il est impossible d'avoir un bon ensemble musical, surtout quand on a affaire à un directeur aussi... lésinier que M. Morvand. Par le fait même de l'économie d'un premier ténor léger et d'une première chanteuse légère, économie que l'on peut, au plus bas mot, évaluer à 35,000 francs, la subvention se trouvait augmentée, d'une façon indirecte, soit, mais qui n'en était pas moins réelle. Jusqu'alors aucun directeur n'avait été à Nantes aussi privilégié que M. Morvand. Dieu sait pourtant s'il méritait cette faveur! Devant de pareils avantages donnés à un directeur qui pourtant n'avait absolument rien fait de bien pendant sa première année de gestion, le public était en droit d'exiger beaucoup. On verra tout à l'heure s'il eut lieu d'être satisfait de la seconde direction Morvand.

Au commencement de la saison, la rédaction entière de *Nantes-Lyrique*, voulant conserver, comme par le passé, la plus complète indépendance envers le directeur du théâtre, envoya sa démission à M. Léon Rénier, propriétaire du journal. Quelque temps après, tous les rédacteurs se trouvaient réunis de nouveau avec l'auteur de ce volume, comme rédacteur en chef, à l'ancienne *Gazette Artistique*, qui augmenta considérablement son format et prit alors le titre de *L'Ouest-Artiste*. Quant au *Nantes-Lyrique*, il ne tarda pas à être vendu par M. Rénier à M. Thomas Maisonneuve.

SAISON 1891-1892

MM.
J. MORVAND, DIRECTEUR.
ABRAHAM LÉVY, chef d'orchestre.
LEMATTE, 2e ch. d'orchestre.
ISAAC, régisseur général.

MM.
BUCOGNANI, fort ténor.
COUTELLIER, 2e ténor.

MM.
MONDAUD, baryton d'opéra.
MARIS, baryton d'opérette.
LOUYRETTE, basse-noble.
DARTHEZ, basse chantante.
LARCHER, 2e basse.
MORDET, trial.
DUCOS, larielle.
ROMAIN, 2e trial.
GYON, 3e ténor.
FABER, 3e basse.

Mmes
LEMATTE-SCHWEYER, falcon.
ZEVORT, contralto.
LEROUX-BUREL, chanteuse légère.
AUGÉ, dugazon.
SAINT-LAURENT, chanteuse d'opérette.
DEGRAEF-AMEL, duègne.
ROMAIN, 2e dugazon.

Ballet

Mmes
HENNECART, maîtresse.
DINAH PORROH, 1re danseuse.
CLAIRE ORY, 2e danseuse.

Cette troupe, dans son ensemble, ne valait guère mieux que la précédente. Quelques artistes méritent néanmoins une mention particulière. Parmi ceux-là le baryton Mondaud doit être cité en première ligne. Doué d'une jolie voix qu'il manie avec art, M. Mondaud possède de plus un très remarquable talent de comédien. Son succès dans *Hamlet* fut considérable. Mme Lematte-Schweyer, que nous avions connue jadis sous la seconde direction Solié, nous revint en pleine possession d'un très beau talent. Elle fut très applaudie pendant toute la saison. Signalons encore la chanteuse d'opérette, Mme Saint-Laurent, une comédienne pétillante d'esprit, qui devint bientôt la favorite du public. L'amusant Mordet retrouva aussi la faveur des amateurs d'opérette. MM. Darthès, Maris, Mlle Zévort ne réussirent pas et M. Morvand se décida à les remplacer, le premier par un débutant, M. Combes-Mesnard, qui fut suppléé ensuite pendant quelque temps par M. Bladviel, autre débutant ; le second par un certain M. Freische, qui ne tarda pas à partir et dont la succession fut recueillie, sans que la municipalité fît la moindre observation, par... M. Maris ; enfin, la troisième par Mme Benatti, ex-chanteuse d'opérette, n'ayant que le titre de commun avec une contralto.

Le second ténor Coutellier ne brillant pas dans l'opérette, un ténor spécialement affecté à ce genre fut engagé par M. Morvand. Cet artiste, M. Lary, fut vivement apprécié. La femme du baryton, Mᵐᵉ Mondaud-Panseron, avait été primitivement engagée comme chanteuse légère, mais un état de grossesse avancée la força à résilier. Cependant cette cantatrice, douée d'une voix un peu menue mais d'un joli timbre, et possédant un très réel talent, parut avec un vif succès plusieurs fois sur notre scène.

Cette saison, malgré les quelques bons éléments que possédait la troupe, fut déplorable au point de vue artistique. M. Morvand sacrifiait tout à l'opérette. Quant à l'opéra, il allait comme il pouvait. C'est ainsi qu'on joua *Carmen* en supprimant, — chose à peine croyable, — le chœur des gamins ! ! *Sigurd* et *Lohengrin* furent repris sans qu'on se donnât la peine de les répéter d'une façon convenable. Les représentations de l'opéra de Wagner furent encore plus scandaleuses que celles de l'année précédente. Je citerai quelques coupures pour montrer les manières d'agir du directeur Morvand et du chef d'orchestre Abraham Lévy, envers les œuvres sérieuses. Cette merveilleuse partition de *Lohengrin* fut dépecée par eux avec un sans-gêne extraordinaire. Au premier acte ils supprimèrent le superbe chœur qui précède l'arrivée du cygne; au second acte, sans parler d'importantes suppressions dans le duo d'Ortrude et de Frédéric et dans celui d'Ortrude et d'Elsa, ils coupèrent toute la poétique scène du lever du jour, afin d'économiser des trompettes supplémentaires ; de plus, ils déchiquetèrent d'une odieuse façon la marche religieuse ; enfin, au dernier tableau, ils biffèrent impitoyablement la grande scène si vivante et si animée par lequel il débute. En résumé, *Lohengrin*, avec toutes les coupures indiquées sur la partition d'orchestre, par les éditeurs, se joue en trois heures, sans compter les entr'actes. A Nantes, Abraham Lévy et M. Morvand parvinrent à le jouer en deux heures et demie, c'est-à-dire avec plus de rapidité que la moindre opérette. Après cela, on peut tirer l'échelle.

Miss Helyett, l'amusante opérette d'Audran, remporta un immense succès. Le rôle d'Helyett fut chanté d'abord par Mlle Aga, engagée spécialement, puis par Mme de Bériot, une charmante actrice des Bouffes-Parisiens. Mme Saint-Laurent, dans le rôle de l'Espagnole, qu'elle avait créé à Paris, fut vivement appréciée elle aussi. Mordet était excellent dans le rôle du clergyman. Le reste de l'interprétation, confiée à MM. Lary et Maris, à Mmes Augé, Degraët et Romain, était excellente. M. Morvand avait apporté tous ses soins à bien monter cette partitionnette qui répondait à son idéal artistique et grâce à laquelle il empocha quelques bons billets de mille.

La première grande nouveauté de la saison fut *Samson et Dalila*, joué le jeudi 18 février 1892. L'admirable chef-d'œuvre de Saint-Saëns était sacrifié d'avance. Pour cette œuvre, il est nécessaire avant tout d'avoir une Dalila. Or, Mme Bénatti, ex-chanteuse d'opérette, était absolument insuffisante à remplir ce rôle, l'un des plus difficiles du répertoire. Il fallait toute l'ignorance musicale de M. Morvand pour avoir la pensée de confier Dalila à une interprète qui n'avait pour elle que sa bonne volonté. Bucognani chanta

Samson d'une manière fort heureuse. M. Mondaud tint avec une superbe autorité le rôle du grand-prêtre. La jolie Claire Ory fut fort applaudie dans le ballet. Les autres rôles, confiés à MM. Louyrette et Combes-Ménard, étaient tenus convenablement. Les chœurs furent détestables. Quant à l'orchestre, il prouva une fois de plus à quel point il était tombé entre les mains de son chef, Abraham Lévy. La mise en scène, la figuration étaient absolument grotesques. Par contre, les décors, constatons-le, étaient des plus convenables. M. Morvand avait daigné faire brosser ceux du second et du troisième acte. L'écroulement du temple était vraiment réussi. Dans de pareilles conditions d'interprétation de la part du principal rôle, de l'orchestre et des chœurs, comment s'étonner du peu d'empressement que mit le public à venir entendre *Samson et Dalila*??

Une autre belle œuvre, *Le Rêve*, de mon ami Alfred Bruneau, ne devait pas être plus favorisée. Cette partition extrêmement difficile demandait de longues répétitions. Selon son habitude, M. Morvand en hâta les études. Quand le compositeur arriva à Nantes pour les dernières répétitions, il trouva son œuvre à peine sue. Plusieurs fois Bruneau fut sur le point de reprendre le train ; cependant il se contint, et il eut raison. Il put ainsi diriger son œuvre, ce qui valait mieux que de la laisser livrée, le soir de la première, à l'insuffisance de M. Lévy. *Le Rêve* se joua le mardi 22 mars 1892. L'auteur fut plusieurs fois acclamé par une salle vivement émotionnée par la sincérité et la beauté de ce drame lyrique de premier ordre. M. Mondaud fit une superbe création du rôle de l'évêque. Il le chanta et le joua en artiste consommé. Le rôle de Félicien ne convenait pas aux moyens de Bucognani, qui s'y montra assez médiocre. Musicienne et chanteuse accomplie, Mme Mondaud-Panseron eût été une parfaite Angélique sans la ténuité de son organe. M. Combes-Mesnard et Mme Bénatti tinrent les rôles d'Hubert et d'Hubertine d'une façon vraiment remarquable. M. Morvand joua *Le Rêve* dans des décors en loques. D'ailleurs, de même que *Samson et Dalila*, *Le Rêve* n'avait été monté que pour obtempérer au cahier des charges et, dès la seconde représentation, il fut retiré de l'affiche pour céder la place à quelque opérette sans valeur.

A la fin d'avril, Mme Bouland revint voir ses amis nantais. Inutile de dire quel accueil enthousiaste on lui fit dans *Carmen* et *Joséphine vendue par ses Sœurs*. Mme Vaillant-Couturier vint chanter *Faust*. Les nombreux admirateurs de cette artiste, qui avait fait jadis les beaux jours de notre scène, constatèrent avec regret que l'heure du déclin semblait avoir sonné pour elle.

Pendant cette saison, on joua encore deux mauvaises opérettes : *L'Oncle Célestin* et *l'Amour mouillé*, et l'on reprit *la Grande Duchesse* et *la Belle Hélène*, ainsi que *le Cid* qui n'avait pas été joué depuis la première direction Paravey. On représenta aussi un charmant petit opéra-comique inédit : *le Maître à chanter*, de M. Martin de Witkowski, et un opéra en un acte, pompeusement qualifié de drame lyrique : *Rosaline*, de M. Rateau.

La basse Isnardon vint en représentation. Une élève de notre Conservatoire, Mlle Elvéda Boyer, douée d'une voix fort sympathique, parut aussi pour la première fois sur la scène dans *Mignon* et obtint un vif succès.

L'électricité fut, pendant cette saison, installée à Graslin. L'inauguration du nouvel éclairage eut lieu le 26 décembre 1891, avec *Sigurd*.

Tournées : *Charlotte Corday* ; *le Testament de César Girodot* ; *Ma Cousine* ; *Monsieur l'Abbé* ; *l'Enfant Prodigue* (ces trois pièces avec Marie Kolb). *Ma Gouvernante* ; *Blanchette* ; *Leurs Filles* ; *Tante Léontine* ; *l'Ecole des Veufs* ; *les Maris de leurs Filles* ; *la Dupe* ; *les Revenants* ; *la Puissance des Ténèbres* (ces huit pièces avec M. Antoine et la troupe du Théâtre-Libre). *La Mégère apprivoisée* (Coquelin); *la Famille Pont-Biquet* ; *Feu Toupinel* ; *la Cagnotte* (Brasseur).

***

M. Morvand ayant déclaré, qu'à tout prix, il ne resterait pas une troisième année à Nantes, la direction des théâtres fut déclarée vacante. Plusieurs postulants se présentèrent, entre autres M. Castex, qui devait l'année suivante décrocher la timbale. Peu à peu cependant tous les candidats se retirèrent, à la suite d'avis prétendus charitables. Le temps s'avançait et la ville commençait à être très ennuyée, lorsque M. Morvand réapparut en sauveur. Cédant aux sollicitations de M. Guibourd, il consentit — le pauvre homme ! — à se sacrifier et à conserver une troisième année la direction.

En retour, M. le Maire de Nantes lui laissait la liberté de remanier à son gré le cahier des charges.

M. Morvand, comme on va le voir, se montra d'une discrétion qu'on ne saurait trop louer. Il se contenta seulement de réduire à six mois la saison d'opéra et d'effacer du cahier des charges la clause concernant l'obligation de monter deux œuvres nouvelles. Tant qu'il y était, M. Morvand aurait pu exiger davantage ; son bon ami Guibourd aurait immédiatement opiné du bonnet. Le Maire de Nantes n'a-t-il pas été jusqu'à faire voter dans la séance du 12 avril 1892, par un Conseil tout à sa dévotion, un crédit pour acheter les décors de *Lohengrin. Or, aucun décor n'a été fait pour cette œuvre.* Dans la même séance on vota aussi l'achat des décors de *Samson et Dalila.* Pour ceux-là rien à dire, mais acheter à M. Morvand des décors qui *n'ont jamais existé*, voilà ce qui peut s'appeler un comble !!

J'ai déjà dit, à propos du cahier des charges de l'année précédente, que la suppression de l'opéra-comique équivalait à une augmentation de 35,000 francs. Avec la réduction de la campagne lyrique à six mois, on peut affirmer hardiment que la subvention accordée par la municipalité Guibourd à l'un des directeurs les plus médiocres, au point de vue artistique, qui soient venus à Nantes, s'est élevée, pour la campagne 1892-1893, au chiffre de 150,000 francs, ainsi répartis : 100,000 francs en espèces et 50,000 francs d'économies réalisées par la faveur faite au directeur de supprimer l'opéra-comique et le septième mois d'opéra. On ne saurait donc se montrer trop sévère pour l'Administration qui, non contente d'avoir porté un coup fatal à l'art musical dans notre ville, en détruisant la Société des Concerts Populaires, gorgeait d'un énorme subside un directeur qui, pendant les deux années précédentes, avait éloquemment prouvé que sa place n'était pas à la tête de notre première scène.

SAISON 1892-1893.

MM.
J. MORVAND, *DIRECTEUR.*
ABRAHAM LÉVY, 1er chef d'orchestre.
CARTIER, 2e chef d'orchestre.
ISAAC, régisseur.

MM.
BUCOGNANI, fort ténor.
ARIEL, 2e ténor.
MONTFORT, baryton de grand opéra.
GARDONI, basse noble.
GOURDON, basse chantante.
MORDET, trial.
DUCOS, laruette.
FABER, 2e basse.
DECHENE, 3e ténor.
ROLAND, comique.

Mmes
NOIRET DE VARENNES, falcon.
PAULINE ROCHER, contralto.
DURANTY, chanteuse légère.
SAINT-LAURENT, chanteuse d'opérette.
LECION, 1er dugazon.
METIVIER, 2e dugazon.
DASVEDA, duègne.

Ballet

Mmes
HENNECART, maîtresse.
DINAH PORROH, 1re danseuse.
BOSSI, seconde id.
PIATTI, travesti.

Cette troupe était au dessous du médiocre. Mettons cependant de côté M. Bucognani, toujours en faveur auprès du public, et Mlle Pauline Rocher, une chanteuse de première ordre, doublée d'une excellente tragédienne. Malheureusement, après un excellent début dans la *Favorite*, Mlle Rocher tomba gravement malade d'une pleurésie. Quand, au bout de trois mois, l'artiste fut entièrement remise, elle n'eut plus, devant les tracasseries qu'elle eut à subir, qu'à céder la place à l'artiste que M. Morvand avait fort économiquement engagée pour la remplacer. Dès le soir de l'ouverture le public, par son attitude, montra qu'il avait assez de M. Morvand et de ses ficelles et qu'il n'avalerait pas, cette année, toutes les couleuvres présentées.

C'est ainsi que, la mort dans l'âme, le directeur fut obligé de congédier M. Gardoni, Mmes de Varennes, Duranty et Métivier. Mlle Duranty, ancien premier prix du Conservatoire de Nantes, douée d'un filet de voix atteignant à peine le premier rang du parquet, et d'un joli talent de vocalisation, avait été appelée par M. Morvand à faire ses débuts sur la scène Graslin, comme première chanteuse légère, aux appointements de 600 francs. C'était une jolie économie, quand on songe qu'à Nantes nous étions habitués jadis à des chanteuses légères, comme Mmes Lavoix, Dereims, Lacombe-Dupez, Rabany, Vaillant-Couturier, Jouanne-Vachot, Ismaël-Garcin, etc., etc., payées de 3 à 4,000 francs par mois. Malgré toutes les sympathies que le public nantais pouvait avoir pour sa jeune compatriote, il était impossible qu'il acceptât de voir tenir par une élève cet emploi important. Sur l'ordre exprès de la Municipalité, M. Morvand congédia Mlle Duranty. Il engagea une nouvelle chanteuse légère, Mlle Siebens, aussi médiocre artiste d'ailleurs que jolie femme. Quant à Mlle Duranty, après avoir subi comme de juste une diminution d'appointements, on nous la conserva comme seconde dugazon. Un autre de nos compatriotes, le baryton Montfort, très discuté, fut sur le point, lui aussi, d'être congédié; mais des considérations, étrangères à l'art, le firent maintenir sur notre scène. En remplacement de Mme de Varennes, M. Morvand nous ramena Mme Laville-Ferminet, qui venait de résilier son engagement à Lyon. La basse Bourgeois, artiste à l'organe superbe, au remarquable talent de chanteur et de comédien, prit la place de M. Gardoni. Mme Dasvéda fut remplacée par Mme Fleury-Pillard. Mlle Rouvière fut appelée à remplir l'emploi laissé vacant par Mlle P. Rocher. D'une médiocrité absolue, cette artiste ne parut que rarement sur la scène. Dans le courant de janvier, d'ailleurs, M. Morvand, sentant l'hostilité du public contre cette pseudo-contralto, engagea pour la suppléer notre jolie compatriote Mlle Elvéda Boyer, chanteuse à la voix un peu faible, mais agréable, et artiste pleine d'intelligence. Il faut encore signaler, parmi les artistes de cette troupe, la charmante Saint-Laurent, toujours très applaudie, et le baryton d'opéra-comique Broussan, bon chanteur et comédien aimable.

Devant l'insuffisance de la première troupe présentée, la critique théâtrale se montra quelque peu sévère envers l'impressario qui abusait ainsi de la situation exceptionnelle qu'une Municipalité imprudente lui avait faite.

MM. Gustave Babin, dans le *Phare de la Loire* ; Paolo, dans le *Nouvelliste* ; Darthez et Destranges, dans *L'Ouest-Artiste*, dirent carrément leur façon de penser.

M. Morvand est d'un caractère quelque peu chatouilleux ; il n'admet guère la critique. Dès le premier mois de la campagne, il supprima les entrées du *Nouvelliste*, auquel il savait pouvoir toucher sans avoir rien à craindre, ce journal ne faisant pas partie du Syndicat de la Presse. Quant à *L'Ouest-Artiste*, qui, lui, est du Syndicat, il ne lui fit subir le sort du *Nouvelliste* que plusieurs mois plus tard, quand il comprit qu'il n'avait plus chance de demeurer à Nantes. M. Morvand ne garda plus alors aucun ménagement envers les journalistes qui osaient dire tout haut ce que la plupart pensaient tout bas.

La seule nouveauté sérieuse de la saison fut *Werther*, joué le 25 février 1893. Pour la première fois, Massenet ne vint pas à Nantes pour diriger son œuvre, dont l'interprétation confiée à MM. Bucognani, Montfort, Gourdon, Ariel, Mmes Laville-Ferminet et Duranty, fut des plus faibles. Nos artistes de grand-opéra se sentaient mal à l'aise dans cette œuvre de demi-caractère. Deux décors nouveaux furent faits pour *Werther*. Celui du dernier acte représentant le village de Walheim sous la neige, est d'un fort pittoresque effet.

Hérodiade fournit une fructueuse reprise, grâce à MM. Bucognani, Bourgeois, et à Mme Laville qui s'y montrèrent supérieurs. *Lohengrin* et *Sigurd* furent encore cette année indignement massacrés. Dans le rôle d'Hagen, de l'opéra de Reyer, M. Bourgeois se tailla un grand et légitime succès.

L'opérette, comme toujours, eut les honneurs de la saison. Outre une foule de reprises, on joua deux inepties nouvelles : les *Vingt-huit jours de Clairette* et *Toto*.

Samson et Dalila reparut sur l'affiche avec une Dalila hors ligne, Mme Elena Sanz qui, pendant deux soirées, tint sous le charme tous les amateurs de musique vraie. Malheureusement, avec sa maladresse habituelle, M. Morvand augmenta tellement le prix des places, que la seconde représentation eut lieu devant une salle presque vide. Mme Elena Sanz se fit aussi applaudir dans *Carmen*, qu'elle joue avec un talent tout personnel.

Deux jeunes filles, nos compatriotes, Mlles Maréchal et Barrau, se firent entendre pendant la saison à Graslin, la première dans *Le Trouvère*, la seconde dans le 4e acte de *La Favorite*. Elles furent sympathiquement accueillies par le public.

Pendant le mois d'avril, on monta, sans décors nouveaux, une grande féerie-opérette, *Le Voyage de Suzette*. Une jolie chanteuse, Mlle Blanche Marie, qui paraissait dans un costume de clown plus que déshabillé, était le seul attrait de cette pièce.

Artistes en représentation : Mlle Perdrelli, Mme Tarquini d'Or, Mlle Castellanet (?), Mme Perrin-Theuler (?), Elena Sanz, Bérardi, Meichissédec.

Tournées : *Les Dames de Buda-Pesth*, *Le Chat Noir*, *Le Juif Polonais*, *Le Système Ribadier*, *Le Malade Imaginaire* (Marie Kolb), *Monsieur Chasse* (Marie Kolb), *Champignol malgré lui*, *La Souris*, *La Petite Marquise*, la troupe du *Chat Noir*, *Hernani* (Mounet-Sully), *Hamlet* (Mounet-Sully), *Le Veglione*, *Le Monde où l'on s'ennuie* (Reichemberg), *Le premier Mari de France*, *Tricoche et Cacolet* (Brasseur).

Les 11 et 12 août, la Comédie Française devait venir donner deux représentations. Le 10, malgré une location qui dépassait déjà 5,000 francs, des bandes annonçaient que les soirées n'auraient pas lieu. Une fumisterie pareille, digne d'une troupe de passage de cinquième ordre, fut sévèrement jugée.

Les trois années de direction de M. Morvand achevèrent la décadence de notre Grand-Théâtre. Jamais encore notre première scène n'était tombée aussi bas. Toutes les œuvres sérieuses étaient d'avance sacrifiées par un directeur qui n'apportait ses soins qu'à l'opérette. On répétait à peine les grands opéras alors qu'on consacrait des six, huit répétitions à des élucubrations de sixième ordre. Trois ou quatre artistes de valeur égarés au milieu de nullités dont on n'aurait pas voulu à Carpentras ; une mise en scène absolument piteuse ; des chœurs détestables ; une maîtresse de ballet insuffisante ; voilà ce que nous valut la direction de cet impressario qui, grâce à des avantages énormes et à des frais extrêmement restreints, fit de gros bénéfices pendant les trois années qu'il exploita le Théâtre Graslin.

Dans son rapport sur la question théâtrale, M. Guisthau appréciait ainsi au Conseil municipal, le 8 février 1893, l'administration Morvand :

« La campagne théâtrale 1891-92 peut compter parmi les PLUS MAUVAISES. Elle est menacée de n'avoir d'égale que celle qui se poursuit à l'heure actuelle (celle de 1892-93).

» Nous n'avons pas à rechercher toutes les raisons d'être de cet état d'infériorité. Nous ne voulons même pas nous demander si la direction de nos théâtres n'a pas été par erreur et de bonne foi confiée A UN HOMME AUSSI IMPRÉVOYANT EN MATIÈRE D'ART que soucieux de ses intérêts commerciaux..........

» Si l'on en croit le cahier des charges, on doit

compter sur une troupe de grand opéra de premier ordre. L'EXPÉRIENCE DES DEUX DERNIÈRES ANNÉES PEUT PERMETTRE D'APPRÉCIER, SANS PLUS DE COMMENTAIRES. ».

Inutile d'insister. Les faits, dans leur brutalité, sont assez éloquents par eux-mêmes.

XXIX

THÉATRE DE LA RENAISSANCE

LES ITALIENS. — TROUPES DIVERSES

(1867-1893)

La construction du théâtre de la Renaissance est due à l'initiative de MM. Touchais frères, qui dépensèrent des sommes considérables dans cette entreprise et, finalement, s'y ruinèrent. Depuis longtemps, le besoin d'une seconde salle, plus grande que la première, où l'on pourrait donner des grands concerts, des conférences, des distributions de prix, se faisait sentir à Nantes. L'élévation du nouveau théâtre venait donc à son heure.

Les travaux commencèrent en 1867 sous la direction de M. Chenantais. On eut de grandes difficultés à surmonter pour établir solidement les fondations. Une source, qui, il n'y a pas longtemps encore, envahissait souvent les dessous du théâtre, causa, dès l'abord, de nombreux ennuis. Cependant la construction marcha assez rapidement. La salle avait été installée de façon à être transformée en cirque par le simple arrangement du parterre en piste.

La Renaissance occupe une superficie triple de celle de Graslin. Le diamètre de la salle est de 36m40. Le cadre de la scène a 13m70, soit 5 mètres de plus que celui du Grand-Théâtre. La hauteur est de 16 mètres. Les dessous ont une profondeur de 7m25. Le plafond a 25 mètres de diamètre; il se compose de quatorze arcades, dont sept sont mobiles et peuvent s'ouvrir pour éclairer et aérer la salle. Il est orné de compartiments représentant des peintures allégoriques : tragédie, comédie, musique, et des sujets antiques : bacchantes, faune lutinant une chèvre, courses de chars. Des bustes d'artistes illustres, peints en reliefs : Beethoven, Mozart, Méhul, Meyerbeer, Halévy, Hugo, Voltaire, Malibran, Rachel, Mars, Déjazet, concourent aussi à l'ornementation du plafond. L'encadrement de la scène est surmonté de deux statues dues à M. Ménard : la tragédie et la comédie assises et supportant les armes de la ville. Les décorations de la salle et le rideau furent faits par M. Cambon. Ce rideau, qui a été remplacé depuis, représentait une vue du port de Nantes prise des hauteurs de Sainte-Anne ; il était fort réussi. Les décors furent brossés par M. Bernier.

La salle primitive contenait 3,094 places. Elle se composait d'un vaste parterre en forme de corbeille surmonté de trois rangs de pourtour. Au-dessus s'étageaient, en gradins et non en galeries, cinq rangs de fauteuils et cinq rangs de places de premières. Un rang de loges entourait ces dernières. Soutenu par de légères colonnes de fer, un immense amphithéâtre contenant les secondes, les troisièmes et les quatrièmes s'élevait jusqu'au plafond. A droite et à gauche de la scène, il y avait aussi des baignoires grillées. Une écurie pour 30 chevaux était installée à gauche de la scène. Un vaste foyer, que Graslin envie justement à la Renaissance, orné de colonnes en fonte peintes en imitation de marbre, prend la largeur de la façade sur la place Brancas. Cette façade assez simple se compose de quatre colonnes d'ordre composite placées deux à deux de chaque côté des larges fenêtres éclairant le foyer. On remarque entre autres ornements deux têtes de chevaux qu'on ferait bien de faire disparaître aujourd'hui qu'on a renoncé à louer la Renaissance à un cirque. Une marquise vitrée abrite les baies du vestibule.

1867-1868

L'inauguration de la nouvelle salle, quoique qu'elle fût loin d'être entièrement achevée, eut lieu le 25 décembre 1867. La troupe du cirque Ciolli donna une série de représentations.

L'ouverture définitive de la Renaissance eut lieu le 14 mars 1868. MM. Touchais avaient confié la direction de leur théâtre à M. Guillaume. Le spectacle était composé ce jour-là du *Misanthrope* joué avec le concours de Lafontaine et de Mlle Lloyd.

M. Guillaume fit venir de nombreux artistes en représentation. On applaudit successivement Lafontaine dans *Dalila*, Neuville, des Variétés, Charles

Bataille, Mme Normann-Nérida, violoniste de beaucoup de talent, Laferrière, Mmes Déjazet et Ugalde.

1868-1869

M. Hubert succéda à M. Guillaume. La féerie de *Peau-d'Ane*, qui fut montée avec luxe, céda bientôt la place à une troupe italienne.

Alors commença la plus brillante période de la Renaissance. On s'engoua à Nantes du répertoire et des artistes transalpins et Graslin fut délaissé pour la salle Brancas, qui devint bientôt le rendez-vous de toute la haute société nantaise, notamment de celle *des Cours*.

Cette première troupe italienne était ainsi composée :

Mmes	LAURA-HARRIS,	soprano.
	DÉMERIO-LABLACHE,	contralto.
	SALVANI,	comprimaria.
MM.	TOMBESI,	1er ténor.
	TERRONI,	2e ténor.
	STROZZI,	baryton.
	ORDINAS,	basse profonde.
	ROCCO,	basse bouffe.
	STEVENS,	chef d'orchestre.

Tous ces artistes étaient excellents. Mlle Laura Harris était une charmante chanteuse d'un talent très distingué. Mme Démério-Lablache possédait un splendide contralto. On applaudit aussi dans le courant de la saison un autre ténor de grand mérite, M. Della Roca.

Tombesi et Strozzi avaient des voix magnifiques. Le premier fit bientôt tourner toutes les têtes. C'était un délire. A ses adieux il reçut un nombre fabuleux de bouquets.

Pendant cette saison, on joua pour la première fois *Il ballo in Maschera*, de Verdi, devant une salle superbe, resplendissante de toilettes luxueuses et d'habits noirs. Succès complet.

Pendant l'été, des concerts populaires, sous la direction de M. Bernier, furent organisés. Les places les plus chères étaient à deux francs. On jouait tous les jours.

1869-1870

Les résultats donnés par la première saison italienne avaient été si brillants, qu'une nouvelle troupe se forma pour l'exploitation de la Renaissance.

MM.	LINZI-CHELLY,	1er ténor.
	MARETTI,	2e ténor.
	STROZZI,	baryton.
	GENIBREL,	2e basse.
	TOMUGASSO,	basse comique.
Mmes	LAURA-HARRIS,	2e chanteuse.
	LUCCHESI,	id.
	LABLACHE,	} contralti.
	BENARCHI,	
	BARAZOTTI,	soprano dramatique.

Cette seconde saison fut ouverte par *Faust*. On coupa les tableaux du *Hartz* et du *Walpurgis*. En revanche, on chanta deux airs qui n'existent pas dans la partition française.

Mme Lucchesi, jeune et jolie femme, douée d'une voix magnifique, remporta un vrai triomphe dans le rôle de Marguerite.

La rentrée de Laura-Harris fut accueillie par des transports d'enthousiasme. On jouait ce soir-là la *Somnambula*, et la représentation, si bien commencée, faillit se terminer tragiquement. Une fuite de gaz détermina dans les frises un commencement d'incendie. On s'en rendit maître promptement. Dans la salle personne ne bougea, quoique plusieurs spectateurs aient crié : « Au feu! »

Le 10 novembre 1869, on exécuta la *Messe* de Rossini avec une interprétation exceptionnelle : Mmes Alboni et Marie Battu, MM. Hollier, Tagliafico, le violoniste Vieuxtemps, le contrebassiste Bottesini, prêtèrent leurs concours à cette superbe audition.

Cette année-là, l'exploitation italienne marcha moins bien que pendant la saison précédente. La troupe était moins bonne, enfin on commençait à se lasser de ce répertoire usé et rococo, borné au Nord par *Lucia*, au Sud par la *Somnambula*, à l'Est par *I Puritani*, à l'Ouest par *Linda*. Le 16 novembre, la Renaissance ferma ses portes.

MM. Touchais commençaient déjà à avoir assez de leur théâtre qui ne rapportait pas l'intérêt de l'argent dépensé pour sa construction. Il fut question alors de le mettre en loterie pour devenir ensuite la propriété de la ville. Le projet n'aboutit pas.

En décembre, une troupe lyrique française, sous la direction de M. Bouzeois, dut exploiter le théâtre, mais l'autorité militaire ayant refusé de prêter les soldats pour chanter les chœurs, les représentations ne purent avoir lieu.

Au mois d'avril, une troupe italienne de passage,

dont faisaient partie la Krauss et Nicolini, donna quelques représentations.

Déjazet se fit aussi entendre à la Renaissance pendant cette saison.

1870-1871

Une troupe sous la direction de M. Ribert exploita le théâtre pendant le mois d'avril. On joua une revue assez amusante : *La Grande Dépêche*, due à la collaboration de notre concitoyen M. Bureau et du dessinateur Collodion.

1871-1872

Toujours sous la direction Ribert on monta *La Belle Hélène* avec Desclauzas, *Rhotomago*, *La Reine Crinoline*.

Mme Ernst vint en janvier 1872 et obtint un vif succès en lisant différentes poésies de nos grands poètes.

Le 27 janvier, la direction passa aux mains de M. Vidaillet, qui joua l'opérette, la comédie, le vaudeville. Nous remarquons dans la troupe le nom d'Arnal. C'était le neveu du célèbre comique. Cette nouvelle direction n'eut qu'une durée éphémère.

Le 18 avril, la Renaissance ouvrit de nouveau ses portes sous la direction de M. Beaugé, le fils de la souffleuse du Grand-Théâtre. Entre autres pièces, il joua un grand drame militaire intitulé : *Le Siège de Paris*.

Thérésa, Lafontaine qui joua *Ruy-Blas*, Pasdeloup et son orchestre vinrent en représentation.

Dans le courant de juillet, Beaugé mit en répétition *Rabagas*, une pièce de Sardou bourrée d'allusions anti-républicaines, dont la représentation à Paris avait fait beaucoup de tapage. Le *Phare de la Loire* protesta dans un article violent auquel Beaugé répondit. Toute une polémique s'engagea. Finalement le maire, qui était alors M. Leloup, interdit la représentation. Le 28 septembre une grande représentation eut lieu au bénéfice de la vieille souffleuse de Graslin, Mme Beaugé. On joua le *Dépit amoureux* et *Tartufe* avec M. Savary de la Comédie-Française.

Cette année MM. Touchais offrirent à la ville de lui céder la Renaissance pour une somme de 250.000 francs. Le Conseil municipal autorisa l'Administration à étudier de près la question.

1872-1873

Une Société, patronnée par MM. le général Mellinet, Arnous-Rivière, Boistard, L. Bourgault-Ducoudray et Coinquet se forma en commandite pour exploiter la Renaissance. Le capital était de 300,000 francs divisés en 600 actions de 500 francs chacune. Tout souscripteur de trois actions avait droit à trois entrées réduites. Le baryton Strozzi, qui s'était créé de nombreuses relations dans la société nantaise, avait été choisi comme administrateur-gérant. La troupe italienne réunie par Strozzi était bonne, mais ne fit pas ses frais. Parmi les artistes qui en faisaient partie, il faut citer en première la ravissante Zina Daltì, chanteuse d'expression en même temps qu'étourdissante vocaliste. Mmes Sonnièri et Carracioli étaient elles aussi des cantatrices de valeur. Le ténor Carrion était parfait. Les chœurs et l'orchestre étaient médiocres.

En mars on donna de belles auditions du *Stabat Mater* de Rossini.

Frédéric Lemaître, bien vieux, bien usé, vint en représentation.

1873-1874

MM. Chesser et Verpy prirent la direction et jouèrent le drame et la comédie.

Ces directeurs montèrent *La Femme de feu*, pièce tirée du fameux roman de Belot qui, comme on le sait, se passe en partie à Nantes et *Marceau ou les Enfants de la République*. La Préfecture interdit de chanter la *Marseillaise* et, à la seconde représentation, interdit l'œuvre elle-même. On assista ainsi à ce fait curieux, d'une pièce républicaine et du chant national républicain, mis à l'index par un fonctionnaire de la République. Il faut venir en France pour voir ces choses-là ! Quelques années plus tard *Marceau* devait encore être cause d'un incident beaucoup plus grave.

Déjazet se fit applaudir dans différentes pièces de son répertoire.

1874-1875

A signaler seulement quelques troupes de passage : *La Maison du Mari* avec Laferrière, *Toto chez Tata* (Céline Chaumont).

Deux grands concerts furent aussi donnés pendant cette saison dans la salle Brancas : celui de la Nilsson avec Sivori et Servais et celui de l'impressario Ulmann qui faisait une tournée avec Planté, Diaz de Soria, Sivori, Alard et Franchome.

1875-1876

Tous les journaux menaient depuis quelques années une vive campagne en faveur de l'achat de la Renaissance par la ville. Le Conseil autorisa cet achat, dans sa séance du 2 mars 1875, pour une somme de 200,000 francs. Le monument avait coûté jadis plus de 800,000 francs.

A partir de cette année l'existence propre de la Renaissance est absolument finie. Elle se confond désormais avec celle du Grand-Théâtre. Cependant la ville, pour quelque temps, se réserva le droit de louer la Renaissance à un cirque durant les deux mois d'hiver. Signalons rapidement les principaux faits qui se sont passés, salle Brancas, pendant ces dernières années.

Le *Tour du Monde*. Grand succès pour l'œuvre de notre éminent compatriote Jules Verne. Le rôle d'Aouda était tenu par M"° Hadamard, aujourd'hui à la Comédie Française.

1876-1877

Grand concert donné par la Patti.

Superbe représentation de la Nilsson dans *Faust*.

En mars Faure vint jouer *Faust*, *Hamlet* et *Guillaume Tell*. Les représentations du célèbre baryton furent des plus suivies. Après *Guillaume Tell*, les choristes allèrent donner une sérénade sous les fenêtres de l'Hôtel de France où Faure était descendu.

Agar vint jouer *Athalie* avec les chœurs de Mendelssohn.

On représenta aussi pendant cette saison le *Voyage dans la Lune*.

1877-1878

Un arrêté municipal, en date du 22 décembre 1877, interdit aux femmes légères de se placer ailleurs que dans les loges. Il faut croire que depuis la suppression de la plupart de ces dernières, l'autorité a renoncé à assigner aux hétaïres nantaises une catégorie de places, car elles s'étaient ouvertement aujourd'hui aux fauteuils aussi bien qu'au parterre. Pourquoi, à Graslin, leur interdit-on alors l'accès des premières galeries, si à la Renaissance on ne le fait pas?? Beautés de la logique administrative !!!

M. Coulon jugea à propos de faire, cette année, une reprise de *Marceau*. Cette fois, la Préfecture ne s'y opposa pas. La première eut lieu avec un grand succès devant une salle comble, qui bissa la *Marseillaise*. L'ordre ne fut nullement troublé. Quelle ne fut pas, le lendemain, la stupéfaction générale lorsqu'on apprit que le colonel Hubert-Castex venait de refuser au Directeur de lui continuer le concours de la musique et de la figuration militaire, et avait interdit à tout soldat de mettre les pieds à la Renaissance tant qu'on y jouerait *Marceau*, pièce militaire et patriotique où l'on commettait le crime de chanter l'hymne national. Le *Phare de la Loire* publia même le texte de l'ordre du jour adressé par le colonel aux soldats. M. Hubert-Castex fit démentir et prétendit que cet ordre était seulement un communiqué à la place. Quoi qu'il en soit, cet incident eut un retentissement considérable et mérité. M. Laisant, à la Chambre, interpella à ce sujet le ministre de la guerre. Finalement, le colonel Hubert-Castex fut déplacé. Cette affaire fit à *Marceau*, pièce d'une digestion difficile, une réclame extraordinaire. Pendant plusieurs soirées, la Renaissance fit salle comble. A tour de rôle, Guillemot et Mlle Reggiani chantaient la

Marseillaise. Cette dernière, habillée pour la circonstance en Charlotte Corday, tenant à la main le drapeau tricolore, soulevait un enthousiasme indescriptible.

1878-1879

Dans le courant de novembre 78, sur les quatre heures du soir, un commencement d'incendie éclata dans le magasin d'accessoires. Heureusement qu'on s'en aperçut à temps. Il n'y eut que de légers dégâts matériels.

La direction Lemoigne inaugura, pendant cette saison, le système des matinées dominicales. Le succès fut complet dès le premier jour et, depuis lors, ne s'est pas démenti.

Tournée : *l'Assommoir*.

1879-1880

Cette année, le Grand-Théâtre était en réparation et la subvention était affectée à la réfection de la salle.

La Municipalité choisit, pour exploiter la Renaissance, M. Jourdan, qui était à la tête d'une Société d'artistes. Aucun genre n'était imposé.

MM.
L. JOURDAN, Administrateur.
MARTIN, 1er chef d'orchestre.
JAMES, régisseur.

Comédie

MM.
VIALDY, 1er rôle.
LUTSCHER, jeune 2e rôle.
RAYMOND, 2e rôle.
WICTON, 2e rôle.
SAINT-ÉMILE, 3e rôle.
PROSPER, père noble.
MARTIN, amoureux comique.

MM.
JAMES, comique.
DELORME, comique.
SAIRVIER, comique.

MMes
MOINA-CLÉMENT, grand premier rôle.
MONDALET | jeunes premières
FORESTY |
STRANSKY, mère noble.
BOSSON, ingénuité.
DE SAIX, amoureuse.
ANGLADE | soubrettes.
MARCELLE |
CARLI, duègne.

Opéra - Comique et traductions

MM.
RODEVILLE, fort ténor.
Marcel DEVRIES, ténor double.
BARETTI, 2 ténor.
MAUGÉ, baryton.
COMTE, basse.
HALY, 2° basse.
GRACIANI, trial.

MM^{es}
GALLY-LAROCHELLE, 1re chanteuse légère.
JEANNE ANDRÉE, jeune chanteuse.
SIBETTI, dugazon.
DE SAISE, 2° dugazon.
STRANSKY, duègne.

MM. Comte, Maugé et Mme Gally-Larochelle possédaient une certaine valeur. Le reste de la troupe était des plus médiocres.

L'exploitation ne fut pas heureuse et se termina en décembre. A partir de cette époque, il n'y eut plus que de nombreuses tournées.

Nouveautés : *Mme Favart, Lequel ?* le *Cabinet Piperlin, Doit-on le dire ? Nounou, Gavaud, Minard et Cie*.

Tournées : *L'Avare* (Marie Kolb), les *Martyrs de Strasbourg*, la *Cagnotte*, le *Légataire Universel*, le *Mariage de Figaro, Jean-Nu-Pieds, Phèdre* (Agar), *Jonathan*, le *Fils de Coralie, Gabrielle* (Mme Favart), *Daniel Rochat, Robert Macaire, L'Aventurière*, les *Inutiles*, les *Folles Amoureuses*, le *Voyage de M. Perrichon*, le *Trésor*, le *Malade Imaginaire*, le *Marquis de Villemer*, le *Demi-Monde* (ces deux pièces avec la troupe de l'Odéon), l'*Age ingrat*.

Les 6, 7, 8 septembre 1880, les Nantais purent enfin applaudir Sarah Bernhardt. L'immense salle de la Renaissance n'était pourtant pas très pleine. Beaucoup de personnes étaient encore aux bains de mer et à la campagne. L'illustre artiste joua *Adrienne Lecouvreur* et *Froufrou*. Elle fut accueillie par de longs transports d'enthousiasme et couverte de fleurs. Après la seconde représentation, un grand souper lui fut offert chez Monnier. Sarah s'y montra charmante de verve et d'esprit.

L'ancien directeur du Grand-Théâtre, M. Bellevaut, faisait partie de cette tournée comme régisseur.

A partir de 1879, année de sa fondation, la *Société des Concerts Populaires* donna ses concerts dans la salle de la Renaissance. Il n'est pas dans le cadre de cet ouvrage de faire l'historique de cette Société, qui a fait faire à l'art musical à Nantes les progrès les plus considérables. Disons toutefois qu'elle amena à la Renaissance les plus grands compositeurs et les plus brillants virtuoses.

1880-1881

Rien de particulier à signaler pendant la campagne d'hiver.

Sarah Bernhardt revint le 8 et le 9 septembre à la grande joie de ses nombreux admirateurs. Cette fois la grande artiste joua la *Dame aux Camélias* qu'elle n'avait encore jamais interprétée à Paris et *Hernani*.

Pendant l'été, on fit subir à la salle un remaniement. Les loges des 1res sauf deux dans le fond et trois de chaque côté, furent supprimées ainsi que les avant-scènes et la 4e galerie. Un escalier de dégagement fut construit pour les premières.

1881-1882

Pendant les mois d'hiver, aucun fait digne de remarque. Pendant le mois de mai, la Compagnie des

Excursions Panoramiques Hamillon s'installa dans la salle Brancas.

1882-1883

Pendant la saison lyrique, toujours rien de bien intéressant. Le petit train train ordinaire : matinées le dimanche, par-ci par-là quelques soirées.

Les 21 et 22 juillet, Sarah Bernhardt, accompagnée de Berton, joua *Fœdora* avec un immense succès.

Les *Excursions Hamillon* revinrent pendant le mois de septembre.

1883-1884

On joua *Peau d'Ane* sans grand succès.

1884-1885 — 1885-1886

Rien de particulier.

1886-1887

M. Paravey donne les matinées du dimanche à moitié prix. Cette innovation est accueillie avec beaucoup de faveur.

1887-1888

De même qu'à Graslin, on entreprit à la Renaissance d'importants travaux de sécurité : rideau de fer, bassins et herses d'eau, galeries extérieures, nouveaux dégagements. On supprima aussi les quelques marches qui existaient au bout des couloirs menant au parquet et on les remplaça par une pente douce commençant à partir du vestibule. La salle fut aussi complètement restaurée. Elle en avait besoin, car elle était dans un état de délabrement complet. Elle fut repeinte et tapissée à neuf. Enfin, on plaça un nouveau rideau dû au pinceau de Lavastre. En voici la description.

A gauche, au premier plan, un grand escalier au haut duquel se dressent un Temple grec et la statue d'Apollon tenant sa lyre d'or. Au bas, deux colonnes rostrales, puis un large quai dans toute l'agitation du commerce. Au fond, la mer calme et tranquille sillonnée de nombreux navires. Toujours à gauche, de hautes falaises perdues dans un léger brouillard. A droite, une draperie rouge avec les armes de Nantes et de Bretagne, descend en plis harmonieux sur une balustrade surmontée d'un Amour. Au pied de la draperie se trouvent des masques, une flûte de Pan et différents autres accessoires. Au bas, dans l'encadrement, une vieille inscription latine signifiant : VILLE DE NANTES. Ce rideau fort réussi est d'un grand effet.

Les dessous qui étaient continuellement inondés par la source qui, lors de la construction, avait donné tant de soucis aux architectes, furent entièrement asséchés. On construisit, à cet effet, un véritable aqueduc.

M. Lebec dirigea tous les travaux avec son habileté ordinaire. La restauration de la Renaissance et les améliorations apportées au théâtre s'élevèrent au chiffre de 117,380 francs.

N'oublions pas non plus, à propos des travaux considérables exécutés dans nos théâtres pendant l'année 1887-88, de rendre justice à l'activité et à l'intelligence de M. Nicolleau, adjoint délégué aux Beaux-Arts, qui s'occupa toujours avec un soin particulier et un intérêt constant de la situation artistique et matérielle de nos scènes.

1888-1889 — 1889-1890

En fait de choses particulièrement intéressantes et dont je n'ai pas eu l'occasion de parler à propos du théâtre Graslin, je ne vois guère à signaler que les nouvelles représentations de Sarah Bernhardt dans *Jeanne d'Arc* et la *Tosca* les 19 et 20 juillet 1890.

1890-1891 — 1891-1892 — 1892-1893

Mounet-Sully vint jouer *Hamlet* (janvier 91), *Ruy-Blas* et *Œdipe-Roi* (septembre 92).

Une panique eut lieu le dimanche 27 novembre 1892, à la matinée où l'on jouait *Robert*. Au 3e acte, un rayon de soleil s'étant glissé dans la salle, par un interstice de fenêtre, un imbécile se mit à crier : Au feu ! On juge de l'émoi des spectateurs et de la bousculade. Plusieurs dames se trouvèrent mal ; enfin, le directeur et le régisseur accoururent sur la scène et parvinrent à calmer la frayeur du public. Cet incident aurait eu de graves conséquences si les spectateurs n'avaient pu être rassurés à temps.

Dans le courant d'août 1893, une troupe de Dahoméens fut exhibée dans la salle de la place Brancas.

XXX

THÉATRE DES VARIÉTÉS

(1835-1893)

L'ancien Riquiqui. — La nouvelle salle de la rue Mercœur

DANS un local assez primitif situé rue du Calvaire, où se trouve aujourd'hui le n° 3, vint s'installer, en 1832, une troupe de marionnettes dirigée par M. et M*me* Leroux, troupe qui d'abord avait donné des représentations en plein vent sur la *Petite-Hollande*. Ce petit théâtre qui faisait la joie des enfants mais non la tranquillité des parents, avait reçu du public le nom de *Riquiqui*. Cette appellation devait lui rester. Même, quand bien des années plus tard, l'humble baraque se transforma en un véritable théâtre, ce fut toujours pour les Nantais *Riquiqui*.

Cependant cette troupe de marionnettes faisait des

affaires d'or ; d'année en année, un public plus nombreux se pressait sur ses rudimentaires banquettes. La famille du père Leroux s'était accrue, les enfants avaient grandi, s'étaient mariés. Ils se mirent à jouer entre eux quelques petites pièces et réussirent.

En 1854, Riquiqui, qui avait quitté depuis quelque temps la rue du Calvaire pour s'installer rue Mercœur, abandonna définitivement les marionnettes qui avaient commencé sa fortune et se mit à jouer des comédies sous le nom de *Théâtre des Délassements-Comiques*. L'ouverture eut lieu le dimanche 6 août. Le spectacle se composait de *Bruno le Fileur*, *Pierrot*, *La légende du Grand-Étang*, chantée par M. Léon, âgé de six ans, et d'*Une femme qui se grise*. Le prix des places était fixé comme il suit: premières, 1 franc ; deuxièmes, 0 fr. 60 ; galeries, 0 fr. 40 ; parterre, 0 fr. 25.

Cette tentative, qui réussit, encouragea la famille Leroux à continuer cette exploitation sous le titre de Troupe Nantaise.

Ce fut seulement en octobre 1866 que l'ancien Riquiqui adopta le nom de Variétés. A cette occasion, on rappropria un peu la salle qui était loin d'être luxueuse. Figurez-vous un espace assez exigu entouré d'une simple galerie de bois. Au milieu, des sièges peu confortables. La façade était formée d'un encadrement de bois peint ; simple décor à moitié effacé par la pluie. C'est dans cette salle malpropre, enfumée, que la famille Leroux gagna sa fortune. Ce petit théâtre qui jouait le drame, la comédie, le vaudeville, était fréquenté par les ouvriers. Cependant le bourgeois, de temps en temps, se risquait à y aller, quitte à recevoir sur la tête des pelures d'orange et de pomme.

On changeait de spectacle deux fois par semaine. Les samedi, dimanche et lundi on jouait le drame ; les mardi, mercredi et jeudi, la comédie. Ce système demeura toujours en vigueur à la salle de la rue Mercœur.

En février 1872, les Variétés jouèrent une pièce locale : *Les Mystères du Marchix*. Ce drame bien noir, mais qui offrait un intérêt palpitant pour les habitants du quartier, était dû, je crois, à l'un des bons artistes de la troupe, M. Cardon, qui avait épousé Mlle Leroux.

En 1873, une revue du même auteur : *Nantes à vol d'oiseau*, eut un très vif succès. A cette occasion, toute la haute société nantaise défila à Riquiqui. Bien souvent la mère Leroux ne put retenir un mouvement d'orgueil en voyant une file de joyeux équipages à la porte de son *bout-bout*.

En mars 1876, les Variétés firent une excursion dans l'opérette et jouèrent la *Fille de Madame Angot*. C'était assez drôle. Le chef d'orchestre jouait du piano de la main gauche et battait la mesure de la main droite.

Cependant Mme Leroux avait peu à peu amassé une fortune assez rondelette. La foule affluait toujours à son théâtre. Elle résolut un jour de remplacer la baraque de bois par un véritable monument. Aussitôt dit, aussitôt fait. Les travaux commencèrent et en quelques mois un théâtre d'apparence sérieuse s'éleva sur l'emplacement jadis occupé par la petite scène des marionnettes.

Le nouveau théâtre a été construit par M. Moreau, qui a tiré tout le parti possible de l'espace assez restreint mis à sa disposition. La salle est jolie et coquette. Elle se compose de deux galeries, de fauteuils d'orchestre, d'un parterre et de quatre avant-scène. Pendant quelque temps il y eut aussi à la première galerie deux autres avant-scène, mais elles furent supprimées. Le plafond, de forme ovale, est entouré de douze petits panneaux représentant différents sujets légers. Les balcons des galeries sont ornés des attributs de la musique et de la comédie.

L'ouverture de la nouvelle salle eut lieu le jeudi 28 novembre 1878. Le spectacle était composé du *Cheveu Blanc*, de *Jeanne qui pleure et Jeanne qui rit* et de *Tromb-al-Cazar*. Ce fut une véritable scène de famille. La brave mère Leroux, âgée de près de 80 ans, mais très vaillante encore et toute fière de sa longue vie de travail, fut amenée sur la scène aux applaudissements de tous et reçut plusieurs bouquets.

Alors commença pour les Variétés une période de splendeur qui, malheureusement, ne devait pas durer de longues années. La troupe était bonne. Il me suffira de rappeler les noms de Delaville, un premier rôle de grand talent ; d'Alain, qui était en même temps peintre décorateur et amusant comique; du désopilant Besombes ; de Malbeuf ; du jeune premier Dubiaux, qui épousa la petite fille de Mme Leroux, Cécile Cardon; de Mmes Cardon et Allain, — les deux filles de M. Leroux, — et de Mme Besombes.

En 1880, profitant de la fermeture du Grand-Théâtre et de la déconfiture de la troupe de la Renaissance, les Variétés jouèrent avec succès : les *Cloches de Corneville*. Pour cette occasion, deux chanteuses, M᷉ᵐᵉ Vernet-Lafleur et Berthe Féal, avaient été engagées.

Un drame signala l'année 1881. L'administrateur Malbeuf qui, comme comique, ne manquait pas d'un certain talent, fut trouvé pendu à un portant.

La saison 1882 fut des plus brillantes. Deux pièces eurent un immense succès : *Quatre-Vingt-Treize* de Victor Hugo, où Delaville était très remarquable dans le rôle de Cimourdain, et les *Locataires de M. Blondeau* qui, pendant trente représentations, dilatèrent la rate des Nantais. Dans cette comédie, Besombes était absolument inénarrable. Allain y était aussi fort drôle.

En août 1882, Mᵐᵉ Leroux mourut, âgée de 84 ans. Ses derniers moments furent attristés par la venue des huissiers. La construction du nouveau théâtre avait coûté plus cher qu'on ne pensait tout d'abord. Mᵐᵉ Leroux s'était endettée; les frais plus considérables n'avaient pas été compensés par les recettes, réduites forcément par l'exiguïté de la salle, et finalement la ruine venait briser toutes les espérances que la vieille directrice avait fondées sur son cher théâtre.

Quelque temps après la mort de Mᵐᵉ Leroux, les Variétés furent mis en adjudication et devinrent la propriété de MM. Roy et Poisson.

M. Besombes père voulut alors prendre la suite des affaires de Mᵐᵉ Leroux. Mais il ne s'entendit pas avec les propriétaires de la salle. Il fit construire, sous le nom de Théâtre Nantais, une salle en bois, dans un terrain vague, situé en face des Variétés, au coin de la rue Mercœur et de la rue du Général-Meusnier.

En 1884, M. Besombes loua définitivement les Variétés. Il y resta jusqu'en 1887, année où il abandonna la direction après des affaires peu brillantes. Parmi les artistes qui firent partie de sa troupe, il faut citer M. Frespech, qui avait été, en 1874, administrateur du Théâtre Graslin et les deux excellents comiques Zynguet et Dargelès.

Au départ de M. Besombes, les Variétés passèrent aux mains de M. Ganelly. Sous cette direction on joua une amusante revue locale : *Ah ! dame, oui dame !* qui avait pour auteurs deux de nos concitoyens, MM. André Richard et Paul Héraud, et un drame fort intéressant d'un autre de nos compatriotes, M. Jules Gringoire : *Le Serment d'un Breton*. Cette pièce historique eut un grand succès et obtint 17 représentations consécutives. Le soir de la première, une dame, femme de l'un des héros figurant sur l'affiche, se présenta au contrôle pour demander si son mari, décédé, n'était pas malmené dans la pièce. On la rassura et on lui offrit une loge.

En 1888, M. Valincourt prit la direction. Parmi les meilleurs artistes de sa troupe, il faut citer M. Bonarel et M︎ⁿᵉ Yorelle. Une reprise de la *Famille Benoîton* eut un vif succès. Le jeune Valincourt était excellent dans le rôle de Fanfan.

En janvier 1890, la crise provoquée sur tous les théâtres par l'influenza éclata sur les Variétés et M. Valincourt fut obligé d'abandonner son théâtre. Le Comité de la Presse organisa au bénéfice des artistes de la rue Mercœur la grande représentation de *Carmen*, avec Mᵐᵉ Bouland, dont j'ai parlé dans un autre chapitre.

La saison 1890-91 se fit sous la direction de M. Berthollot avec une troupe ne renfermant aucun artiste digne d'être spécialement signalé. Au mois d'avril, le théâtre fut acheté par un grand propriétaire, M. Bêller, avec l'intention d'en faire une maison de rapport. Néanmoins, cette transformation n'eut pas lieu, mais la salle resta fermée pendant deux ans.

Dans le courant de février 1893, les Variétés rouvrirent leurs portes sous le nom de Théâtre des Arts, avec M. Ricouard comme directeur. Le prix des places fut augmenté. On ne joua que la comédie et le vaudeville. La troupe était bonne. Les principaux artistes, MM. Blanchet, Howey, Mmes Leriche, d'Ickles, de Givry ramenèrent par leur talent le public à la salle de la rue Mercœur. Pourtant les affaires du directeur ne furent pas brillantes. Après de fréquentes relâches le Théâtre des Arts ferma définitivement ses portes à la fin du mois de mars.

A plusieurs reprises, les directeurs qui se sont succédé aux Variétés, et même certains conseillers municipaux, ont demandé que la ville subventionnât ce petit théâtre. Jusqu'ici ces tentatives n'ont encore abouti à rien. Les Variétés sont pourtant utiles à Nantes où nous n'avons pas de troupe de comédie et il serait à souhaiter que la municipalité vînt à leur aide d'une façon quelconque, par exemple en prenant à sa charge le loyer de la salle.

XXXI

SITUATION DU THÉATRE A NANTES
CE QU'ELLE EST
CE QU'ELLE DEVRAIT ÊTRE

(Octobre 1893)

Arrivé au dernier chapitre de cette longue histoire, je crois que, comme conclusion, je n'ai rien de mieux à faire que de jeter un rapide regard sur la situation actuelle de notre Théâtre et sur les moyens à employer pour l'améliorer.

Comme on a pu le voir par cette monographie aussi complète que possible, le Théâtre à Nantes a brillé d'un vif éclat. Aussi bien dans ce siècle qu'au siècle dernier, notre ville a témoigné d'un goût des plus prononcés pour les spectacles. D'excellents artistes, dont beaucoup ont été ensuite à Paris, ont brillé sur notre première scène. Graslin a connu, plus peut-être qu'aucun autre théâtre de province, des chanteurs de tout premier ordre, de parfaits ensembles de troupes, des soirées éclatantes. Parfois, il est vrai, nous avons eu à déplorer l'obscurcissement passager de sa réputation. Quelques campagnes détestables, comme les dernières, d'autres simplement médiocres, font tache çà et là dans cette histoire, mais c'est l'exception. Le Grand-Théâtre de Nantes a compté jusqu'ici parmi les principaux de province et il jouit, parmi les artistes, d'une grande réputation.

Il s'agit de ne pas déchoir. Malheureusement, nous sommes sur une pente fatale. J'ai déjà dit au chapitre XXVIII à quel degré d'abaissement était tombé le Grand-Théâtre depuis quelques années.

L'incurie de la municipalité Guibourd qui, pendant les quatre ans qu'elle demeura au pouvoir, manifesta toujours pour l'art musical la plus profonde insouciance[1], nous avait valu les directions Morvand. Il ne devait pas en être de même sous l'administration de M. Riom. Le nouveau Conseil municipal se montra décidé de relever le niveau artistique de notre première scène.

Autour de MM. Guist'hau et Teillais il se forma un groupe pour demander au Conseil de ramener la subvention au chiffre de 120,000 francs. La question théâtrale fut débattue dans la séance du mercredi 8 février 1893. La discussion fut chaude. L'Administration ne proposait que le maintien des 100,000 francs.

Enfin, après un remarquable rapport de M. Guist'hau où les directions Morvand étaient vertement appré-

---

[1] Soyons justes. Nous devons à M. Guibourd l'installation sur le cours Cambronne des concerts en plein vent dirigés par M. Lévy.

ciées, et une longue discussion où MM. Guist'hau et Teillais défendirent énergiquement l'augmentation de subvention, la somme de 120,000 francs fut finalement accordée par 17 voix contre 12.

Le favoritisme dont la municipalité Guibourd avait fait preuve envers M. Morvand rendait absolument indispensable un remaniement du cahier des charges. Voici les principales modifications qui y furent apportées. Beaucoup ne sont d'ailleurs, comme on le verra, que le retour à l'ancien cahier des charges.

1° Rétablissement de l'opéra-comique.

2° Rétablissement du septième mois de campagne lyrique.

3° Rétablissement de deux opéras nouveaux à monter par campagne.

4° Rétablissement des débuts. Une Commission de quinze membres choisis par le maire, tous les abonnés à l'année et les abonnés au mois à prix entier sont appelés à prendre part au scrutin. Les débuts devront être terminés à la fin du deuxième mois de la campagne. Passé ce délai, le maire sera libre de résilier le traité avec le directeur ou de lui retenir une somme de cinq cents francs par jour de retard.

5° Suppression de l'orchestre municipal.

Les inconvénients de ce système étaient en réalité plus grands que ses avantages. Quand le pauvre Ed. Garnier demandait avec tant d'insistance dans le *Phare de la Loire* la création d'un orchestre municipal, il ne voyait que le bon côté de la chose, c'est-à-dire que les musiciens n'étant plus engagés par le directeur ne seraient pas soumis à des mutations annuelles, que l'on pourrait ainsi conserver les valeurs, éliminer les médiocrités et arriver en peu de temps à posséder un orchestre de premier ordre. C'est ce qui aurait du être, mais malheureusement c'est ce qui n'était pas. Malgré tout ce qu'on pourra dire, je prétends, et beaucoup de musiciens impartiaux sont de mon avis, que pendant sa municipalisation, l'orchestre a déchu. Cela paraît bizarre, pourtant c'est comme cela et je vais donner la raison de cette anomalie.

On a introduit dans une question purement artistique une question de patriotisme et l'on a décidé que pour faire partie de l'orchestre il faudrait être Français ou du moins se faire naturaliser.

Beaucoup d'artistes étrangers refusèrent de se prêter à cette combinaison. Or, la Belgique et l'Italie fournissent d'excellents instrumentistes qu'on peut avoir à meilleur compte que des artistes français. Nos amis d'Angers ne sont pas si bêtes, et ils accueillent toutes les valeurs d'où qu'elles viennent. Qu'à prix égal, on donne la préférence aux Français, c'est de toute justice, mais qu'on paie plus cher pour avoir souvent moins bon, cela dépasse les bornes. C'est ce qui est arrivé à Nantes. Nous n'avions pas meilleur, ou bien quand nous avions bon, on refusait de donner une légère augmentation à l'artiste après la première année et on le laissait échapper. Autre cause d'infériorité pour notre orchestre. J'aborde ici, je le sais, un sujet délicat, mais je me suis promis de dire la vérité. Certains musiciens assez médiocres, mais qui ont l'avantage d'être Nantais, faisaient agir à la Mairie et obtenaient d'être conservés. Fatalement, une Municipalité est obligée à certains ménagements, qu'un directeur ne garderait pas. Enfin, les musiciens se sentant payés par la ville, n'apportaient pas à leur service tout le zèle désirable. Peu leur importait de mécontenter le directeur, ils étaient municipaux. Le Cahier des charges avait beau dire que le directeur conservait toute autorité sur son orchestre, il n'en était pas ainsi en réalité. Ce système qui, bien appliqué, aurait pu donner de bons résultats, n'avait donc pas répondu à l'attente de ceux, — et j'en étais, — qui l'avaient si vivement réclamé. Le Conseil a donc agi fort sagement en décidant que l'orchestre dorénavant ne serait plus municipal.

L'orchestre y compris les chefs sont soumis, comme les artistes, aux débuts, mais la Commission de 15 membres est seule appelée à voter.

6° Création d'un abonnement aux places de parterre et numérotage desdites places ;

7° Obligation au directeur de donner par mois douze représentations d'opéra. Défense faite de donner plus de deux représentations d'opérette de suite, aux jours des représentations ordinaires au Grand-Théâtre ;

8° Augmentation du nombre des danseuses ; douze au lieu de huit, non compris la danseuse noble et celle de demi-caractère ;

9° Suppression de la vente des journaux dans la salle ;

10° Droit réservé à la ville de disposer gratuitement de l'orchestre deux fois dans le courant de la saison ;

11° Contribution pour moitié par la ville dans les frais de décors nouveaux, sans que cependant cette moitié puisse excéder six cents francs pour les décors d'un acte.

Tels furent les principaux remaniements apportés au Cahier des charges par la Municipalité Riom. Le retour au système des débuts, pour l'admission des artistes, est notamment une réforme excellente dont la nécessité se faisait sentir tous les ans davantage.

Il serait à désirer que la Mairie se réservât le droit exprès d'indiquer au directeur les opéras à monter et introduise la clause suivante dans le cahier des charges : « Le directeur devra chaque saison, sur l'indication de la ville, faire la reprise d'un des chefs-d'œuvre lyriques du grand répertoire ancien (Glück, Mozart, Méhul, etc.). Cet opéra, quel que soit l'accueil reçu, devra être joué au moins trois fois : deux fois à Graslin, une fois en matinée, à moitié prix, à la Renaissance. » Partout en France les grandes partitions de Maîtres d'autrefois sont délaissées, alors que dans les autres pays elles sont toujours en honneur. Il appartient aux municipalités de faire cesser cet état de choses. Il est à souhaiter qu'elles finissent par le comprendre. On vient toujours dire : Il n'y a plus d'artistes pour chanter ces belles œuvres ! Grand Dieu ! Comment pouvez-vous le savoir puisqu'on ne les chante jamais. Remettez-les au répertoire et les artistes se formeront d'eux-mêmes. En les interprétant ils y gagneront cette qualité qui leur fait si souvent défaut aujourd'hui : le style.

Le Conseil municipal en augmentant la subvention avait obéi à la louable pensée de relever le niveau artistique du Théâtre Graslin. Seulement si l'on veut regarder de près, l'on verra que cette augmentation de vingt mille francs est loin d'égaler la subvention (espèces et avantages) dont jouissait M. Morvand. C'est

150,000 francs qu'il aurait fallu voter et non pas 120,000, du moment que l'on était décidé à faire un sacrifice pour avoir un bon théâtre.

Je m'explique.

M. Morvand touchait 100,000 francs en espèces. Il n'avait pas de troupe d'opéra-comique à fournir, d'où une économie de 35,000 francs au plus bas prix. La campagne d'opéra était de six mois au lieu de sept, d'où une nouvelle économie de 15,000 francs.

Le nouveau directeur touchera bien 120,000 fr. en espèces, mais pour une campagne de sept mois avec l'opéra et l'opéra-comique. Soit une augmentation de dépenses de 50,000 francs, chiffre dont M. Morvand avait bénéficié par la suppression de ces obligations. Si nous retranchons ces 50,000 des 120,000 francs de subvention, et nous devons le faire pour arriver à parité avec la subvention précédente, nous trouvons que le subside n'est en réalité que de 70,000 francs. Si nous considérons aussi que les charges du directeur ont été augmentées d'autre part, on est bien forcé d'avouer que les avantages faits au futur directeur sont loin de valoir ceux dont jouissait son prédécesseur et que l'augmentation de subvention est plus apparente que réelle.

Voilà donc la situation actuelle des théâtres municipaux. A mon avis, elle n'est pas ce qu'elle devrait être. Sans vouloir élever la subvention au chiffre de 150,000 francs, il me paraît pourtant que 130,000 francs sont absolument nécessaires pour maintenir notre théâtre au rang des autres premières scènes de province. Cette somme n'a rien d'exagéré ; elle est basée sur le nombre d'habitants de la ville.

La situation de notre théâtre devient tous les jours de plus en plus difficile et je vais le prouver. D'abord, le répertoire est absolument usé. Le public est rassasié des œuvres qu'on lui sert depuis tant d'années. Celles de Meyerbeer, de Gounod et de Bizet se soutiennent à peine pendant quelques représentations ; quant aux autres, à moins d'une interprétation exceptionnelle, elles ne font pas le sou. Veut-on des chiffres ? Sous la direction Poitevin, le *Voyage en Chine* a fait 359 francs ; la reprise des *Diamants de la Couronne* — qu'on n'avait pas joués depuis fort longtemps et à laquelle M. Ismaël-Garcin apportait l'appoint de son talent, — produisit 902 francs. Le public veut désormais faire connaissance avec les œuvres nouvelles. Il réserve toutes ses faveurs aux partitions modernes ; le succès de *Sigurd* et de *Lohengrin* en est une preuve irrécusable. Le moyen donc d'amener la foule au théâtre, c'est d'aborder franchement le répertoire contemporain et notamment les chefs-d'œuvre de Richard Wagner, qui, en outre de leur valeur intrinsèque, ont aussi pour elle l'attrait d'une haute curiosité. Mais ce répertoire coûte plus cher que l'ancien. Il faut chaque année relouer les partitions, qui exigent souvent une mise en scène considérable, des trucs coûteux à installer (comme ceux de *Sigurd*, par exemple), des costumes nouveaux à faire confectionner ; de là surcroît considérable de dépenses. Chaque année, les frais mensuels d'une troupe d'opéra augmentent. Les artistes sont hors de prix, et, malgré tout, les directeurs se voient forcés, tant qu'ils n'auront pas établi entre eux un syndicat, d'accepter leurs engagements ridicules.

A Nantes, nous avons autant d'exigences qu'à Bordeaux ou à Marseille, pourtant notre ville offre des ressources bien moins considérables ; c'est toujours le même public qui fréquente le théâtre ; le directeur ne peut compter pour remplir sa salle sur un mouvement continuel d'étrangers de passage, comme dans les villes que je viens de citer. Autre sujet de dépenses : le directeur, depuis quelques années, se voit forcé de faire venir à ses frais un magasin de costumes. Celui de la ville est dans un tel état de délabrement qu'on ne peut plus décemment le montrer sur la scène.

Pour toutes les raisons que nous venons de citer et qui peuvent se résumer ainsi : accroissement des dépenses, diminution des recettes, causées par l'usure d'un répertoire caduc et rabâché, la subvention de 120,000 francs est encore insuffisante.

Au lieu de porter la subvention à 130,000 francs, il y aurait encore un moyen de relever le théâtre. Je veux parler de la gérance par la Ville.

La première tentative n'a pas été des plus heureuses au point de vue financier. Mais alors on ne consacrait pas à la subvention 100,000 ou 120,000 francs, on avait deux troupes complètes, enfin les deux premières campagnes avaient été de dix mois avec tous les genres, les deux dernières de huit mois et de deux de comédies. Eh bien, malgré cette augmentation de frais la dépense totale pour ces quatre saisons n'a été que 214,735 francs. Aujourd'hui que l'exploitation est réduite à sept mois avec un seul genre, la gérance par la ville me semble avoir plus de chance de succès. D'ailleurs voici quelques chiffres qui peuvent servir de points de repère. Remarquons d'abord que je force toutes les dépenses et que j'affaiblis les recettes :

Campagne de 7 mois : par mois, 43,000 francs de dépense, non compris l'orchestre : 43,000×7 = 301,000 francs.

Recettes par mois une moyenne de 35,000×7 = 245,000 francs.

Déficit : 301,000 − 245,000 = 56,000 francs.

A cela ajoutons les appointements de l'orchestre et du machiniste : 56,000 + 58,500 = 114,500 francs.

Nous atteignons ainsi au chiffre de 114,000 francs auquel viennent s'ajouter les appointements d'un administrateur artistique de la scène, tous les services financiers étant faits par des employés de la mairie. Les appointements de cet administrateur seraient de 8,000 francs. C'est parfaitement payé ; après tout ce gérant n'a pas comme un simple directeur les risques à courir.

Cela fait donc exactement 114,000 + 8,000 = 122,000 francs.

Mais, comme je l'ai dit en commençant, j'ai forcé les dépenses prévues et diminué les recettes. Je suis persuadé qu'en réalité, en supposant une mauvaise campagne au point de vue des recettes, on n'arriverait pas à dépasser 125,000 francs. Dans les bonnes années on aurait un bénéfice notable.

On peut voir par ces chiffres que la gérance par la Ville n'entraînerait pas à des dépenses folles.

En résumé, pour conserver au Théâtre Graslin un rang distingué parmi les scènes provinciales, il est nécessaire que la Municipalité fasse un nouveau sacrifice et se décide à porter la subvention à 130,000 ou

135,000 francs. De plus, il est de première importance que l'Administration municipale tienne le directeur haut la main, sans s'occuper de ses criailleries. Qu'elle se montre coulante pour une foule de petites choses, mais absolument inflexible sur les clauses importantes du Cahier des charges. Nantes donne une subvention pour avoir un théâtre convenable et non pour engraisser la bourse d'un industriel quelconque. Car, remarquez-le bien, un directeur de théâtre n'est qu'un industriel. Une fois sur cent, cet industriel est doublé d'un artiste, mais, dans la majeure partie des cas, le directeur, si on ne le lie pas par un Cahier des charges sévère, cherchera à *rouler* la Municipalité et il la *roulera*. Aussi faut-il que l'adjoint chargé des Beaux-Arts ait la main ferme et ne craigne pas d'infliger des amendes au directeur quand il ne marche pas droit. M. Giraud-Mangin, alors qu'il était adjoint, nous a présenté le modèle parfait du délégué au théâtre. Il était détesté, c'est possible, mais, grâce à lui, les intérêts de la ville étaient sauvegardés.

En terminant ce dernier chapitre, je n'ai plus qu'à souhaiter que le Théâtre Graslin, débarrassé du directeur et du chef d'orchestre que nous avait valu l'incompétence musicale de M. Guibourd, retrouve ses beaux jours ou plutôt ses belles soirées d'autrefois, et reprenne la place importante qu'il avait conquise depuis un siècle dans l'estime de tous les artistes.

APPENDICE

Après la façon dont M. Guisth'au, rapporteur, l'avait apprécié en plein Conseil municipal, il était impossible à M. Morvand de postuler encore la direction de nos théâtres.

Un grand nombre de candidats demandèrent la direction. Deux surtout : MM. O. Lafon, actuellement à Anvers, et Castex, offraient les plus sérieuses garanties. Citons aussi comme mémoire, la candidature fantaisiste de M. Abraham Lévy, qui excita dans toute la ville un accès de douce hilarité. Renommé à Anvers, M. Lafon ne tarda pas à se désister, et M. Castex, resté maître de la situation, fut appelé par la Municipalité à remplacer M. Morvand.

Le premier soin du nouveau directeur, fut de ne pas réengager M. Abraham Lévy. M. Miranne, premier chef du Grand-Théâtre de Marseille, fut chargé de relever notre infortuné orchestre. Il est à souhaiter qu'il le fasse promptement.

M. Castex a l'intention de ne pas s'attarder aux œuvres du vieux répertoire, mais de jouer le plus possible les partitions modernes.

Il est probable que la grande nouveauté de la saison sera *Tannhaüser* ou la *Walkyrie*, de Richard Wagner.

AVIS AUX LECTEURS

Comme complément du Théâtre à Nantes, l'OUEST-ARTISTE publiera, chaque année, pendant le mois d'octobre, l'historique de la saison théâtrale écoulée.

ERRATA

Page 9, lig. 11, Boccage   lisez : *Bocage*
— 10, — 26, poëto   — *poëte*
— 11, — 11, id.   — *id.*
— 12, — 10, perspective   — *perspective*
— 64, — 13, place des cirques   — *place du Cirque*
— 89, — 16, Arinae   — *Ariane*
— 146, — 26, halnes   — *haines*
— 147, — 26, générales   — *de tous*
— 149, — 9, une répétiteur   — *un répétiteur*
— 200, — 29, ajt   — *fait*
— 246, — 17, travesties   — *travestis*
— 346, — 8, ne redemande pas   — *ne redemanda pas*

TABLE

PREMIÈRE PARTIE

DEPUIS LES ORIGINES JUSQU'A LA CONSTRUCTION DU GRAND-THÉATRE

I. — Les Mystères (1430-1518)........ 1

II. — Le premier opéra à Nantes (1596). 9
Représentation d'*Arimène*, dans la grande salle du Château.

III. — Molière. — Les troupes nomades (1639-1720)................ 19

IV. — Fin des troupes nomades. — Les concerts. — La salle du Bignon-Lestard (1ʳᵉ période) (1725-1788). 35
Intolérance du clergé. — La Montansier. — Collot-d'Herbois. — Gourville. — Larive. — Anecdotes.

V. — Les différents projets de construction de Grand-Théâtre.......... 57

DEUXIÈME PARTIE

DEPUIS LA CONSTRUCTION DU GRAND-THÉATRE JUSQU'A L'INCENDIE (1787 — AN IV)

VI. — Graslin et la construction du Grand-Théâtre (1784-1788)............ 63
Les R. P. Capucins. — Anecdotes.

VII. — Directions : Longo, Rodolphe et Hus (1788-1791)................ 77
Les deux Baptiste. — Molé. — La Saint-Huberti. — Lefèvre (dit Marsias). — Affaire Fleury. — Lemarquant. — Anecdotes.

VIII. — Directions : Ferville. — Violette et Cie. — Danglas ; période révolutionnaire (1791. — An IV).... 99

IX. — Incendie du Grand-Théâtre (7 fructidor, an IV)................ 113

X. — Les petits spectacles. Salles du Chapeau Rouge (1re période) et du Bignon-Lestard (2e période) (1784. — An IV)............ 131

TROISIÈME PARTIE

DEPUIS L'INCENDIE DU GRAND-THÉATRE JUSQU'A SA RECONSTRUCTION (AN IV. — 1812).

Seconde et troisième périodes des salles du Chapeau-Rouge et du Bignon-Lestard.

XI. — Fin de la direction Danglas. — Direction Dumanoir, Termets et Julien Sévin (an IV. — 1808)... 137
La Vestale. — Anecdotes.

XII. — Dumanoir et Julien Sévin seuls directeurs. — Napoléon au Chapeau-Rouge (1808-1813)... 157

Joseph.

XIII. — La salle de la rue du Moulin (1802-1818)............ 163

Pottier. — Ferville.

QUATRIÈME PARTIE

DE LA RECONSTRUCTION DU GRAND-THÉATRE A SA GESTION PAR LA VILLE

(1813-1857)

XIV. — Direction Arnaud. — Talma à Nantes (1808-1813)............ 167

Anecdotes sur Lefèvre. — Mlle Pelet. — Jaubert. — *Don Juan.* — Pottier. — Mlle Mars. — Mlle Georges.

XV. — Directions : Brice. — Jausserand. — Boieldieu à Nantes (1817-1820).. 191

XVI. — Directions : Léger. — Bousigues. — Jaubert et Clermont (1820-1828). 203

Mme Allan-Ponchard. — Mme Dangremont. — *Les Noces de Figaro.* — Nourrit. — *Le Barbier.* — Mme Roche. — Mlle Duchenois. — Mme Richard-Mutée. — *La Dame Blanche.* — Régnier.

XVII. — Directions : Welsch. — Nanteuil. — Charles. — Roche et Dumonthier. — Blot. — Bizot. — Pourcelt de Baron. — Valembert (1820-1836). 225

Mlle Le Moule. — *La Muette.* — Anecdotes. — *Fra-Diavolo.* — *Zampa.* — *Pré-aux-Clercs.* L. Bizot. — *Robert-le-Diable.* — Mme Dorval.

XVIII. — Directions : Ponchard — Roux. — Lemonnier. — Le Feuillade. — Prat. — Laffite (1836-1844) 245

Mᵐᵉ Thillon. — Heurtaux. — *Guillaume Tell*. Émeutes. — *La Juive*. — *Hernani*. — *Les Huguenots*. — Wermelen. — Mᵐᵉ Prévost-Colon. — *La Juive*. — Hermann-Léon. — *La Favorite*. — *La Fille du Régiment*. — *Norma*. — Huner. — Ismaël.

XIX. — Directions : Tilly. — Lemonnier. — Tallier. — Lemonnier (1844-1851) 269

Got. — Sollé. — Rachel. — Calcina. — Mˡˡᵉ Masson. — *Charles VI*. — Listz. — Duluc. — *La Reine de Chypre*. — Émeutes. — Déjazet. — Espinasse. — Duprez. — Flachat. — Mˡˡᵉ Blaès. — Mˡˡᵉ Victoria. — Mˡˡᵉ Voiron. — *Le Songe*. — Ch. Bataille.

XX. — Directions : Guérin. — Clément. — Défresne. — Roland (1851-1857) 293

Mélingue. — Levasseur. — Mᵐᵉ Hillen. — Duprat. — *Le Prophète*. — Scandale. — Caubet. — Mᵐᵉ Geismard. — Regnier. — *L'Étoile du Nord*. — L'Alboni. — Céline Montaland.

XXI. — Théâtre des Variétés, place du Cirque (1834-1859)............ 315

CINQUIÈME PARTIE

DEPUIS LA GESTION DU GRAND-THÉATRE PAR LA VILLE JUSQU'À NOS JOURS

(1857-1893)

XXII. — Ch. Sollé, directeur-gérant pour le compte de la ville (1857-1861)... 317

Mᵐᵉ Hillen. — *Les Dragons*. — Déjazet. — Mˡˡᵉ Lavoye. — Béjuy. — Mᵐᵉ Borghèse. — *Le Pardon*. — Charles. — *Le Trouvère*. — Comte-Borchard. — Castelmary. — *Faust*. Mᵐᵉ Carvalho.

XXIII. — Directions: Chabrillat. — Jourdain. — Comminges. — Bernard. — Comminges. — Défossez (1861-1871) 333

Émeutes. — Mᵐᵉ Tedesco. — Scandale. — Mᵐᵉ Barbot. — Picot. — Pons. — *L'Africaine*. — Mˡˡᵉ de Taisy. — *La Traviata*. — Depassio. — *Mignon*. — Desclauzas.

XXIV. — Directions : Défossez. — Ferry. — De Tholozé. — Frespech, Longpré et Francis (1871-1875). 353

Justin Boyer. — Rougé. — Jourdan. — Cécile Mézeray. — *Roméo et Juliette*. — Déjazet.

XXV. — Directions: Coulon. — Bellevaut. — Coulon. — Le Moigne (1875-1880)....................... 363

Ch. Buziau. — Tournié. — Pons. — Dauphin. Caroline Mézeray. — Mˡˡᵉ Seveste. — Reine Mézeray. — Mᵐᵉ Lacombe-Duprez. — Guillemot. — Maupas. — Warot. — *Hamlet*. — Trémoulet. — Plain. — Félicie Arnaud. — Alma Reggiani. — *Paul et Virginie*. — *Aïda*. — *Carmen*. — Delabranche. — M. et Mᵐᵉ Dereims.

XXVI. — Directions : Gravière. — Lafon. — Gaultier. — Solié (1880-1885).. 381

M. et Mᵐᵉ Vaillant-Couturier. — Hélène Chevrier. — Jeanne Fouquet. — Séran. — Guillabert. — *Mireille*. — *Jean de Nivelle*. — *Philémon et Baucis* — *Polyeucte*. — Pellin. — Bérardi. — Scandale. — *Le Roi de Lahore*. — Alice Rabany. — Mauras. — Verhées. — Duquesne. — *Hérodiade*. — Émeute. — *Les Contes d'Hoffmann*. — *Lakmé*. — Mˡˡᵉ Wilhem. — M. et Mᵐᵉ Simon-Girard. — Labis. — Mˡˡᵉ Espigat. — M. et Mᵐᵉ Roux. — *Manon*. — Mˡˡᵉ Schweyer. — Jeanne Parmigiani. — *Le Roi l'a dit*. — *Le Chevalier Jean*.

XXVII. — Directions : Paravey. — Poitevin. — (1886-1890)....................... 407

Devilliers. — Sujol. — Guillemot. — Poitevin.

Marthe Duvivier. — M. et M⁽ᵐᵉ⁾ Jouanne-Vachot. — M⁽ᵐᵉ⁾ Bouland. — *Le Cid*. — *Les Pêcheurs de perles*. — *Méphistophélès*. — M. et M⁽ᵐᵉ⁾ Vaillant-Couturier. — Centenaire de Graslin. — *Hamlet*, d'Hignard. — Bucognani. — Delvoye. — M⁽ᵐᵉ⁾ Ismaël-Garcin. — *Sigurd*. — Emeute. — *Le Roi d'Ys*. — Léon Du Bois. — Lévy (Abraham) et la désorganisation de l'orchestre. — Lestellier. — M⁽ᵐᵉ⁾ Laville-Ferminet.

XXVIII. — Direction J. Morvand. Décadence du Grand-Théâtre (1890-1893).. 435

Bucognani. — Claverie. — M⁽ᵐᵉ⁾ Laville-Ferminet. — M⁽ˡˡᵉ⁾ Salambiani. — *La Basoche*. — *Lohengrin*. — Représentations scandaleuses. — M⁽ᵐᵉ⁾ Lematte-Schweyer. — Mondaud. — M⁽ᵐᵉ⁾ Saint-Laurent. — *Samson et Dalila*. — *Le Rêve*. — Bourgeois. — Elena Sanz. — *Werther*.

XXIX. — Théâtre de la Renaissance. — Les Italiens. — Troupes diverses (1867-1893) 457

Laura-Harris. — Tombezi. — Strozzi. — Zina Dalti. — La Sonnier. — La Patti. — La Nilsson. — Faure. — *Marceau*. — Sarah-Bernhardt. — Mounet-Sully.

XXX. — Théâtre des Variétés. — L'ancien Riquiqui. — La nouvelle salle de la rue Mercœur (1832-1893).. 475

XXXI. — Situation du Théâtre à Nantes. — Ce qu'elle est. — Ce qu'elle devrait être (octobre 1893) . . . 483

Appendice.. 495

Errata...... 497

Nantes. — Imp. F. SALIÈRES, rue du Calvaire, 10.

נרות שבת